百年乡建与现代中国

Rural Reconstruction and Modern China

乡村建设演讲录

LECTURES ON RURAL RECONSTRUCTION

潘家恩　张振 —— 主编

本成果受到『西南大学创新研究2035先导计划』资助
（项目批准号：SWUPilotPlan029）

社会科学文献出版社
SOCIAL SCIENCES ACADEMIC PRESS (CHINA)

目录 Content

"国仁文丛"（Green Thesis）总序 ·································· 1

编者的话 ······································ 潘家恩　张　振 / 1

卢作孚、北碚与乡村建设（代序）
　　——温铁军教授访谈录 ································ 1

第一单元：整体视野 ································ 1

生态文明战略之下的乡村建设
　　——全球危机与中国转型 ················ 温铁军 / 3
乡村的坐标 ···································· 戴锦华 / 28
近代以来中国的土地问题与城乡关系 ········ 吕新雨 / 57

第二单元：历史意识 ································ 89

梁漱溟与现代中国 ······························ 薛　毅 / 91
村乡互动：1940年代延安的乡建模式 ········ 孙晓忠 / 111
不只建设乡村
　　——整体视野下的中国乡村建设 ········ 潘家恩 / 132

第三单元：实践自觉 ……………………………………………… 153
全球视野与在地实践 ……………………………………… 刘健芝 / 155
当代乡村建设的在地经验与总结反思 …………………… 何慧丽 / 178
从大学生支农到城乡互助
　　——当代乡村建设实践探索之一 ……………………… 李管奇 / 194
从社会生态农业 CSA 到爱故乡
　　——当代乡村建设实践探索之二 ……………………… 黄志友 / 208

第四单元：总结与反思 ……………………………………………… 247
乡村建设研习营小组召集人总结反思 …………………………… 249

专题笔谈：二十世纪中国乡村建设再理解 ………………………… 257
重思乡村建设与乡村革命 ………………………………… 潘家恩 / 259
从农村复兴到乡村振兴的百年跨越 ……………………… 王先明 / 268
"有实无名"的乡村建设
　　——从费达生的社会实验说起 ………………………… 金一虹 / 275
从"炸弹"到"微生物"
　　——卢作孚乡村建设思想中的革命意涵 ……………… 杜　洁 / 282
不激进的革命
　　——延安乡村建设再认识 ……………………………… 高　明 / 289
1950 年代乡村改造：没有乡建派的乡村建设 …………… 仝志辉 / 296
从平民教育、县政实验到土地改革
　　——论中华平民教育促进会的"乡村改造"道路
　　　　　　　　　　　　　　　　　　　…… 张艺英　温铁军 / 304
从"创置社田"到"农地减租"：
　　中华平民教育促进会对土地问题的探索 ……………… 李　军 / 311

"国仁文丛"（Green Thesis）总序

因为有话要说，而且要说在我们团队近年来系列出版物的前面，[①]所以写总序。[②]

我自20世纪60年代以来从被动实践中的主动反思，到80年代以来主动实践中的主动反思，经两个"11年"在不同试验区的历练，[③]加之后来广泛开展国内外调查和区域比较研究已经过了天命之年……自忖有从经验层次向理性高度升华的条件，便先要求自己努力做到自觉地"告别百年激进"；[④]遂有自21世纪以来从发起社会大众参与改良、对"百年乡建"（rural reconstruction）之言行一致地接续，而渐趋达至"国仁"——这是一种自觉体现"实践出真知"的思想境界，超出了一般学人必须"削足"才能跟从制度"适履"的困境。

因此，我在2016年暑假从中国人民大学退休之际，要求乡建大团队各地单位认真总结经验，及时做理性提升，并为筹划之中的一系列出版物担纲作序，也主要是想明了指出"国仁文丛"何词何意，亦即这个丛书的思路和内涵。

[①] 此文原写于2016年。现在已经是2022年，世事多变时过境迁，则做了相应修改。
[②] 这几年我们有十几本书会以不同作者、不同课题成果的名义问世。这些出版物都被要求有单独的"成果标识"。但我们实际上要做的仍然是这几十年的经验归纳总结和理论提升、"实事求是"地形成"去意识形态化"的话语体系。由此，就需要为这个分别标识的系列出版物做个总序。
[③] 延期出版的《温铁军自述择要——难得5个11年》中，将20世纪80~90年代在官方政策部门开展农村改革试验区，以及21世纪之初启动以民间力量为主的新乡村建设试验，作为两个11年的经历予以归纳。
[④] 参见温铁军《告别百年激进》，东方出版社，2016。这是我2004~2014年10年演讲录的上卷，主要是与全球化有关的宏大叙事和对宏观经济形势的分析，甫一出版即被书评人排在当月优选10本财经类著作的第一位，且一再增印。但在此书出版之前，我还没有来得及设计"国仁文丛"系列，也就不能把这个序言加上去。

一　释义之意

"国"者，生民聚落之域也。"上下五千年"是中国人开口就露出来的文化自豪！这在于，人类四大文明古国除中华文明得以历经无数朝代仍在延续外，其他都在奴隶制时代以其与西方空间距离远近而次序败亡。由此看中国，唯其远在千山万水之隔的亚洲之东，尤与扩张奴隶制而强盛千年的西方相去甚远，且有万代众生勉力维护生于斯而逝于斯之域，"恭维鞠养，岂敢毁伤"，兹有国有民，相得益彰。遂有国民文化悠久于国家存续之理，更有国家历史传承于国民行动之中。

"仁"者"爱人"，本源于"仁者，二人也"。先民们既受惠于光风水土滋养哺育的东亚万年农业，又受制于资源环境只能聚落而居，久之则族群杂处，而需邻里守望、礼义相习；遂有乡土中国仁学礼教上下一致维系大一统的家国文化之说，于是天下道德文章唯大同书是尊。历史上每有"礼崩乐坏"，随之社会失序，必有"国之不国，无以为家"。是以，"克己复礼为仁"本为数千年立国之本，何以今人竟至于"纵己毁礼为恶"……致使梁漱溟痛感中国人遭遇外力冲击而引起"自毁甚于他毁"的现代性为表、横贪纵欲为里之巨大制度成本肆无忌惮地向资源环境转嫁而至人类自身不可持续！

据此可知我们提出"国仁"思想之于文丛的内涵。

中国人历史性地身在五大气候带覆盖、三大地理台阶造成差异显著的复杂资源地理环境下，只有以多元文化为基础的各类社会群体兼收并蓄、包容共生，才能实现中华文明数千年的历史性可持续。

这个我们每个人都身处其中的、在亚洲原住民大陆的万年农业文明中居于核心地位的"群体文化"内核，也被老子论述为"阴阳之为道也"；进而在漫长的文化演进中逐渐形成了极具包容性的、儒道释合一的体系。[①]

[①] 最近10年一直有境内外学者在研究乡建。国外有学者试图把中国乡建学者的思想上溯归元到孔子或老子，国内也有人问我到底偏重晏阳初还是梁漱溟；还有很多人不理解梁漱溟晚年由儒家而佛家的思想演变。其实，我们从来就是兼收并蓄。不仅在儒道释合一的顶天立地，而且和五洲四海各类文化的融会贯通之中形成乡建思想。因此，这些海外研究者的关注点对我们本来就不是问题。

由是，在21世纪初重启中国乡村建设运动后，我们团队试图把近代史上逐步从实践中清晰起来的乡建思想，寻源上溯地与先贤往圣之绝学做跨时空结合，归纳为人类在21世纪转向"生态文明"要承前启后的社会改良思想。[1]

是以，"道生万物，大德中庸。上善若水，大润民生。有道而立，大象无形。从之者众，大音希声"。[2]此乃百年改良思想指导下的乡村建设运动之真实写照。

基于这些长期实践中的批判性思考，我们团队认同的"国仁文丛"的图形标志，是出土汉代画像砖上那个可与西方文明对照的、扭合在一起的蛇身双人——创造了饮食男女人之大欲的女娲，只有与用阴阳八卦作为思想工具"格物致知"了人类与自然界的伏羲有机地合为一体，才有人类社会自觉与大自然和谐共生的繁衍。蛇身双人的扭结表明在中国人传统思想中物质与精神的自然融合，既得益于多样性内在于群体文化规范而不必指人欲为"原罪"而出伊甸园；也不必非要构建某一个派别的绝对真理而人为地分裂成物质与精神这两个对立体系，制造出"二元结构"的对抗性矛盾。

此乃思想理论意义上的"国仁"之意。

行动纲领意义上的"国仁"，是十多年前来源于英文的"green ground"。

我们搞乡村建设的人，是一批"不分左右翼，但容老中青"的境内外志愿者。[3]大家潜移默化地受到"三生万物"道家哲学思想影响，而或多或少地关注我自20世纪90年代以来坚持强调的"三农"问题——农业社会万年传承之内因，也在于"三位一体"，即农民的生产与家庭

---

[1] 本文丛并非团队的全部思想成果，在"国仁文丛"设计之前发布的成果没法再收录进来，只好如此。

[2] 这些年，我一直试图对承上启下的中国乡村建设运动中形成的国仁思想做归纳，遂借作序之机提炼成这段文言，意味着国仁追求的是一种"大道、大润、大象、大音"的思想境界。

[3] 中国乡建运动之所以能够延续百年而生生不息，乃在于参与者大抵做到了思想和行动上都"去激进"，不认同照搬西方的左右翼搞的党同伐异。

生计合为一体、农村的多元化经济与自然界的多样性合为一体、农业的经济过程与动植物的自然过程合为一体。

据此，我们长期强调的"三农"的三位一体，在万年农业之乡土社会中，本来一直如是；在自告别蒙昧进入文明以来的数千年中，乡村建设对这个以农业为基础繁衍生息的大国来说，历来是不言而喻的立国之本。

据此，我们长期强调的三位一体的"三农"，本是人类社会转向生态文明必须依赖的"正外部性"最大的领域，也是国家综合安全的最后载体。

中国近代史上最不堪的麻烦，就在于激进者们罔顾"三农"的正外部性，把城市资本追求现代化所积累的巨大"负外部性"代价向乡土中国倾倒！我虽然清楚"三农"本属于三位一体，但也曾在20世纪90年代末期和21世纪第一个10年特殊强调"三农"问题农民为首！主要是因为那个时期的形势严重不利于农民这个世界上最大的弱势群体。实际上，也就是在做这种特殊强调而遭遇各种利益集团排斥的困境中，我才渐行渐知地明白了前辈的牺牲精神，大凡关注底层民生的人，无论何种政治诉求、宗教情怀和文化旨趣，总难免因慈而悲、因悲而悯，在中国百年激进近现代史中，也就难免"悲剧意义"地、历史性地与晏阳初的悲天悯人[1]、梁漱溟的"妇人之仁"等，形成客观的承继关系。据此看，20世纪初期的"乡建派学者"也许应该被归为中国最早的"女性主义"。[2] 我们作为继往开来的当代乡村建设参与者，有条件站在前辈肩上高屋建瓴、推陈出新，不仅要认清20世纪延续而来的中国"三农"困境，而且要了解21世纪被单极霸权支撑金融资本强化了的全球化，及其向发展中国家转嫁巨大制度成本的制度体系；这个今人高于前人的全

---

[1] 参阅温铁军《三农问题与制度变迁》（第2版），中国经济出版社，2009。记得一位学者型领导曾经语重心长地告诫我：农民在现代化的大潮中挣扎着下沉，就剩下两只手在水面乱抓；你的思想无所谓对错，只不过是被溺水者最后抓住的那根稻草，再怎么努力，也不过是落得跟着沉下去的结局……

[2] 乡建前辈学者梁漱溟因在1953年与毛泽东激辩合作化问题而被后者批为"妇人之仁"。据此，梁漱溟可以被认为是中国20世纪50年代的早期女性主义者。尽管在实事求是的态度面前，打上何种类别的标签并不重要；但如果这是当代学者们的本能偏好，也只好任由其是。

球视野，要求我们建立超越西方中心主义意识形态的世界观和宏大叙事的历史观，否则，难以引领当代乡村建设运动，遑论提升本土问题的分析能力。

自 2001 年中央主要领导人接受我们提出的"三农"问题这个难以纳入西方主导的全球化的概念以来，即有一批志愿者着手复兴百年传承的"乡村建设"。部分年轻的乡建志愿者于 2003 年在距北京大约 300 公里的河北翟城村创办了"晏阳初乡村建设学院"；开始的时候根本就没有外部资金投入，也没有内部管理的能力。因为这种以民间力量为主的社会运动无权无钱，在很大程度上要靠热血青年们艰苦奋斗。那，年轻人激情四射地创了业，老辈们就得跟上支持和维护。

二十多年来，有一句低层次的话多次被我在低潮的时候重复：存在就是一切。只要我们在随处可见的主流排斥下仍然以另类的方式存活下去，本身就证明了超越主流的另类们具有可持续性。

在最开始跟我们一起出资、出人参与村里主办的乡建学院的三个"村外单位"中，两个是境外的机构。[①] 我们在跟境外机构打交道的时候，心里就觉着，应该给这个社会广泛参与的乡建运动将来可能形成的可持续生存系统，提出一个可以做国际交流的概念，一个符合 21 世纪生态文明需要的、大家可以共享的名号。于是就跟境外志愿者们商量，提出了"green ground"这个英文概念。如果直译，就是"绿色大地"；意译，则是"可持续基础"。如果把音译与雅译结合起来考量，那就是"国仁"。有国而仁，方有国人国祚久长不衰。

从二十多年的乡建工作来看，这三个意思都对路。

---

① 我们 2003 年创办晏阳初乡村建设学院的时候，主办单位是我担任法人代表的"中国经济体制改革杂志社"和翟城村米金水老书记代表的村委会。合作创办的境外参与单位，一个是香港岭南大学刘健芝老师主持工作的"中国社会服务及发展研究中心（香港）"，另一个是张兰英老师作为首任驻华代表的公益性国际联盟组织"国际行动援助"。三家联合创办单位最初全部的资金投入约为 20 万元，一直都没有回报；我后来陆续投入各项工作（包括赞助 3 年以上乡建骨干获取中国人民大学硕士和博士学位）的资金不低于百万元，已转化为当今所以乡建为名的志愿者们无偿使用的无形资产；我和这两位无私奉献的老师至今仍是参与乡建的志愿者。

二 文丛之众

俗话说，三人为众。子曰："三人行，必有吾师焉。择其善者而从之；其不善者而改之。"如此看文丛，乃众人为师是也。何况，我们在推进乡村建设之初就强调"去精英化"的大众民主。①

前几年，我一直希望整个大乡建团队自觉理解"让当代乡建成为历史"的愿望。尤其希望大家能够结合对近代史中任何主流都激进推行现代化的反思，主动地接续前辈学者于19世纪与20世纪之交开始的乡村建设改良运动，在实际工作中不断梳理经验教训；或可说，我"野心勃勃"地试图把我们在20世纪与21世纪之交启动的新乡建运动，纳入百年乡建和社会改良史的脉络。诚然，能够理解这番苦心的人确实不多。②

这几年，我也确实算是把自己有限的资源最大化地利用了起来，"处心积虑"地安排乡建志愿者中有理论建设能力的人在获取学位之后分布到设有乡建中心或乡建学院的不同高校，尽可能在多个学科体系中形成跨领域的思想共同体。目前，我们在境内外十几个高校设有机构或合作单位，有数十个乡村基层的试点单位，能够自主地、有组织有配合地开展理论研究和教学培训工作；立足本土乡村建设的"话语体系"构建，已经有了丰硕成果。③

---

① 关于精英专政与大众民主的分析，请参阅高士明、贺照田《人间思想第四辑：亚洲思想运动报告》，人间出版社，2016，第2~19页。
② 近年来我不断在乡建团队中强调对乡建经验的归纳总结要尽可能提升到理性认识高度，努力接续百年乡建历史，并带领团队申报了一批科研项目。要完成科研任务，就要花费很多精力。对此，一些长期从事乡村基层工作、必须拿到项目经费才能维持单位生存而来不及形成理论偏好的同仁难以接受，甚至有些意见相左之人表现出了误解，并做出了批评。这本来不足为怪，对批评意见我们也不必辩解。从总体上看，大乡建网络的各个单位还是积极配合的。但是，考虑到这些批评说法将来可能会被人拿去当某些标题党的报道和粗俗研究者的资料；因此，我才不得不以总序的方式让相对客观些的解释在各个著述上都有起码的文字依据，尽管这些话只是简单地写在脚注中。
③ 国内有中国人民大学、中国农业大学、国家行政学院、清华大学、重庆大学、华中科技大学、北京理工大学、上海大学、西南大学、福建农林大学。境外有香港岭南大学、英国舒马赫学院、美国康奈尔大学，近期正在形成合作的还有国际慢食协会的美食科技大学（意大利）等。

总之，我们不仅有条件对 21 世纪已经坚持了 20 多年的"当代新乡建"做个总结，而且有能力形成对 20 世纪以来几代前辈乡村建设运动的继承发扬。

我们团队迄今所建构的主要理论创新可以表述为以下五点。

一是取决于地理气候条件的人类文明差异派生论：青藏高原作为世界"第三极"对亚洲东部"三级台阶"的地理建构，使得气候周期性变化在东亚产生了不同于其他大陆的文明演进的决定因素——资源环境条件改变对人类文明差异及演化客观上起决定作用。据此，人类文明在各个大陆演化的客观进程，至少在殖民化滥觞全球之前是多元化的；不是遵循在产业资本时代西方经典理论家提出的生产方式升级理论而线性展开的。这个理论有助于我们构建不同于主流的生态化历史观，支撑起"人与自然和谐共生"的中华文明的"世界观"。

二是制度派生论及其对"路径依赖"的理论创新：不同地理条件下的资源禀赋和要素条件，不仅决定了近代全球化之前人类文明及制度的内生性与多元性，也决定了近代史上不同现代化的原始积累（东西方差异）途径，由此形成了不同的制度安排和体系结构，并构成其后制度变迁的路径依赖。这也成为我们开展国别比较和区域比较研究的重要理论工具。

三是制度成本递次转嫁论：自近代以来，在全球化所形成的世界体系中，核心国家和居于主导地位的利益群体不断通过向外转嫁制度成本而获取不承担风险的制度收益，他们不仅得以完成自身资本原始积累、实现产业资本扩张和向金融资本跃升，而且使广大发展中国家以及底层民众因不断被迫承受成本转嫁而深陷"低水平陷阱"难以自拔。当代全球化本质上是一个因不同利益取向而相互竞争的、以金融资本为主导、递次向外转嫁成本以维持金融资本寄生性生存的体系。在人类无节制的贪欲面前，最终承担代价转嫁的是"谈判缺位"的资源和生态环境，致所有人类社会的不可持续之虞迫在眉睫。

四是发展中国家外部性理论：第二次世界大战后绝大多数发展中国家都是通过与宗主国谈判形成主权，这可以被看作一个国家间的"交易"。任何类型的交易都有信息不对称带来的风险,这种风险被转嫁给交易范围之外的经济和社会承载,就变成了外部性问题。理论上看,任何信息单方垄断都在占有收益的同时对交易另一方做成本转嫁;实际上,也由此使得发展中国家通过谈判形成的主权必有负外部性,这导致其难以摆脱"依附"地位。但越是一次性博弈则风险爆发造成谈判双方双输的可能性越大,发达国家在巧取豪夺巨大收益的同时,其风险也在同步深化和加剧。

五是乡土社会应对外部性的内部化理论:中国作为人口大国中唯一完成工业化的国家,其比较经验恰恰在于有着几千年乡土社会"内部化处理负外部性"的村社基础;其中的村社理性和政府理性构成中国的两大比较制度优势。但从历史上看,任何时代的政府都是人类制造出来反过来统治人类自身的成本高昂的异化物!遂有近代社会中的政府与资本相结合激进推进现代化之后产生的严重的经济、社会、文化、资源、环境等负外部性问题,成为中国通往可持续发展的严重障碍;这才有如此多的民众愿意参与进来,以期通过乡村建设使"三农"仍然作为中国危机"软着陆"的载体。

以上五点核心思想,主要体现在我们基于"本土化"和"国际化"两翼展开的以下五个领域的研究工作中。

一是应对全球化的挑战。在资本主义三阶段,即原始积累阶段、产业资本扩张阶段和金融资本阶段,核心国家/发达国家总是不断以新的方式向外转嫁制度成本,这是全球化给广大发展中国家、给资源环境可持续带来的最大挑战。这个思想在我们的主要课题研究中作为全球宏观背景,都是有所体现的;也被记录在我们关于全球资本化与制度致贫等一系列文章中。

二是发展中国家比较研究。我们的团队在2008年"华尔街金融海啸"之前既与联合国开发计划署合作,构建了"南方国家知识分享网络",组织境内外学者团队开展了"新兴七国比较研究"和"南方陷阱"等发展中国家的深入研究。目前正在进行比较研究的新兴七国包括中国、巴西、印度、印度尼西亚、委内瑞拉、南非、土耳其。我们已经发表了有关文章，举办了相关的演讲，例如，自2012年以来，我们连续举办"可持续发展南南论坛"年会，并形成了大量在海外引起发展中国家关注的研究成果，专著《全球化与国家竞争：新兴七国比较研究》也已经正式出版。

三是国内区域比较研究。中国是个幅员辽阔的大陆型国家，各区域的地理条件和人文环境差异极大，对各区域的发展经验进行研究、总结和归纳，是形成整体性的"中国经验"并建立"中国话语"体系的基础。我们的团队已经完成了苏南、岭南、重庆、杭州、广西左右江、苏州工业园区、宁德、汉中等地区，以及福建和湖北不同地理区域的发展经验的分析，并发表了多篇文章，形成的专著也获得多项国家级、省部级出版奖和科研奖。

四是国家安全研究。国家综合安全是当前面临"以国家为基本竞争单位的全球化"的最大挑战。基于国际比较和历史比较，我们团队的研究表明了新中国通过"三次土地革命战争"、运用"农村包围城市"战略实现"去依附"的革命政权，与其利用"三农"内部化应对经济危机之间的相关关系。从历史经验来看，新中国在追求"工业化＋城市化＝现代化"的道路上，已经发生了十次经济危机。经验表明中央把乡村振兴战略实施作为"应对全球化挑战的压舱石"的决策是正确的，凡是能动员广大农村分担危机成本的，就能实现危机"软着陆"；否则就只能在城市"硬着陆"。我们的团队正在开展的研究以多个国家社科基金重大项目为依托，探讨如何从结构和机制上改善乡村治理以维护国家综合安全。

五是"三农"与"三治"研究。我们提出"三农"问题并被中央领导人接受之后，用了十多年的时间来研究乡村"三治"（县治/乡治/村治）问题。自20世纪80年代农村去组织化改革以来，作为经济基础的"三农"日益衰败，而作为上层建筑的三治成本不断上升，二者之间的错配乃至哲学意义上的冲突愈益深化！其结果，不仅是农村发生"群体性治安事件"，陷入严重的不可持续困境；而且在生态环境、食品、文化等方面成为国家综合"不安全"的重要"贡献者"。比形成对问题的完整逻辑解释更难的是，我们如何打破这个"囚徒困境"；也因此，任何层面上的实践探索都难能可贵，即使最终被打上"失败"的标签，也不意味着这个唐·吉诃德式的努力过程不重要，更不意味着这个过程作为一种社会试验没有被记录和研究的价值。

综上所述，虽然"大乡建"体系之中从事研究的团队成员众多，且来去自由，但是在混沌中却自然有序。我认为我们的团队在这五个领域的思想创新，在五个方面所做的去西方中心主义、去意识形态的理论探索，已经形成了"研究上顶天立地，交流上中西贯通"的蔚然大观。仅这个"国仁文丛"的写作者就有数十人，参与调研和在地实践者更无以计数；收入的文字从内容到形式都有创新性、不拘一格。如果从20世纪80年代我就职于"中央农研室"，做"农村改革试验区"[①]的政策调研和国内外合作的理论研究算起，我们脚踏实地开展理论联系实际的科研实践活动已经数十年了。其间，团队获得了十多项国家级"纵向课题"和数十项"横向课题"；获得了十几项省部级以上国内奖以及一项境外奖。在高校这个尚可用为"公器"的平台上，我们团队通过这些体现中国人民大学"实事求是"校训的研究和高校间的联合课题调研，已经带出来数百名学生，锻炼了一批能够深入基层调研，并且有过硬发表能力的人才，也提升了分散在各地的城乡试验区的工作水平。

由此看来，当代大乡建由各自独立的小单位组成，虽然看上去是各自为政的"四无"体系——"无总部、无领导、无纪律、无固定资金来源"；但其却能"聚是一团火、散是满天星"，做出了一般境外背景或企业出资的非政府组织"做不到、做不好、做起来也不长久"的事业。诚然，这谈不上是赞誉我们团队的治理结构，因为各单位内部难免时不时出现各种乱象；但是，乡建参与者无论转型为NGO（非政府组织）还是NPO（非营利组织），都仍愿意留在大乡建之中，否则干得再怎么

[①] 中央农研室，1982年之前的名称是"国家农业委员会"，改为中央机构的全称，1982~1986年为"中共中央书记处农村政策研究室"，1987~1989年为"中共中央农村政策研究室"；该机构于1989年11月正式被撤销。"农村改革试验区办公室"原是农研室内设机构，专司各地农村试验区的项目设计、实施、监测等业务工作；1989年11月机构被撤销后划归农业部管理。

风生水起，也难有靠自己的思想水平形成"带队伍"的能力！若然，则乡建改良事业得以百年传承的核心竞争力，恰在于"有思想创新，才能有人才培养，才有群体的骨干来带动事业"。君不见：20世纪乡村建设大师辈出，试验点竟以千数；21世纪新乡建则学者咸从，各界群众参与者何止数十万计！

这就是大众广泛参与其中的另一种（alternative）社会历史……

由此看到，以发展中国家为主的"世界社会论坛"（World Social Forum）提出的口号是"另一个世界是可能的"（Another world is possible）；而在中国，我们不习惯提口号，而是用乡建人的负重前行在大地上写下"另一个世界就在这里"（Another world is here）。

人们说，每20年就是一代人。从2001年算起，我们发扬"启迪民智，开发民力"的前辈精神，在21世纪境内外资本纵情饕餮大快朵颐中勉力传承的"大乡建"，作为大众广泛参与的社会改良事业已经延续了20多年！已经是一代人用热血书写的历史了。

作为长期的志愿者大家都辛苦，也乐在其中！吾辈不求回报，但求国仁永续。唯愿百年来无数志士仁人投身其中的乡建事业，在人与自然和谐共生的中华文明的生生不息中，一代代地传承下去。

以此为序，上慰先贤；立此存照，正本清源。

温铁军

起草于丙申年甲午月（西元二〇一六年六月）

修改于壬寅年谷雨节（西元二〇二二年四月）

编者的话

潘家恩　张　振[1]

正如梁漱溟先生在《乡村建设理论》中所强调的，"乡村建设，实非建设乡村，而意在整个中国社会之建设"。回溯历史，由张謇、晏阳初、梁漱溟、卢作孚、陶行知等在内的著名知识分子或实业家所广泛参与的、存在于二十世纪中国的百年乡村建设实践，立足国情与乡土脉络，做出了丰富而有效的实践探索，积累了深厚的历史经验，同时其影响也延续到当代的新农村建设实践。

为了继承并发扬乡村建设历史遗产，促进理论与实践的对话和协力，我们在新视野与新框架下对乡村建设进行了更为深入的认识与理解。同时也为了跨地跨界的学人互动，深度研习交流；为乡村建设的研究、教学与实践培养人才，在北京永青农村发展基金会的支持下，2017年8月，在党的十九大提出实施乡村振兴战略前夕，以"百年乡建与现代中国"

---

[1] 潘家恩，西南大学乡村振兴战略研究院（中国乡村建设学院）副院长、教授。兼任屏南乡村振兴研究院执行院长、中信改革发展研究院研究员、重庆市梁漱溟研究会副会长、《卢作孚研究》副主编等职。从2001年起参与当代中国乡村建设实践至今逾二十年，在《开放时代》《人民日报》、Cultural Studies 等处发表中英文文章60余篇，联合主编国家"十三五"重点图书出版规划项目《中国乡村建设百年图录》，著有《回嵌乡土——现代化进程中的中国乡村建设》。
张振，重庆大学人文社会科学高等研究院讲师，香港中文大学文化及宗教研究系博士。研究领域为中国现代思想史、文艺美学及文化研究。已在 Inter-Asia Cultural Studies、《中国哲学史》等中英文学术期刊发表论文数篇。

为主题的首届乡村建设研习营在近代乡村建设集大成之地——重庆市北碚区（卢作孚、梁漱溟、晏阳初、陶行知等乡建先贤的实践点，第七批全国重点文物保护单位"嘉陵江三峡乡村建设旧址群"所在地）举办。

研习营汇聚了来自全国各地的乡村建设实践者与研究者四十余人。温铁军、戴锦华、刘健芝、吕新雨、薛毅等著名学者和实践者，聚焦乡村建设，从宏观视野、历史意识、实践自觉等不同方面带来了精彩的系列演讲。本演讲录根据演讲原文整理，并经作者校对，力图原汁原味地重现研习营的精彩场景。

图 1　2017 年首届乡村建设研习营合影

《开放时代》杂志 2018 年第 3 期曾以"从乡建到革命"为专题刊发了八篇笔谈文章，利用"乡建"与"革命"相互看的方法论，试图提出理解二十世纪中国乡村建设的新视角。这组文章尝试在更加具体的历史经验层面揭示出"乡村建设"在"二十世纪中国"的结构性位置，与本书"百年乡建与现代中国"的主题一致，在内容上亦互为补充，故收录于本书。

图 2　研习营场地：重庆市北碚区梁漱溟旧居

研习营热烈的讨论氛围碰撞出了丰富的思想火花,但限于篇幅,不少精彩发言未能尽数收录,这是我们深感遗憾之处。

最后,感谢为研习营带来精彩演讲的各位学者与实践者,感谢承担了后续录音整理的同学们,感谢研习营的每一位营员,是大家的共同努力让这本书面世。期待我们"聚是一团火,散是满天星"!

卢作孚、北碚与乡村建设（代序）
——温铁军教授访谈录[①]

潘家恩：

您带的团队这几年一直在做卢作孚和张謇的比较研究，并认为他们是中国早期本土社会企业家的代表。您认为二人有哪些共同点？这项研究对今天的企业有什么启示？

温铁军：

其实任何对历史问题的研究，在很大程度上都是为了解决今天的现实问题。

最近三四十年，人们开始强调一种以个体的利益最大化为目标的思想。但是，在中国一百多年的追求工业化的发展进程中，那些事业有成的企业家们难道真的是以个体利益最大化为目标的吗？当我们当代人把个人利益最大化作为唯一目标来宣扬的时候，应当知道中国自有近代企业以来，前辈企业家们几乎不会有谁是以个人利益最大化为目标的，更不要说以个人利益最大化为唯一目标。这也许是浸淫于西方教科书的当代企业家和仍然秉持"中学为体西学为用"的前辈企业家的根本性的差别。

[①] 2017年8月23~28日，首届乡村建设研习营在重庆北碚梁漱溟旧居举办，温铁军教授在研习营间隙接受了西南大学新闻传播学院邹琰副教授、时任重庆大学人文社会科学高等研究院潘家恩副教授的访谈。本文为访谈稿，整理者为胡佳佳（重庆大学人文社会科学高等研究院硕士生），校对人为张振。

近代中国工业化早期的企业家们到底是以什么为目标呢？人们无不在国破家亡的状况中追求中国近代化，那个时候的企业家精神绝对不是以今天这种个人利益最大化为目标的。那时人们大都强调"救国论"，发展企业被称为"实业救国"，钻研科技被称作"科技救国"，献身教育称作"教育救国"。前辈在"救国论"思想之下所有这些为国奉献，对我们今天都有重要的警示意义。

当今全球经济危机、贫富两极分化、气候变化、环境破坏等一系列私利最大化造成的恶果纷纷显现，大型跨国公司也有很多都在强调要朝向社会企业转制。他们毫无例外地认为企业家不应以个人利益最大化为目标，而应该以人与环境的可持续发展及社会的良性运转为目标。正是在这样的背景下，关于社会企业和社会企业家的研究成为当今学术研究的主要趋势。

那么，我们如何看待中国的现代化过程中前辈企业家们为我们留下的实业救国的企业家精神？这就要联系到我们最近关于张謇和卢作孚的研究。我们不仅依据史料分析早期企业家的资本原始积累及其产业扩张的真实过程，也要还张謇、卢作孚这些企业家以社会企业家本来的面目，这既是我们课题研究的成果，也与中国特色社会主义的制度体系应对私人资本崛起的现实问题直接相关。

1894年发生的甲午战争，标志着晚清官方推进的以西方工业化为目标的洋务运动的失败。洋务运动最主要的成果之一是北洋水师，其中的主要战舰直接从西方进口。在甲午战争中，北洋水师的全军覆没意味着早期官方"器物说"主导的以洋务运动为名的近代工业化的失败。我们的教科书提出这是中国工业化的第一个阶段——官方直接办企业（早期国家资本主义）阶段。

紧接着出现了中国工业化的第二个阶段——官商结合（官商合办、官督商办），即由官方主办阶段向官商结合阶段的转型，也相似于我们今天所说的国有企业通过PPP向民营企业的转变。当年转型的第一个代表人物是张謇，他办的大生系企业用官方设备做股，通过民间投资门槛相对较低的方式建立近代工业——纺织工业。纺织工业需要原料，于是他在南通搞大生垦牧，这就将纺织工业体系与规模化垦殖农业结合在一起，把第一产业和第二产业代表的城乡二元分割对立，实质性地改为内部化有机结合，早期社会企业的雏形由此形成。

于是，张謇的社会企业便有了一个重要的内涵，就是"在地化"，因为棉纺织工业要使用当地的原料，因此企业团队就必须到农村基层，帮助农民成立农会及合作社。由此，中国早期的农民合作社就在社会企业在地化的指导下形成了。有了原材料和加工生产还不够，制成品需要运输和融资，于是张謇便利用长江航运发展起了运输业和金融业。这就是从第一产业到第二、三产业，乃至教育医疗等全部产业都在地化的综合性社会企业——"大生系"企业集团便发展起来了。

但在20世纪二三十年代，中国也受西方大危机的影响，整个民营经济几乎都受到了冲击。张謇的大生集团也在那个时代走向衰微。

直到1926年张謇去世，其创办企业举凡30年，从来都是一个一文不名的实业家。南通大生集团发展过程所产生的收益，全部用于当地的教育文化和社会建设。

张謇本人在创办企业之初就没有将追求个人的利益当作目标。从这个角度看，在早期从官方洋务运动向民间工业转型的过程中，中国产生了大生集团这样的社会企业和张謇这样的由官而商的社会企业家。

由此可知，在21世纪全球大危机压力下，西方出现了向社会企业转型的企业；然而，在中国19世纪末山河破碎的大危机压力下，自有所谓民办企业以来，社会企业就是其中主要的企业类型。

在重庆北碚，有很多普通人都关注卢作孚，并将他称作"北碚之父"。

1925年，卢作孚在重庆北碚创办了民生公司，后人称之为"民生系"。此前，他两度亲赴南通向张謇学习；并且在创办之初向民生公司所有的投资人讲：我们不要追求短期收益，而要着眼长远的发展。北碚身处多县交界的地方，这里盗匪横行、民不聊生。卢作孚的兄弟卢子英毕业于黄埔军校，当时卢作孚是江巴璧合四县特组峡防团务局局长，他和卢子英用地方商团的武装力量镇住地方上的土匪，使得当地货畅其流，原来无法开采的资源得以开采；等于用一支相对有规模的地方武装创造了本地资源得以开发的条件，由此产生了"和平红利"。

也就是说，卢作孚的民生公司最初不是凭借某个人的一己之力或外部资本投资的能力发展起来的，而是靠商团武装与当地的各种复杂的社会结构有机结合才得以奠定其发展基础的。

我在做卢作孚问题研究的时候第一个问题是，卢作孚先生创立民生公司，并将这个公司发展成为后来具有充分实力和影响力的大型企业，他的"第一桶金"是从哪来的？通过一段时间的研究我发现，在盗匪横行的时代，在地化资源因缺乏和平开发的条件而没有被充分利用，一旦和平条件形成，就产生了"和平红利"，这来源于市场"再定价"——过去潜在的要素得到了刚形成的市场的制度条件的定价。

从经济学角度来看，民生公司的起步阶段并不是靠着某种个别的资本力量，而是靠着社会的安定和在地化综合发展，因此，民生公司从创业之初就是社会企业。

将卢作孚称作"北碚之父"一点儿都不过分，因为卢作孚将北碚从土匪横行的穷乡僻壤发展成了一个各项社会事业俱全的地方。当时西方出版的中国地图里，北碚是唯一登上中国地图的镇。卢作孚先生同张謇一样，一辈子没有一分资本收入，他的全部收入都用于北碚当地的各种社会事业的建设和民生公司的员工培养。

在中国早期的工业化发展过程中，以"救亡"为目标的企业家，我们可以找到成千上万。

但我们更应该关注的是张謇和卢作孚在乡村建设体系中也有重要贡献。

当我们今天讲县域经济的时候，切不可忘记县域经济最早的推进者是张謇，他在南通完成了县域经济、社会、文化、教育等各个方面的综合发展；因此，张謇是县域综合发展的第一人。同理，北碚作为镇域经济的样板，就是卢作孚先生做出来的。他们都是在社会一片凋敝的状况下，与社会各界一起努力，探索出这种在地化综合发展的模式。

遗憾的是，如今的南通和北碚都已经发展为"地市级"，而我们后来的人却没有将他们当年推动一个地方综合发展的经验当成包容性可持续发展样板，这是我们的缺憾，也是我们今天要做这项研究的原因。

谢谢！

潘家恩：

从某种意义上来讲，民生系企业的发展与北碚的建设实现了双赢。按照您的提法，与个人收益相对的是综合收益，那我们如何能够实现综合收益最大化？以民生系企业为例，如何通过节约交易成本等手段提高企业的竞争力？

温铁军：

如果我们将一个企业所在的经济领域切割成各个不同产业的不同环节，由不同的经济主体参与其中，那么，这些环节的参与主体之间各自产生交易，看似是完全市场化的，合乎主流意识形态，但实际上是"市场失灵"。在经济学中有一个概念是"市场失灵"，英文为"market failure"（本来应当翻译为"市场失败"，因为我们是在市场经济作为主流意识形态的大框架下讨论问题，所以人们将其雅译为"市场失灵"）。在西方话语中，与市场构成二元对立的是政府，由此与"市场失灵"相对的概念，则是"政府失灵"（government failure）。英文的两个"failure"意味着市场也失败，政府也失败。从西方理论角度来说，这两个方面都失败了怎么办？那就得靠危机爆发重新洗牌。但在东方，最好的办法就是将市场与政府二者综合起来。

按照我们今天照搬西方的两分法，政府就是政府，市场就是市场；但如果我们客观地看待当年张謇和卢作孚的经验，就知道这两位绝对不是简单的私人企业家，他们客观上都在官方有部长的职衔。

张謇不仅在清末，而且在清政府解体之后的北方政府和南方政府，都担任部长一级的职务。张謇在1894年创业，离清政府解体还有十几年的时间，他作为清末民初政府的高级官员，利用清政府的官场体制产生的资源来推进他在南通一方的开发。实际上是把官方民间的多种资源做了有效的整合，这首先是不做政府和市场的两分法，而是将二者综合起来。同理，我们讲到卢作孚创业的"第一桶金"从哪来的时候说得很清楚，是因为他在北碚这个荒城僻地任"峡防局"局长，能够有效调动地方武装的800条枪，那叫威震一方，这才有市场，而不是纯搞经济；更何况他在抗战期间被任命为"交通部次长"，这也为后来他一直任董事长的民生系在长江航运一统天下留下了"伏笔"。

如果人为地把所有事情割裂开，而不去看它内在的结构性关系，那做的是什么研究呢？当我们对历史问题做研究的时候，一定是和现实问题相关的。麻烦就在于今天的研究大部分是学科化的，这种研究要求将客观事物切开，并将其细分到难以细分的地步。当然，事物是无限可分的，但是如果一定是走这样一种微观化的学科规范的研究道路，我们难道还能产生真正的问题吗？

当我们说到南通张謇和北碚卢作孚这两位在早期中国乡村建设领域中起到领军作用的社会企业家的时候，应当看到他们成功经验的第一点就是综合性，也就得以把那些独立经济主体参与的各个生产环节在进行交易时所产生的交易费用做内部化处置，化解的是"市场失灵"，也就是说，当个体追求收益最大化的时候，一定会把相当多的"外部性"，亦即未支付的制度成本甩给社会，而这个成本是社会难以承担的，于是社会就会将成本进一步逐级向下转嫁，这就导致环境恶化、污染，以及排放增加，进而产生气候变化等一系列问题。大自然不能开口说话，不得不承担这些外部性成本，但最终会反过来惩罚人类，这是最大的外部性。

如果我们将企业发展和地方发展紧密结合在一起，这就是"在地化"的企业发展。如果当年卢作孚不用在地化的方式，企业根本无法发展起来；如果民生公司也将挖煤、运煤、发电、用电等业态完全分开，互相之间仅为单纯的市场交易，大家都是"各人自扫门前雪，不管他人瓦上霜"，这个地方更不可能成立综合发展的企业。

到21世纪，世界上的大跨国公司和著名企业家都提出，企业的第一目标是追求全球的可持续发展，即生态、资源、环境、人类社会等多方面的综合发展，而不是企业自身的利益。大型企业先讲社会目标和综合发展。再讲企业的第二目标是对投资所在国尽责，寻求在地化的综合发展。企业的第三目标是员工的综合发展。第四目标是教育医疗等社会事业的可持续。当以上这些讲完之后才说，为了实现以上这些社会目标，本企业还是要追求利润，但利润目标往往排在企业目标的第五位或更靠后的位置。只有在我们这里，由于西方中心主义思潮泛滥、一些人过度接受了西方思想中很多糟粕的东西，并将其视为精华，这成为很多人宣传的东西。他们似乎刻意地抹掉了21世纪世界级大企业转型时所提出的综合目标。可见，这种要求我们的企业只追求利润，并且把私人利润当成市场经济的核心内涵，这是很荒唐的。

如果一个产业内部的各个生产环节都是独立核算的经济主体，并且各个生产环节之间按市场原则来交易，那么，由于各个环节间的交易过于细小，每个交易都要解决信息不对称产生的成本，这就导致整个经济运作过程会产生巨大的制度成本。假如每个生产环节都需要通过对对方的信息完全把握才能形成降低交易成本的条件——这个把握对方信息的过程在经济学中被叫作"信息搜寻成本"（information seeking cost）——那么，所有的企业都会为了保证自己的信息不被别人完全把握，以使自己在谈判中多少有点谈判地位，而采取一系列措施建设"信息竖井"。在这个过程中产生了相当多的交易费用环节，这样交易成本总额就变得很高。但是，如果我们把所有的交易整合为一体，每一个生产环节都是产业链条中的一个扣，各生产环节之间不需要交易，每一个生产主体的报表是透明的，那么自然就没有信息搜寻成本，整个交易成本就会降低，运作经济体系的制度成本也随之降低。

据此看，当卢作孚在北碚把采煤、机械、运输、商业这些环节全部整合在一起，变成民生公司内部运作体系并且达成产业群体在地化的时候，就意味着交易中所产生的外部性问题，可以通过北碚的在地化综合发展来内部化处置。

再进一步看，为了让社会认同民生公司的地方经济发展模式，卢作孚办教育、办文化、搞公园、图书馆、科学院，他把这些社会文化事业乃至教育孩子、赡养老人等观念结合在一起，就形成了一种教化，也就意味着文化、教育、科技等方面的社会事业，都集中在民生系。坐落于北碚而形成的综合发展模式，其实就等于将民生系因内部化处置外部性问题而形成的制度收益用来支付社会成本、教育成本、文化成本。可见，民生系当年的发展，应该说具有相当重要的制度经济学的理论意义，这在一定程度上也可以说它具有政治经济学的理论意义。

邹琰：

您有一篇文章对从事乡村建设的人有一些评价，其中您给卢作孚的评价是"卓有成效"，您似乎对卢作孚的评价比其他人高一些。您是基于什么对卢作孚做出这样的评价？

温铁军：

我们首先应当全面地评价自清末以来中国近代企业的发展过程，在这个过程中的领军人物都属于卓越的企业家。在卢作孚的民生系起步的1925年正是民国早期，我们将其称作民国经济"第一个黄金十年"。20世纪20年代大局甫定，蒋介石初步实现了清末以后四分五裂的中国的再度大统一，这使得全国大体上有了货畅其流的条件。中国是一个超大型大陆国家，资源相对丰富，只要能够做到相对统一，货畅其流，就有利于经济发展。民生公司的起步正好赶上民国"黄金十年"，加上在地化的社会企业发展模式，所以企业发展速度非常快。

如同早期张謇大生系的发展牵涉大量的乡村建设，其主要是在县级；但卢作孚的作为主要是在乡镇，所以应该说县、乡、村三级各有三个人物值得我们研究，创造了南通这个县级模范的是张謇，创造镇级样板的是卢作孚，而打造村级典型的是回到长乐县营前村去搞"模范村"建设的民国时期福建省农工厅厅长黄展云。

清末民初中国近代工业刚刚起步的时候，企业家们追求的都是综合性的发展，都有各自的制度安排，所以这些人都应该被叫作"卓越的中国社会企业家"。

我对卢作孚做出"卓有成效"的评价，很大程度上是因为他在抗战期间，以国民政府任命的交通部次长的名义组织从宜昌向长江上游进行的物资和人员的转运，这被另一位乡建前辈晏阳初称作"中国实业史上的'敦刻尔克大撤退'"。国民党政府从东部向内地转移工业、教育、科技、文化等事业时，宜昌是一个关键口子，如果没有卢作孚先生的倾尽全力和聪明才智，我们很难理解宜昌大撤退的成功，也很难想象国民党政府从南京撤往重庆，并能在重庆建立陪都，在西南建立抗战基地的成果。因为，对抗战基地来说，最重要的是经济基础，而经济基础中最重要的是工业和科技，这些东西内迁西南，都应该说是拜卢作孚先生所赐。所以我才说卢作孚是早期中国社会企业家中堪称杰出的一位，我们今天很难再找到像卢作孚先生那样敢为天下先，并且以社会综合发展为目标，自己却身无分文的人。

张謇、卢作孚最后其实都不算富人，他们仅仅只是能够维持生活而已，因此，看到这批人我们今天的人常常会掩卷而泣。

潘家恩：

您刚才提的都是在企业家内部进行比较。如果我们把问题放得更大一些，把卢作孚与梁漱溟放在一起比较，我觉得卢作孚的重要性不仅仅在于服务北碚或者建设北碚，他更多的是用企业家的心经营北碚。在这个过程中，卢作孚用非常少的钱办成很多事，而且办得非常巧妙，非常有分寸。为此，如果我们把卢作孚的乡村建设与教育家晏阳初、思想家梁漱溟的乡村建设进行横向的比较……

温铁军：

今天研究晏阳初、梁漱溟、陶行知的著作已经非常多，并且在各个研究领域中都颇有成果，我觉得现在来做比较还不是很合适，因此这个问题是不是再等一等？等到以后有机会或者有条件的时候，再做比较和评价。

这几个人物应该说各有各的特点，我不想全面地来回答这个问题。不过，既然已经有了我自己的考虑，简单提几句还是可以的。

中国知识分子，特别是海归知识分子参与乡土社会的建设引起国外的重视而声名鹊起,但乡村建设却是本源于很多方面。所以我们认为,乡村建设起源于"青蘋之末",是"本土"社会的演进过程;并非后来的研究所讲的那样,将乡村建设的成就归到各个不同的学者名下,这种研究本身就不符合"客观研究"这一要求。

诚然,这不是批评,而是不认为靠这些知识分子就推动了乡村建设;我认为乡村建设是在清末社会解体复杂困境之中形成的各界的反应,当年这个社会各界多元化的反应,后来被归结为"乡村建设"。

比如说张謇最初做南通一方的社会综合发展时,他明确宣称自己是秉持村落主义,"村落主义"就是今天我们所说的村落社会共同体(social community),或村庄(village),这是以村为本的发展思想。张謇看到社会衰败、礼崩乐坏的大趋势,但他认为中国人最不能丢的是乡土社会之根本。应该注意,中国几千年的社会维持和西方是不一样的,中国的官权力止于县,我们叫作"皇权不下县,县下惟乡绅",因为正规的官方治理体系是高成本的,由此县以下大体上是乡绅们在维护乡村自治。须知,自秦置36郡、汉承秦制以来,中国就已经不再是西方中心主义历史叙事所说的封建主义。①

那么,这个过程中间形成的什么制度让中国能够有2000年的稳态社会呢?这项制度与今天我们所讲的乡村建设、村民自治有没有关联?这应该是学者们去研究的一个重要的内涵。我们的研究应把握内涵,而不要非把人分成什么派,也不要非把中国在清末到民国这个发展过程中所形成的复杂的社会经济问题的化解,仅仅就归结在某些人所带来的某些思想上,这些偏重强调个别知识分子的归纳不是唯物史观,恐怕是多多少少带有点英雄主义、个人主义的唯心史观。当然唯物史观、唯心史

---

① 马克思不认同欧洲中心论的"泛封建化"观点,并在《马·柯瓦列夫斯基的〈公社土地占有制,其解体的原因、进程和结果〉一书摘要》中逐条批驳。马克思说"……君主专制发生在一个过渡时期,那时旧封建等级趋于衰亡,中世纪市民等级正在形成现代资产阶级,斗争的任何一方尚未压倒另一方。因此构成君主专制的因素决不能是它的产物……君主专制产生于封建等级垮台以后,它积极参加过破坏封建等级的活动……"[《马克思恩格斯全集》(第4卷),1995,第341~342页]。结合马克思对于封建制特征的分析可知,中国自秦起形成的2000多年的中央集权制度并非封建制。

观也是西方传过来的概念，我们也不必太较真。但是总的来看，我们要把这一代人的思想和行为，与大的历史演变结合在一起，才能够对我们今天认识客观世界起到一点积极作用。

我先虚着说几句，不从实的方面去讲他们当年是怎么回事，只是说从那个阶段来看，张謇是个村落主义者，他一开始就主张发展要以乡村为基础，维持住中华传统文明，不使其断裂。虽然你们看梁漱溟对传统文化的辩证思考，但其被后人称道的、被国外认可的，却是他与农民革命政治斗争中的指导思想的差别！这些西方意识形态感兴趣的东西在国内争论久矣，并非真问题。

潘家恩：

现在有一种代表性的观点认为卢作孚将北碚由乡村变成了城市，有人认为卢作孚做得更多的是一种城市建设，而不是乡村建设。您认为卢作孚所从事的是不是乡村建设？为什么？

温铁军：

这些人完全从地域角度来看镇与村的差别，然后说卢作孚重点建立的是镇，而不是乡村。如果纯粹从农村和城镇这两个地域的差别上来讲，这些人的说法有道理。如果我们也把北碚镇与周边农村划分开来看，毫无疑问，卢作孚综合性建设的重点是在北碚镇。但是，我们今天讲的乡村建设本来就包括县以下，中国几千年"皇权不下县，县下惟乡绅"，乡村自治在主体上就是乡绅自治，而乡村自治包括县以下几个层级，既包括乡、镇，也包括村和自然村落，甚至包括户。从这个角度来看，我们为什么把张謇在南通这个县域的综合发展也当成乡村建设的重要的方面？因为县域本身就是所谓"县以下"。

从这个角度来说，你问的是大概念，对方提出的是小概念。如果只集中在北碚镇，卢作孚的民生公司所产生的收益有相当一部分投在北碚镇的交通建设、基础设施建设、教育建设、文化建设。再去看张謇大生系所产生的很多收益，重点也投在南通市。但是，他们勉力维护的是这个乡土社会的稳定，其长期以来有着相对比较系统的结构化的组织体系和制度体系，这种制度结构和组织结构有利于维护中国的稳态存在。

近代化过程，或者说社会现代化过程本身，是要破坏掉还是维持住庞大的中国上下两层治理体系，即官方的县以上官方治理和非官方的县以下乡土治理。乡土社会主要是县以下的乡村自治，而乡村自治依托的是县以下的乡土社会的多元经济，只要能够维持得住，这就是乡村建设。

从这个角度来看，从张謇提出"余毕生秉持村落主义"去发展一方经济，带动一方就业，到卢作孚前赴后继地兴业于北碚产生一方民生，这本身就是乡村建设。一个地方的文化事业、社会事业、教育事业各个方面发展起来，带动的是整个地方整体素质的提高。

如果非得要以"区别之心"去判断民国先贤搞的是城市化还是乡村建设，这种区分当然也有意义，但我认为他可能是因为接受了西方过于细分的学科化的学术体系而愿意更细地来做点区别研究，这也无可厚非。

邹琰：

卢作孚是怎样进入到您的研究视野的？另外，我想请问温老师，您认为对今天中国的建设而言，对卢作孚的研究最大的意义在哪里？

温铁军：

我们研究百年乡建历史，其实主要是为了与现实问题结合。因为乡建前辈以"救民于水火"为己任；而现实中人们却过于强调企业家个人利益的最大化，这种照搬西方教科书的私利最大化的极端发展主义思路甚至演化成了政策、制度、管理体系，导致今天社会礼崩乐坏，资源短缺、环境破坏等问题也越来越严重，并且这些发展主义的巨大成本正在向全社会转嫁。据此看，我们研究21世纪全球大危机条件下的企业转型，就一定要把社会企业和社会企业家的概念纳入进来，并且要看到我们本土的近代企业和企业家从一开始就是以"实业救国"为目标的社会企业和社会企业家。

总之，我对于卢作孚研究的现实意义，就在于如何认识今天已经发生的较为严重的问题。

至于我怎么把卢作孚纳入研究视野的，说来话长。

自20世纪80年代改革以来，今天人们很少提到80年代的改革经验，或者说很概念化地提到80年代的改革，但真正说到深化改革的时候，又很少提80年代改革在思想上的成果。其实，20世纪80年代农村改革使人们认识到：大包干不是我们的目的，恢复小农家庭生产也不是我们的目的，还有一系列深层次问题需要我们付出更为艰苦的努力才有可能逐步得到化解。那时候不仅提出了一系列的问题，并且说"家庭承包所引发的问题远比它解决的问题更多"，这句话相当于一个内生于改革的价值观。正是基于这样一种判断，20世纪80年代中后期才提出搞"农村改革试验"。当时就有领导提出，我们在20世纪80年代搞的乡村试验和半个世纪之前上一代知识分子们所参与的农村试验到底有什么不同？也有同事去北图（中国国家图书馆）复印了很多资料回来。在20世纪80年代我直接参与了中央有关部门的农村改革，尤其在这个试验的过程中，我们能够把前辈的试验经验搬出来与我们当代的试验进行对照。

所以，我是在20世纪80年代开始参与中央确立的农村改革试验区的建设过程的，因工作需要而开始了解前辈们的经验教训和做法，就这样，晏阳初、梁漱溟、黄展云，以及张謇、卢作孚等从清末到20世纪二三十年代，甚至在四十年代"民国"晚期所做的事情，逐渐进入了我的研究视野。

可见，我不是从纯微观学理或者农村政策的理论需求出发去做研究，而是在中国农村改革与发展的实践过程中建立了一个基本的判断，随后展开了农村改革试验区的实证研究。

这个基本的判断就是，农户家庭承包并不是我们的目的。后来当人们强调家庭承包的政治正确、把农户家庭当作市场经济主体的时候，那岂不是说中国进入市场经济已经几千年了？今天当人们把这些意识形态化的东西搬出来说事的时候，我们早在20世纪80年代就已经讨论过了。并且在这个讨论中列举农村发展所面临的各种复杂的问题，驱使我们创设各地试验区，借此再去寻找前人在乡建运动中的经验教训，这样，才把他们留下的资料纳入我们今天所做的研究。

我做了几十年的政策研究、社会实践，现在该做一点归纳和理论提升了，所以最近这些年我把时间和精力更多地用到了思想理论建设上。这项工作更需要广泛的比较和借鉴，因此，前人的乃至国际社会上其他国家各个方面的经验就都逐渐被纳入我的研究视野了。

总之，这是个客观过程，而不是完全从主观想象出发的。

邹琰：

当今出现了很多特色小镇，就我们目前来看，特色小镇呈现了更多的问题。您是如何看特色小镇出现的问题？

温铁军：

这是很有现实意义的好问题。问题在于什么叫作特色。我在最近这些年做思想理论的归纳和提升的过程中，有一个系列课题，其中有部分是对东西方两种万年农业文明发展过程的比较，我当时的提法是"两个'两河'的对话"。

西方文明源于一万年前产生于幼发拉底河和底格里斯河狭窄的两河地区的麦作农业。两河地区是单一气候带，单一气候带所形成的浅表地理资源也是单一的，单一的浅表地理资源产生了单一的麦作农业。麦作农业用了两三千年的时间，向欧洲、北非蔓延，形成了欧洲的传统农业文明的原发。两河农业是原发农业，欧洲农业和北非农业是次生农业。东方文明原发于两河（长江、黄河）文明，但是也可以被称作"四河（江、淮、河、汉）文明"；甚至可以把北方的黑龙江、辽河、海河，南方的珠江纳入其中，说成是"八河"！总之中国地域广阔，并且分处于五大气候带，因此，地理资源条件非常复杂。

西方文明发源于狭小的两河流域，在此基础上形成单一的气候带和单一的地理资源，由此，西方文明单一化，呈现一元论秩序性，只有一个神。反观东方，无论是古印度，还是古中国，都有成千上万个神，在家拜灶王爷，进城拜城隍庙，发财拜赵元帅，娶媳妇结婚生子拜送子娘娘、观音菩萨，等等。东方把各种各样的宗教都放置在多元的气候、多元的地理资源、多元的作物的条件下，大家有多元的生活。

中国特色，其实就是对多元的承认。多元是一个社会被称为生态社会的重要的内涵，原住民社会的多元体系与西方崇尚的单一社会、单一思想、单一体系等一元论体系完全不同，但这恰恰是东方文明复兴的根本，只有承认多元，才有特色。

如果把特色搞成千篇一律，全部都是钢筋水泥的建筑，统一标准的楼房，请问还有特色吗？如果特色不与当地的浅表地理资源的多样化结合，请问有特色吗？如果不是这种浅表地理资源形成的作物，不与人的饮食和生存文化相结合，请问特色何在？

从这个角度来说，"特色小镇"之所以是很好的现实问题，是因为特色小镇承认了多种气候带条件下的多样化的地理资源，在这种地理资源条件下形成了多种作物，多种作物所产生的饮食文化滋养了饮食男女。特色小镇的概念本身就具有今天中国21世纪新的发展导向——生态文明的最重要内涵。

邹琰：

您认为卢作孚当年做的北碚镇算不算特色呢？

温铁军：

在全国都没有实现工业化的条件下，北碚工业建镇就是特色；如果全国都搞了工业化，北碚镇就不再是特色。北碚镇当年的特色就在于其他地方都没有搞成工业化，没有搞成镇一级综合开发的，只有北碚搞成功了，所以北碚工业建镇就是特色。但如果我们在工业过剩的今天再把张謇、卢作孚当年的做法搬过来的话，那又是在重复着一个过去的故事了。何况，张謇的大生系到1926年前后就逐渐走向衰落，到20世纪30年代大生系解体了；卢作孚的民生系从1925年起步，到他1952年去世，民生公司合并，前后也都是二三十年的时间。

希望各位无论研究哪位人物，都不要把一定的时空条件下的研究对象当成对自己故步自封的条件，我们还是要丰富一些背景资料，也要更多地与现实问题结合，才能有真正的问题意识。对任何历史人物的研究都无法被假设，也很难全面呈现当年的情境，因此历史研究所具有的科学性条件很难建立。也因此，历史研究一定要与现实问题结合才有意义。

张振：
您一方面是"三农"问题最初的提出者，另一方面是当代乡村建设最重要的推动者。您认为二者之间是什么关系？

温铁军：
"三农"问题的提出是一个比较漫长的历史过程，很多人都有贡献。我一直以来坚持认为：真正提出"三农"问题的是孙中山和毛泽东。早年强调"中国的问题是农民的问题"的是"革命先行者"孙中山，接着坚持这个观点的是毛泽东，作为20世纪中国最伟大的两个革命家他们从来都没有说过"农业问题是中国最重要的问题"。

客观地看，我后来所提的"三农"问题主要针对的是，20世纪90年代以后农民问题被相对忽视了，领导只强调农业问题，农村政策也转变成往往只强调农业投入。也许说农业问题大家好理解，比较国际化，尤其是西方人好理解，但如果讲农民问题，西方很早就在谈论"农民终结"，只有农业问题在西方是客观存在的；但对我们来说，无论如何加快城市化，无论怎么"消灭"农民，即使最终实现了70%的城市化率，仍然有4亿到5亿人生活在农村。所以中国不可能"农民终结"，因此，中国的领导人还得把农民问题放在第一位。

特别是20世纪90年代初，当领导人开始强调改革政策的重点转向城市，转向工业的时候，农村人口仍然占中国总人口的75%~80%，仍然是中国人民的大多数。当中央提出"三个代表"的时候，中国人民最大多数当然是占人口绝大多数的农民。所以，如果不代表农民，不研究农民问题，只强调农业问题，当然就违背了孙中山、毛泽东这两位中国最伟大的革命家自发动中国革命以来的一系列的政策思路。因此，"三农"问题的出现实际上是改革政策的主导思想的问题，或者说是政策领域中的方针路线问题。从这个角度来说，我只不过把自孙中山、毛泽东以来本来都应该强调的农民问题带回到了问题的本源上，所以我才根据20世纪90年代的思想演变强调说，本来就不应该是简单地强调农业问题，而要把农民权益及农村可持续发展问题放进来，农民、农村、农业的"三农"问题由此提出。

针对20世纪90年代一度只强调农业问题的状况，我认为农业问题是农民和农村发展派生的，中国没有绝对脱离农民权益问题和农村可持续发展的单纯农业问题，所以20世纪90年代那场讨论应该说是复杂的政策领域中的各种表述，成了"三农"问题确立的依据。

21世纪的乡村建设当然与这场辩论有延续关系。

在20世纪90年代那场政策讨论之后，中央在21世纪之初接受了"三农"问题，并且在2002年换届之后明确了"三农"问题是重中之重。"三农"问题的战略思想也由此提出。

但是，怎么才能把"三农"问题从政策问题变成国家发展的经验，从问题转变成政策措施呢？那就是搞农村改革试验区。正好我从20世纪80年代起就是搞农村改革试验工作的政策研究人员，所以我们就进一步推进体现"三农"的制度建设试验。虽然那时官方部门也有政策试验，但那些还是按照20世纪90年代的政策体系开展的，我们只能另做安排，于是就开始了21世纪之初以民间为主的新乡村建设试验。

这场以民间为主的制度试验走向基层、走向农村，发动更多的青年学生到农村基层去，与农民打成一片。

当时我们搞的是"三结合"，即知识分子、青年学生、农民三结合，后来变成"四结合"，即在"三结合"的基础上加上市民，再后来变成了"五结合"，又加上了很多文化人，即特殊人才；新农村建设战略推出以后还有很多地方政府介入其中。社会多方力量共同参与，推动乡村社会的生态化复兴。这就是以民间力量为主、针对"三农"问题所开展的社会工作，这项社会工作最初无权无钱，却因社会各界广泛参与而在全国各地出现，逐渐演化成一种社会运动。

我们提问题的时候不要认为某个人在历史过程中起了怎样的作用，客观地说这只能是个历史过程，是客观经验不断演变的过程，哪个人起点作用，那只是个别的或者短时间内的，受一定时空条件限制的，如果没有这个条件和限制的改变，无论任何人有多么大的愿望，也很难贯彻落实。

当年在"三农"问题讨论中，"农民问题"被我称作"农民权益问题"，"农村发展问题"其实就是农村可持续发展问题，而农业问题对中国来说主要是农业安全问题。概括地说就是农民权益、农村可持续发展和农业安全，这三个问题在20世纪90年代几乎没有被清晰地界定过，照搬西方教科书的思想理论转化的政策要点似乎很直白，即只要中国把农地私有化，再通过市场交易，让土地集中形成规模农场，中国农业就能够参与国际竞争了。这种逻辑非常简单，也非常单薄，用这种逻辑对20世纪90年代的政策思路展开讨论确实不合适。更何况我们是从20世纪80年代过来的，这些问题在20世纪90年代被简单化，对我们这帮从20世纪80年代过来的人是一种智商上的侮辱！当然，后来也有纠偏的过程，例如，从20世纪90年代官方政策思路上的偏差的抵制，演化成21世纪各界广泛参与的新乡村建设的社会运动。

这是一个此消彼长的过程，也是从一种客观事物转化成另外一种客观事物，这符合唯物主义哲学的演变过程。

张振：

您带领的乡村建设研究团队一方面努力将乡建从"好人好事"、"就事论事"和"成王败寇"的论述中解放出来，另一方面努力挖掘乡村建设的历史脉络和国际视野。正如梁漱溟曾说，"乡村建设，实非建设乡村，而意在整个中国社会之建设"，类似地，在您看来，乡村建设是什么或者不是什么？在具体的实务和技术层面之外，乡村建设更大的意义是什么？

卢作孚、北碚与乡村建设（代序）

温铁军：

如同乡建先贤梁漱溟先生不认为他只是在建设乡村，他要建设中国。我们今天在全球大危机不断爆发的条件下重启乡村建设，难道仅仅只是建设乡村，去圆"梦"吗？不，吾辈之目的乃在于建设人类世界，对人类借由殖民化而起的几百年来激进的现代化大潮有所反思才能自觉参与的生态文明复兴大业。

如果说我有点另类的话，那我首先是一个与梁漱溟先生当年的提法有某种相关性的、批判现代性的学者。大家都会说现代化是个大目标，但在我看来，现代化是现代性的外在表达。我批判被资本主义接生的现代性从呱呱坠地就内含着的贪婪及其借助现代科技和传播手段恶性扩张，但并不简单化地反对中国现代化的实际经验过程。有人连概念都没听懂，上来就指责说，你怎么反对现代化，现代化是国家目标。殊不知一旦"现代化"被政治化之后，便具有了政治正确（political correctness），任何对现代化哪怕某个阶段具体教训的批评就都变成了"政治不正确"。

我批评的是现代性而不是中国人在绝境中奋斗出来的现代化。据此可以认为，我们对于"现代化对中国的影响"这个问题本身应该做多方面经验归纳和理论解读，如果只是一面倒，那就只不过是意识形态的服从者，而不是一个学者，更不是在做研究。做研究是通过梳理多种客观事物之间复杂的结构关系，对其中的本质相关给出逻辑解释。

我们今天这个社会已经出现了相当复杂的制度成本问题，并且让我们付出了较大的代价，如果我们还只是坚持一种"政治正确"，难道就算有自觉性吗？人之所以不同于动物，很大程度上在于人的自觉性要求的思考能力大大强于一般动物。人追求自由，但真正意义上的自由是思想的自由，而思想的自由在于追求的自觉性，不在于跟从意识形态认同某一个政治正确的东西。我们不能被拘束住思想，思想的自由是建立在自觉性的基础上的，何况我们在乡建实践中必须面对复杂的制度成本问题。

早期推进乡村建设的时候，我有本书叫《解构现代化》，很多人以为就是对现代化的批判。我说不要那么望文生义,是"解构"而非"批判"。"解构"若翻译成英文(deconstruction)不太正面,但是中文的"解构"有"格物致知"的内涵,并不是负面的。在我们每个人都或多或少地参与其中的现代化过程中,至少要总结现代化的收益和对应发生的成本,谁都知道收益和成本是对等的,如同作用力与反作用力是对等的!正所谓"没有痛苦就没有收获"(No pains, no gains)。解构是把事物分解,这应该是做客观研究、追求思想自觉的起码的步骤,然后才可能分别去找收益与成本二者之间的相关性。

首先从哪里找起呢?现代化当然有收益,收益被哪个利益集团更多地占有了?现代化当然有成本,成本被哪个利益集团更多地承载了?你会发现收益被少数利益集团占有了,成本更多地被大多数人承载了,当大多数人无法承载现代化的制度成本时,成本就转嫁给资源环境了。这时你才发现,现代化所体现的现代性本身值得我们分析,于是就有了进一步的批判现代性。

我以前出于对"三农"问题的讨论而逐渐与国外进步学者交流,形成了 Critical Policy Studies(直译为批判政策学)。开始只在少数国外学者中有所讨论,我们基于交叉学科的视角来看现代化的整个政策过程,逐渐地也做出具有普遍意义的归纳。例如,我们提出任何改革政策其实都是占主要制度收益份额的利益集团,为了占有更多的收益或甩掉更多成本而在原有制度框架内推出新的制度安排。所以这个制度安排往往是有利于原有制度框架内占主要收益的那个利益集团的;并且,一旦外部挑战严峻则会"宁与外寇不与家贼"。这就是我们建立批判政策学推动理论创新,换一个视角来看制度演变过程所形成的观点。

接着就得从"乡村建设不是什么"说到"乡村建设是什么"。

乡村建设当然不是上述这样利益集团的"改革",更不是为了配合某个少数利益集团更多地占有收益而推进的社会变迁;而是谷(读 Yu)于大势仍有"历史耐心"的社会改良。从其延续至少百余年的经验看,是为了使大多数承载了巨大制度成本的弱势群体能够得到可持续生存的条件,而要让更多的青年学生、社会团体、知识分子等社会群体结构化地整合在一起，形成防范危机恶性爆发的"三共"（共生、共享、共治）条件，提高"三自"（自主、自助、自强）的能力。因为，只有自觉减少成本转嫁，才可以使人类社会与资源环境能够可持续共存，才能维持子孙后代长期的发展。

由此可知，当代乡村建设与此前的最大不同，在于这是以批判政策学的思想为指导的批判现代性的社会改良运动。据此，站在先辈肩头的我们，应该这样告诉后人：乡村建设实非建设乡村，实非建设中国，乃是对人类社会不可持续的激进发展主义做出的反思和应对。

张振：

您曾经说作为历史上第三波的当代乡村建设面临着比以往的乡村建设更大的困难和挑战，这种挑战主要来自哪里？该如何面对挑战？

温铁军：

挑战主要来自全球资本过剩危机造成的内外矛盾激化。

自资本主义以殖民化作为前史，成为人类社会进入西方中心主义对外扩张的第一个阶段以来，就在不断地爆发危机，从局部危机终于爆发成21世纪的全球性危机。对我们来说，最大恶果就是全球危机爆发的烈度越来越大，时间越来越短，所产生的代价越来越大！而在中国，更为严峻的挑战是多数人蝇营狗苟于其中，没有形成自觉认识的可能。

我多年来一直强调，如果我们搞乡村建设就是做点好人好事，那尽可以自行其是。为什么大家愿意凑在一起，聚集了成千上万的人？就在于人们参与的是一种事业，并且意识到我们处在大厦将倾的大危机时代。清末李鸿章说"三千年未有之大变局"，一百多年后的今天，应该叫"三千年未有之大危局"。把大危机与中国的高速发展和20世纪的成就相比，也许应该是喜忧参半。中国有如此的成就，但同时也潜藏着巨大的风险。

只举一例，我们目前对石油进口的依赖度达到70%左右，而为我们提供石油进口的国家大多数都处在冲突地区，如果石油进口中断，我们的现代化怎么维持？当我们因大气污染把烧煤改成烧油烧气的时候，也是主要从外边运进来。如果是某一个冬天石油天然气进口突然中断，那这些已经从烧煤改为烧油、烧气的城市的供暖就中断了。

越强调城市化，就有越多的人口向城市集聚，其实就意味着越多的风险向城市聚集。任何一场危机，找不到那个扳机在哪，所以才说今天可以被称作"三千年未有之大危局"。

大危机随时可能爆发，但大多数人浑浑噩噩，不知道大危机爆发会对他的生活产生怎样的影响，由于资本向城市集中带来资本溢出收益，人们还在不断地向城市聚集，但资本却把风险转嫁到了资源环境和弱势群体身上。当乡土社会弱势群体承受不了这样巨大的成本转嫁时，人们也纷纷向能够产生资本收益的城市集中。

希望从这个角度来看今天开展的乡村建设的意义。我们为什么一直强调改良，而不主张任何激进对抗？因为很大程度上，走到这一步已经没有掉头的可能。在我们前面已经有无数撞毁的现代化之车，又或者在波涛汹涌的大海上，海啸掀起了巨大的波浪，在你面前有一堆损毁的巨轮，怎么可能避得开这些东西？

我一开始搞乡村建设的时候，有些年轻的媒体朋友不理解，说一个搞了几十年农村调查研究的人，怎么搞了乌托邦？前面我谈过人类的贪婪无度隐含于现代性，以及我对制度成本转嫁的分析。所以不妨借此把话说得过犹不及，即乡村建设是为了在大危机造成巨大社会代价的时候，还有一部分人能够在他们辛苦打造的乡村维持基本生存。

记得1991年我在美国进修的时候，王力雄的小说《黄祸》在西方造成巨大影响，书中描写核武器最终导致人类毁灭。大危机爆发的时候，什么人能保得住？

再把话说得实际一些。我在世界上很多国家做了很多相关的调查和比较，得出的结论是只有当你用与资源环境直接结合的方式生存的时候，大危机才能够使你幸免于难。

举个例子，1997年东亚金融风暴爆发的时候，泰国是金融危机重灾区之一，生活在大城市的很多人失业，还有投机失败的跳楼。这场大危机之后我去泰国，问居住在泰东北农村里的农民：你们发生金融危机，日子真是挺难过的。农民说，你说的什么危机？我怎么不知道？因为农民不在城市资本集中的危机风暴中心，不在将倾的金融大厦之中，而在绿色的田野上，与当地资源环境直接结合的人感觉不到发生在曼谷的金融危机的影响。

我们发现，人类社会在多样性的生态文明之中，根本不必一定要把自己或者他人改造成什么现代化标准的人力资本。今天制式教育的知识标准化达到了最高的层次，但其另一面可能就是逐渐消解你作为人的其他属性，在工具理性的意义上，使你更加符合现代化社会的人力资本要求。因此，现代教育越是到高端，越是在发挥工具作用——把你改造成去除个人自然属性的、作为标准化人力资本的工具。但在这种条件下，人还是人吗？

乡村建设是什么？不是什么？乡村建设就是使人是人，而不使人成为资本的工具。应该说这是一个最朴实的直白表达。

张子砚：

我的问题是关于此次研习营的。您如何看待此次研习营将不同学科的大学教师、实践者、硕士和博士纳入这样一种重视多元化、跨学科的安排？

温铁军：

乡村建设其实不只建设乡村，上一代乡村建设者的实践目的之一就是要培养人。

例如，卢作孚在北碚的民生公司一开始就特别强调民生公司要以员工为本，所以他把收益的一部分用于员工培养。乡村建设自清末起步以来就十分重视人的教育和培养。再如，张謇当年在南通建立了一批学校，包括残疾人的、妇女的、儿童的学校等，他建立了大量的、各种各样"在地化"的社会教育，在于要把人培养成能够适应大变局的人。这些社会教育往往与本地化的发展直接结合，这意味着当年的乡村建设所说的平民教育就是在地化的教育，而所谓在地化的教育又恰恰是21世纪西方遭遇连续危机时才提出的新概念。像中国这样地域广阔的国家，地理资源条件不同、气候条件不同、作物不同、生活方式不同、话语表达不同……因此，知识本来就是在地化的。

为什么百年来的乡村建设都要搞教育？因为自清末以来，人们就强调"师夷之长技以制夷"，认为西方人的技术是优势，因此要学西方的技术就要搞西式教育。自清朝开办新式教育以来，人们就把西方经验所形成的教育及其知识体系当成了唯一正确的体系。诚然，这在当年有进步性，但自20世纪90年代以来却在走极端，即现代学校的制式教育更多的是资本工具，它把人的本地属性、自然属性、社会属性全部消除掉了，人不再是人。因而，乡村建设所强调的平民教育就更有现实意义，那就是要让人融入本地化的多元发展之中，因此乡村教育发掘本地知识。只有把各种各样本地化的知识发掘成本地化的教育内容，人们才能立足一方。当年张謇秉持的"村落主义"的发展目标，才能通过在地化的教育体系实现平民教育。即使如晏阳初这种海归刚开始秉持的也是西方公民社会思想，认为中国的问题在于农民的"愚贫弱私"；但当他进入乡土社会之后，很快就强调我们得放下东洋眼镜、西洋眼镜、城市眼镜，换上农民眼镜，脱下西装，脱下长袍，换上农民装，即扎上个腰带、怀里揣个旱烟杆、戴个破草帽……知识分子要改变自己，才能从农民的视角去看问题，才能够推进乡村建设。晏阳初、陶行知这些都是早期拿着庚子赔款去美国学习的"海归"，当他们接触了下层民众、进入乡土社会，立刻改变了自己从西方学来的世界观，并且还严格要求自己，一定要改变价值观。

当我们今天重新启动新世纪乡村建设时，一开始就通过搞培训的方式发动大量学生、青年知识分子，来这里给大家做讲座的老师都是饱含着进步知识分子对热血青年的一份责任。因为我们都曾经热血过，曾经也是青年，我们曾不计代价地投入了很多运动……当面对这些投入到乡村建设的青年的时候，我们应该起什么作用呢？我们得尽责。

我们这一代人的大部分从人生角度看已经默默无闻地牺牲掉了，只有极少数人脱颖而出。难道因为我们是极少数脱颖而出的人，就能忘记那些被牺牲掉的同辈人吗？不能。正因为这样，我们才不能眼看着今天的年轻人重复我们昨天的故事。实际上，寒门学子通过制式化高等教育所拿到的只是一张旧船票，可能让你上得了中产阶层这艘客船，但你也不能因此就将身边的同辈人都忘掉。我们是在那一代大部分已经牺牲掉的人之外剩下的极少数人中脱颖而出的，不能忘掉这一代人所做的贡献和牺牲，我不能听任某些人以某种舶来的说法就把所有这些贡献和牺牲都抹掉，就把这些做出牺牲的人应该得到的全部都拿掉。我们的尽责方式之一，就是在乡村建设实践中与现在的年轻人做一些交流，请你们不要忘掉自己身边的同伴，更不要忘记自己的父辈，因为他们曾经是贡献者和牺牲者，没有几代人贡献和牺牲就没有今天的一切。就是这样在实践中的交流，使我们提出不要被人力资本化的所谓现代的制式教育过度地工具化的观点。

从那时候开始，我们每年开展大量的培训，其实是用前辈的"平民教育"或当代国际社会认可的"在地化教育"这些说法来动员社会各界广泛参与，逐渐就形成了今天乡村建设这样一个大的平台，人们自由进入，自由退出。

来参加乡建的人就会感到，谁才是真正的自由人？我们啊。因为我们首先追求的是人之自由的最高境界——思想自由，我们动员的人都是自觉地参与乡村建设，无论进入还是退出都是自由的，而这恰恰是今天自由主义的基本内涵。那么，谁才是真正的自由主义？我们。谁才是真的在追求自由？我们。

以此告诫所有参加培训的年轻人。第一，千万不要把你在学校所学到的教科书知识予以绝对化。第二，千万不要参与社会上一些标题党的热点争论，用教科书知识去争论没有任何价值。相反，大家要把握住乡村最基本的东西，去发掘那些在地化的知识，尽可能使这些在地化的知识形成在地化的教育。

例如，现在各地乡建志愿者在搞社区大学、书院文化等。此外，可以通过"爱故乡"活动，把乡土社会中具有符号意义的文化表征和物化表征发掘出来,使人们记得住自己从哪来,知道自己身在何处,才能不那么迷失心智地奔向不知未来的远方,也就是说我们只有了解本源于乡土文化的文明演化历史,才能知道今后向何处去。

第一单元：整体视野

生态文明战略之下的乡村建设
——全球危机与中国转型[1]

温铁军[2]

我们今天在讲深化供给侧结构性改革，为什么？是因为，实际上中国已经到了一个21世纪所能够达到的最高层次——资本总量最大。人类世界在200年前进入资本主义阶段。在这两百年中的竞争都是以国家为单位的。在今天的国家竞争中，中国在21世纪的第一个10年，成为全世界产业资本第一大国；在21世纪第二个10年，成为世界上金融资本第一的大国。

由于在中国之前没有哪个国家的资本总量更大，那么，"摸石头过河"这个实用主义逻辑不再成立——没"石头"可摸了——中国已经达

---

[1] 时间：2017年8月28日；地点：重庆市北碚区梁漱溟旧居；整理人：林爱华；校对人：王西贝。

[2] 温铁军，现兼任福建农林大学乡村振兴研究院院长、西南大学中国乡村建设学院执行院长、暨南大学乡村振兴研究院学术委员会主任、海口经济学院特聘教授。
曾任中共中央农村政策研究室主任科员、副处长，农业部农村经济研究中心处长，中国经济体制改革研究会副秘书长，中国经济体制改革杂志社社长兼总编，中国人民大学学术委员会副主任，中国人民大学可持续发展高等研究院执行院长、农业与农村发展学院院长等职，先后担任过多个国家级项目首席专家。
2006年当选"中国环境大使"，2007年当选中国农业经济学会副会长，自2008年以来被国务院学位委员会连续聘任为第六、七届学科评议组农林经济管理组成员。
1998年获"国务院特殊津贴专家证书"，1999年获农业部"科技进步一等奖"，2000年获"长江读书奖"，2003年获"CCTV年度经济人物奖"，2009年获北京市教育教学成果一等奖，2014年获教育部"优秀科研成果（人文社科）二等奖"等。

到了产业资本阶段和金融资本阶段的最高层次。

因此，当国内很多主流理论家还在批评中国的时候，国外已经纷纷开始了一场新讨论，即为什么是中国，为什么中国能在短短的几十年时间内迅速达到了产业资本和金融资本全世界第一。

很少有人能够理解中国的资本总量第一。大家以为"金融资本美国第一"，但是如果把中国M2换算成美元来看，中国在2017年已经远远超过了美国金融资产的总量。世界排名前五位的大银行，"中、农、工、建"国有大银行全在里边，只有第三位是美国的高盛（现在下降到第五位了），而且全部都是世界系统重要性银行（World Systemically Important Bank）。

但这也同样意味着，中国达到这个层次的时候，在这个层次应该有的矛盾冲突，都会同步发生。特别是与资本总量下降到第二位的美国，符合规律地，双方互相成为主要矛盾中相互对立的方面。

我们提出的"成本转嫁"理论很清楚地指出：资本集中同步发生风险集聚。这就像我们说的"No pains, no gains"，也像我们说的"作用与反作用力是相等的"，"资本集中产生资本收益的溢出效应，同时造成风险积聚的第次转嫁效应"。因此收益和风险是对等的，就跟成本和收益应该对应起来是一样的。这个道理大家都知道。

那么，当中国成为产业资本第一大国，我们就要搞清楚产业资本的收益在哪，产业资本的风险在哪里？接着，当中国成为金融资本第一大国，我们同样要问：金融资本的收益在哪，风险在哪？

当舶来的主流理论只讲收益归属不讲风险转嫁的时候，请问这是理论吗？也许可以理解为是一种宣传或是一种意识形态，这种强调收益的理论很可能有助于某个资本主义阶段的意识形态，而世界上的意识形态大多有利于占据主导地位的利益集团。

既然中国在产业资本和金融资本阶段达到了总量最高的层次，那么，接着出现的主要问题就是资本主义的一般内生性矛盾造成的产业过剩和金融过剩。

美国难道不这样吗？西方难道不这样吗？1929~1933年美国的大

萧条正是生产过剩导致的，之后是大萧条压力下的恶性竞争演化成第二次世界大战。所以，产业资本的生产过剩危机最终演变为第二次世界大战——互相摧毁对方的工业生产能力，美国借助战争扩张了产业资本，战后借"马歇尔计划"输出资本使各国重新恢复工业化，接着20世纪60~70年代又发生战后生产过剩。率先进入金融资本阶段的美国则因超发过量货币而多方面放弃所承诺的美元与黄金的固定汇率——这是资本主义生产方式造成的结果。

中国也连续出现生产过剩。根据马克思主义，生产过剩乃是资本主义一般内生性矛盾。我们认识到中国发生了生产过剩危机，并非理论创新。我们的创新在于指出中国遭遇的是外需下降的生产过剩，分析危机之后的应对政策与西方资本主义有质的差异性。

我们的第一次生产过剩出现，归因于1997年东亚金融风暴引发国外需求下降，导致中国当时外向度过高（超过70%）的经济结构出现了生产过剩。所以，1998年中国的政策界进行了比较直白清楚的讨论，他们认为：我们遇到了生产过剩。

2008年华尔街金融海啸发生，2009年演变为全球需求下降，2010年发生欧债危机，然后2011~2012年演变成资源出口国的经济大幅度下滑，包括澳大利亚、加拿大、巴西、俄罗斯、伊朗、委内瑞拉等。可见这次生产过剩才是真正全球性的大危机。如果说1929~1933年西方发生的生产过剩所造成的大萧条，主要是西方工业化时代的大萧条，那么现在发生的，确实是全球生产过剩。

中国也不能幸免，自2014年以来出现了生产过剩，我称之为"第二次生产过剩"，2015年国家应对性地提出"工业供给侧结构性改革"。

简言之，中国遭遇第一次生产过剩，主要是因东亚金融危机而起；那么，第二次生产过剩是因为华尔街金融海啸演变成全球危机不断深化，导致外向型经济为主的中国出现了产业资本全面过剩。

既然第二次生产过剩是全球性的，那现在在各个国家中为什么只有中国能够维持住经济增长趋势？答案恰恰在于，在中国的发展中包含有"国家调控"的经验。

为了深入了解客观形势，我们应该暂时压住对错好坏这些价值判断，否则没法讨论我在下面文字中表达的事实。

这就像人们要问1929~1933年大危机爆发的时候，为什么美国能撑得住？主要是因为"罗斯福新政"，其本质上是"新国家主义"。为什么斯大林领导下的苏联在第二次世界大战前基本上没有生产过剩，在第二次世界大战中也能够立于不败之地？因为列宁和斯大林都明确讲，苏联的社会主义初期阶段只能搞"国家资本主义"。

客观地看，使得中国今天在以国家为单位的全球竞争中真正立于不败之地的，是作为主要经济成分的国家宏观调控及其作为经济基础所支撑的单一制上层建筑，这不仅能够维持住中国的稳定，而且借此得以在生产过剩条件下形成了以国家投资为主拉动经济的增长模式。

亦即，今天中国维持增长靠的什么？投资拉动。谁投资？国家资本。国家资本谁管制？中国共产党领导下的政治体制。

举个例子：中国新兴产业中有一支叫光伏产业。其是以私人企业或所谓民营资本为主的行业。欧洲的中产阶层的别墅上，家家户户是太阳能板。大部分都是中国的光伏企业生产的。欧盟议会认为中国光伏产品在欧盟倾销，所以就通过决议制裁中国光伏企业，一年之内不允许他们向欧盟出口。如果按照教科书的市场经济理论，那中国光伏企业就会破产，工人会失业；企业欠银行的贷款就会变成坏账；一个大产业会就此消失。但中国不是按照教科书做的。中共中央金融工作委员会直接下令，以国有资本为主的中、农、工、建四大行，组成银团发放贷款给国内光伏企业，使其得以维持并发展。一年时间过去了，中国的光伏产业没垮；欧盟议会接着通过决议，继续制裁七个月！中国则利用举国体制实现"一石三鸟"：一是在国家扶贫攻坚战略上直接把财政资金用于贫困村安装太阳能发电设备，可以保证西北高原和干旱荒漠地区的老百姓未来25年靠发电收益脱贫；二是在产业经济上缓解了光伏产业外需中断的压力，也减少了失业率和银行贷款不良率；三是在国际竞争中中国清洁能源占比上升，对全球应对气候变化做出显著贡献。

这个一石三鸟的例子，可以一斑窥豹地解释中国为什么不垮，为什么在这种全球恶性竞争中，在全球需求下降造成全球性的过剩危机下，只有中国能站得住？因为背后是中央政府通过国家资本进行的逆周期应对。

1997~1998年，中国遭遇第一次生产过剩。如何应对产业资本过剩？当年，中国只可以面向国内，通过投资拉动，不计代价地在国内进行基本建设。这就是1998~1999年林毅夫借鉴罗斯福新政提出的国家投资搞新农村建设的"发展理论"，即请国家直接干预，用发债的方式把过剩生产能力转向基本建设——只有超大型大陆国家才能采用这个方式。而在此之前的国企改革政策是典型的政府直接出手干预，有领导提出"下岗分流减员增效"。

21世纪第二个10年，中国除了遭遇生产过剩，还出现了和美国几乎一样的金融资本过剩，中国该如何应对？

显然不可能照搬美国的体制，因为我们没有单极霸权那个条件。

作为重建战后世界秩序的美国，1944年其用确立的"布雷顿森林体系"支撑"马歇尔计划"，这样可以让全世界接受美元；尽管到1971年美国放弃布雷顿森林体系，但到目前为止，世界上70%的结算货币（2021年下降到38%），60%的储备货币还是美元，因此美国在金融资本过剩条件下，可以向全球转嫁金融危机。[①]

我主张中国的中产阶层应该更多下乡。因为只有下乡跟真实的大自然、生态资源结合，他们的中产地位才能或多或少保持住。从中产变成小资，是个不错的防范风险的安排。中产阶层要尽可能和资源性的生态化建设结合，比如说回农村与国家的新农村建设战略结合或与乡村振兴的生态化建设结合。

今天所发生的各种各样的问题，客观上导致的是一个难以缓解的趋势——西方主要国家按现价来算其GDP中的工业占比是普遍下降的。

[①] 2017年，党的十九大针对全球危机提出了乡村振兴战略。自2018年中美贸易争端以来，中央又确定了乡村振兴是"应对全球化挑战的压舱石"的底线思维。接着是2020年十九届五中全会做出"国内大循环为主体"的重大调整。

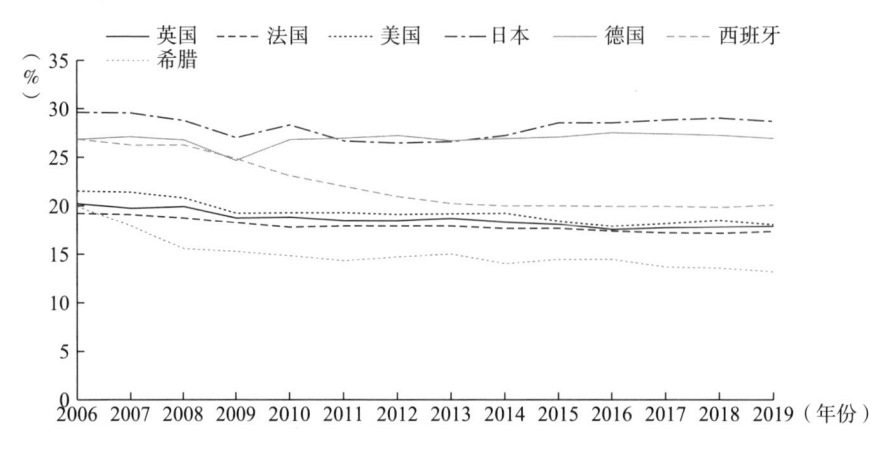

图1 2006~2019年各国工业增加值（占GDP百分比）变化量

数据来源：世界银行。

我们看全球平均值是下降的，各个西方主要国家也是下降的。那什么是加强的呢？美国对全球的军事控制是加强的。特朗普被西方一些媒体认为是"新法西斯主义"，主要原因是其主张大规模增加军事开支。但是，客观上美国军事战略的潜在对手就剩下中国了。因此，中国也只好加强军事投入。因为，任何一场"代理人战争"或局部的对抗性冲突，都会导致中国现在这种产业资本和金融资本总量最高的国家陡然跌入谷底。例如，很多网上的愤青们在讨论中印边境冲突，质问中国为什么不动手？当然不能大动。因为中国能源过多依赖进口，其中60%要走印度洋航线。这边一动手，那边把石油通道断掉，以城市为载体的外向度过高的工业化就会中断。

中国的私人负债规模增加很快。中国不仅政府高负债，私人也高负债，我们已经进入了高债务经济时代。到2015年我们的综合负债相对于GDP已经高达近260%。西方发达国家普遍负债率在中国之下。现在中国是"四高"了，即产业资本总量高、金融资本总量高，同时还有高负债、高污染。

中国的污染也是很有差异性的现象。

中国的东西分界线是所谓"胡焕庸线"，也叫"瑷珲—腾冲线"。东部属于高污染地区，同时也是高资本地区。亦即，70%的资本、财富、人口集中在东部，70%的污染也集中在东部。西部人口与资本稀缺，但资源占比为70%，也是少污染地区。当然，重庆、西安、兰州、贵阳等工业占比高的城市都属于西部高污染的城市。

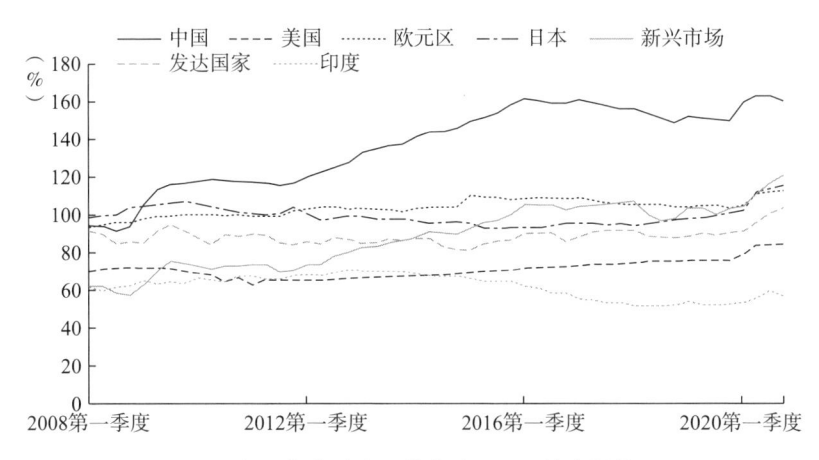

图2 各国非金融企业债务占GDP的比例情况

数据来源：国际清算银行。

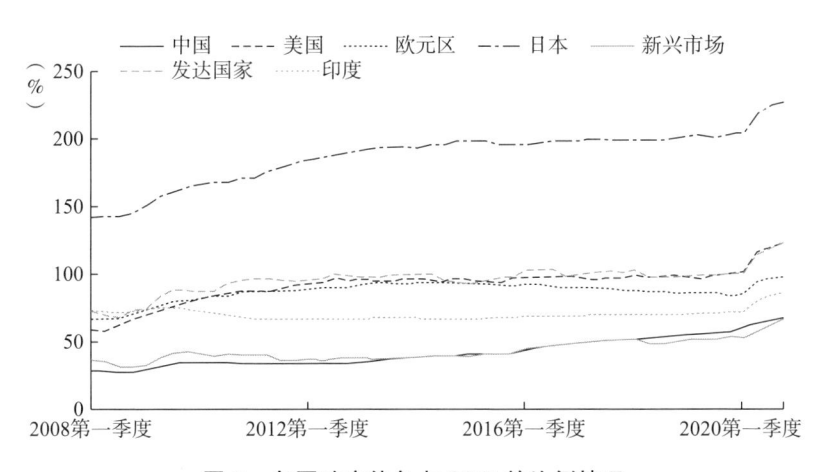

图3 各国政府债务占GDP的比例情况

数据来源：国际清算银行。

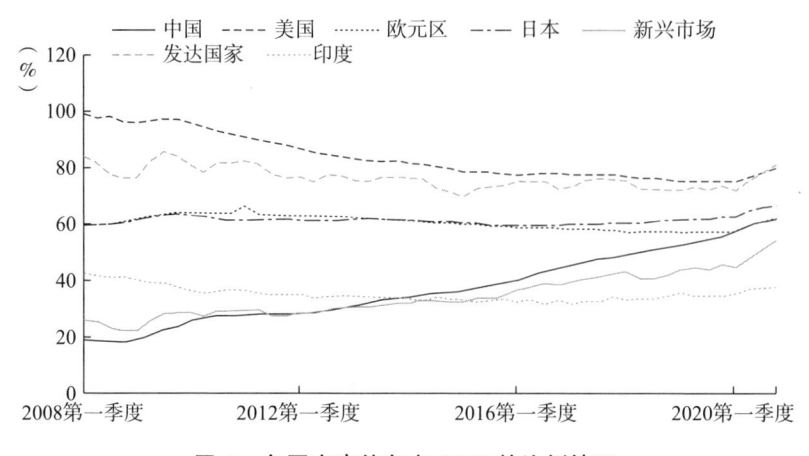

图 4　各国家庭债务占 GDP 的比例情况

数据来源：国际清算银行。

据此看，人们寄希望于靠城市化来拉动经济增长，但其实城市化恰恰是和高污染同步的，城市化也和资本过度集中、风险同步积聚并且对外第次转嫁直接相关。

那为什么大气重污染主要集中在北方地区？

特别是 2016 年底到 2017 年初，整个华北变成了重度污染地区。一些城市细颗粒物污染程度超乎想象！为什么这么高？是因为工业带在东部，长江以南，和城市群叠加在一起。从地理上看，中国地理的三级台阶分布正好使得城市带和工业集群相叠加产生的污染沿着平原地区往北推移，随着气候变暖污染越多地被推到北部，遇到了两个地理现象，第一是黄土高原边缘的太行山；第二是内蒙古高原边缘的燕山。这样两个山脉构成了一个倒 L 型地形，把向北推的污染挡在了华北平原上空，和华北上升的污染气流一结合，变成了多次混合污染，导致京津唐一带成了中国污染最严重的地区。

面源污染是不可能靠科学家们发明的技术手段来解决的。面源污染的唯一解决办法，就是改变生产方式。

朝哪个方向转变？中国已经是全世界金融资本和产业资本最高的国家，前面没有"石头"可摸了，于是中央在 2007 年提出"生态文明"

发展的理念，2012年中央将其进一步强调为生态文明发展战略，国家要从整体上转向生态文明。

不过，转型阻力不在于一般意义上的不理解，而是在于利益的盘根错节。

西方遭遇1929~1933年大危机，罗斯福新政是怎样把美国过剩生产能力转移出去的？是以政府直接干预——"逆周期"做多的方式，把工业生产能力转成美国这个大陆型国家的内陆基本建设投资。所以美国在世界经济大萧条之中，不仅立于不败之地，并且成了第二次世界大战的胜者。

实际上中国做的是几乎一样的事情。我们是从1998年开始就在做多，而且也是政府增发国债直接投资做逆周期调控。只要中国仍然坚持政府直接干预的逆周期做多方式，就仍然能立于不败之地。否则，中国作为人口第一的大国，一旦出现经济衰败，就会出现大规模失业，还可能导致贫民窟等问题。

以上所说是告诉大家，实际上中国现在需要转向生态化的生产方式。真正把生态文明当成指导思想，才有可能让我们走出危机。

食品数量安全问题，与粮食浪费、农业资源浪费同步发生，背后的根源是2017年中央一号文件提到的现在已经形成的农业"结构性"过剩。其实农业产业化以及趋势性农业过剩是工业过剩的结果。

1997~1998年，中国出现工业生产过剩，几乎同时期提出农业产业化，即大规模把工商企业推进农业领域，推进大规模集中资源的产业化生产。于是，不到十年，中国在2005年前后，已经出现农业结构性过剩，几乎所有的经济作物和养殖业都出现了过剩的情况。又过了十年，当我们第二轮工业生产过剩危机爆发的时候，农业也随之进入全面过剩阶段，连粮食都会不可思议地过剩。

农业过剩在消费主义庸俗化浪潮之下就会导致大规模浪费。所以，我们现在浪费粮食、蔬菜、水产品和食用油等是普遍现象。中央电视台播报的公益广告反反复复告诉大家，我们只需节约粮食，就能再养活2.4亿人口。这意味着节约的粮食足够养活中国未来增加的人口。意味着中国不需要再增加粮食产量，只需要节约，就够养活未来中国在人口峰值时的全部人口。这同时也意味着，现在如果不浪费，粮食也是过剩的。

我们的淡水产品生产规模是世界上最大的，这造成了大城市周边水源的污染，以及湖泊与近海的污染，赤潮蓝藻爆发。中国蔬菜的生产规模也是世界上最大的。我国人口占世界的20%，但出产了全球70%的淡水产品，全球67%的蔬菜，50%左右的肉类产品（包括一百多亿只鸡鸭鹅，以及猪牛羊蛋奶等）。

在农业上推行外部资本主导工业化的生产方式导致的结果，不仅是全面过剩，而且还造成了严重的浪费和严重的污染。也就是说，工业过剩转为农业过剩，其实就是在三大资本都过剩的情况下，把资源性生产（包括农业、林业、牧业等）作为过剩资本。

总之，三大过剩资本进入农业，导致农业现在的双重负外部性：一方面是严重过剩，另一方面是严重污染。面对这些问题，理论界提不出解决方案。他们还是要求进一步推进土地私有化，形成市场交易，然后产生农业规模经济，并认为农业规模经济就能够提高农业的劳动生产率。这是新古典主义经济学的思路。这个思路可行吗？

举个例子。印度国情和中国相似。印度人口约12.4亿，其中农民约占70%。印度的土地可以自由买卖。至今印度被认为是右翼代表的莫迪都想搞土改，但他干不动。其实甘地当年争取独立的时候，曾经发动民族资产阶级和地主阶级参与，动员全国的地主、庄园主让出部分土地，以使赤贫农民有生机。但即使他是国父，搞土改的动员效果也微乎其微。大概只有百分之二点几的地主让出了一部分地。所以他的土改没有搞成。

举这个例子是想说明，土地私有化并不解决问题，只会使矛盾激化。城市化也是同理。

最近委内瑞拉爆发大规模街头运动，原因何在？一方面是因为不能摆脱"后殖民化"单一依赖石油经济的局面，当2012年石油出口价格开始大幅度连续下跌时，政府财政出现赤字，给不了贫民窟的老百姓任何福利，于是反对派发动群众上街发泄不满。另一方面是因为发展中国家城市化伴随着大规模、严重的贫民窟现象，如委内瑞拉的城市化率高达90%，但却缺乏一般工业来吸纳人口，导致贫民窟大量出现。

在中国为什么工业化成功？是因为农民外出到沿海地区打工，老板支付的只是劳动力简单的再生产成本，即青年劳动力外出的生存成本，而不用支付劳动力的父母的养老医疗、子女的教育等"劳动力扩大再生产"的成本——因为这些全部附着于分田到户的土地上。在这个意义上说，中国工业化的成功乃是土改红利造成的。

以上讨论意在说明，理论界照搬西方教科书提出的土地私有化和加快城市化，并不是解决问题的道路，反而是使得发展中国家不能进入工业化的一个重大的制度障碍。

总结上面的讨论，我想指出的是，东西方在遭遇生产过剩大危机时的政策走向并不相同，西方在大萧条中走向战争，他们通过战争解决问题，而中国则选择向生态文明战略转型。

所以我们今天演讲的标题就是"生态文明战略之下的乡村建设"。

1998年，中国遭遇生产过剩，那时候还主要是产业资本过剩，1999年我国就提出了"以人为本"的口号，意味着在这个政策思想提出之前的政策可以被简单地归纳为"以资为本"。因为我们在过去工业化初期阶段长期的主要矛盾是资本不足，甚至是资本极度稀缺，无论任何要素只要处于绝对稀缺，政府就都会以这个要素作为政策倾斜的重点。

我想指出的是，只要在资本绝对稀缺的条件下，任何"主义"下政府的亲资本都是客观选择，而不是哪个领导人主观上愿意放弃对人民的承诺。诚然，这个阶段强调全民所有制在于承认劳工群体对国家资本积累做出的巨大贡献。

只有在资本相对过剩条件下，政府政策才可能转型为亲环境、亲民生、亲贫困或者是亲社会的。

所以，中国是在资本过剩发生后的1999年，正式提出"以人为本"，开始改变"以资为本"的政策体系。随后"和谐社会""科学发展观"等相继被提出，直到2007年十七大将其归纳为"生态文明发展理念"，到2012年十八大其进一步转变成"生态文明发展战略"。其中有多次关于农业政策提法的转变，比如2008年提出2020年要实现两型农业，即资源节约型、环境友好型农业，再比如说多功能农业的现代化和生态化等，都是后来从以人为本的思想逐渐演变出来的。

因为很少有人真正参与政策制定过程，所以不了解政策思想的演变。这个过程和中国进入改革开放以来发生的多次周期性波动有关。而且，中国的政治周期和经济周期同步。

如果我们对发展中国家做比较研究，就会理解中国根本不可能按照西方走殖民化的道路去化解自身的生产过剩危机。

诚然，因为资源短缺与人口过多的基本国情，民国时期的中国不可能靠外部援助化解危机，现在也不可能。

接下来我们看国家在危机中做了什么。为什么乡村建设这些年有这么长足的发展？当然和大家努力及社会广泛参与有关，但是更和我们所身处的宏观背景有关。自2005年以来，国家开始启动新农村建设，并将其作为发展战略，也即刚才讲到的"逆周期"，把过剩的工业生产能力转向农村。

在2005年之前，国家对农村投资的增长比较缓慢，从2005年开始，国家对乡村基础设施的投资陡然上升。主要是农村"五通"，即通路、通电、通水、通气及广播电视网络通信。

随着国家大规模投入，官方新农村建设和现在大家所从事的社会化生态农业——我们把它叫作乡村建设的大方向——应该说是可以有机结合在一起的。

为什么？我们需要考虑到另一个重要的相关条件是中国的中产阶层崛起。

中国在21世纪第一个10年与经济高增长同步发生了中产阶层崛起；在第二个10年里已经有了世界上最大规模的中产阶层。但同时，中国出现了中产阶层的一种恐惧症。很多人问我，家里边或乡亲们有钱了往哪投？现在大的金融机构也在问有钱往哪投。为什么？投实体不挣钱。往其他领域投也不挣钱。所以连城市中资产/地产大鳄也纷纷放弃传统领域，转而进山区、入草原，和具有潜在开发条件的自然资源结合，因为这时自然资源要素还没有定价。

举个例子，当年三亚刚刚起步的时候，政府财紧吃紧。外商要三亚一个海角的海滩，建五星级宾馆，所有投资全包，然后向政府买这块地。政府就把这块地低价卖了，其实卖掉的是海滩连带的空间风光资源，包括阳光碧海、蓝天白云。现在的海景房在春节期间好几万元一晚。酒店赚的不是房间的钱，而是空间资源（海景）的钱，但政府当时只收了地价。实际上，地价连空间资源价值的十分之一都不到。

这就类似今天很多资产大鳄纷纷进军农村，名义上是搞农业，其实是搞空间资源占有，追求其潜在价值的开发收益。

此外，随着大量的基本建设投入乡村，国家实质性的资产总量迅速扩张。

1990年代初期我们做政策研究，对农村地产进行估值，当时约为100亿元。现在则是100万~200万亿元。万倍的增长来源于哪里？来自乡村的"五通"工程大规模投资，导致农村地产和空间资源普遍增值。

近期的问题在于我们乡村建设各方面的实践者，大多停留在传统的思路上，还不懂如何帮助农民去利用空间资源性资产增值来形成新的农民合作组织，并进而形成农民自己占有开发权益的谈判条件。一些社会组织还使用过去的老概念，例如，配合下乡资本以救助"贫困农民"为名占有资源，但农村的贫困其实已经是"富饶的贫困"，它的贫困只是被剥夺了空间生态资源的自主发展权。

近年来台湾的社区营造在大陆被认可，其实就是当地致力于推动台湾农民的组织化，他们通过有组织的集合谈判来保护自我发展权益。我们今天很多事情做不到点上，是因为不知道农民只有形成集合谈判的能力，才有可能把握本来属于自己的、具有巨大增值潜力的自然资源，并占有其资本化开发收益。

2003年，我们在河北省定州市办晏阳初乡建学院的时候就强调过，第一是组织，第二是组织，第三还是组织。也许因为过分强调了农民组织而受到很多人质疑："你们到底要干吗？"其实，我们无外乎是帮助农民合法维权；乡村发展权最终体现在与世世代代农民的生存紧密相关的自然资源的资本化过程中。我们希望,资源资本化增值过程中产生的收益,能较为公平合理地分配,而不是被少数人占有。

也因此,这里产生了一个问题:我们到底如何动员中产阶层下乡?

黄志友等人在张孝德教授指导下推动"爱故乡"活动的时候,并没有想到在市民群体中会有这么广泛的反响。不是哪个人多聪明,而是这个活动正赶上了这个时空条件:中产阶层惶惶然,不知道钱往哪投,又焦虑于经济危机爆发与货币贬值的可能性。例如,有人去做投机性的非法高利贷集资,现在遭到严打;有人去投资炒作房地产,但现在房地产也严重过剩了。中产阶层处于惶惶然的恐惧下,需要有人引导他们往积极的方向走,告诉他们如何参与乡土社会的建设,如何参与乡土传统文化的发掘。大家在这个过程中会有适合小规模投资的机会,用自己有限的财产进行投资,并得到稳定收益。实践中有很多具体的体现,例如,投资配套有机农业和体验休闲的民宿,就会稳定一些;投资有机农业,相对来讲至少保证自己和家人的食物安全。

因此,各方面的乡村建设的实践,需要现在有了一定经济投资和社会改造能力的中产阶层的参与。他们是有安全需求的市民,是我们的目标客户群,其中有些可以成为合作方。所以,我们应该推进城乡广泛融合的"大乡建",要搞社会参与的统一战线。因此我们早在 2005 年就鼓励乡建"进城",与市民结合;现在更是应当搭建乡土社会与城市现代社会之间相互融合的桥梁。

从 2005 年到现在十多年过去了。其间,2007 年在发达地区开始做乡村建设试验点,无外乎是尝试更有效地动员发达地区的中产阶层市民下乡参与农村复兴。

现在有了新的客观条件,即"新土改"。让农村有了"三权",跟城市中房地产的"三权"是一样的。各位在城市中买了房子的,房本上土地权属关系那栏是怎么写的?城市土地财产权属关系很清楚:土地完成征占手续之后所有权就是国家的。业主实际上拥有的是房子的居住和经营权。卖掉房子相当于卖掉这块地上的无数个钢筋水泥块。为什么可卖、可抵押?是因为银行认可其通过市场可以实现的交易价格,金融资本认为它是可变现资产。

在家庭承包制政策的条件下，农民对耕地只拥有期权，而对于宅基地却已经拥有了永久使用权，农村住宅作为农民的财产权益祖祖辈辈是可以传下去的。然而，农民宅基地为什么还是不能卖？主要是因为金融机构不认可其变现价值。在农村，大部分生产型和生活型建筑，都被认为是不可抵押的。随着深化改革，农村三块地实行"三权"分立。农用土地的所有权还是归集体（如同城市中的房地产的土地所有权归国家），不能动；以成员权为基础依据的使用权归农户（而非个人）；最后是经营权可以市场化流动。

其中的要点是国家法律规定经营权可抵押，可转让。相当于国家强制金融资本集团必须接受它，使它可变现、可抵押、可转让、可出售、可市场化。这项政策恰恰有利于乡建实践者动员中产阶层下乡。一方面，中产阶层可以获得稳定的农村物业经营权，那就可以合法投资了；另一方面，任何人都拿不走农民土地使用权和村集体的所有权，农村财产关系仍然稳定。

21世纪，"上山下乡"成为一种潮流："大腕"们下乡，中产阶层下乡，最后是房奴下乡，打工者们或者是低收入群体也下乡。潮流已经兴起了，挡不住。

借毛主席的话说，"事情正在起变化"。

当前这个变化是时代性的，其中一个很重要的现代化工具，就是互联网。

互联网最初研发的目的其实是为了军事。美苏两大国分割世界要打核大战的时候，美军研发推出的电子计算机系统和网络传输系统本身是为战争服务的。后来，苏联在1991年垮掉，这套体系三年之后民用化了，引发了1994年起步的那场所谓的"互联网革命"，以及新技术革命。随后新经济问世。

为什么是1994年？因为1991年苏联解体三年之后解密，大量的军事研发投入已经变成沉没成本。解密以后形成的商业开发空间，应该叫作机会收益空间，非常大。所谓比尔·盖茨的"车库创业"故事其实不过是心灵鸡汤。背后真实的故事是，巨大的政府军事开支投入到研发之中变成沉没成本，这才产生了机会收益空间，导致互联网公司面世。但因为这个机会收益空间有资本溢出效应，于是互联网变成了一个最可以被社会广泛使用的工具；也由于没支付研发成本，才潜在地具有了社会各种群体都可以使用的公平性。

所以我才说，城市里三个不同阶层的人下乡都可以使用的工具，就是互联网。对乡建志愿者也是一样的。也就是说，第一，新土改政策推出；第二，市民下乡潮流兴起；第三，大规模基本建设以及互联网普及化的前期成本被支付。三项条件叠加，在乡村形成了一个巨大的机会收益空间。

这个机会收益空间可以被各种不同利益集团占有。我们要做的工作是帮助农民组织起来，占有这部分收益。

过去很多人问我"你为什么会在新世纪（21世纪）之初发动民间为主的乡村建设"。是因为当时政策的主流是农民的去组织化，使农民更易于被剥夺，而我们只能反其道而行之。在新世纪中央接受关于"三农"问题的提法，并将之作为全党工作的重中之重时，我们及时提出政策建议，最主要的工作是农民的组织化。

所以乡村建设在新世纪起步的时候，我们就认为重点在于发展农民组织。

无论什么组织，只要能够组织起来就好，例如，老年人搞老年协会、妇女搞广场舞、妇女协会，再如，我们现在搞发动乡贤参与的爱故乡协会，等等。低成本地形成了文化和社会组织之后，再及时向合作经济组织转型。

这是因为，我们不可能事先什么工作都不做，一上来就直接搞合作社、搞经济组织。农村群众在没有经过组织化训练的条件下，很容易出现"精英控制"或"精英俘获"（elite capture）的情况。今天官方政策上来就直接让农民搞合作社，导致大部分合作社，甚至被官方表彰的合作社，都是不符合国际通行合作社原则的。

为什么在河北省的一个偏僻农村里边，晏阳初乡村建设学院能够可持续发展。原因在于它创造了很重要的生态化农业模型。

第一，就是立体农业、循环农业。2003年，我们开始搞了六位一体的循环农业，可以亲身体验到什么叫作资源节约环境友好的"两型农业"。我们在中央2008年提出"两型农业"之前就先搞起来了。

第二，是体现乡村可持续的生态建筑群。全部使用本地的土建材、木框架、草土墙，冬暖夏凉，可回收利用，没有建筑垃圾。对此，我非常感谢台湾建筑师谢英俊老师给我们的无私援助。这些农村生态建筑和干湿分离的生态厕所全部是他主持设计，并施工建成的。

大量的农民、地方干部乃至于城市中的各种机构之所以能够来参与这个办在村子里的培训，是因为这里有可持续发展的真正的生态化模型，全国只有这一套——立体循环农业和不造成污染的生态建筑。

晏阳初乡村建设学院2003年起步，2004年开始形成生态农业环保农村的一系列做法与"生态文明"转型的思想理念高度一致的模式。它早于国家2007年提出的生态文明的发展思路和2012年确立的生态文明战略。因此，是以青年志愿者为主体的乡村建设团队，在晏阳初当年下乡的翟城村建立的乡村建设学院，率先形成了最早的立体循环农业和农村生态建筑样板。

这个历史意义是非常重要的，但没有被今天研究当代史的人所重视。

2004年，我们在晏阳初乡村建设学院建造了生态厕所，是立体循环农业体系中的一个环节。我们还在大棚下边挖了沼气池。大棚一半种菜一半养猪，猪粪直接进沼气池。生态厕所是符合北方特点的粪尿分离"干式厕所"，全部排泄物也都进沼气池。最终形成了"猪沼果菜鱼粮"六位一体的农业循环经济可持续能力。搞了三年，我们的大田粮食的产出量，接近使用了化肥的大田产出量。证明我们用有机肥培肥地力并且根本性地推进生态化的农业，完全可以实现与化肥农业相近的产出量。这个三年试验很成功。

美中不足的是，我们这些人学术功底差，还没有形成有效的记录，也没有形成足以证明这个试验成功的文字报告。感谢中国科学院蒋高明研究员的努力，他把这些做法与他在山东家乡的试验集合起来，申报了国家技术专利。

吉林的一个农民学了韩国赵汉珪先生的自然养猪法后，自己开始搞自然农业。这种养猪方式是干净的，无臭无味，也被老百姓叫作"懒汉养猪法"。因为不用起圈，一个农村妇女能够养50头猪。想要有机肥，要多少起多少，再把垫料补充回去就行。所以这种养猪方式非常划算，适合农户小型种养业。但是，因为它不是资本下乡搞产业化的方式，所以至今没有得到官方推广。我们正在用乡村建设向社会企业转型的方式推动立体循环农业中的这种自然养殖方法。

乡村旅游也值得我们注意。我们的三产融合样板得到了广泛的认可。以2008年创立的小毛驴市民农园为例，不到三年时间，就有几万名参观者，几乎每周都有社会各界人士来这举办活动。它的主要收益不是来自农业，而是第三产业，即通过开展社会活动产生收益。此外就是市民和农民结合的CSA体系，这个大家也都了解。

2006年，中央文件就提出，现代农业本身是多功能的，因此，就有了所谓"六次产业"的提法，即农业的第一产业是种植，第二产业是加工，第三产业是物流、仓储、金融保险服务，第四产业是包括休闲旅游的生命产业，第五产业是教育文化与自然体验，第六产业是历史传承。人类历史正是靠农业来传承的。

我们中华民族延续了五千年的文明，上半个五千年从旧石器进步到新石器，主要靠的是农业；下半个五千年进步到青铜器和铁器，仍然是靠农业。我们中华文明一直进步到现在，尽管无数宝贵的东西都在西式现代化的激进中被消灭了，唯有万年农业文明继续保留，而且主要保留在世居民族社会。未被西方人完成殖民化的亚洲成为这个世界最大的世居民族大陆，其中又以东亚为主，因为东亚相对稳定，尤其是中国的乡土社会。

"市民农业"，或者"社会参与式生态农业""社会化的生态农业"，越来越受欢迎。在管理模式上，这种社会参与式农业不是由农场主管理，而是由租赁土地的市民自主管理，他们自发组成委员会进行管理。市民农业现在已经开始"不胫而走"、遍地开花。

我们利用生态化带动市民和农民结合的机会，每年开一次CSA大会。会议规模越来越大，时间越来越长，想收都收不住。即便现在改为收费会议，也阻拦不了各界人士参与者的热情。从最开始不到一百人的会议规模，到现在七八百人的规模，上午、下午、晚上三个单元的会议，都满足不了大家的要求。最后散会的时候很多人还会依依不舍，不想离开。

最后进行总结。

我们大乡建的"最低纲领"为"3P"，即人民生计（people's livelihood）、人民联合（people's solidarity）、人民文化多样性（people's cultural diversity）。我们的各个乡建团队都要朝着这三个方向去努力。

后来我们试图再把它形成一个世界社会运动议题，开始组建"南南可持续实践论坛"，也得到UNDP（联合国开发计划署）中国办公室的支持。由于国内申报难度大，第一届就由我们乡建团队在香港岭南大学的刘健芝老师牵头举办。

当国际会议筹备时，我们讨论着把"3P"发展成"3S"纲领。所谓"3S"，是针对发展中国家普遍存在的问题而提出的。首先是自然资源主权（natural resources sovereignty）；其次是立足于自然资源主权条件下的社会联合（social solidarity），也即社会资源靠提高组织化联合起来，才能形成稳固的基础；最后是我们所追求的目标，可持续的安全（sustainable safety）。

这一纲领对发展中国家来说更具有普遍性，我们希望把"3S"作为世界范围内推进乡村复兴的纲领。

【讨论】

提问一：

进入21世纪后，特别是加入WTO后，我国开始承担全球化的成本转嫁。在这种背景下，我们如何防止工商资本和金融资本对中国乡土社会的再次摧毁？

提问二：

资本下乡过程中，土地非农化和非粮化加剧，是否会影响国家的粮食安全战略？

提问三：

随着务工收入占农村家庭收入的比例越来越高，特别是随着资本下乡，一部分农村家庭收入的主要来源都来自务工，那么农村未来还能发挥承担城市产业资本危机转嫁的载体吗？

提问四：

目前农村的主要问题是劳动力过度转移导致的农村空心化、农业从业者的老龄化，以及农业粗放经营和土地撂荒。这又进一步推动了土地的集中与资本下乡。是不是应该反思农村人口的转移问题和土地规模经营问题？土地规模经营真的提高了土地的利用效率与农业比较效益吗？此外，规模经营也产生了一系列生态问题，例如规模经营的单一化种植与大量农药化肥的使用造成的农业面源污染问题，地下水短缺问题，等等。在这种情况下，如何避免新一轮生态破坏？

提问五：

温老师一直强调提高农民组织化程度，但是温老师所说的"组织化程度"与目前主流的合作社，有很大差别。我在工作实践中发现，有名无实的合作社太多，大多数合作社并非真正意义上的农民合作社，其实是企业，或同时具有合作社与企业等几重身份。他们借由这些平台渠道获取项目与利益。就算农民加入这些"合作社"，也无法真正享受到相应权益。我们和一些政府部门有很多接触，他们也认识到这个问题。请问温老师怎么看这个问题？

温铁军：

"授人以鱼，不如授人以渔"。在有限的时间内我无法逐条回答这些问题，那就做一个总的回应。

我归纳的理论虽然不入流，但多多少少能被参与乡建的各类社会群体接受，是因为我人生经历比较复杂。做了十几年的基层工农兵，在基层社会滚了一身泥巴，初步完成了"自我改造"。大多数年轻人其实没有这样的经历。比如，尽管你说你是农村出身，但其实从小就被父母催着去上学，没真干过农活、当过农民。我是典型的城里孩子（city boy），而且是大院子弟，但是"文化大革命"把我们推进了乡村，从此就开始了在基层工农兵群众中滚一身泥巴的过程。当工农兵的十几年对我的世界观改造得算是很成功。另外，在自觉改造过程中我没敢放弃学习，因此，高考恢复以后我以初中二年级的文化程度考了大学，进入高校。毕业以后，正面临"文革"结束，党和国家机关大量缺人，所以我就有机会进入中央国家机关做了二十多年的政策研究。这些自下而上的经历，使得我多多少少地可以被隔绝在那些所谓思想理论体系的派别斗争之外。好在，当年那些被照搬来的理论对国家发展并无实际影响。今天当被西化教科书束缚着的高校都纷纷要求建立智库去服务国家政策需求的时候，我这个有二十多年在中央部门从事所谓智库工作有政策研究经验的人，反而倒觉得是在看一场闹剧。

我在二十多年政策研究的过程中，几乎没听说过学者根据西方教科书理论拿出的什么研究成果能够对国家政策做出贡献的。国家的大政方针很大程度上是要解决现实问题的。所以我才要给大家讲危机的周期性，以及政治周期与经济周期的一致性。由此，每一次三中全会其实都是讨论化解经济危机的应对政策，与那些西化理论支持的西方意识形态无关。

2004年，我们被引进人才到高校以后，总算是借助高校资源把百年来乡建实践和理论研究做了些结合，但也还是两张皮——不可能按高校教科书照搬西方的理论来解释中国的乡土问题。比如说合作社，其实应该从历史上的村社共同体演化为民国的合作社，讲到新中国初期的农业合作化的历史脉络；再与"综合农协"这类东亚模式做比较研究。

我们团队出版的《中国农村基本经济制度研究》一书，分析的就是近代中国的农村制度变迁。例如，为什么1956年会有高级社？因为工业部门接受了苏联援助，形成了大工业模式，生产出了大型拖拉机。这个制造业牵动着上百个行业。但如果生产的拖拉机以履带拖拉机为主，农民根本不需要。为了维持工业生产和城市经济进一步发展，那该怎么办呢？农村就得办高级社，扩大土地作业规模，为大型拖拉机下乡创造市场。据此可知，高级社的制度变迁从根本上看不是农村生产力发展的需要，而是城市工业部门的需求。

我插队的时候，我们村所在的公社强行派拖拉机下来为本村耕地，等于说，"大骡子大马都给我歇了吧"。我那时候在大队饲养棚帮工干活，这个情况我知道一些。拖拉机来干一次活，得拉走多少作为报酬的粮食啊！这在当年的教科书上被叫作"工农两大部类交换"。这哪是农民的需要呢？明明是城市产业资本提取"三农"剩余的需求。但如果不搞内向型资本积累，国家怎么维持并发展工业？

如今在瓦釜雷鸣的思想争论中，都说高级社、人民公社是毛的极"左"路线。错了！20世纪50年代发展的是国家资本为主的工业化，高级社和人民公社都是配合工业化的农村制度安排。

美国学者把奥巴马的救市政策说成"奥巴马社会主义"，奥巴马的QE政策救的是大金融资本，怎么是社会主义呢？西方的理论话语的混乱，也影响到我们的意识形态。

此外，把过去的高级社、人民公社都称为"合作化"，更多是在延续"意识形态包装"，真实作用就是国家资本性质的城市大工业需要提取"三农"剩余。

回到当前，现在统计出来的合作社有几个真正达到国际合作社联盟确立的合作社的标准？各地基层官员难道能真的支持农民联合起来提高谈判权力吗？很难。20世纪80年代我们做农村改革的一批人在中央机关里边强烈要求建立农会，包括我们的老领导杜润生。当时我搞试验区的办公室的项目调研，杜润生说，你们这帮人将来如果能够把这个试验区办公室变成中国农会办公室，那农村改革就算成功了。可见，我们的政策思路一向很明确，就是帮助农民组织起来，建立中国农会，提高农民的谈判地位。但是我们至今还没成功。因为一百多年来，不论何党何派何种政府，都是把追求以工业化为主的现代化当作大目标。

所以我们思考问题，一定要从历史经验出发，不要从意识形态出发。在研究真问题的时候，要尽可能"去意识形态"，才能把建构理论逻辑的起点放在经验过程的起点上。

整个中国百年工业化的起点在哪里？其实晚清的洋务运动是从太平天国战争才起步的，最开始以"器物说"为指导思想。1894年失败，变为"制度说"，官方于是就从引进西方的教育、邮政、交通等运行体系开始，演变到朝廷大员强调对皇朝制度做根本性改变。与后来20世纪80~90年代的"制度说"从字面上看有相似性。

自洋务运动以来100多年过去，我们几乎都在重复西方话语中关于"器物"和"制度"的现代化解释，这些有中国本土意义的话语进步吗？如果没有，为什么？个别人有点进步，一旦想要突破这些思想桎梏的时候，总是被无数只手拉回来！

再往前一点，西方为什么要打中国？主流的说法是落后就要挨打。

但事实上，帝国主义列强入侵时中国的经济总量占世界的28%，中国的贸易量占全球贸易量的50%以上。由于中国在全球贸易中大量吸纳白银，变成世界最大的贵金属储备国，占世界白银储备的60%。根本不是因为落后才挨打，而是因为西方贸易逆差太大，他们通过鸦片战争迫使中国接受毒品贸易，到1860年第二次鸦片战争使得内陆口岸都纳入鸦片贸易之后，中国才逐渐变为贸易和财政双逆差，随之积贫积弱。这个历史过程本来清楚，却被西方教科书说成封建皇帝反对"自由贸易"……

历史穿越，中国今天又是世界第一大贸易顺差国，耗尽资源给西方送去实体商品，人家不给黄金白银了，给"纸"（纸币）。于是中国变成世界最大的西方纸币储备国；改为电子货币后，变成世界最大的"货币符号"储备国；随时可被"清零"。照搬西方意识形态化的理论能够解释真实的历史经验吗？

以上我所说的，不外乎两个要点。

第一，努力做到去意识形态化。在思考与研究过程中，暂时搁置主流给定的价值判断。例如，当我们说到中国农村为工业化做出巨大贡献的时候，并没有涉及对错好坏的判断。有人说，假如不做这样的贡献呢？那就得告诉他，历史是不可以假设的，研究者只能根据已经发生过的客观事实来做归纳总结分析，进而建构逻辑解释。

第二，做客观研究的要点就是一定要把建构理论逻辑的解释起点，放在经验过程的起点之上，否则任何解释在逻辑上都不成立。任意截取一个经验的点位，然后就说某人做出的某个决策就带来了什么变化、做出了什么贡献，如此随意地切割历史对吗？经不住推敲，那并不是经验过程的起点。

举个例子，"1978年中国吹响了改革开放的号角"这话大家都知道，可是有文件根据吗？如果找不到根据，那以此为基础的国内外大量研究报告，是科学吗？有一次一位著名的学者型官员说，尽管在那个时候的文件和领导人讲话中，确实找不到"改革开放"四个字，但并不意味着改革开放不是从1978年开始的。那我就无语了，还能说什么呢？

有人问我什么叫"政策思路"。没有任何一个政策是根据某个"政策思路"出台的，最终出台的政策是多重博弈的结果。所以，本来就没有谁会对政策文件表示百分之百的满意。政策文件起草的时候，一定是大家都参与修改，各部门提出自己的要求，中央的分管领导综合平衡，最后拿出一个大家能够接受的方案。

据此看什么是政策？政策只是多种不同相关方博弈的结果。

我在政策部门工作的时候，很清楚地知道，政策制定本来是个很无奈的过程。所以政策制定是一个牵涉多类主体的多重博弈的过程。

各相关方只有在大危机的打击下受到损失的时候，才可能完全执行国家的战略决策。否则他们总会想尽办法维持自身的利益不减少，把更多的代价甩给别人。

有人问我说，你总是讲乡村社会承载产业资本崛起的代价，是不是就认同这一点，并认为这是中国应该坚持的"比较优势"？这个问题太小儿科了。既然我们强调"成本转嫁论"是客观研究的成果，怎么可能带有价值判断来讨论比较优势问题？我们的研究只是分析指出中国工业发展的客观过程是一个不断向乡土社会转嫁危机的过程。如果说中国农村社会应该继续承载城市危机的代价，那么，这个问题提出本身已经带有价值判断了。

我分两方面说点常识，也许有利于从客观角度加强理解。

首先要承认，与自然密切结合的乡村长期以来都是城市巨大危机的载体。由此再说，那城市是不是还要"欺负"乡村呢？至少应该减少成本转嫁，处于强势地位的城市要手下留情，要是连乡村基础都毁了，下次危机到来的时候城市就无以应对。

其次要承认，现在的全球竞争是以国家为单位的，中国也是以国家资本为主参与全球竞争的。如果连国家资本作为竞争主体都失败，那么，我们中国人可能将会面临极大的困境与挑战。

据此看，如果我们当代的乡村建设只不过是好人好事，而没能使参与其中的人们形成一种思想自觉，那么，无论最终做得多么大，都不是中华文明复兴的成果。

乡村的坐标[①]

戴锦华[②]

【演讲】

对我自己来说，有一个徘徊良久的困惑，那个困惑之深，已经达到了哈姆雷特的程度，叫作"to be, or not to be"。就是说，究竟继续在学院里做一个读书人、做一个教书匠，还是应该投身到社会实践、社会运动当中。当初这对我来说就是一个非常真实的、自我撕扯的二难选择。最后，我对乡建运动的参与，对环保运动的参与，对基层农村妇女的各种运动和行动的参与，是我最后做出的一个折中选择。但这不是为了折中而折中，而是基于全部的思考、全部的参与和全部的困惑，我选择了这样一个自己可以把握的位置和空间。

很多时候，我们的思考与行动都受困在一个被现代主义所建构的思维模式当中。比如说，知识分子与农民，或者知识分子与行动者，仰或理论与实践，知与行，你觉得两者之间天差地别，鸿沟无法跨越。实际

[①] 时间：2017年8月23日；地点：重庆市北碚区梁漱溟旧居；整理人：刘闯；校对人：钱玥如。

[②] 戴锦华，教授，1982年毕业于北京大学中文系，曾任教于北京电影学院电影文学系11年；从1993年开始担任北京大学比较文学与比较文化研究所教授、博士生导师，现任北京大学电影与文化研究中心主任；主要从事大众传媒、电影与性别研究；曾在亚洲、欧洲、北美洲十余个国家和地区讲学、访问，长年参与当代乡村建设与环保实践；有专著10余部，并被译为英文、法文、德文、意大利文、西班牙文、日文和韩文。

上，一方面，这是一种我们每个人都要面对的事实；另一方面，我们都忘了，它是被整个现代逻辑和资本逻辑所建构出来的东西，它建构了我们的思考，也建构了我们的现实。这是我今天与大家分享和讨论的一个思考的基本点。

我与乡建的朋友们——不论是年轻的还是资深的，是行动者还是研究者——讨论时，还是会惶恐，毕竟自己不是在一线长期参与实践，不是长期生活在中国乡村的人。但是，我努力地在战胜这个惶恐，来到这里贡献我之所能。在座的每一位朋友，你们有你们之所能，这个不需要任何的谦虚、表演或者姿态。

昨天的自我介绍环节，我特别高兴，本来是半个小时，每人一分钟，所以我不敢占大家时间，但是我后来发现大家说得特别充分，我也觉得特别高兴。每一个人真实诉求的展露，使我们获得了一个相遇、碰撞、交流的可能。退一步说，近三四年来我所进行的公共演讲，在一个真实的空间中面对一群人，脸对脸，身体对身体，我就努力地排除其他事情的干扰。因为我非常担心，也许在不久的将来，连这样真实的空间都将被消灭，被网络教学、VR授课所替代。我经常讲一个笑话，有一次在大学做公开演讲，有一个姑娘兴奋地说："啊，戴老师，我是您的粉丝，我非常高兴今天看到3D的你。"我当时就非常的绝望，我是真人，是有血有肉、带着体温的、带着气味的一个人，而不是一个影像、拟像、虚像、投影。今天，在这里，这样如此不同的一群人，来自四面八方，带着不同的经验、不同的诉求、不同的情感聚在一起，这本身已经是一种力量，是一次集结。昨天有朋友已经说过了，每次相遇都是久别重逢，征引了《一代宗师》的一句话。当然，这样有点矫情，但我觉得这从某种意义上说，不是矫情。在今天，人们的相聚已经很宝贵，况且是我们这样一些人的相遇。昨天我被提问，怎么理解乡建人。我的答案是，乡建人千差万别，乡建人多姿多彩，每个人可能有不同的理解，付出不同的努力，有着不同的脚步、不同的轨迹，但是可能有一点，我们是相同的，就是我们怀着某种不满、某种不满足。我们对于主流的逻辑、主流的世界，对于这个扫荡一切、改写一切的资本洪流，有着深深的无力感，这才使我们投身或者聚集到这样一个叫作"乡村建设"的行动当中。

今天，我们是乡村建设"高级研讨班"，或者叫"示范型乡建班"。我的题目是"乡村的坐标"，相对比较理论化。乡村在整个现代逻辑、现代文化、现代社会中，究竟处在一个什么样的坐标位置上？这大概是提出题目的起点。准确地讲，乡村实际上在整个现代的规划图中没有位置。因为乡村在整个现代主义逻辑中，包括马克思主义在内的现代主义逻辑中，被规划为一个注定要消失的空间。

最早听到"三农"这个说法的时候，我并没有特别深的感觉。随着介入、思考，"三农"问题确实面临不同面向的农村、农业和农民。这是完全不同的概念。当我们在说乡村的时候，我们在谈农村，我们也在讲农民，或者更多强调的是生活在农村的农民。而农业与"乡村"或者"农民"不一定是一个相关的概念，因为所谓大农业、大农场、现代化农业生产，或者规模化农业，这些概念在我们所讨论的乡村中是没有的。所以，在我们现代主义的规划中，乡村没有位置，乡村的坐标是作为一个暂且残存的、注定要被抹去的面向。在这个规划当中，现代化农业、大农场、规模化经济，应该取代所有的小农，即我们所说的"peasant"代之以"farmer"，好像农民和农村是前现代的残留物，是欠发达的标志，农业国家本身就是在整个全球化资本主义的阶序当中处在靠后的、必须被排除的位置。最近几年，我和我的同学重新读马克思主义的经典。我们发现在马克思所构想的世界中，农民和农村将被现代主义的工业化逻辑所消解，无产阶级和资产阶级的二分将成为人类社会的主要形态。

所以，"乡村的坐标"这个命题本身已经意味着对现代主义逻辑的质疑。我先把基本的观点和立场分享给大家：如果我们认为，现代资本主义存在着巨大的问题，事实上它也陷入了深刻的危机，那么在对资本主义的批判中必然包含着对现代主义的批判和对现代主义逻辑的反思。这包含了我们对整个20世纪的中国、20世纪的世界和21世纪的可能性的思考，这是其中非常重要的组成部分。20世纪全球革命的最终失败，可以在很多角度上被反思、被书写、被深究，但是我自己认为，恐怕其中的内在逻辑之一是，革命或者革命者的逻辑大多都没有脱出现代主义逻辑自身；革命或者革命者的逻辑更多是，在试图批判资本主义的同时，从现代主义逻辑内部寻找可能性。

这是我的一个基本观点：在反思资本主义的同时，也需要同时反思现代主义。但这个立场同时也表达了一种困境：我们要反思现代主义的时候，再反过来问我们自己，除了现代主义逻辑，我们究竟还有什么逻辑？我们除了现代主义的语言、表达方式、思考方式，我们的知识、语言、逻辑还能是别的吗？因此，问题就延伸到，我们有没有可能在现代主义内部，反思现代主义？或者我们有没有可能在现代主义逻辑内部，去找到一种不同的立足点，去思考、去行动？对我来说，这是提出"乡村坐标"问题的一个重要原因。这里的"乡村"并不是指一个具体的乡村，既不是中国的乡村，也不一定就是拉美原住民的乡村，也不一定是非洲农工式的农业生产者的乡村。它主要是一个符号，这个符号指涉一种现代想象、现代逻辑和现代知识之外的，曾经存在并将继续存在的一些事实、知识、文化和资源。在声明这样的一个立场之后，下面我继续展开讨论。

当我们说乡村的时候，其实我们也在说城市。因为乡村之所以成为一个对象、一个命题、一个可以被感知的特别之物，是因为城市的对照。但是正常情况下，乡村应该是普遍的事实，城市应该是例外，城市只是个别的、政治的、商业的、文化的中心，而乡村是人与自然的、我们为自己的生存而生产的、相互协作的，是建立在某种自足的生产体系之中的状态。它原本是"正常状态"，或者说是自然状态；其中有一些特别的人居住在特殊的空间，这就叫城市。但奇特的是，整个现代主义逻辑，把乡村变成了例外。于是，在这样一个奇特的现代主义逻辑，或者奇特的现代主义的规划，或者现代主义的进程当中，乡村成为一个特别的空间和时间坐标。这个城乡二元对立本身是现代主义的发明。现代主义把城乡变成一个彼此对立的存在。前现代中国，我们也可以进京赶考，高中以后也可以入朝为官。但是，入朝为官也是生命的一个短暂时期,最后终归是要告老还乡的。所以,有乡的概念、家的概念,同时是归去的概念,即我们的归属,我们的归所,我们最后要到哪儿去?最后要回家。可是今天,城市变成一个人人向往的,最终要留在那里的空间。也即,城乡二元对立本身是一个现代的发明,它是一种奇特、扭曲地想象世界的方式。

我记得20世纪80年代初的时候,曾经请美国的一批电影学教授看一部电影——《人生》,这部电影的导演就是不久前去世的吴天明,也是《百鸟朝凤》的导演。大家可能还记得这部小说或者电影,它讲了这样一个故事:一个农村青年高加林为了进城,抛弃了自己的爱人,然后跑到城市里,最后当他回到家乡时,他的爱人已逝。看完电影后,我们都非常喜欢这个电影,都非常感动。当灯亮时,美国的教授都傻傻的,说不明白,没看懂。我们都觉得这帮美国人智商很低。这么感人的、简单的、清晰的电影,怎么看不懂呢?讨论的时候,所有的美国教授都问,难道人们不是被迫地被现代化和工业化从家乡赶出去吗?怎么会有这样的人,面对这么好的姑娘,这么好的家乡,反而要离开呢?当他们提出这个问题的时候,我第一感觉是有点啼笑皆非,但是接着我有点愤怒,我的愤怒来自第一世界人们的无知,以及第一世界人们的奢侈,在他们的世界当中,好像有一种美若田园的故乡,你愿意的话你就可以生活在这样的故乡,然后直到被暴力抛出去。我们小的时候都喜欢唱古巴歌曲《当你离别了亲爱的故乡》。这首歌唱的就是美国教授说的这样一种情景:你是被迫背井离乡,是被暴力抛出故乡的。这是40年前,我的一个非常奇特的经历。面对高加林以抛弃自己心爱的姑娘为代价,进城的故事,一方面,我们会反思或者谴责男主人公的个人情操,或者故事在伦理上的缺憾;但是另一面,我们又非常理解。因为在广大的第三世界,只有城市是希望所在。在广大的第三世界,尤其是很多欠发达国家,在城乡二元制结构下,城与乡就是社会的最基本等级,进入城市意味着享有整个社会体系的保障,进入城市才能够享有当时中国的社会主义体制所给予的全部的福利、可能性和发展空间,而乡村意味着退步、落后和低端。

可是几十年过去了，今天我可能会像美国教授一样无知。并不是说在这几十年内的快速发展，使得中国终于达到了美国的高度，而是说，在高歌猛进的几十年的发展之后，我们终于用自己的生命、身体所付出的代价，体会到了现代化、现代主义逻辑、现代化进程。当我们经历了这样一个历史进程的时候，我们才了解到，这样一个名曰"进步"的过程，必须付出怎样的代价才能完成。所以，今天我们反观乡村的时候，反观高加林的时候，我们开始有了不同的体认。

"城市与乡村"这样一组被现代主义逻辑和现代资本化进程所建构的观念，同时也是一种事实，在很多欠发达国家，它是一种残酷的事实。当它成为一种事实的时候，它同时意味着时间与空间，是在时间与空间两个层面的表述。一方面，乡村注定要被抹去，注定要被改造，而且事实上也正在被不断改造。而另一方面，正是在同一个过程当中，那个美国教授的反应，或者说今天我和他们迟到的共鸣，本身并不是一个历史过程，并不是"我们终于达到了某一个点，或者某一个高度"这样的表述，而是说，美国教授的反应本身也是现代主义逻辑所建构的一种空间想象，即在资本主义某一发展阶段，乡村不仅是一个被消灭的目标对象，而且开始被建构成一种心灵抚慰，或者乌托邦。我们开始把乡村变成了另一种想象。这种想象就是所谓"家园""故乡""归属"，"我们来的地方"。乡村开始被浪漫化。正如一个哲学的表述（也是很烂的一个表述），即"现代人是先天的无家可归者，每一个现代人生下来就无家可归了"，正因为我们生下来就无家可归，我们比任何一个"人种"都更需要"故乡"。所以我们开始建构一个"故乡"的想象。例如，最美丽的故乡想象可能是宫崎骏的龙猫，那么神奇、那么美妙，还带点忧伤，但是充满温暖。它有一股奇迹般的、魔术般的力量，每一次都能触动我们心灵最柔软的那一块。在这个意义上，尽管在座的朋友在为建设美丽乡村而奉献自己，但是请不要忘记，我们所建构的美丽乡村的想象，永远没办法应对被现代主义所创造的那样一种空间想象——那种"故园"与"归属"的想象。

还是在20世纪80年代，当我们充分理解高加林而不明白美国人在伤感什么的时候,我参加了一个座谈会。当时有一个比我年长的学者说,中国的知识分子"极低"。为什么"极低"呢?因为都是从农村来的,没有累积出那种优雅、教养,而且是古来如此。为什么古来如此?科举考出来的中国文人都不是世代相传的书香门第。当然,今天我们很容易回答他,我们会给他们引经据典地讲解中国的耕读传统,会讲我们的整个文化,就是在一个与农业、农村紧密联系在一起的文明传统当中孕育出来的。但当时我非常愤怒,唯一能做出的回应是:"在座的各位,哪一位追上三代去不是农民的,请举手。"我说,"我父亲是农民,所以我没有资格说这样的话,你们谁有资格,你们说,你爷爷不是农民的你就举手"。结果,居然没有人举手。大概我们都是被这些学者所蔑视的,因为我们都与乡村和农民有太近的血缘连接。

在这短短的几十年间,主导中国知识和文化的价值取向是什么?所谓的高歌猛进的中国现代化进程,在20世纪80年代开始推进的时候,人们是怎样认知乡村?所有前面的那些讨论都表明,这是现代主义逻辑,或者资本主义逻辑,强大的自发力、推动力,渗透到中国文化、中国文化生产、中国知识分子之中,使得我们蔑视我们的出身,蔑视自己的文化,蔑视自己的现实,我们把自己的现实、出身、现状,视为一个必须被抹除的过程。

所以,我们自己所经历的这几十年是一个所谓中国现代化的进程,同时也是我们自身被现代化的进程。我们是推进这个现代化进程的所谓的主体,但我们也是不断地被现代化的客体。在这样的一个过程当中,中国走过了这几十年,创造了"中国奇迹"。但同时我们付出了什么?我们失去了什么?我们因此获得了什么?当然,我们不是在问,在国际主流之中,在现代化逻辑之中,在全球化过程之中,我们获得了什么。一百个人中有九十九个人可以马上告诉你,我们成为世界第二经济体,我们保持了GDP的高速发展。例如,今年我们就将成为世界第一电影大国,现在我们已经是世界第二电影大国了,仅次于好莱坞,仅次于美国;我们是奢华品消费第一大国;我们是国际豪华旅游第一大国……不用再多举例,我们有太多的"第一"和若干"第二"。可是在这个过程中,我们获得了什么？我们开始怀疑，我们曾经心下笃之、趋之若鹜的，以美国为主要范本的资本主义逻辑、资本主义生产方式以及资本主义高度发达的目标，也出现了问题。我们不仅开始怀疑它，而且开始获得了一种自觉，即中国可能不可能成为另一个美国，或者中国需要不需要成为另外一个美国，或者中国成为另外一个美国，对于中国和世界意味着什么？如果我们对所有的这些问题都保持了某种迟疑的话，那么接下来的问题必然是：如果中国并不是要成为另一个美国，那么，中国自身的可能性在哪儿？中国的可能性在什么意义上能成为世界的可能性？而这种可能性能在什么意义上为中国赢得未来，并且进而为人类赢得未来？那么我们就必须重新去看待中国的历史，中国的文化，以及中国的社会。

一个月以前，我有一次啼笑皆非的经验。我有个朋友，40多岁了，在不久之前又突然再度激进化，这个激进化和我们说的激进化——左翼激进化——不大相同。他是右翼激进化，对中国社会非常愤怒，处处都不能忍受，极端愤懑不平，经常宣布要向右转。然后，出于个人选择，他去美国学习和工作了一段时间。直到一个月以前，在美国生活了一个月后，他回来，我们俩坐下来谈话。我全部的想法都是，他肯定右翼化了、向右转了，所以就准备针对这样一个高度自觉的向右转的年轻朋友进行一番对话。结果在整个谈话中，我几乎没有机会开口，他愤怒地历数美国的社会问题，最后得出的结论也让我瞠目结舌，无法回应。他得出的结论是，中国仍然是社会主义国家，从中国的教育、医疗、社会基本构成等各个方面对照美国，中国是社会主义。谈话结束很久以后，我都没能够理顺自己的思路，我不知道怎样与他对话或者怎样回应他。以上的例子提醒我，当我们置身中国现实的时候，我们是不是真的能够看懂中国？当中国已经毫无疑问地加入全球化进程，并且在全球化进程中占有越来越重要的位置的时候，我们是不是真正能够在世界视野中去定位中国和理解中国？前面两个问题的回答，我不敢肯定。

但我仍然要说，如果是肯定的话，由于这样一个进程，我们重回乡土中国、重回中国文化、重回中国文化的主体、重谈中国文化自觉的时候，乡村乡土所具有的意义就自然浮现了。因为我们大概真的可以非常自豪地说，我们有漫长的中华文明、农业文明，我们创造了辉煌璀璨的农业历史。我自己很少有那么强烈的民族自豪感，但是，不管我走到哪，我都特别强调地告诉别人，我们有六千年的稻米文化。因为大家不知道，今天很多第三世界的农民仍然难以掌握种稻技术和知识。我们在拉美的深山里，碰到一个农民特别骄傲地说，他会种稻子，然后我们问他怎么会种稻子，他非常干脆地说，他得到了一种非常奇特的录像带，这盘录像带是中国农业制片厂的一个科普纪录片。他在录像带里获得了关于怎样育秧，怎样插秧，怎样治理水土的知识。他种出米来后感到非常骄傲。大家知道种稻米是农业文明最高的形态之一。我们在已经有六千年历史的考古遗址中发现了稻米，发现了人类种植的稻米，这是多么值得骄傲的一件事！所以，我们会在这个文化自觉当中，获得对于农村农业、中国文明这样一种强烈的自豪感。当别人还在蔑视乡土的时候，我们已经意识到了中国乡村、中国乡土、中国农业文明、中国小农生产的生产方式具有的现代的纪念意义。

但我在这不是想和大家分享这份骄傲，而是相反，当获得了这样一种文化自觉的时候，如果我们不是真正地具有中国自觉和理解中国的视野的话，我们这份自觉只能被叫作"关于自觉的自觉"，即现在，我们自觉到我该自觉了，其实我们还没有自觉。为什么我们还没有自觉？就是我们在新的发现、新的反思当中，又一次掉入了另外一种陷阱，这种陷阱就是把前现代中国、传统中国农业文明和农业社会变成另一个宫崎骏式的故乡，或者把它浪漫化，或者把它抽空了，我们忽略了农业社会前现代文明最重要的事实之一，即阶级事实，准确地说是等级社会的事实。那么作为一个女人，我当然要说男尊女卑的这个社会事实。当然男女等级并不是唯一的等级，或者男尊女卑的社会并不是前现代社会最大的问题之一，它只是前现代社会深刻而普遍存在的事实当中的一种，我一再强调"君为臣纲、父为子纲、夫为妻纲"是同一个等级结构，君之于臣，相当于夫之于妻。所以传统中国文人都不讨论妇女的问题，因为君臣、父子、夫妻，都是绝对不能颠覆的等级问题。在这种等级化的社会中存在严重的剥削和压迫，在辉煌璀璨的前现代文明中，劳动者不得其食，上等人不劳而获的这样一个基本事实，是在《诗经》当中就已经被清晰地描述、讨论、控诉的。所以，"乡村"不是一个简单的事实，不是一个可以被浪漫化的事实。这也就意味着，它不是今天我们可以返归、可以恢复，可以直接拿来的事实。

每次讲到这个问题时，我都会说，从五四运动到打倒孔家店那天开始，另外一个命题就已经被提出，即传统文化现代化。到今天我们仍然面临着传统文化的现代化问题，一百年好像没有任何的推进，为什么？一个重要的原因是在于前现代文化与现代文化之间隔着所谓知识型的不同。那种知识和我们今天的知识没办法通约，没办法简单翻译，要激活它，需要巨大的现实动能和很多人的理论与实践能力，这是一个层面。另一个层面是，当我们在批判现代主义的同时，我们面对现代文化本身仍然必须保持它的批判性，所以今天我们看到，在中国的现实中，在世界的现实中，无处不在的是资本的怪兽。但是，大家不要忘记，同时在我们的现实中，在全球的现实中，也无处不在地出没着前现代的鬼魂，而前现代的鬼魂通常是借助我们对现代主义的不满，和对现代主义的愤怒，得到合法性的。

这是我们每一个乡建人，每一个重新试图定位乡村坐标的朋友，必须分享的一种问题意识。我们所谈论的，所向往的，献身的美丽乡村，当然不是一个传统的中国乡村的复原。当我们呼唤现代乡贤的时候，我们并不是真的想复活乡绅制度。我们去美化乡绅制度，去想象实现那样一个良绅的、家族式的传统中国乡村，是不可能的，因为即使曾经存在那样接近理想的传统中国乡村，决定它的是当时的政治经济制度，而我们今天不可能复制那样的政治经济制度。况且，在理想的、传统的、良绅制的乡村结构中，恐怖的等级制，残忍的排斥异己，统治、压迫的结构关系，仍然是不可能剔除的事实。

当我们今天重新谈乡村建设，当我们谈美丽乡村的时候，其实我们是在面对一个全新的命题，在参与介入一个创造的过程，而不是我们有蓝本或有参照。这是我近年来思考比较多，也付出过努力或者有一些介入参与和观察的一个命题。我强烈地感觉到在大资本的洪水猛兽群魔乱舞的同时，是大量的鬼魂出没，而这些鬼魂就是从前现代的历史，前现代的记忆当中出现的，是资本给它们打开了复活的缝隙，并把这些鬼魂放出来，同时也是资本给它们加持，给它们开光，给它们潜规则意义上的合法性。所以，有女性主义者愤怒地要求发消息说，居然有人提多妻制合理，一个茶壶配四个茶杯是对的。我对于这样的新儒家的痴人说梦，一点兴趣都没有。

当我们谈乡土中国和文化自觉的时候，我们会谈中国的辉煌璀璨农业文明，谈辉煌璀璨农业文明所创造的前现代主义的历史和前现代的文明，是异于西方的文化逻辑。当我们重新发现这些东西的坐标的意义、资源的价值，以及它可能成为我们重新获得中国的可能时，我们希望经由中国文化自觉，来寻找人类未来。当我们这样说的时候，我们必须高度警惕前现代的历史自身，即经由现代主义逻辑所揭示出来的全部问题。这是我想和大家分享的，或者说刚刚开始时想给大家泼点冷水的内容。

我接触较多的有理想、有抱负、有志于寻找"另类"出路、"另类"可能的年轻朋友，他们面对现实、面对全球资本主义，满腔愤怒的时候，就那样浪漫和热情地去拥抱一个关于前现代的想象。实际上，他们甚至没有意识到，那个浪漫化的前现代主义想象，本身已经是一个现代想象。所以，这是我想与大家分享的第一点思考，也是对我自己的警醒。

想和大家分享的第二个思考和警醒，可以多少回到我的本行，基于几部电影来与大家讨论。20世纪80年代请美国人看《人生》，再早一点，我们给他们看《没有航标的河流》。那个时候，实际上乡村的影像占据了中国的银幕，关于乡村的想象是最美丽的中国文化想象，例如《我们村里的年轻人》《槐树庄》，等等。大家要清楚，电影中不断地在生产着两种最美丽和最迷人的影像，这也形成了我们这代人整个情感结构的影像。一种是我们今天讲的美丽乡村，社会主义新农村的形象，社会主义新农村的故事。在文学当中如此，在电影当中也是如此。另一种是革命战争年代的故事，红色军队的故事，革命大家庭的故事，我们也因为这些电影而对革命、战争形成了一种高度浪漫化的想象。我们说，那叫精神的黄金时代。而这个精神的黄金时代，即中国革命年代、中国革命的历史、中国革命战争的时代，也就是中国红色军队、中国共产党人扎根于乡村、生活于乡村的时代。所有的鱼水情、子弟兵的故事，都是联系着中国乡村、联系着中国乡土、联系着困苦的中国农民。

那时的乡村是中国银幕上最主要的、最强有力的、最迷人的影像。这就造成了我们这代人在插队入户、学工学农的时候的强烈失落感，即农民原来不这么美，农村原来不这么美。原来脸朝黄土背朝天是如此辛苦，原来有的农民是这么自私、这么目光短浅，原来琐屑、心酸、艰难充满了乡村的日常生活。这不是我们要讨论的话题。我说曾经它是最美最迷人的影像，甚至到20世纪70年代与80年代之交变革发生的时期，即20世纪七八十年代，乡村仍然是中国银幕上最美丽的影像，一直到1987年一批导演开始拍中国城市的时候，我们才发现没人会拍城市。所以，那时候很好笑的是，谁要是想拍城市，一律都跑去深圳，因为只有深圳那拔地而起的移民城市、那现代都市丛林，才能让大伙认出来是城市。拍那玩意儿，不管是什么故事，大伙都认为是城市的故事。但像我这样苛刻的影评人还会说，拍的什么城市故事啊？拍来拍去，都是你的乡村，还是村里的事儿。因为在那种冷漠的现代都市，不可能有那么紧密的社群关系。那些所谓的城市故事拍来拍去，仍然是一个有亲情的社群关系。换句话说，那个时候，我们将一种关于乡村的文化作为我们共同的社会价值，作为一个我们想象社会、理解社会的方式，以至于我们完全不了解陌生化、无名化、孤独的人群所充满的大都市，我们不知道怎么去讲述城市故事。

可是，短短的几十年后，中国乡村基本上从荧屏上消失了。大家一定会说《乡村爱情故事》。这部剧我看过一两集，非常不喜欢，最重要的原因是，这是一个基于城市人的视角，为了取悦城市人而讲述的故事。这部电视剧虽然不一定是把乡村和农民丑角化、喜剧化，但是，没有在任何一个层面上关心农民是不是生活在真正的乡村，或者他们如何真实地生活在中国乡村。

乡村变成了整个中国影像当中的残影、残存、残骸，而这种残影、残骸大多存在于小众的艺术电影当中。在这几年当中，我看到了几部让我感到震撼、震动的电影。这几部电影不约而同地讲述着另外一个故事，或者另外一种事实。比如说，李睿珺的《路过未来》。这并不是一个真正关于农村的故事，而是关于中国农民工的故事。大概一年前，我碰到李睿珺导演的时候跟他说："最近有什么计划？"他说："我最近在拍一部电影。"我说："关于什么？"他说："关于第一代农民工。"我说："关于第一代农民工什么故事？"他说："最近十年将是农民工返乡高潮，因为第一代农民工丧失劳动能力了，换句话说，在中国老龄化进程中，中国越来越突出的养老问题。"当前"未富先老"的问题不断地被讨论，但是大众对这个问题的讨论常常集中在类似"北大教授卖房养老"这类具有媒体关注度的城市老龄化话题上。坦率地说，当我真正了解到这个故事背后所有的经济事实时，我又惶恐了，因为我发现我老不起，而且当我卖房养老的那天成为现实的时候，我必须得规划着我的死期，因为即使我卖掉房子去养老，我也不能活得太久，因为我的全部劳动和全部财产，转化成的养老金，大概是非常有限的。大家会说："谁让你住那么高昂的养老院呢？你不能住价格低点儿的（养老院）吗？"当然也是可以的，其实同样的意义就是你接受你的社会等级，或者社会阶层，因为年老而不断下降，不断地坠落，但有意思的是，当时我没有反省，如果连我也老不起，那么别人呢？那么农民工呢？

  李睿珺导演一年前告诉我，他要讲一个第一代农民工返乡故事的时候，我并不知道那是一部什么样的电影。不久以前在慕尼黑国际电影节上，这部电影参赛，我作为中国专题的嘉宾被邀请，所以在电影节上，看到了这部电影。他讲的不光是第一代农民工，也讲了第二代、第三代农民工。他导演的电影在慕尼黑电影节放映的时候，座无虚席，德国观众坐满了整个放映厅。放映之后，有一场热烈的讨论。第一个问题就很好笑，德国的观众问，为什么他们没有医疗保险？他们首先感觉到的是，这是一个社会福利问题。当然这部电影的现实意义在于此，可是不仅限于此，因为在这部电影当中，它触及了一个事实。从2003年开始，我自己作为乡建志愿者投身乡建运动到今天，看见当年投身乡建的年轻人，已经成为乡建的组织者，在这个过程中，中国社会在变化，中国乡建议题在变化，乡建议题的基本的政治经济前提在改变。因为，今天这不是一个丧失劳动能力的农民工返乡的问题，而是丧失劳动能力的农民工还有没有家乡可返的问题。在那部电影当中，举重若轻一笔带过的德国观众基本不会看到的一个事实是，他们已经伤残，已经不能再生活在深圳，他们返回家乡的时候，已经不能拿回他们的土地，因为土地在流转过程中几次转手之后，已经冤无头、债无主，所以，土地流转的过程已经改变了土地承包制度下的、村社下的小农经济的基本政治经济结构，而这个改变是在同一个过程中的。那么在这个过程中，我们再讨论现实的中国乡村，怎么讨论作为农民工的乡土和我们向往的心灵的乡土？

另一部电影是在去年的香港电影节上看到的，评委努力地将这部电影推向了最佳影片。其实这部电影是一个叫张撼依的导演的处女作，成本很小，我估计大概几十万，拍摄还有幼稚之处，叫作《枝繁叶茂》。非常好玩的是，这个名字和电影的故事非常反讽，它的英文名字叫 after die（死亡之后），是一个有意思的鬼故事。因为钱太少，演员又太差了，所以没有表现好。电影讲春节在外面读书的孩子和在外面打工的父亲回到山里面的家过年，父子俩团聚，父亲就一直鼓励儿子好好读书，读完中专以后最好去考大学。然后儿子说，干什么呀，根本不要读，现在去打工好了。父子俩在深山砍柴的时候，突然儿子的声音变了，是死去的妻子附在儿子身上，变成了一个东方恐怖故事。很有意思，这个亡灵回来说，因为长久地在奈何桥边徘徊，想等到家乡来人带个口信，问问家里怎么样了，可谁都没来，因为大家都在外面打工，死在外面，就埋在外面了，没有人回家乡去。这就是整个故事。

因为成本非常低，所以全部都是实景拍摄，非常真实地让我们看到了乡村的变化。大家从窑洞搬到瓦房，从瓦房搬到了城市式的新乡村，可是不管是窑洞，还是瓦房，或是楼房，都空荡荡的，甚至在春节也是如此。它真切地展现了一个被生活在这里的人们抛弃的荒芜的乡村。亡灵回来的意图是，想把其结婚时种在窑洞的那棵树移到山上去，让它能长大，这样其身后也能留点什么。在整个中国现代化进程中，对于乡村的改变，是和我们对整个空间摧枯拉朽式的重构联系在一起的。

昨天，讲习班摄制组的小朋友说，城中村被拆了，自己成长的环境被抹去了，自己的空间记忆也被抹去了，因为我们的记忆是寄存在空间上的。他说的时候，我极强烈地感到，姑娘你真年轻啊，我的记忆都一次又一次地被抹去了。我出生的小街、成长的胡同，我的小学、中学，哪个还在呀？岂止这样，北京大学一代一代人记忆着的小餐馆，小书店，完全不存在了，面对着海淀街的大道，面对着高度无名化的现代城市的建构，你的记忆何在呢？你的空间何在呢？就在纽约街头，一个美国记者对我说："我真不明白你们中国人张口闭口老中国，哪有老中国呀！"他说："看到纽约街道称之老美国，两百年的房子，两百年的党，中国哪个房子超过20年了？"大家笑了，当然这就是一个玩笑，我们说的这种摧枯拉朽式的摧毁和重建，不断地抹去，不断地重建，它不仅关系到我们的个人记忆和身体记忆，而且关系到我们的整个关于历史的记忆和想象。因为历史的过程事实上就是一个不断地把空间扁平化的过程。印象特别深刻的是20世纪90年代，我应邀出席国际电影节，我有点笨，有点不合时宜地问一个德国朋友说："对不起，你能告诉我柏林墙在哪吗？"然后那个德国朋友就有点不快地看了我一眼说："你正站在柏林墙上！"柏林著名的索尼中心就压在柏林墙上。另一次，我跟刘健芝老师去柏林开会，我们住的那个宾馆就被柏林墙穿过，你会看到柏林墙被一块砖的标志所标识，它消失在我们宾馆的一堵墙上，从墙的另一端穿出来，所以我在那里的壮举就是坐在柏林墙上抽烟（笑）。换句话说，这是历史的过程，曾经伫立在那儿，把城市、民族、国家一分为二的那个空间没了，它现在是平面的一条线、一个标识。可是在我们这，历史的过程是一个人用他自己这一代生命的经验，目击不断地发生、不断地改造的过程。

与此同时，不管是传统的中国，还是现代的中国，甚至当代的中国，也是以如此的速率，在摧毁和重建的过程当中。所以，对我来说，《枝繁叶茂》这部电影的意义在于，它告诉我们，我们不可能把乡村单纯地浪漫化为一种宫崎骏的龙猫式的故乡，乡村、乡土在整个中国土地上正在被普遍遗弃。事实上对我来说，更为震惊的现实经验就是我在湖南、湖北看到历史和现实中的鱼米之乡,已经成了被荒草覆盖的废弃乡村。

在最早的乡建运动中,我们曾经分享了一个最基本的想象或者构想:我们如何能够和弱势的人们站在一起去寻找更好的生活,通过他们的自我组织,使他们获得更优的谈判资格,在面对大资本的时候,他们有更强的力量来保护自己;进而,如何去创造一种文化,使得我们共同分享这种文化,让生活在乡村的人们摆脱等级制的、不断蔑视、不断放弃、不断压榨的文化,让他们为自己的生活、生命感到合理、自豪、自觉。但是,在短短的十几年之后,这种基本想象或者构想的前提已经开始改变:所有制在改变,经济结构在改变,乡村文化在改变。

我们曾经讨论城市化问题,讨论拉美城市病,几个大城市吸干了资本资源和人口,而其他广阔的土地都被废弃了,这些大城市并不是真正吸纳了这些人口。拉美的这种城市病,在全世界的城市都存在。为什么要特别说拉美城市病?因为拉美以其城市景观直接地暴露了这个问题。在伦敦、北京、纽约、巴塞罗那,每一个现代都市都是一个阶级的集合体,每一个现代都市都是天堂和地狱,每一个城市都包含了一个巨大的地下空间,这个地下空间是象征性的,也是真实的,因为每个城市都有合法居民和流动人口。每一个大城市要运行,都需要大量的服务业劳动者。这些人口在各种意义上是不可见的。一是他们晚上才出没,二是一种东西叫"工作服原理",即现代人都学会了把穿工作服的人当作不存在(现在犯罪的一个最有效的方式就是穿上工作服,长驱直入,因为你根本不拿他当作跟你一样的人)。另外一个是真实意义的地下世界,即下水道、供暖系统、供水系统。每一个城市都包含一个巨大的地下城。天堂与地狱,阶级的集合体,是每一个城市的事实。拉美城市病在于,拉美的大城市没有成功地把"低端人口"隐藏起来,相反,在城市中形成了巨大的贫民窟。

我自己的一次震撼性的感觉是在墨西哥城,世界最大的城市,有很多老建筑,也是拉美最大的城市。墨西哥城中心就像一个略显破败的欧洲城市,非常美,很有韵味。但是你开着车去机场,越走房越矮,越走越密集,最后是密集一片的贫民窟,其中遍布着石棉瓦和塑料布盖成的低矮民居，一望无际、一间挨着一间。另一种情形是圣保罗。登上圣保罗制高点看城市，风景如画，所有的山脊和山峰上都是漂亮的别墅，有欧式的、殖民地风格的，以及其他各种各样风格的建筑。但是所有低洼的地方，如山脚，全部都是贫民窟。你可以说像疮疖一样布满了城市的面孔（穷人没藏好，全露在面上了）。

大概是20世纪90年代末，当时我们的口号是拒绝拉美城市病，警惕中国现代化城市会陷入这样的状况。我们当时担心的是这样的一个过程：现代城市吸干了所有的资源，使得广大乡村的人们无法生存，最后他们只好进入城市，而城市无法吸收他们，无法接纳他们，他们就成为城市的剩余，城市的灾祸，无路可逃。同样是和刘健芝老师，我们第一次造访巴西无地农民运动当事者，同行的一位学者就特别同情地去那个塑料布搭成的棚子，问那些通过坚持无地抗争争取土地的人，"你们怎么能够住在这样的地方，这没有水，又没有电，你们也是城里人，怎么能够过这种日子？"结果那些人就很惊讶，不知道他问什么，看了他很久后说，我们从来都没水没电。然后，大家都问他们是不是从村里来这儿的。他们说，不是从村里来的，是从城里来的，而且是第二代、第三代的城市人。第二代、第三代的城市人仍然没能在城市落脚，无法在城市生存，他们参加无地农民运动，争取土地，希望争得一个回乡的可能，或者说给自己创造出一个家乡。

但是，今天我发现，中国真的不同，我们有自身的优势、特色和力量。之前所担心的那种拉美城市化的过程，并没有以那种酷烈的方式在我们这发生。当我们的加工厂开始萎缩的时候，当我们的城市工厂开始转型的时候，我们的农民工迅速流转、找到新的征战场所。另一种情形是迅速扩张的城镇化，农民搬到附近的城镇去住了，把自己变成城镇人，农民不必再作为农民生活在那个土地上。

我曾多次去美国加州，但都没有进入美国加州的农区。上次专门让朋友带我去农业区，我发现一件好玩的事情，一旦你进入加州农业区，你就会以为到了拉美，一个英文都没有，全部都变成西班牙文了，因为全部都是拉美非法移民在那里做民工。当时我最高兴的就是一进超市就能吃到当时在拉美喜欢吃的所有食物,超市也变成了拉美超市。但令我震惊的事情是,我发现一望无际的草莓园,其最主要的出口和供应对象是中国。这是一片车开了半个多小时还没有开到头的草莓田。

在这里我不讨论谁来养活中国的问题,不去讨论吃的问题,不去讨论贸易的问题,不去讨论优雅健康生活的问题,不去讨论本地生产、本地消费的问题,不去讨论全球化物流系统在造成什么样的资源浪费的问题,也不去讨论我们今天越来越自由的宅生活是前所未有的不自由的问题,因为我们被固定在全球性物流系统链条上。我们要讨论的问题是,在这样的一个过程当中,我们怎么去放置乡村?当城镇化和城市化同时在改变着、榨取着中国乡村、抛弃着中国乡村的时候,我们曾经担心的土地资源的紧缺,中国巨大人口数量的问题,现在好像突然之间不是问题了。同时,它仍然是问题的起因或问题的关键,在整个过程当中,农村的转型,农业的产业化或者农业集约化、规模化经营的问题,到底意味着一个现代化过程、农业工业化的过程,还是一个私有化的过程?不论是面对工业化的过程,还是面对私有化的过程,作为乡建人,我们的应对究竟是什么?这是我要跟大家分享的另外一个问题。

李睿珺导演的另一部电影《家在水草丰茂的地方》,讲的是在定居点读书的孩子暑假骑马回家的故事,这孩子的爸妈是牧民,他们的工作就是找水草,只要这孩子找到水草丰茂的地方就找到了爸妈。家也不是我们定居的那个家。一路上,他就看到整个草原的枯竭,水源的破坏,最后终于找到水源的时候,发现已经被金矿主霸占,父亲已经成了采矿工人。这是一个关于自然环境被摧毁和破坏、家园彻底沦丧,牧民无家可归的故事。

还有一部电影,去年获得了很多国际奖,是一部艺术电影,讲了一个简单的故事:一个中年单身的牧民非常贫穷,被城里的一个发廊女所诱惑,然后万劫不复的故事。其实,它是以另一种方式向我们呈现了真实的中国乡村。所以不是一个发廊女诱惑了一个中年男人的故事,而是那一无所有的赤贫状态,真正的阶级意义上的赤贫状态,怎么被暴露在我们面前的事实。

再提两部电影，都是可以展开讨论的，或者说都是曾经展开讨论过的，一是贾樟柯的《山河故人》。贾樟柯是少数仍然将县城或者小城镇的生活展现在我们面前的导演。到了这一部电影，四十多岁年纪的他获得了终身成就奖。我一方面为贾樟柯高兴，另一方面为贾樟柯难过。要是现在别人给我发个终身成就奖，我会很悲哀，多少有点认命的感觉，自己觉得自己还有未来，还要往前走一段（笑）。对于这部电影，我感兴趣的是主人公的阶层身份的改变。就是说，随着贾樟柯的成功，随着贾樟柯成为国际电影大师，他的人物不再是县城的小人物。就像随着冯小刚的成功，他的人物不再是那个含泪带笑的心酸之人，而是开着宝马的顶层人。

同时我感兴趣的是他的最后一段故事。第一，时间上去了未来；第二，空间上去了澳大利亚。主人公的名字叫 Dollor，不会讲中文，对中国只有朦胧记忆。换句话说，故事消失在了未知处，消失在未来的时间中，消失在无限的空间中。我看了影评，其中提到主人公身上挂着一串钥匙，这是小时候妈妈给他的。妈妈说，随时回来，这是家门的钥匙，你随时回来开门。这个不会讲中文，记不得自己的母亲，记不得自己家乡，叫 Dollor 的男孩，仍然挂着这串钥匙，这对他意味着妈妈，意味着家，当然也意味着中国。所有影评人都谈这串钥匙，他们都引证 20 世纪 80 年代那首诗——《中国，我的钥匙丢了》。我不同意，我说这个故事应该叫"钥匙，我的中国丢了"。这是我的引申。

一百年来，我们全部的逻辑是赶超：我们落后挨打，我们滞后，我们要超英赶美。我讲了一百次的那个笑话，我的小学同学当中有两个同学，一个叫"超英"，一个叫"超美"。一百年来逻辑是这样的，社会主义革命的逻辑之一是这样的。今天超什么赶什么？好像钥匙在手了，我们究竟要打开哪扇大门？我们究竟要寻找怎样的中国？究竟要建设怎样的中国？我们究竟要让中国有怎样的未来？这不是贾樟柯所提出的问题，但是我从电影中读到的问题。

实际上，上一次用这个题目做演讲的时候，是用一部好莱坞电影开始的，叫《星际穿越》。因为当时好莱坞电影火热无比。对我来说这个太有意思了。刚开始的第一句话，是一个电影人物在独白，一个老妇人说，我的父亲是农民，其实那时候所有人都是农民。当然我们都看过电影，都知道他的父亲是宇航员，但是他成了农民。那是一个末日故事，在现代主义的灾难面前，在无尽的开发破坏之后，终有一天，生存成了人类共有的问题，为了生存，我们每一个人都被迫成了农民。而那个时候，土地的意义不在于让我们成为农民，而在于给予我们生存的可能。这部电影首先给我的感受是，在某种意义上，我们在有得选的时候，是不是该早点选，别等没得选的时候才后悔？

其实我非常不喜欢这部电影，对于喜欢这部电影的朋友我表示歉意。要不是因为我花了那么贵的票价，还买了一包爆米花，我早就走了。虽然如坐针毡，但是我还是坚持把它看完了。看完了有收获，因为它是一部好莱坞电影，它提出真问题，给出伪答案，优秀的好莱坞电影都是这么做的。在这个意义上，我曾经非常蔑视好莱坞电影导演，现在我对他们很尊敬，因为我觉得我们好多导演还不如他们，我们甚至没有真正意识到社会的真问题是什么，更不用说，给出一个皆大欢喜的伪答案了。这部电影提出了一个真问题，即我们面对世界性的能源危机、环境危机，现代文明在造成最大突破后所遭遇的最大危机。我们遇到一个非常关键的问题，就是当我们思考现代社会问题的时候，人类突然成了一个我们必须要考虑的参数。例如，你不要得意地说北京有雾霾，别的地方没有。当北京有雾霾的时候，很快全国都会有雾霾。去年已经有两三次雾霾覆盖了所有城市，全国每一个区域都没得逃。当北京连续5年冬天无雪、夏天几乎无雨的时候，美国被暴风雪覆盖，原因是北极的温度升高，把北极冷空气推出去，全部去了北美。环境是一个最直接的例子，让我们看到地球与人类一荣俱荣、一损俱损。这是我们要把人类当作参数来讨论的一个原因。

更重要的原因可能在于，当我们去讨论每一个社会问题及其解决方案的时候，必须要看到我们究竟怎么去考虑未来的人类，未来人类的生存？这也就是《星际穿越》当中提出的真问题，即我们究竟把人类当成一个社群还是当成一个种群？所有的乐观主义都在讲一件事，人类不会灭亡。我们这个文明早就毁灭好多次了,恐龙不是都毁灭了吗?就连恐龙都毁灭了,地球不是依然存在吗?所以,在一次大毁灭之后,人类将重生,文明将重启。文明重启论在世界范围内非常流行。

这种论述告诉我们说没关系,因为文明将会重新来过。那么重新来过的是谁?是人类,是作为一个种群的人类,或者像电影当中,我们把他们运到外星系重启文明;或者像《2012》中的大洪水来了,我们造诺亚方舟,选优秀人类上船。好莱坞的有趣之处就在这里,选优秀的人类,让他们活下来,重启我们的文明。但是在这部电影中,他们用一个场景告诉我们,诺亚方舟的票是可以买的,谁买得起票,谁就可以上诺亚方舟。几十年前,我第一次去美国的时候,在美国太空局看到一个固定的广告,我当时以为是笑话,后来别人告诉我真的是广告,如果你捐款几十万美元,就给你或给你的后代,购买了未来逃离地球的太空船票。富人买到的不仅是此生的富贵,还是子孙后代代表人类种群生存下去的可能性。对我来说,我不关注这样的讨论,我关注的是人类作为一个社群,具体说,我关注的是人类的多数,关注的是我们作为一个集体能以什么方式共同生存下去。所以,这是我讨论《星际穿越》并从中引申出我自己一个真问题的原因。当我们在思考所有问题的时候,我们是把人类当作一个社群来讨论,还是把人类当作一个种群来考虑?

我还想提一个问题,也是我多年来思考的一个问题,当我们提出将乡村作为一个坐标的时候,我想提醒大家要注意关于历史的参数,即历史的记忆的问题。我们把现代乡村作为一种需要消除的痕迹,但什么时候,乡村作为一个坐标浮现了呢?是20世纪,准确地说是20世纪后半叶。换句话说,是国际共产主义运动,使乡村第一次获得了城市的有效坐标的意义。我举两个例子。一个是中国革命,大家都知道农村包围城市的模式,中国革命的真正主体是农民。至今我们不可否认土地革命的意义。另一个20世纪后半叶成功的例证是古巴,古巴是由边缘处开始的,切·格瓦拉以一己之身学习中国革命的经验,曾经在世界各地动员起了成千上万的城市青年,投身乡村、深山、丛林,与人民在一起,尝试发动游击战,尝试改变不合理的城市结构。此外,还有很多这样的例子，比如西班牙内战，再比如越南战争，都是反动力量占据着城市，而对抗力量占据着广大的乡村，使城市成为一个一个的孤岛，创造了20世纪最为辉煌的奇迹，因为它扭转了现代战争的基本逻辑，即战争是资本实力的角逐，现代战争打的是钱；而西班牙内战和越南战争，是以弱胜强，以少胜多，是所谓"得道多助，失道寡助"的战争。20世纪的国际主义运动和社会主义革命，使得乡村以完全不同的面貌呈现在人们面前，参照出了城市的有限的意义和反省城市的可能性。

这是我们置身中国讨论乡建议题时的双重坐标。一重坐标是我们所谈的乡建传统，或者说是民国时期的乡建运动，某种意义上它是温和的、和平的、改良的，在文化和文明的意义上去创造或改造政治和经济的可能性的一种历史传统。而在另外一重坐标，则是整个20世纪国际共产主义运动、中国革命的历史所造成的，因土地革命而赋予农村、农民以完全不同的历史主体地位和骄傲的国家主人翁的位置的历史的天翻地覆的变化。

在今天的世界结构和经济结构下，我们怎么思考乡建？我们在怎样的层次上去思考乡建？我们在怎样的社会实践中进行实践？我们如何思考我们的种种现实限定与我们的更大的追求之间的关系？从这个意义上说，乡建不单纯是一个具体的乡村运动，实际上它包含了一个巨大的乌托邦的冲动。我们之所以投身于乡村，我们之所以把目光聚焦于乡村，是因为我们想在中国现实的、历史的乡村之中寻找一种现代世界、现代知识、现代主义不能提供的可能性，或者说，它仍然是一个巨大的、在创生之中的空间。我们具体的思考和努力如何在以乡村为坐标的尝试和努力之间建立一种连接，产生共鸣，进行互动？这是我们每一个人需要在工作当中去寻找的。

【讨论】

提问一：

戴老师，您的理想信念非常丰富，您讲到传统文化之中的前现代幽灵的问题，也讲到发展主义批判与现代主义批判的问题。我想问的是，今天作为社会行动的乡村建设，到底有没有一个明确的价值基准？

提问二：

作为实践者，我们不应该总是以扶贫人、外来人的角色介入乡村的发展，应带动村民进行参与，激发村民自身的能动性。不过，我们常常感到无力，因为我们一方面在很用力地拉农民，去协助、推动，但另一方面感觉村民缺乏自身的力量。我一直在反思，老百姓真正想要的是什么？他们的诉求和我们的诉求是否必然存在共识？我们的诉求跟他们的生活之间到底是什么关系？我们是否真正了解乡村？这是我在乡村实践工作中的困惑。

提问三：

我的问题与前一个同学类似。当思考"乡村与我们"这个议题时，不可避免要追问，"我们"是谁？例如，戴老师也讲到，今天在对乡村的认识中，乡愁式的想象非常流行；这一想象的根源，其实在于身处城市的白领与中产阶层遭受到的种种压力，这些内心的焦虑投射出一个美丽的、温暖的、"田园牧歌"的虚幻影像，发挥着心灵抚慰的功能。从这里来说，我们对于乡村的认识，始终与自身的主体状态紧密相关。那么今天聚在一起讨论乡村问题，首先应该自问："我们"是怎样的特定历史境况中的主体？我们对乡村的认识与理解、想象与思考，是以怎样的历史条件为前提的？进一步，如果说今天"我们"坐在一起讨论乡村建设的目的在于，在现代性危机的情况下，尝试思考新的可能性，那么似乎"我们"是在思考"为人类寻找未来的出路"这样一个普遍性问题。但问题在于，"我们"的思考是否能够担得起这个"普遍性"？恐怕我们很难有十足的底气给出确凿的回答。如果"我们"不敢妄视自身为"普遍性"的代表，那如何处理我们自身的相对性？在实践中如何处理与农民的诉求的差异问题？

戴锦华：

首先，我们讨论价值基准的问题。我个人认为就是最低纲领与最高纲领的问题。我们一旦进入实践层面，作为行动者，必须设定自己的最低纲领和最高纲领。所以我觉得应该有明确的设定。我想我们更能明确设定的是最低纲领，就是我们直接面对的对象和人群，他们的利益、诉求如何得到回应，他们的生活如何得到改善，更重要的是，他们的主体性如何建立。

我认为一个没有最高纲领的运动本身是没有出路的，它可能就是一个短暂的运动。最高纲领可能如痴人说梦，可能是实现不了的，但是它决定了我们的最低纲领的那些具体举措的路径。在这个意义上，我觉得一定要有最高纲领。但最高纲领不会那么具体、明确。因为，一方面我们在摸索之中；另一方面大环境在改变，我们的对策也必须改变，所以我们必须要不断地调整，不断地回应。

其次，大家的讨论也集中于身份问题和我们的主体位置的问题。

面对社会整体的评价系统，我们很难得到其认同。如果说社会文化是一个镜子长廊的话，我们这样的人很难照出一个成功者的金光灿灿的影像。我从1999年到2009年大概十年时间，全力投入第三世界调查研究、乡建、环保、乡村妇女运动中。我没发几篇电影方面的论文，几乎没有出席电影研讨会，对于我所置身的学科与学术来说，我似乎已经消失了。对我这样的行为，不少学者的回应是讥讽："不务正业"，或者"真是看得开"。

在社会评价系统当中，我们搞农研的同学还算幸运，人家至少知道你投身的运动和你的专业有点关系，你是在做某种专业性的工作。那对于非农研相关专业的人来说，你来这里干什么？我只能提供一个我自己的经验性回答：我做我心安，否则，我很不安。另外一个回答就是，其实我们试图改变的不只是乡村，最终说来，我们想改变的是今天社会中各种各样不合理的结构。在这个结构真正被改变、被触动之前，他人不可能给我们好评。

对我来说，我真正梦想之物（那个改变的发生），可能在我有生之年都看不到了。我对这件事的肯定，其实是来自内心的定力。我经历了中国巨大的变化并活到今天，觉得自己非常受益于几分定力。所谓几分定力就是坚持自己的选择。坚持自己的选择，不在于拒绝任何修正，而是我特喜欢的一句话：初衷和初心。你问问自己，你早先来这里是干吗的？为什么到这来？你如果能够记得，而且不怀疑，我觉得就有力量坚持下去，因为我获取的是一份安心，因此我也就收获了一份快乐。

2003年，在草场地首次搞乡村建设培训的时候，刘健芝老师带着大家读书。当时刘老师说，微笑多少钱？快乐多少钱？幸福多少钱？今天的统计学能统计这些吗？我当时很受震动。但是，今天我突然意识到，社会也开始统计这种东西了，叫"幸福指数"，而且将之作为大数据来分析。我其实挺喜欢《超能陆战队》这个卡通片的。直到我获取了一个信息：那个可爱的大白，并不是迪士尼的创意，而是美国医药公司的一个真实产品，护理工作全面的机械化。新一轮的人工智能和自动化，全面地冲击着劳动者。富士康工人的故事将就此消失，因为生产线再也不需要他们。在欧美，这个冲击已经波及了白领阶层。好莱坞采用了一种技术，即在电影放映的同时进行数码采样，用很多摄像头拍摄电影观众在影院现场的身体反应，然后科研人员将其作为大数据进行统计。你设想，未来会有一种非常主流的商业电影，在电影院中，你一定会被感动，你想哭的时候就会去哭、想笑的时候就会去笑，而且一定不会让你有"隔"的感觉、"被催泪"的感觉。在大数据的统计与操纵下制作出来的电影，还去谈什么艺术的感受？还谈什么观影经验？2016年底，计算机战胜了国际围棋大师，这是一个历史性的时刻。过去有人预言，所有的棋类，只有在围棋上，人不会被战胜，因为围棋是六艺之首，它是人文，是情感，是人类创造，是智慧的即兴发挥，无法被统计。但是在围棋上，人类也被计算机打败了。研究人员认为，智慧也罢、情感也罢，不过是增加一种算法而已。

面对村民，我们以为有一种更好的生活方式，有一种更美的建筑，有一种更合理的选择。我们希望的是他们不受剥削、压迫。但是村民最希望的是点上电灯，进入现代生活。这种落差是真正生活在底层、困境中的人群的普遍经验。因为我们是在这个社会的中高层,在这样的阶级位置、政治经济位置上,我们体会到的问题和渴望的生活方式与被现代化进程所抛弃的、求"现代"而不得的人群,肯定存在落差。这是普遍的经验。在面对这一普遍经验的时候,我们怎样去理解?怎么去互动?

当我们看到那些被剥夺的人群,他们被剥夺的处境不仅创造了他们的困境,也创造了他们的"现代"诉求。我们怎么真正分担他们的困难,同时尝试让他们理解我们的思考?我觉得,在生态建筑和瓷砖房之间,不必非要坚持让农民选择前者。我们每一次面对一个具体状况的时候,都会即兴创造,去尝试向自认为最好的方向努力。但要知道,这未必成功,我们必须接受失败。我们是谁?我们谁都不是,我们跟他们一样。就相当于,我碰到一个好朋友做出一个错误的选择,我们只是在作为朋友的意义上跟他互动,而不是作为"先知先觉",不是认为自己携带着更高的本领和使命。

那么这就引申到刚刚讨论中涉及的主体位置的问题。这个问题比较理论化。首先是普遍性的问题。"普遍性"是一个名词,"普遍性"不普遍,因为"普遍性"是历史的、建构的。当我们面对着"普遍性"的时候,我们其实面对着一个真实的社会历史结构。在这样的情况下,我们的基本选择是,我们一定不是普遍的,农民也未必是普遍的;我们和农民的不同是,我们知道自己不普遍,农民不知道他们不普遍。

但可怕之处在于,我自己强烈感觉到,"普遍性"的制造者和持有者并不相信普遍性,他们使得边缘人群比他们更为内在化这些"普遍性"。"普遍性"的制造者们知道没有奋斗成功的故事,只有强盗坑蒙拐骗、贪污腐败、权钱交易的逻辑。但是永远没有机会进入成功者行列的人群认为,那些人之所以成功,是因为他们聪明能干、有机遇,等等。他们是神话或者神话所支撑的普遍性逻辑的持有者。这是我们要面对的另外一个处境。我自己遇到过同龄人遭遇特别不公正的社会对待的事情,他们说,你考上大学了,我没读书,没上大学,我的命运于是这么悲惨。我自己印象特别深刻的是,在做了一个公共演讲之后,有很多下岗工人的孩子,以及很多下岗工人给我反馈。那是我收到最多听众反馈的一次演讲。对我来说，最幸福的是他们说"谢谢你说出我们想说的话"或者"谢谢你面对我们说话"，最让我难过的是所有人都说"这就是命"。明明是历史的事件，明明是一种偶然，明明是利益集团的博弈，明明是诸种解决方案中最差的一种，而承受者说，"这是命，这是命"。也就是那一次，我尽可能地回信说，如果非要说这是宿命的话，那么这也是社会宿命；而如果是社会宿命，我们就能改变。

我们要面对的就是边缘人群对这种"普遍性"的内化状况。他们拒绝你的批判性的逻辑，所以在实践层面我们确实面临一个非常真实的困境。有一次我被夸，有个人说"我是山东临沂人"，我就说，我们是老乡，我老家也是临沂。后来他说，戴老师你真了不起。我说我怎么了不起了？他说，你居然承认你是来自临沂的。他以自己的家乡为耻，不愿意说出来。而我则是因籍贯在那，是我老家，所以很自然地说出来，对于我来说是一个比较简单的事实。而对于他这样一个比我年轻的作家来说，这是一个要隐藏的事实，一个耻辱的事实。那一次我特别难过。

我的一个学生嫌贫爱富，我真的有点嫌弃他。有一次这个学生下很大的决心跟我说，我家里很穷。后来我说，我家里也很穷，我是在一个特别匮乏的童年时代长大的。那个男同学就流泪了。他说：老师您真了不起，您怎么能承认您是出身农村、在穷困当中长大？那个时候我真的要哭了，什么时候穷变成耻辱了？

所以这是一个实践层面的问题，我们怎么去面对和处理，我也没有答案。我觉得我们的身体力行，每一次尽心尽力的即兴创造和具体努力，也许会有点作用。之前做农村妇女工作的时候，我觉得最大的褒扬就是："哎哟你是北大教授！你北大教授今儿上我们村里来，给我们妇女小组做讲座，给我们说电影，你真了不起！"我说，不是我了不起，是你们了不起啊！你们愿意有这样的小组，这样的妇女队，你们有这样的秧歌队，你们多有意思、多棒啊！这仅仅是我借主流逻辑给予她们的一点东西。其实大家都会熟悉另外一套话语，也是非常重要的一个命题：尊严政治。我觉得今天世界的残酷之处不仅在于物质的剥夺和放逐，而是在于整个地摧毁你的尊严，让你觉得自己低贱、失败，而且要为自己的低贱与失败负全责。这才是更大的问题。我们怎么能够参与到尊严的实践中去，把我们自己作为一个参与者，尝试给予自己尊严？我觉得正因为现在社会开始统计幸福、统计微笑、统计感动、统计怦然心动，我们才更要问自己的内心。

换句话说，我们创造一种普遍性的表述，大概必须伴随着一场社会革命的到来；否则，即使我们可以创造普遍性的表述，也不会被承认为普遍性，不会被分享为普遍性。但是从这个意义上说，我们必须在更深层的意义上去问自己的内心，去问自己的身体，什么是"真实的"？什么是"共同的"？我想我们可能要回到最基本的"平等"的概念上去。我们都是父母的孩子，我们都是有血有肉，都是饿了、冷了会痛苦的人，我们与他们没有什么不同。我们是在这样一个意义上的真实的人。

记得我跟自己的学生曾有一个关于"宁可坐在宝马车里哭，也不坐在自行车上笑"的一次谈话。我直觉反应是，当年我恋爱的时候，坐在自行车后面笑得好开心呐！学生反驳我说，今天坐在自行车的后面你根本就笑不出来，如果你自己坐在爱人的自行车后面笑不出来的话，你要自己负全责。我觉得这是我们要去寻找的普遍性，这是不可统计的。

讨论中也有同学说到文学丧失了想象力的问题。我一直在思考这个问题。后来我发现，如果把文学规定为被作协制度所覆盖的文学的话，大概这个想象力确实丧失了。可是如果我们的视野放在各种各样的写作、书写，以及生产链上，我们可以发挥前所未有的想象力，甚至达到了过剩的程度。比如我们的科幻、玄幻作品。中国科幻作品连续在国际上得奖，一方面，是因为中国在崛起，现在是要证明（西方的）普遍性，而给中国颁奖；另一方面，中国的文学想象（我指的是广义的通俗的文学想象）元气十足，中气十足。在这个意义上说，这不是一个想象力的问题，而是两个问题：一是写作者自己完全隔绝于真实的"中国"（包括顶层的中国、中产阶层的中国、被放逐的人群的中国）；二是全球性的自恋文化。稍微多讲几句。自恋文化的最突出的表现是自拍，一切对我来说皆为镜子：背对美景，面对虚空，四十五度角，灿烂微笑，自拍。自恋文化的内里存在着更大的问题，即我们爱的能力丧失了，我们没有能力爱别人，我们没有能力投射出我们的能量，甚至没有能力投射出力比多。

社会的虚拟化带来的最大问题是社会人群之间彼此完全被区隔。我们常说网络是自由、民主的空间。但事实上网络是最分割性的空间，当我看某个人不顺眼时，可以立刻将其拉黑，根本不要看他说了什么，然后待在同质性的人群中其乐融融。也就是说，我们几乎没有在网络空间中遭遇异质性人群的可能。在这样的一种生产环境、文化媒介条件下，我们和不一样的人越来越区隔开来。我们没有机会让不同的人群相遇、重逢，或者彼此发生冲突。从这个意义上说，普遍性早已坍塌、断裂，有的只是表演、象征、名词。可是这个被完全区隔化的网络社会的存在，并不能改变一个事实，即当生态环境的灾难降临的时候谁都不能逃离。共同的命运和完全的区隔，是我们今天要面对的一个基本事实。一方面，我们要超出自我区隔，超出我们的肉体，要重新习得爱的能力；另一方面，我们要想象 another world。我们非常明白我们面对的是一个共同的命题，这个共同的命题是人类的普遍问题，但是我们同时面对的是被区隔的、互不理解的、鸡同鸭讲的人群，这就是我们的现实。面对问题，每一个诚实的人都必须诚实的回答。我们没有答案，我们不能坚信自己正确，但是我们不能自疑，必须去探索。

近代以来中国的土地问题与城乡关系[①]

吕新雨[②]

【演讲】

吕新雨：

这个地方是梁漱溟先生的故居，我来到这里后，感觉还是蛮激动的。我自己做了很长时间关于梁先生的研究，没想到能来这个地方。我想梁先生生前可能也没想到，今天会有一帮年轻人聚集在他曾经写《中国文化要义》的地方重新讨论中国乡建的问题，讨论他的学术、学说。历史在某种程度上有所重复，或者说，它有个螺旋式上升的过程。今天为什么把这个题目提出来和大家分享？大家都知道今天中国进入一个新土改的过程——土地确权。我们怎么把土地确权放在一个更长的历史阶段中讨论？

[①] 时间：2017年8月24日；地点：重庆市北碚区梁漱溟旧居；整理人：王西贝；校对人：林爱华。

[②] 吕新雨，华东师范大学紫江特聘教授，华东师范大学－康奈尔比较人文研究中心主任，华东师范大学传播学院博士生导师。主要研究方向为马克思主义新闻学、批判传播学、广播电视学、中国新纪录运动、影视理论、"三农"问题等。著有《错位：后冷战时代的中国叙述与视觉政治》（2018）、《学术、传媒与公共性》（华东师范大学出版社，2015、2018）、《乡村与革命》（华东师范大学出版社，2013）、《书写与遮蔽：影像、传媒与文化论集》（广西师大出版社，2008）、《纪录中国—当代中国的新纪录运动》（北京三联书店，2003）等。

我相信很多朋友都听说过一个观点：今天中国农村乡绅结构不存在了，是因为中国革命摧毁了这个过程，所以我们要恢复乡绅自治。

不少关于土地问题的讨论，都提出了对马克思主义经济史学以及以西方学术界为主流的现代性范式的反思。他们想强调，土地问题应当破除意识形态和政治先行。但问题是，历史是不是可以非概念化书写？比如说，强调中国土地集中程度不高，自耕农占大多数，这是针对传统马克思主义叙述的，因为马克思主义叙述讲的是土地兼并、农民造反，土地大量集中，地主剥削导致革命。但是土地没有大规模集中，并不意味着土地占有没有失衡，这是两个概念。在20世纪二三十年代的中国，"满铁"、国民党政府的土地委员会和行政院的农村复兴委员会都做过很多的调查，这里不详细展开。黄道炫教授的《一九二零年代的中国》提到，20世纪20~40年代的中国东南地区，地主人均占地是贫农的10~30倍，少数地主、富农占地不集中地区这一比例在10倍以下，许多地区远高于这个比例。所以说土地占有不平衡的情况是清楚的。

一　近代以来的地权、租佃和赋税关系再考察

我们先来讨论近代以来的地权、租佃和赋税关系问题。今天的翻案文章中，高王凌教授的《租佃关系新论——地主、农民和地租》在其中是具有代表性的。他的主要观点是，过去的地主和富农共占有的土地比例不到50%，而不是过去认为的70%~80%。即便按照他对20世纪30~50年代地主土地占有数量调查的综述，5%的地主占有40%~50%的土地，我们看到的依然是严重的土地不均衡状况。高王凌教授在方法论上很有意思的一个问题是，他在讨论中国的地主、农民和地租的租佃关系时，对20世纪二三十年代之后的乡村情况和明清时期乡村社会情况没有做出区分。他写这本书的时候把民国时期的很多材料舍弃了。所以他说这本书基本上是在谈清朝。也就是说，高王凌把民国和清朝，传统封建社会和中国进入近代社会以后的结构性变化，排除在了视野之外，不将之作为变量；排除了对晚清以来现代化因素导致的对土地变革因素的考量，特别是国家权力下沉导致的赋税沉重对中国农村的影响。

我觉得这对他的研究结果产生了很大的影响。我将之称为"历时态结构主义"方法论。这样的方法论是高王凌教授和秦晖教授的基本方法论。对于秦晖教授的方法论，我也写文章批评过。有意思的是，他们的方法论很接近，结论却是相反的。高王凌教授据此得到的结论是，中国不是封建专制主义，所以民主救不了中国。秦晖先生得出了另外的结论：中国自古就是东方专制主义的典型代表。到底中国是不是专制？同样的方法论，两位教授得出的结论却是完全相反的。

我们回头来看，问题出在哪里？答案就是中国的地权关系。中国的地权关系非常复杂，特别是传统社会的地权关系，在不同的社会形态和地区有不同的地方习俗和惯例，地权的表现也因此不同。对地权多重性的研究和重视始于清末民初日本人。日本不是占领过"台湾"，将其作为殖民地吗？日本人最初到"台湾"，对台湾地权做调查的时候，就发现了地权问题的复杂。民国时期在全国各省也有过不少的调查报告。其中最复杂的问题，集中体现在租佃和雇佣的区分上。就是说，佃农和雇农是不一样的。另外，还有一田二主或一田三主的情况，土地的所有权是三重的。比如说，江南地区的田底权、田面权和永佃权的划分。田底权就是所有权，地主拥有田底权。田面权有点像经营权。这个田面权租给佃农，佃农所拥有的是永佃权，就是他一直可以耕种下去，地主是不能"开除"佃农的，如果被"开除"，佃农就没有饭吃了。在此基础上还有更细分的多重地权。这种多重地权是中国江南、华南地区特别典型的情况。另外还有族田和义庄，是公社共同体里的共有产权。地权的复杂性，使得现代意义上的土地调查非常困难。华北地区以自耕农为主，江南地区普遍的一田二主的租佃制，以及华南地区一田三主制度等多重地权制度，意味着佃农身份的含义在南北是完全不一样的，差别很大。而农村中也有很多不同的地主类型，如小地主、不在地主、城居地主以及经营地主。所以，地主和农民的租佃关系问题是需要放在复杂的关系里面去重新讨论的。仅仅用统计的方法，很难处理这种复杂性。比如，在统计上普遍有一个倾向是忽略不在地主的情况。什么叫不在地主？就是他住在城里，但是农村有地。自晚清以来，不在地主的比例不断上升。但是，20世纪二三十年代关于土地问题的调查无法区分上述地权的复杂情况，因此，其统计数据在今天会有争议。比如，费孝通先生就曾经批评过行政院农村复兴委员会在云南的调查，把雇佣关系混同于租佃关系。还有，田面权属于地方惯习，对于惯习，清朝和民国的法律是不予承认的，但它在民间确实存在。比如，黄宗智提到日本"满铁"调查，虽然是非常严谨、专业的，但"满铁"调查也忽略了一种出租田面权的制度——"混种"。1949~1952年，共产党在上海郊区征粮和土改过程中，也是因为对土地关系认识不清，出现阶级成分划分偏高和错划，导致征粮过重而引发农民反抗。这些问题，都是跟地权的复杂性关联。而这些问题，高王凌教授在其著作里是没有进行区分的。

另外一个关键问题是，地租率和赋税的关系。如果我们仅仅看地租率，民国的地租率不高于清朝或晚清，甚至有所降低。因此，高王凌教授认为民国的剥削率是不高于晚清的。如果我们单纯看地租率，民国的确不高于晚清。但是，应该把地租率和赋税关系结合起来分析。因为国家、地主与农民在不同历史阶段权力博弈关系上的改变，会影响地租与赋税的结构。所以江南和华北在地权关系的差异传统上，使得华北的农民抗争多是针对国家政权的抗税行为，因为华北的地权是简单的两层，自耕农需要直接向国家交税，反税就是直接反国家。江南地区的佃农抗租活动是以不在地主为目标的，因为在国家与农民之间，有一个拥有田底权的地主阶层负责向国家交税。所以抗税是直接反地主，而不是反国家。这是地权关系的不同导致的差异。而民国之后，农民和地主最沉重的负担是什么？是赋税和摊派。这是导致地租关系发生变化的重要变量。由于摊派的急剧增长，最底层农民受压迫的程度没有减轻而是加深了。因此民国时期地租率虽然没有明显上升，可能还低于晚清，但这并不意味农民的负担减轻了。江南地区繁多的附加税和捐税的增加，使得1923~1926年和1931~1933年各县实际负担增长了36%~98%，而地主的收益也受到极大的挤压。农民和地主在这个过程中都受到了强大的压制和剥削。所以农民的抗粮斗争与赋税负担的变动是一个平行的过程，反抗的目标也从抗租变成了抗税。20世纪30年代，由于经济动荡和赋税的沉重压力，华北大量自耕农保不住自己的土地，把土地卖出去变成佃农。在地主大量都市化和不在地化的过程中，赢利型经纪人取代了保护型经纪人。本来村社的绅士阶层或我们所说的乡绅阶层是社区保护型的，现在则变成赢利型，这使得社会中黑社会化现象严重。地方豪强和村级恶霸雄起，传统的自耕农农村社面临分化和解体。租佃关系此前是有利于佃农的长期分成租，此时转化为货币租。分成租就是在佃农收的谷子中分一部给地主，其余的自己留下。而现在呢，逐渐变成交钱，不用交谷子了。交钱的话，货币通胀一发生，农民的受剥削程度就会提高。因为谷物不值钱，要把谷物卖掉变成钱，再给地主，他的负担会加重。佃农丧失了稳定的租佃权利，所以租约变动频繁。我们之前谈到永佃权，是中国传统社会对农民的保护。一般情况下，地主的田底权可以不断买卖，因此，秦晖教授说我们的土地一直是私有制。但是，中国近代为什么没有产生资本主义？不是说私有化会导致资本主义吗？秦晖教授没有提及的是，江南地区租佃体系里有永佃权，佃农可以把租佃权一直传下去给子孙后代。这就是保护农民、佃农的权利，使他不至于因丧失土地而活不下去。这属于地方习俗对社区的自我保护。但到了民国，地租的租约就开始变动，因为农民无产阶级化加剧。而国民党政府由于军事化和现代化的需求，其额外摊派往往是逼迫佃农完成的。所以到了20世纪30年代，华北平原小农的情况和清初已经截然不同，成了一个阶级分化鲜明的社会。但高王凌教授没有看到这一点。

白凯（Kathryn Bernhardt）教授有一本书《长江下游地区的地租、赋税与农民的反抗斗争（1840~1950）》，从1840年一直谈到1950年，用了很多材料。白凯在方法论上综合了传统马克思主义史学、东南亚农民研究中的道义经济学、市场经济学三种视野。她的研究结论包括：长江下游地区的地主土地所有制，并不是被20世纪革命所摧毁的，而是自晚清以来的结构变迁积累的结果。这一结论不支持我们现在流行的"1949年之后的政权摧毁了乡村传统自治的结构"这个说法。她的主要依据是明末清初的时候，大地主就开始了迁居城区。这导致了地方精英结构的改变和国家权力的介入。比如，她根据《苏州府志》的材料认为，到清代中期的时候，40%~50% 江南地主都住在县城里面，30%~40% 居住在市镇，只有 10%~20% 住在乡村。她说江南具有双层的宗族结构：城镇的高度组织的家族和乡村的松散的同族，构成了精英和农民两层宗族结构。因此，江南的义庄不同于华南。她认为，华南的宗族在农村的结构是更紧密的，而江南是相对松散的，因为江南市场经济的程度比较高，地主大量住在城市里面。她说江南地区宗族组织没有有效地缓解地主和佃农之间的紧张关系，就是因为城乡分割的宗族组织。

这里的关键问题在于，如何理解江南地区一田二主的地区结构对于村落社会形态的意义。上海有一位历史人类学家张佩国，他有一本书叫《近代江南乡村地权的历史人类学研究》。他的观点很有意思。他讨论的是，对一个村庄来讲，土地的两权制有什么影响？他根据大量案例表明，虽然江南地区的土地交易圈因为市场联系的紧密而扩大，但是因为田面权滞留乡村，村庄的产权边界反而更加清晰。因此，村庄作为村落共同体对于理解江南复杂的地权关系有重要意义。比如，江南水乡的水面公租的收益权是以村落为单位的。水面收益怎么理解？比如说，水里种了藕，其收益是归整个村落的，不是归个人的，而且对村外的人有排他性。所以村落本身的产权边界是非常清晰的。在一田二主制条件下，即便某块土地的田底权属于不在地主，农民也认为这是属于自己村界内的土地。这使得村庄的产权边界呈现一定的稳定性，因为田面权保留在农民手里，村里的外来户也很难成为田面权的所有者。我们前面说田面权是可以继承的，田面权实际上还可以让渡、典押、出租，可以作为家产遗传。因此不在地主的土地交易，其实主要限制在田底权上。虽然地主的交易可以很频繁，但大都只限制在田底权，地主没有权力交易田面权。白凯教授说不在地主从清中叶开始大量增加，其数据指的应该就是田底权的拥有者。很有意思的现象是，土改之前的数据表示，江南地区外乡地主（不在地主、城居地主）占 50% 以上，多的能到 70%~80%。比如，青浦县朱家角镇三湾村，全村土地都属于不在地主。因为田面权仍然滞留在乡村的佃户层，田面权也具有所有权的性质，所以村庄的产权边界仍保持相对稳定。黄宗智教授在其长三角小农经济的研究中也发现，20世纪三四十年代田底权的买卖可以像股票债券一样频繁，但是田面权的转手非常少，田面权受到各种习俗的保护，极少绝卖，因此村民对土地的耕种权代代相传，非常稳定。黄宗智和白凯的研究都没有把地权关系放在江南村社共同体这个范围里面来界定，而是认为和华北农村相比，江南村落更具有"自然性"，主要由同族集团松散联络，没有超越宗族的组织形式。

我们再参照另外一本书，复旦大学张乐天教授的《告别理想——人民公社制度研究》。张佩国的研究论证了村籍作为一种地方性制度，其与地权有密切关系。就是说，从村籍上讲，你是村里的，就可以用村里的地，你不是村里的，你就进入不了。所以土地资源的村社排他性，使得村社具有封闭内化的共同体的性质，或者说具有土地共同体的性质。地权的多重性并没有破坏乡村的共同体性质，所以即便中国共产党进行土改的时候都是保留村界和村产的概念的，情况却常常是国家的行政权力向这种乡土的惯习妥协。比如说，我们看张乐天老师关于浙江盐官地区的调查，可以验证，土改前盐官地区几乎没有经营式富农，大部分土地都是出租给无地和少地的农民。土改的原则就是"原耕基础"上抽补调整，所以大部分农民土地没有抽动，人均占有土地和土改之前人均使用情况基本上是类似的。当然土地占有关系变了，地主这个阶层没有了。张佩国举出的一个案例是，土改的时候，江宁县东山镇小里村的四户外乡雇农居住该村五年，无法找到家乡政府机关开介绍信，结果土改结束后，一直到1951年春都没有分到土地。也就是说，在这个地方住了五年的人，没有权利在这个地方分土地。而这个村里在外面工作的店员、工人，只要愿意回来，都可以分到土地。这说明什么呢？说明中国共产党承认村籍制度的排他性。村籍制度深刻影响了土改。而黄宗智研究的长三角实现和平土改，是几乎所有的村民都向城居地主租佃田底，自己拥有田面，所以村社内部的阶级分化程度很低。如果根据租佃和雇佣关系，那么，全村人可以归为一个阶级。因为人均土地的均衡化，才能保证村社可以养活更多的人。所以，之前的那个结论——中国农村土地没有大量的集中——在某种意义上是对的。但这个结论是在租佃权的意义上有效，而不是在田底权层面上有效。因此土改革命的意义，实际上是取消了城居地主收租的权利，收租的权利直接归国家，国家把这个租金收去，投入工业化。这意味着城乡关系模式的重大变革。所以黄宗智教授认为土改使得江南的村民变成了跟华北一样的自耕农，江南地区的土地占有权从三权变成两权。江南和华北一样不再需要向地主交税，而向国家交税，意味着国家权力深入到了自然村。

但是，我们对此还需做些更详细的讨论。

传统的江南村落人地关系高度紧张导致土地细碎化，以及田底权、田面权的地产多重分割，使得小块土地成为农民的基本社会保障。因为只有一小块土地，所以这个小块土地只能作为农民基本的生活保障，其更多是靠土地兼业和手工业来维持生活。江南地区的手工业和土地兼业基本上是普遍状况，没有人是只靠一小块地生活的。所以，土地在这个意义上成为规避商业风险的根基，虽然江南地区城居商人和手工业人口不断增加，但在家乡土地的"根"并不会因此断裂。所以城居地主在农村都有地，拥有田底权。正是这样的原因，促进了江南地区众多的城镇发育，城乡关系不是分割的，而是更加密切了。我在《新乡土主义，还是城市贫民窟》一文中，简单提到了这一问题。温铁军老师说土地有社会保障的功能，这一功能是有历史根源的。黄宗智在对长三角和华北地区的对比研究中强调，江南地区一田二主的双重土地制度是土地耕种稳定的原因。因此，社会和阶级分化在社区内部被抑制。而没有此种耕种制度的华北平原，土地转手和租佃关系只涉及单纯的土地所有制。所以，耕种者不断地换，地主也不断地换，土地不断地集中。然后，佃农也不断地换。所以社会和阶级分化就严重得多。我们不能把流动性简单地归为商品化。我们经常听到一个说法，即为什么革命发生在华北而不发生在江南？因为江南地区的农民不太有革命性，这跟地权关系是有直接联系的。双重地权的社会保障机制，是理解江南传统市场经济得以发展的一个前提和原因。这一点对理解今天中国的市场化改革依然是非常重要的。

秦晖教授认为，中国千年的土地私有制都没有导致大规模土地兼并，进而生发出资本主义，因此土地私有化与资本主义关系是一个伪命题。他的论述的问题在哪里呢？他抹杀了传统中国的土地私有制和资本主义的土地私有制具有完全不同的性质这一事实。前者的私有化是内在于社会的自我保护之中的，受社会惯习、民俗、村规的制约；或者说，其土地私有化本身就是这些社会惯习的体现。比如说，江南地区退佃几无可能，地主是不能退佃的，退佃的话社会道义和道德都不允许。华北、江南和华南的村社，宗族成员有土地优先购买权，并有非常苛刻的地方习俗阻止土地外流，因而传统的土地私有制具有伦理经济的性质。也就是波兰尼（Polanyi）说的经济的伦理性，它具有社会保护的特色。而资本主义的私有化恰恰相反，是以冲决上述所有社会保护为前提的，也就是说，土地转变为以增值为唯一目标的土地资本。为什么华北成为革命的温床呢？20世纪30年代以后华北大量的自耕农破产，沦为佃农。村社凝聚力因此下降，村社和宗族的土地优先权就丧失了，失去自耕农和地方习俗保护的村社共同体也随之解体。但是，资本主义对传统社会的摧毁并不一定就是资本主义的成功，中国革命，特别是中国乡村的革命，在很大程度上恰恰是资本主义的失败所导致的。所以这使得华北而不是江南成为中国农民革命的温床。白凯教授描述的江南地区农民不热衷于革命是因为建立在江南市场经济基础上的社会保护制度没有完全被摧毁。这一点是需要重新认识的。

明清之际，即便是居住在市镇的江南地主，依然通过氏族纽带和乡村社会保持互动。我觉得白凯教授这本书对这一点认识不足。她认为江南的宗族只是松弛的。虽然江南的义庄主要属于城镇地主和商业大家族，但是其慈善和救济功能依然是把城镇地主的氏族保障建立在乡村的土地制度上的。比如说，徽商，我自己的老家是徽州，所以我对徽商的兴趣和发现也证明了这一点。徽商在白凯教授的著作里完全没有被提到。徽商的村落就很有意思。徽州是丘陵地带，土地很少。我们今天都知道徽州文化的特点之一就是那种白墙黑瓦的大家族居住建筑，这是徽商在外面赚了钱，然后反哺老家建的。所以徽州经济和文化的高度发展不是内卷。黄宗智教授使用"内卷"的概念，我反过来说，徽州经济是通过外卷的关系，把一个贫瘠的乡村与一个幅员广大的商贸网络密切地联合在了一起。如果只是从当地的山村来看，是非常贫瘠的，但是明清之际，整个徽州地区是非常繁荣的，所以才会有我们今天看到的这些古村落。其中的网络节点就是村落的形式。而徽州村落大多是单姓氏族的村落，这些村落里面，族田往往要占全村土地的一半以上。所以徽商成为徽州地区社会保障和公共品的主要承担者。

有意思的是，徽州经济和文化的发展是以村落为单元的。名门望族以村落而非城镇为聚集地。比如说，我的外婆家，我小时候在那儿待过一年，这个村子叫朱旺村，村里的人都是朱姓的，据说跟朱元璋家族有关系。当地有一个说法叫作"小小的旌德县，大大的朱旺村"，就是说村落的意义会比城镇的更大。我们知道很多江南的藏书楼都是在村里面，不是在县城里的。这就是村落的重要意义。今天人们对徽州文化的理解是很不够的，即没有充分认识村落共同体作为文化经济载体的重要性。比如说，朱旺村现在变成旅游景点了，据说进村里面都要买票。但是当年这个村分为上下两都，上村为十四都，下村为十五都，有很多票号商号。旌德另一名村是江村，其历史约有一千四百年，明清两代有一百二十七位进士、举人等，近代以来也是人才辈出，比如清代名医"人痘接种法"的发明者江希舜、清代翰林编修江志伊、民国海军将领江泽澍、社会党创始人江亢虎、民国代总统江朝宗、民俗学家江绍原、抗日先驱江上青、数学家江泽涵等，以及胡适夫人江冬秀。对于城镇不发达的徽州地区来说，理解其社会形态最重要的方式就是研究村落单位的意义，拥有历史、文化传统的名门望族的古村落在徽州比比皆是。只是在社会发展以城市化为标准的观念遮蔽下，村落单位的整体性学术研究工作尚未有效开展，而我认为这正是徽州文化研究的关键所在。

二　太平天国运动之后的国家与租税关系之变动

现在我们来讲国家与租税关系的变动问题。太平天国以后乡绅和农民的关系产生了变化。这是什么原因呢？19世纪四五十年代的时候，江南地区的集体抗租抗税迅速升温，原因是鸦片战争后银价上升物价下跌引起的经济危机和社会危机，导致江南地区田赋上升，给地主和佃农都带来了沉重的负担。一些江南的县份有惯例，漕价是按照阶层分的，上层绅户、下层绅户和民户是三个不同的漕价，民户负担会高于下层绅户三到四倍。而大户还可以利用一种叫"卖荒"的方法逃税，就是衙门把赋税减免卖给一次性出价最高的人，大户人家往往通过这种方式来逃税。那么小户人家呢，觉得赋税太重就用"包揽"的方式，就是他们请大户帮自己交税，而他们变成大户的附庸，大户可以按自己的短价代替小户交纳，并收取小户的手续费。本来小户应该向国家交税，但是国家赋税太重了，无法承受，所以转而寻求大户的保护。大户交的税少于小户三到四倍，结果就是国家出现税基迅速萎缩的现象。比如说，到了19世纪40年代，常熟地区90%的小户都依附大户，按照短价纳税，当出现滚雪球效应的时候，小户的数量就越来越少，税基萎缩。那官员怎么办呢？官员就把小户的税再往上提嘛，对吧？就变成恶性循环了。这样的话，小户也就不断地把地产卖给大户，土地的集中兼并就会加剧。不断的集中导致税基又不断萎缩，地主、官员又向普通土地所有者收更多的钱粮，因此形成了一个恶性循环，最终导致了江南集体抗租抗税的运动。江南农村经济高度商业化，使得土地所有者和佃户特别容易受到物价和货币波动的影响。结果，这一时期内的集体抗租抗税行动次数较之国内任一地区都要更多。

恰恰是江南经济的市场化程度比较高，导致这个地方在太平天国之后，在白银价格上升的情况下抗租抗税的情况更严重了。白凯教授在书里很犹豫地提到，鸦片战争在广东造成了地方腹地的军事化过程，而江南地区没有发生类似情形。特别是，鸦片战争之前江南地区是相对游离在复明秘密社会之外的。因此，白凯教授更多看到了输入性抗争力量的影响，比如说，随着上海和宁波开放为通商口岸，天地会、小刀会进入上海。但是，这些都不能够解释江南集体抗争的组织资源的情况。白凯教授描述了一个叫周立春的人，他是青浦县的一个农民。他是当地的保正，负责征收田赋，但是他却极力保护本地业主的利益，面对不合理的赋税，他变成了一个抗税的领导者。我们可以看到这个案例里面有村社共同体行动的痕迹。白凯教授的研究发现，抗税领导者主要来自本地的佃户阶层，他们攻击的对象，往往是在城镇与官府有勾结的大地主，也就是不在地主。

白凯教授论证了由于太平天国对江南地区的席卷，特别是其直接收税的方式，极大地改变了之后清政府重建国家、佃农和地主三方的博弈方式。这导致大地主和国家的联合得到了强化。1886年之后，国家通过建立追租局，使得对欠租佃户的追溯可以从正规司法体系中分离，免除了昂贵的诉讼成本。为催租系统提供国家保护，地主可以绕开法庭使得收租和催租系统变得更有效率。地主开始跟国家政权更多结合，这会导致地主和佃户的冲突恶化。因此，传统乡村的儒家伦理失去了维护租佃关系的功能，导致阶级冲突公开升级。因而所谓乡绅的恶化并不是始于1949年的，事实上晚清之后，这个过程就已经开启了。

对于地主和国家的合谋，太平天国运动是一个很大的诱因。还有一个诱因是晚清的新政。梁漱溟先生反复说道，晚清的新政就是封建王朝要变成现代化国家，要建公共教育，把以前的私塾变成公民教育；要建军队、警察、议会、法律系统，等等。所有这些现代民族国家的上层建筑都是很昂贵的，所有的成本都要通过赋税来解决。所以，赋税、土地税就上涨。当时的中国只有传统农业，工业又不发达，那就只能向农民和地主去征税。地主通过跟国家结合，使得自己能够尽量地降低租税，而这些租税就更多转嫁于农民。所以，在这个意义上，农民的抗税开始双重地指向精英阶层和国家。

由此，清朝最后10年，江南迎来了佃户抗争的高潮。这是因为大户小户呈现反方向差别的租税继续得到官方的庇护，而在这个稳定佃租关系的努力当中，地主与官员相互依赖，使得国家更多进入地方社会。通过集体资源的动员，地主更有能力促使地方官员把更多财力和人力注入征收的系统，而地方官员在地租负担的调整中也越来越多地进行干预。这就是国家开始全面进入租税的关系的表现，而这个基础最终对地主是不利的。在民国现代化的过程中，这个租佃关系的改变，在高王凌教授的研究中是不被看见的，但是它是非常重要的。

1927年，大革命的最后一年，是国民党大屠杀的一年，国共分流。这一年的前后，江南土地所有权快速向城居地主转移，不在地主比例持续上升。很多县50%~90%的都是在外的乡绅地主。根据20世纪30年代的统计，一户二主在吴县达到了90%，在常熟达到80%，在无锡达到60%，这就使得中介收租机构开始变得非常发达，而国家的力量和制度性的介入也催生了租税的代理机构。这也就是讨租讨税，我们看到电影《白毛女》里面的讨租其实是有真实性的。国家权力开始介入，向农民讨税，县级的保安团和保卫团开始协助地主收租，并成为镇压佃农的军事力量。1927年之后，国民党中央政权曾经严禁追租赁，代之以地方仲裁委员会，并试图实现减租运动，但很快就失败了。因为在国家赋税陡增的情况下，这些政策受到了地主阶级的顽强抵抗。为什么呢？国家征收不减，要求地主减少对佃农的赋税，那地主就不干了。国民党作为一个以允诺农民解放为政治诉求的革命政党，它的减租减息和平均地权的主张使得其在性质上不同于传统国家的政权（是一个革命政党），而且孙中山强调平均地权、减租减息、扶助农工。这样国民党就有一个政治上的困境，没办法兑现其民生和民权政策，这是国民党政权失败的一个重要原因。这个特别体现在1927年之后，20世纪30年代农民抗租运动加剧，1932~1936年，佃农的反抗运动要比整个"民国"时期任何一个连续五年发生的都要多。

白凯教授论证了江南地区在民国之后农民的集体反抗，越来越模糊了抗税与抗租之间的区分，随着国家在地主与佃农之间介入越来越深，政府开始成为农民反抗的对象。但是在这里，我觉得白凯教授对现代政党的作用估计不足。她在解释为什么江南集体抗争不是抗税活动的升级而是抗租活动的升级，并且重新把反抗的矛头指向国家，白凯教授认为需要从地主、农民和国家之间更广阔的范围去考量。一方面地主阶级和国家实力的结合使得强制收租更有效率，另外一方面国家在地租设定上的更大作用，使得佃农的集体抗租有更多合法成功的机会。这点其实是跟国民党的性质有关系的，恰恰是因为国民党政府自己的"减租减息""平均地权"的政治理念使得农民的抗争具有合法性，这与现代政

69

党的关系是密切的。我们也都知道，大革命前后，两广两湖农民运动在革命的意义上是具有合法性的。因此，政党对现代农民运动的影响其实是应该放在一个很重要的地位的。但白凯教授没有将这一部分放进她的书里。

三 近代以来的城乡分化、阶级分化与乡治变革

杜赞奇的《文化、权力与国家》这本书大家都知道，非常著名。他的这本书描述清末华北地区县以上的赢利型经纪人相对较少，但是清末厘金制之后，县以下的国家经纪人捞钱的机会和人数都迅速增长加了。特别是民国以后向农民征收摊派是以整体的村庄为单位的，这就摧毁了传统的保护型经纪人的文化网络。在这之后，传统村社的保护型经纪人迅速转变为赢利型经纪人。赢利型经纪人是什么？其实就是土豪劣绅。大革命的口号就是打倒土豪劣绅，这并非偶然。从大革命开始一直到共产党领导的农民革命，里面一个很重要的目标就是打倒土豪劣绅。土豪劣绅事实上是晚清一直到民国不断被催生出来的一个现象。

随着20世纪20年代乡村的贫困化程度加剧，梁漱溟先生开始了乡村运动。梁先生之所以做乡村运动就是因为20世纪20年代整个乡村的贫困化程度迅速加剧，传统保护型的经纪人退场，所以知识分子要进来填补保护农村角色的空缺（但是知识分子能否真正填补，这是另外的话题）。

由于自耕农不断地把土地抵押给城居地主，终年借贷迟迟无法偿还的状况不断发生，而富人的私有财产也不断减少，即富人自给自足的可能性也不断变小，他们的部分田地往往也不得不转让或抵押给城居地主，因为他们的收入也不足以应对全村摊派的垫付。这就导致乡村精英被迫退出乡村政治，恶霸无赖开始填补这一空缺，所以农村就变成了由黑社会化的土豪劣绅支配权力。杜赞奇的研究发现，到了20世纪30年代，村长已经不是乡村中有地位的领袖了，也几乎没有人能够靠自己的财富和关系来树立权威得到农民的拥戴。

值得注意的是，恰恰这些土豪劣绅跟城居地主有密切联系。为什

么呢？因为这些土豪劣绅都是帮城居地主去催租的。所以城居地主对乡村的控制和压榨就不断得到了强化。杜赞奇发现，当村民把自己的地抵押给城居地主，自己作为佃农继续耕种的时候，在土地涨价的时候提高押金，增加借贷或延长付款期限等问题上，村民都得祈求地主"开恩"，随着城居地主控制力越来越强，原先向村民提供低利息借贷和高价帮工的村庄保护人的保护作用下降，这导致村民不得不转而依赖那些与城居地主有关系的人，即那些村里的"买办"，这些人往往就是一些恶霸。这部分人作为城居地主的代理人，通过租佃和借贷收取佣金、从地主那里获得优惠条件租种土地、获取低息无息贷款，他们从来不站在农民那边。他们不但将担任公职视为捞取油水的机会，并且勾结县衙中的赢利型国家经纪人作威作福。整个村社的政治环境和社会环境急剧恶化。所以在杜赞奇看来，土豪劣绅和村民的对立，体现的是现代国家政权没有得到传统的文化权力的支持，却在乡村强行延伸的内卷化的表现和结果。乡村土地从耕种者手里转移到城居地主，乡村传统精英的失散，以及自耕农的破产，这些导致华北的村社共同体处于解体状态。这是乡村作为社会解体的征兆。梁漱溟先生一直讲中国是乡村社会，村社解体了，中国不就解体了吗！

所以我们再来看，华北农村阶级分化是不是没有发生？是发生了的，但是更多地是发生在城居地主与乡村的自耕农之间，派生出了新的、与村民对立的赢利型经纪人阶层。由于没有江南地区两田制地方惯习的制约，华北小农的土地更容易丧失，更缺乏保护。而村社内部的阶级就更容易同质化，富有的乡村领袖不是卖土地就是逃离村子，富农也走向贫困化。

乡村社会中保护型经纪人向赢利型经纪人的转变是晚清以来最大的社会变革，是现代化的国家政权建设与中国乡村社会结构直接背离的产物。这个过程极大地损害了国民党政权在乡村的合法性——国民党在中国的失败在很大意义上是在农村的失败——所以国民党政府也不得不掀起打倒"土豪"的运动。梁漱溟先生说，自晚清以来，农村最大的问题正是稍微有钱的人都跑到城市或租界里去了，有能力的人再也不回乡间了，因为乡村养不住他，最后则可以说好人也不在乡村了。要选村长，土豪劣绅一定是愿意当选的，而且当选的必定是他们。他们是国民党自治方案遭遇的最大敌手，地方自治在实际中都交给了谁呀？都交给这些土豪劣绅了。

1933年，在国民党四届三中全会上，陈立夫、张道藩、罗家伦等提案认为："吾国连年天灾人祸，民不聊生，而人民之不识字者占百分值七八十左右，于此而设立机关，空谈自治，是无异南辕北辙，背道而驰，结果自治之组织愈大，豪强之把持愈加，自治之耗费愈多。人民之负担愈重，名为自治，实乃自乱。"1933年，国民党中央民众运动指导委员会主任委员致函要求立法院尽速制定县自治筹备委员会组织法："现距中央规定完成县自治之期限已近，而各县筹备地方自治因无法定组织，各自为政，多假托于地方豪绅之手，支离破碎，名实俱无。"1935年11月，中国国民党第五次全国代表大会通过的议案总结："回顾过去成绩，全国1900（个）县中，在训政将告结束之际，欲求一达到建国大纲之自治程度，能成为一完全自治之县者，犹杳不可得，更遑言完成整个地方自治工作。"所以国民党的农村自治方案基本上是失败的。《大公报》批判这样的农村自治是"病民的新政"，人民苦痛甚于自治之前。[①]

国民党秉承孙中山地方自治的宪政理想，以使民众行使选举、罢免、创制、复决四大权利，却屡遭挫折。1935年，国民党第五次全国代表大会通过决议，仍然强调指出，"必须将官办自治改为民办自治；将土劣自治改为革命自治，而后真正地方自治，始有彻底实现之可能"。[②]但在现实中，其官办自治从来没有真正转变为民办自治。因而当时有论者认为应该从宪政的角度摒弃地方自治方案，直接以基层组织代之，因为

---

① 曹成建：《1920年代末至1930年代初南京国民政府地方自治政策的实施效果及其政策走向》，载于中国社会科学院近代史研究所国史研究室、四川师范大学历史文化学院编《一九二〇年代的中国》，社会科学文献出版社，2005，第161~162页。
② 曹成建：《1920年代末至1930年代初南京国民政府地方自治政策的实施效果及其政策走向》，载于中国社会科学院近代史研究所国史研究室、四川师范大学历史文化学院编《一九二〇年代的中国》，社会科学文献出版社，2005，第166页。

地方自治与民主政体的基层组织之间是对立的。而蒋介石从"剿匪"的角度要求实施带有军事制度的保甲制,地方行政部门也更热衷于这种方便征夫派款的保甲制,于是国民政府在农村从推行自治变成推行保甲,然后试图以保甲融入自治,以形成一种军事化的自治方案。

1940年,日本人推行大乡治和保甲制,杜赞奇认为日本人的保甲制是承袭自国民党,因为此举确实方便催征钱粮、清丈土地,国家行政机构的作用得以强化。但同时,这也导致乡村领袖和村民对立,正直之人退位,地痞流氓充斥于乡村政权。所以国家政权在乡村的地位进一步降低,实际是一种"内卷化"的政权扩张。从这个意义上说,农民自然就不会再支持国民党政权了。为了打破以自然乡为基础的利益集团,建立新的乡村基层权力体系,外来的日本殖民统治者毫不留情地摧毁传统乡治结构,这使得乡长成了最残酷的国家经纪人,比以往的经纪人更有权威、更具压迫力,因为他成了日本帝国主义的代理。所以,杜赞奇认为国家政权的内卷化导致的土豪、污吏和苛捐杂税为20世纪波澜壮阔的农民革命铺平了道路,日本的入侵只是使得这个问题更加激化了,它的统治和民国政权并没有很大的差别,国家政权的内卷是整个民国时期的普遍现象。在这个意义上说,中国以农民为主体的革命动员,把现代民族国家衍生的贪官污吏、土豪劣绅作为斗争的目标,有效地把反抗残酷的外来侵略政权的民族解放运动和反封建运动(反封建在这里就是反土豪劣绅)结合在一起,使得乡村与国家的关系成为20世纪中国革命的核心命题,也是1949年之后的新政权必须面对的重大的历史课题。

自晚清"新政"以来,20世纪前半叶以城市为核心、自上而下的现代民族国家官僚化和政权建设的激进推进,极大地改变着中国传统的城乡关系和社会结构。在这个过程中,中国并非没有经历剧烈的阶级分化,而是相反,阶级分化是以城乡急剧分化为其最重要的表现形式的。无论是江南,还是华北,乡村的贫困化导致村社内部阶级分化趋同,土地进一步细碎化,富农减少,农民与城居地主的阶级分化加剧。所以,如果我们只看村社内部,似乎是没有阶级分化的——没有大地主。但实际上阶级分化是以城乡关系的转变为其表现方式的,大地主都集中在了城市。因此，城居、不在地主对乡村的控制强化，伴随着国家以城市为核心的政权建设强制下沉，构成了20世纪前半叶乡村社会的主要格局，其危机也源于此。

四 结语："乡治"还是"自治"？

自晚清以来，中国作为现代民族国家进入艰难的锻造历程，也开启了中国前所未有的城乡分裂格局。其分裂的过程再造了中国社会20世纪以来最主要的阶级关系，也就是农民的破产，以及从农民破产中诞生的工人阶级。它第一次正式登上历史舞台，就是20世纪20年代轰轰烈烈的国民大革命的主角，从此之后，这个阶级及其与国家的关系构成了中国社会革命与变革的主轴，一直到今天。无论是毛泽东还是梁漱溟，都是因为大革命在乡村鼓发的巨大浪潮，从而发现了农民推动历史的力量。

新的国家与社会的关系，就是中国的现代性问题；与其说它是一个问题，不如说是体现为系统性和结构性的社会历史变迁过程本身。它充满矛盾与悖论，这使得"斗争"，特别是"阶级斗争"成为掌控20世纪历史进程的重要的，或者说唯一的武器。这正是为什么梁漱溟把乡村危机看成近代中国最核心的问题，革命与改良都必须依此而行。梁漱溟是把"乡治"或"村治"看成自己介入中国政治的改良方式。他认为，"乡治"或"村治"并不是地方自治或乡村自治的简称，而是一个有特殊意义和整个建国计划的主张，是从乡村入手，又归本于乡村。他强调，他的乡建不同于国民党的地方自治方案，并指出"村治"和"乡治"的目的就是要在近代都市文明之外，另造一种乡村文明，使社会重心从都市移植到乡村，来应对城乡分裂的大变局。

由此出发，梁漱溟对国民党的地方自治进行了严厉的批评。他认为从晚清预备立宪、筹备地方自治，到辛亥革命继续进行、城镇乡设立议事会，再到民国，从联省自治失败到1927年国民党完成全国统一的政权后地方自治运动再起，所有的自治运动都是失败的。他在1930年的文章《敢告今之言地方自治者》中尖锐地指出，"自治的要义，就是尊重地方上人的意思，承认他们有此一种新权（自治权）。现在却反其道而行之，不顾地方上人的意思，蹂躏他们既有的权利；讵有这等筹备自治的道理么？诸公知道，农民的血汗几已剥取到最后将不能自养其身，将无以营其下一[年]度之生产么？……若剥取来，养些职员，把他消耗了；则生产日减，农民益贫，自治之机益将断绝。诸公知道，自清季到民国历次举办新政，三十余年间无一次不是欺骗农民，农民听到新法新政就厌嫌头痛么？"

梁漱溟在他1932年写下的《中国之地方自治问题》中强调，国民政府地方自治失败的根源在于，地方自治其实只是"编制"，只是让某一地方有所属，如乡属于区、区属于县等。有所属就是使一个地方没有"自己"而属于"他"！中国社会缺乏自下而上的团体组织形式来主导自治，政府的地方自治方案是抄袭西洋余唾。从权利出发使社会上人与人之间均成为法律关系，乡长与乡民之间均有规定，可以互相检举、罢免或逮捕送官，并非领导乡民爱惜团结，而是领导乡民打架捣乱。因此，选举、罢免、创制、复决这"四权"实是使得人民捣乱打架的工具，西洋行之甚便，中国仿之，只受其毒害而已。

因此，真正的乡治必须政治、经济、教化三者合一，以此重建乡村团体。在《中国之地方自治问题》中，梁漱溟论述道，中国的文化运动须从乡村起手，慢慢由小而大开展，由下而上生长，需经过长久的培养演进。文化运动成功之后，那时的中国，名之为国家可也，不名之为国家亦可，国家与社会将合二为一，"好像社会生长发育，国家自然没有了；名为社会尚属合适，名为国家不甚相符。一切国家均将如此，而中国独先成功"。从中可以看到梁漱溟乡村建设的方案是试图针对性地处理国家与社会在结构上的冲突与分裂，其敏锐之处在于把社会本位放在高于国家的位置上，他希望以此再造内发的社会力量来重塑国家。如此国家与社会才可以相符，而不是背离。他的问题意识是非常清楚的，即近代以来整个乡村社会的大崩解，以及在这个过程中国家的失败。所以，近代以来国家与社会的分裂是病灶所在，而从来不是解决病灶的方法。今天如果试图重建一个市民社会来解决相关问题，是难以有效的。

克服国家与社会的分离,正是近代中国历史的重要动机。

但是,梁漱溟先生后来也检讨,他的乡村建设方案为什么失败了,而中国共产党为什么成功了。这是他在1949年之后必须面对的严峻课题。梁先生自己也给出了答案,但这是另一个问题,这里就不展开讨论了。谢谢!

【讨论】

提问一:

吕老师提到了江南地区的土地问题,这也是我非常关注的问题。对山西省永济市蒲韩社区或者是非长三角地区而言,经济矛盾不是特别严重,因此,可以强调其文化和各方面的乡土资源的建设。那么,在江南地区或者长三角地区,经济问题非常急迫。费孝通先生对江南地区的治理提出了一个观点,即对于江南地区或者长三角地区的老百姓来说,最重要的就是要让大家富起来。您对蒲韩社区的讨论文章指出,他们应当进行社会建设,不过这样一个方案对于长三角这种看重经济的地区,这种治理的方法是否可行,或者是否是最好的选择?

吕新雨:

你的问题是说,像江南地区这种经济特别发达的地区,村社意义还有没有?或者是以村社为单位来完成一种经济结构或者文化建构是否有意义?

今年有一个乡村基层干部签名活动,倡议集体经济,就是在浙江发起的。浙江那边属于你所说的江南经济比较发达的地区。今天中国乡村最核心的问题是土地确权,到底是土地确权到村集体还是土地确权到个人,其实有两种不同的理解。一种是通过确权把权力流转到集体,用集体的方式(而这个集体首先是一个以村社为单位的村社共同体的集体)进行资源的重建;另一种是把土地确权给个体,然后个体通过市场的方式进行流转,这就可以流转给市场化的经济主体,如大公司、大资本。

这是两种不同的道路。现在我们的分析就在到底要走哪一条路？农业部希望推的是大农户、现代农业。他们认为现代农业集约经济效益会更好。乡村的基层干部的动议（包括我也签名支持了）要求把土地流转为集体，以集体为单位进行自治。

这两种方案都在进行中，实际上我也不是简单认为集体经济就一定是好的，不采取集体经济就一定是差的。要搞清楚这个问题，我们就要做调查。它有几种可能的情况。你可以看我写的关于集体经济三个案例的文章，如果基层组织它本身是赢利型经纪人，就是说它已经黑社会化。我们今天都知道中国村民委员会组织法实施这么多年，中国社会普遍黑社会化、宗族化还是很严重的，如果基层党组织在这个意义上也被黑社会化和宗族化，这个集体经济就变成了赢利的资本，那可以说它不是我们要的集体经济。所以我强调的就是村的集体经济要跟党的基层建设配合起来。党的基层不能腐败，腐败了其也可能变成赢利型而不是保护型的基层组织。然而，要形成保护型的基层组织，它的条件在哪里？这是我们需要去探讨的。比如说，在浙江农村，我们看到有些村做得很好，实际上跟村干部有关。所以我觉得不是简单说在外面赚了钱回来做村干部就一定是坏的，或者一定是好的。而是要看他具体的动机和方式。村集体也可能成为分肥的面包篮子，也可能成为为村社提供公共品的社区保护的方式和资源。所以其实是要看整套的社会制度建构，国家和党建的政策制度能否配套。这是一个复杂的问题。塘约能不能复制？如果能复制，那原因在哪里？如果不能复制，那原因又在哪里？我今天的演讲没有直接谈当代问题，是因为当代仍是一个正在进行的过程。如果从左翼的立场讲，我们赞同集体经济，认为集体经济一定就是好的，那有可能是过于简单化了。我们要充分估量到，集体经济今天碰到的问题是什么，才真正有可能提倡集体经济。为什么我那三个案例说的都是新时期之后的经验，特别是蒲韩的经验？蒲韩社区的经验已经是突破了村社的边界了，它是通过村庄内部的关系不断地向外延伸，所以我觉得村社也不一定是一个必需的界限，它可能采取一个扩大的形式。毛泽东时期人民公社实际上也是建立在村社边界基础上的，但是它有一个大公社阶段，后来大家发现大公社不行就退回来变成小公社。小公社的边界就跟传统的村社结构边界是一样的了。所以在这个意义上你可以看到传统和现代的传承。从晚清以村社为共同体一直到人民公社时期基本上都还是以村社共同体为边界的，但今天它会不会有"千年未有之大变局"？这个村社共同体还有没有可能守得住？还需不需要守住？这些问题是我们今天要面对的。我们今天的村社共同体是应该打破还是不应该打破？这是新乡土主义关心的问题，我们可以在后半场再来进行讨论。

我觉得经济发达地区和经济不发达地区不是衡量集体经济的标准。恰恰是江南地区因为它市场经济的发达，因为它的土地级差地租的不断上升，使得集体经济的呼声会更高。因为他们把级差地租的收益内部化，而不是市场化。在这个意义上说，他们可能对集体经济的诉求程度会更高。因此，这个问题是要具体分析的，需要有更多的案例和更多的调查基础。

提问二：

吕老师讲到，明清时期江南土地制度背后实际上有一个社会保护机制。例如，永租权，地主是不允许随便退佃的。那么，这样一个社会保护机制是怎么产生的？我们今天是否能够重建这样的社会保护机制？之前读吕老师对山西省永济市蒲韩社区的分析，其中有一个观点就是，我们不能够仅仅注重经济建设，经济建设更要镶嵌在社会建设的大背景中。想听听您更具体的看法，谢谢！

吕新雨：

传统社会就有经济、还有市场，这些并不是资本主义才有的。传统的明清社会有非常发达的市场经济，国际贸易、GDP 在全世界是数一数二的。那也是市场对不对？我们的丝绸、瓷器贸易走向了全世界。但是那个市场和我们说的资本主义市场是不一样的。波兰尼在他的那本《大转折》里面讲得很清楚。传统的市场和传统的社会组织之间是有机的，市场是有机镶嵌在社会肌体里的，因此它的发展可以反馈社会。当它不能反馈社会，社会就会发生动荡。所以中国的社会是乱秩交替。其有机结构被打破了，就会出现农民运动，就会朝代更替。等朝代稳定下来，那套制度又回来了。所以它有它的稳定性，就是要保持经济和社会的平衡。

但是资本主义的市场经济把这个乱秩交替的整个结构打破了。它的整个逻辑不再是镶嵌在社会结构，而是重组社会结构，这导致了整个社会关系的大转变。比如说我讨论过徽商是如何反馈乡村的，可是今天的大资本是没有祖国的。为什么今天美国底特律情况糟糕？底特律是美国的汽车城，但资本是没有祖国的。资本把这个地方掠夺完就到另外一个地方去。资本主义市场是掠夺性的，它是没有故乡也没有祖国的。

在这个意义上，我们今天理解市场经济，是一定要强调社会主义的。社会主义市场经济能不能对这个纯粹的市场逻辑形成某种遏制，形成某种社会保护？我们知道传统社会是通过自我保护，自发自动形成的。20世纪80年代人民公社解体之后的农村土地联产承包责任制确立的两权制，一直到今天的土地三权分置，里面其实都是包含有永佃权的。你是村社里的人，是农民户口你就有地。所以今天很多城市人想变成农村人，这是不行的。农村人可以变成城市人，但是城市人已经不能变成农村人了。因为只要是农民就是有地的，这是国家给的永佃权，只要不卖掉，农民永远都会有地。所以从好的意义上来讲，理解三权分置，里面有一权是承包权，实际上类似永佃权，不能买卖。是不是？你永远有承包土地的权利。所有权当然是集体的。从承包权中派生出经营权，农民可以把它流转掉。经营权有点像田面权，通过田面权的市场化集中，政府试图推动规模经济。我们看到很多报道，大资本把土地集中起来，然后把农民从小土地所有者变成农业工人，对于农业来讲这意味着什么？是不是意味着效益更高？很多案例是相反的。为什么是相反的呢？因为大农业首先要付出土地的租金，经营权的流转意味着土地资本化。农民自己不种地，就靠一点租金，他对收益是有期待的，低于这个期待，他就不干了，就会闹事。这个是要计算成本的，是不是？雇农业工人，也是有成本的。所以很多大规模农业种植破产了，因为成本太高。其实农业最经济的方式就是回到集体经济，这就是蒲韩的经验。它正是依靠反对单纯市场逻辑的集体经济，重新回到村社内部。村社集体的有机农业带有伦理性的经济，恰恰具有战胜资本主义的力量，这个在农业里是特别明显的。其实，小农经济抗衡市场的能力可能会比大农更强。我自己在《乡村与革命》那本书里面讨论过美国曾经出现过完全是由经纪人统管的大农场农业，最后都破产了。因为高度依赖市场，它们的抗风险能力很差，只要经济稍微有点波动，马上就破产了，所以今天美国大农业还是家庭农业。家庭农业的意思是什么？就是用家庭的方式克服资本主义工资制度的问题。因为农业带有季节性，如果是雇佣制，农闲就不会给人工资对不对？但是如果农民没有土地了，农闲不给工资他们靠什么活呢？所以美国的大农业是需要靠季节性的短工来补偿的，而家庭作为经营者就不需要给自己开工资，就把成本内部化了。如果今天中国的问题是农民都把土地流转出去了，所有的身家性命、人口的劳动力再生产成本全部要靠工资来支付，那么，市场劳动力的工资必须涨。如果不涨，那农民就得"饿死"。国家把农民的土地拿走了，社会保障必须跟上，国家社会保障体系就得建立完整，但是国家社会保障体系的钱从哪儿来？那就要增加赋税嘛，实体经济的赋税又得上去。可见这是一个系统性的问题。所以我们今天讨论的问题是，通过确权把土地从农民自给自足的手上拿走，变成大土地经营到底是为了什么？是不是资本主义大农业就能够行之有效？根据我对美国资本主义大农业的考察，有以下几个问题。第一，大农业靠国家的高额补贴，农产品价格和价值是倒挂的。第二，在利润链条中农场主拿到的最少，大头都被生产链条前段（如农药、化肥、机械）拿走了；还有金融系统也拿走一部分，因为美国的大农业基本上是靠金融贷款过日子的。所以，哪怕是大农场主，他拿到的也是最少的，但他养活的是一整个市场链条。这是美国农业补贴很重要的原因。农业补贴因而就成了第三世界和发达资本主义国家最核心的争论焦点。所以，多哈回合谈判失败了，谈不下去了，补贴最多的还是发达的美国和欧盟。在这个意义上国家的强盛也就决定农产品能不能够走向世界市场。

在这种情况下，我们做大规模农业，意义到底是什么？一方面，我们东北的有机农业（如玉米、大豆等）失守；另一方面，我们这边要急切发展规模农业。到底想干吗？这里面有很多复杂、矛盾、悖论的地方需要我们去梳理、辨析。在这些问题不清楚的情况下，匆匆忙忙地去确权，它的后果是什么，是需要去评估的。中国有一个顶层设计的传统，也有地方试点的经验。这是中国经验的一部分，顶层设计和现实之间产生矛盾的时候，还有调整的空间和可能性。这是为什么我们说要争取国家的支持。18个基层干部写信倡议集体经济，我们也去支援，就是为了提高国家对这个现实问题的理解程度。在这个问题上，只有社会主义才能救中国。推行大规模资本主义的话，社会就会动荡，就会出现大规模的社会抗争、群体性事件，大规模的贫富分化会导致不可承受的社会和政治后果。在这个过程中，中国共产党的合法性就会失去。要保证其合法性，中国共产党就必须兑现社会主义的承诺。在这个情况下，社会的压力会对所谓的资本主义市场形成某种抑制。这是一个动态的博弈的过程。我们其实是目睹这个过程正在发生的。我们所有人都在这个过程中，都不是旁观者，因为这跟我们每个人的利益都息息相关。我们是社会主义国家，国家属于人民，也就是说国家对人民的承诺，人民是有权利要求国家兑现的。在宪法的意义上，我们是社会主义国家。我们需要这个社会主义合法性。而且从自晚清以来的中国社会结构来看，不走社会主义道路中国就会崩溃。在这个意义上来说，只有社会主义才能救中国。在另外一个意义上，也只有中国才能救社会主义。

梁漱溟先生不会想到今天我们还要重新讲乡村建设问题，今天碰到的问题跟20世纪30年代碰到的问题有很大的重复性，也有很大的不同。但结构性的问题还在，只是结构性的问题不断有一个新的延伸。所以我们要把结构性和动态性结合起来分析，才能对今天的时代有一定的判断，才能对我们的行为做一个定位。

提问三：

吕老师关于贫民窟和新乡土主义问题的文章给我的启发特别大。

第二次世界大战之后，第三世界国家在艰难中完成了民族解放和独立。在独立建国之后，这些国家在发展路径上选择了模仿宗主国，走发展现代化、工业化的道路。中国的不同之处在于，中国漫长的革命进程，使得其有进行工业化原始积累的前提条件，例如，资源主权、经济主权以及政治主权都掌握在自己手中，这为建立完整的工业体系奠定了基础。但是，后发国家普遍缺乏资源主权、经济主权，与此相关，这些国家建立的工业大多依附于发达国家的工业体系与分工格局。这是很多发展中国家陷入发展陷阱的一个重要原因。与此同时，新自由主义的兴起、对乡村的掠夺，使得发展中国家的大量农业人口进入城市谋生，而城市及其工业体系又缺乏吸纳这些劳动力的能力。这导致发展中国家贫民窟的大量出现。本质上说，贫民窟问题并不是一个单纯的城市发展问题，或者农业破产问题，而是一个全球范围内的政治经济问题。从这个角度看，中国近些年的发展之所以相对顺利，与革命历史以及作为革命遗产的土地制度紧密相关。关于这个问题，可否请吕老师再谈谈您的详细看法？

此外，吕老师提到要特别警惕资本下乡，但也不是反对资本下乡，主要是看收益是不是能够留在社区，留给农民。例如，如果土地确权后可以抵押贷款，或者说土地流转可以提高土地的使用效益、增加农民的收入，那么也是好的。如果资本下乡给农民提供了小额贷款，解决了农民的资金需求，这也是值得鼓励的。警惕的是什么呢？需要警惕的就是农民失去了土地，失去了最后的保障，无家可反，无土可依；或者在与资本的合作中因为缺乏谈判能力而无法保护自身的正当权益。

再回到吕老师的演讲。我想补充的是，虽说城乡割裂是工业化的必经之路，但是中国也有例外的地区。我指的是苏南地区20世纪80年代的工业化历程。苏南的乡村工业化资本原始积累过程是静悄悄的，而非马克思主义经典理论所描述的那样血淋淋。这个过程中也几乎没有发生上访的案例。这里的关键在于，是否能在村社内部化解外部风险，这也是温老师的"村社理性"理论。在我的理解中，这一理论是基于中国经验对马克思主义经典理论的补充。

吕老师：

我主要谈一谈结构性的问题。

第一，对土改和中国工业化的再理解。怎么样从宏观层面和微观层面看土改？土改本身是一个大的社会变动，其中肯定泥沙俱下。革命本身还有它的暴力性。那我们今天如何面对土改之中的这些负面问题呢？这需要我们把大的社会历史结构和个人叙述的微观视角有机结合。我们既要看到个人叙述的有效性，也要看到其界限。

第二，是工业化问题。曹锦清老师说过一句话：其实中国的土改相当于把农民交给地主的地租转交给国家，由国家拿去发展工业了。在这个过程当中，地主阶层是受了委屈的。但不光是中国，整个现代化过程都是消灭地主的过程，没有一个国家的工业化过程不同时是消灭地主的过程。国民党当年在大陆搞土改失败，又在台湾搞土改。今天"台独"中的一大部分就来自当年的地主阶层。这是一个复杂的问题。

比如说，印度和中国的对比。因为印度没有经过土改，所以今天依然存在高度的不平等。而中国的土改为中国的工业化和现代化提供了基础条件。没有这个过程，中国今天可能会跟印度一样。还有巴西无地农民运动的发生，也是因为巴西没有经过土改。我跟无地农民运动的领袖进行过交谈，他们说今天已经没有办法进行这样的革命了，只能通过改良的方式，即无地农民只能通过国家立法宣布大庄园主的土地五年不耕种就可以合法被占领的方式占有大庄园主的土地。所以我们要从一个大的结构性的角度来理解土改与工业化问题。

进一步，我们怎样去理解今天的城乡关系？这实际上还涉及工业和农业的关系。我所提的"新乡土主义"不是要回到传统、原始、乌托邦、静止的农村——这样的农村从来就不存在。我所描述的传统中国乡村，也是在城乡互动关系中形成的。从来不存在静止不动的城乡关系。从大的历史框架下来理解，恰恰是要把乡村问题放在一个动态的过程中来理解。在这个意义上，新乡土主义是在新的历史条件下重建城乡关系的问题。

关于"新乡土主义"的那个演讲已经差不多是10年前了。今天需要补充的是我对蒲韩、塘约和郝堂村这几个案例的分析。今天的新乡土主义集体经济，怎么才能够既是对传统村社的集体组织资源的激活，又能够在现代国家的政权框架、基层党建下保持活力？这可能是今天新乡土主义更核心的问题。但是十年前我还没有意识到这一点，只是提出以村社为基础。但是，今天在村社中，党的基层组织这一议题是避免不了的。两委的问题和党建的问题到底该如何处理？这些问题处理不好，村社的集体经济就不可能发展，自组织的能力就不可能提升。

今天很多志愿者到农村去，会发现农民不动。1938年，梁漱溟到延安时，也与毛泽东讨论过农民不动的问题。农民不动，是因为他的利益跟你的组织之间没有形成有效、有机的联系。那现在我们怎样去让农民的自主性发挥出来？就是文化建设、文化自觉和政治经济的关系是不能分开来的。例如，如果土地的问题涉及土地集体经济，他们自己的利益在里面的时候，那他们会自己主动去做，不需要我们去推动。主体性建构的问题不是仅仅靠文化或者知识分子的启蒙就能完成的。主体问题是一个整体性的问题。从这里说，我觉得蒲韩社区的成功是非常有意义的，因为蒲韩把政治、经济、文化结合在了一起。单纯的农协、单纯的合作社为什么总是不能成功？因为承担不起主体性建构的任务。只有像蒲韩社区这样的综合性合作组织，才能够把村社的自组织能力激发出来。

我们做乡村建设，老是说不要市场，不要资本。可是市场和资本一直是有的，问题是我们怎么去建立这个市场。比如说，小农经济为什么不能成功？例如，社区支持农业（community supported agriculture）这个模式是重建城乡关系的一个很好的方式。但这个模式是从西方来的，在中国它不能够（在座有从事 CSA 的朋友，这只是我自己的个人看法，仅供参考）真正处理村社和集体的问题。它完全是个体农民和个体市民的结合。两边的集体的力量都没有被激活。它很容易淹没在一般的市场经济的框架下。CSA 能不能跟中国自己的村社结构和集体经济结合起来，然后再反向推动市民的自组织结构？只有组织起来才有力量。没有组织，无论是 CSA，还是我们下去扶农帮农，个体农民在市场经济中都是没有力量的。

第三，涉及乡绅制度问题。怎么去理解乡绅？民国时期传统乡绅制度以及相应的儒家社会政治结构都已经不存在了。有没有道德善良的地主和乡绅？肯定有。但是，其在结构意义上已经被摧毁了，社会制度已经不提供这个结构性的支持，今天我们无法简单地、重复性地再将其建立起来。在分析方法上，我觉得要点还是从结构性上去把握这个问题。从这个意义上说，中国的乡村治理谁来承担？"能人"治理可不可以？比如，一个人在外面赚了钱回来，愿意做村长、乡长，能把资源投入到村社里，可不可以？我觉得是可以讨论的。要避免简单化地认为乡贤制度就等于回到了旧社会。没有那么刻板和简单，否则就会出现左翼的幼稚病的问题。但是，如果我们说乡绅制度都是完全好的，那又有退到右翼幼稚病的危险。1949年之后，传统的乡绅结构被打破了，土改诉苦和贫农的政治觉悟的激发，与共和国主体的政治建构形成合力，使得整个农村社会主义的发展能够跟中国的工农联盟和工业现代化之间共享。农村这么多水利建设，全是靠农民自觉自愿去做的，主体性非常强。里面有没有强迫的成分？肯定有。但是当年农民去修水利，那么高的积极性也不能完全说都是假的。也就是说，国家的现代化建设和农民的主体性建设其实是配套的。

在这个意义上说，以工人阶级为主导、以工农联盟为基础，既是工人阶级和农民阶级再造主体性的过程，同时也是工业和农业之间相互配合的过程。工业发展给农业现代化提供技术和机械化，农业的产品要为工业提供原材料。这是工农之间的关系问题。工业现代化和农业现代化是要配套发展的。这是工农联盟经济层面的问题。

今天为什么会又重新出现城乡问题？是因为我们改革开放之后，工业发展转变成了外向型。农业的人民公社的集体性之中包含了农村跟工业化配套的在地工业化的构想，以及克服工业化产生的城乡必然分裂的所谓的世界性规律，再通过在地化来解决人口城市化可能引起的问题。这样一个设想被证明是失败了，所以人民公社被取消了。人民公社被取消之后，我们的整个工业发展也从内向型变成了外向型，在这个过程中，城市和乡村的经济结构被解构了。工业发展不再为农业发展提供技术、生产工具，以及经济支持，农民变成了小农。农民再度原子化，再度在市场经济中沦为弱者。在这个意义上，我们要重新提新乡土主义。20世纪二三十年代，梁漱溟、晏阳初他们的困境和我们今天市场经济下农民的再度解体和原子化的过程，结构上是类似的。这是我们为什么要回到20世纪二三十年代去看当年的乡建问题。

第四，是贫民窟的出现。中国没有大面积地出现拉美那样的贫民窟，一个很重要的原因就是我们现在农村土地的集体所有制。这是中国独有的土地制度，任何国家都没有。在这个情况下，农民可以返回村社，不一定要住在比农村更差的贫民窟里面。但是，如果我们土地确权之后，大量的失地农民出现，新的土改就是失败的。我们都知道今天失业问题不光是中国的问题，整个欧美都被失业问题带到了一个右翼民粹主义上升的框架中。在城市化过程中，中国的农民到了城市里面，他们的工作机会从哪里来？在今天这个世界格局下，他们的工作从哪里来？如果我们把他们的后方都摧毁掉，我们是在干什么？所有这些问题都逼迫我们重新去考虑乡村作为中国人社会存在的方式，以及社会组织和国家建设的方式。中国是不是一定要重复西方的城市化过程，把农村消灭作为我们现代化的指标？在这个意义上，我们对西方的普世主义开始提出怀疑。因此，我们讨论中国模式的时候，新乡土主义就应该成为其中的一个部分，因为这是我们中国独有的土地制度，独有的道路。

在走了许多弯路之后，我们今天需要重新思考这些问题。在这些问题基础上我们才能讨论自觉的问题。因为自觉是对整个世界的大了解，否则就是盲目，不是自觉。我们要在整个世界历史发展所形成的今天这样一个格局中看中国，看世界。而且要看拉美、看第三世界、看无地农民运动、看非洲，我们才能够对中国道路、新乡土主义有真正的自觉，而这样的自觉才能在新的意义上创造可能性。

在这个意义上说，我们警惕的是土地所有权虚置，也即名义上是集体的，但是事实上集体被掏空了。一旦集体所有制被架空了，农民的主体性就失去了依托，新乡土主义的基础就没有了。原子化和个人的小农是没有所谓的新乡土主义的。我们重复的道路也只不过是欧美的那种市场经济的小农而已。

所以社会主义是什么？社会主义就是要走农民集体化的道路。这个集体化在今天的中国该怎么走，这是我们新乡土主义最核心的问题。而我在文章里所说的文化多样性、生物多样性等，都必须是以集体的力量和集体自组织能力为前提的。每个地方都有其差异性和共通性。这个特色是需要在一个市场环境下被发掘出来的。这个市场环境是需要各种资源（不光是乡建的资源）合力完成的。但这个市场不是资本主义市场，资本主义市场是消灭多样性的。我们怎么样能够在保存多样性的基础上，重新发现市场，即一个能够镶嵌在社会、文化、政治、社会内部，而不是反向对社会进行摧毁的市场？这样的市场是我们今天要去发掘的，只有在这样的市场经济下，我们的新乡土主义才有可能实现。

最后再讨论原始积累问题。苏南工业的原始积累，只是一个个案。但是原始积累对于中国、苏联，以及很多第三世界国家来说，是一个生死关（能闯过去就会有更好的发展，闯过不去就会永远停留在第三世界）。中国和苏联过原始积累的关，都是经过了长期的、复杂的，甚至残酷的党内路线斗争后才成功的。我写过关于斯大林、托洛茨基和布哈林的斗争问题，就是围绕工业化原始积累和农业问题展开的。在中国，毛泽东和刘少奇路线的分歧，也是党内斗争中的核心问题。中国的原始积累最后能够完成，在很大程度上还是靠苏联当年的 156 个工业援助计划，这背后是苏联对中国的国际主义、社会主义革命的援助。今天中国的"一带一路"能不能给第三世界提供基础设施，帮助他们实现工业化？我觉得这就是国际主义的体现，是中国社会主义市场经济的体现。但另一方面，中国也是通过自力更生、艰苦奋斗、勒紧裤腰带来完成工业化原始积累的，全中国人民都参与了进去。里面有没有强制？也有强制，例如，强制知识分子到农村去，知识青年下乡、医疗下乡，即通过政治动员的方式把资源往农村输送。当年梁漱溟、晏阳初不也都是自觉自愿地"下放"吗？不是都跑到农村去了吗？所以从这个角度说是政治的强制，但是，从整个结构的角度上来讲，没有人强迫晏阳初、梁漱溟，他们是自觉自愿去农村的，因为背后有一个结构性、历史性的城乡关系问题。那一代知识分子他们自觉自愿去为时代做出牺牲,毛泽东时代也是有一大批自觉自愿、有社会主义觉悟的人去农村工作的,我们今天能够轻易否定他们吗?我觉得不能。当然我们可以从中找到"迫害"等负面历史经验,这些确实存在。但社会进程都是有双面性的,关键在于我们怎么从一个长的时段来评价历史。

这是为什么我今天要从近代历史讲起,把历史时段拉长。这样才可能帮助我们把问题看得更清楚,而不至于被简单的意识形态(不管是左的还是右的)所束缚。我们乡建的朋友,要有这样的文化自觉、政治自觉性。

第二单元：历史意识

梁漱溟与现代中国[①]

薛 毅[②]

【演讲】

大家好！我在福建乡建夏令营讲过一次梁漱溟，在上海几所高校合办的热风青年成长营也讲过一次。这次主题稍稍不一样。这次的题目叫"梁漱溟与现代中国"。我本来提交的题目是"梁漱溟与中国革命"，潘老师建议改一下，我只好改一下。

说到梁漱溟与中国革命，大家可能马上就会想起1953年毛泽东与梁漱溟的辩论。20世纪80年代知识分子热衷于讨论知识分子的当代命运，梁漱溟的1953年事件被当成典型的案例。但这个案例被掐头去尾了。我们可以从头开始讲起。概括地说，梁漱溟的思想是通过与西方的宪政思想对话形成的。而他思想的成熟是通过和中国共产党的革命理论对话而达到的。这次讲座大致分为三个部分。第一部分是梁漱溟思想成熟的过程与标志。第二部分，我想讨论，新中国成立后，梁漱溟对他自

[①] 时间：2017年8月24日；地点：重庆市北碚区梁漱溟旧居；整理人：钱玥如；校对人：刘闯。
[②] 薛毅，上海师范大学人文学院教授。主要从事鲁迅研究、中国现当代文学研究。著有《无词的言语》《当代文化现象与历史精神传统》；主编有《现代语文读本》（全四卷）、《西方都市文化研究读本》（全四卷）、《乡土中国与文化研究》、《鲁迅与竹内好》、《陈映真文选》等；论文有《人文精神的讨论》《鲁迅与1980年代思潮论纲》等。

己以前的工作的反思和对中国共产党的重新理解。对第二部分感兴趣的人可能不太多，因为这部分好像没有产生梁漱溟的代表作，只有完整的文章，没有完整的书。他要写几本书，但都没写下去。这说明他思考的艰难。第三部分，要回到梁漱溟他晚年的思想自信。20世纪70年代中期，他开始有一个自信，这一自信的标志是他完成了最后一部书——《人心与人生》。这书原本是在20世纪20年代就计划要写的，五十年后才完成，肯定不是原来的面貌，因为他最后的著作里包含着他独特的对中国革命经验的理论总结。

这三个部分也许我无法讲完，所以要先把我的立场亮出来。自20世纪80年代以来，知识分子盛行借梁漱溟的故事来否定中国革命。这不是我的立场。近来有一些号称马克思主义者的读书人又借用历史上左翼思想对梁漱溟的批评，重新否定梁漱溟，这也不是我的立场。我不认为梁漱溟是自外于中国革命的人，所以不存在用标准的中国革命尺度来否定梁漱溟的可能性，相反，中国革命的含义需要进一步拓宽，才有可能观察到梁漱溟这样一个非常强调中国本土理想、伦理的思想家，如何以中国社会变革为责任激活自己的思想。我并不认同梁漱溟的所有思想，但他的思想值得重视，值得重新解释。

梁漱溟的思想是如何成熟的。梁漱溟这个人有意思的地方在于，他一边思考，一边实践，一边自我总结。梁漱溟研究中往往有这么一种情况：你对他的解释，逃不脱他自己对自己的解释。他不仅亲力亲为，而且事后总有强有力的解释，也很固执，甚至顽固。我们知道他给全国知识界带来影响的第一部著作，是他1919~1920年完成的《东西文化及其哲学》，是为中国传统文化辩护的一本书。梁漱溟出生以后，他父亲给予他的教育是时事教育。他1893年出生，出生的第二年就发生了甲午战争。他父亲是一个比较贫困的士大夫，对中国的灾难感同身受、非常痛切。近代中国产生灾难的时候，首先产生灾难感和有要找新出路意识的群体，往往是士大夫。因为他们离国家最近，而一般的民众离国家非常远。他的父亲给他的教育，不是四书五经，而是《地球韵言》，这本书的特点是把地球上的地理知识编成像《三字经》一样，读起来朗朗上口。他中学时代读过梁启超编的《新民丛报》的全本。所以他打小就开始关注中国近代危机，关注中国问题；现在人们经常称呼梁漱溟是"最后一个儒家"，但他打小熟读的不是儒家典籍。1919~1920年，他在北大教印度哲学，是蔡元培让他去教。他那时有点憋闷，因为虽然蔡元培明面上同样支持旧学和新学，但是他力推的是新学。那个时候如日中天的是陈独秀、胡适、李大钊这三个"巨头"，以及后来的周作人等。处在这样的环境中，学生都往新学那儿跑，作为一个教授旧学的教师，是会很憋闷的。所以，他思考写作了这样一本书。

他这本书里说到"人生问题"。他认为，世界范围内共有三条人生之路。第一条是西方式道路，概括来说，它主要解决的是人和物之间的关系。第二条是中国式道路，要解决的是人和人之间的关系。第三条是印度式的，要解决的是人和宇宙之间的关系。梁漱溟打了个比方：一间房子漏雨，那怎么办呢？西方人的态度是，把它推倒重来，造一个新的；中国人说，"把它修一下吧，只要能够挡风遮雨就可以了"；印度人说，"我们需要屋子吗？"

按照那个时代中国人的知识感觉来说，这三条路线中，印度道路是最落后的，中国道路也已经落后，西方最好。可是，在梁漱溟的评价里边，这一阶序被翻转了。他认为，西方式道路其实是最粗糙的、最初级的；中国式道路其实比西方要高级；而印度的路虽然不切合中国实际，但代表人类未来。他认为，中国和西方的两条路如果不碰撞，中国永远不会走到资本主义的道路。现在的问题是，这两条道路相遇了。第一条人生之路，是解决人对物的关系。它会产生两个方面：一个是团体精神；另一个是科学。这个"物"里面是包含着"人"的，外族就是物，那么对待外族也实际上就是人对待物一样，是一套征服的力量，以及科学的力量。这套东西是中国人不具备的。所以两者相碰撞，中国就出现了灾难性的状况。但是现在我们绝对不能放弃第二条路，因为它比第一条路要高明。现在我们要做的是，回过头来补充第一条路的好处。好处包括对于个人权利的要求、民主的要求和团体组织。这些是中国没有的，中国发扬的是人和人之间的情谊关系，这个待会儿再讲。

他这套想法通过他学生之口传播出去。山东有一个同盟会的党魁，叫王鸿一。他就非常欣赏梁漱溟，因为他也是在新学的环境下感到憋闷的人。他们这批人是读中国古书长大的，对中国古书有一种非常强的亲和感。可是新文化运动以来，把中国整个传统全都批倒，这些人很憋闷。这时候北大突然来了一个人，讲出这么一个道理，他们很高兴。王鸿一马上去找了梁漱溟，两个人一拍即合，王鸿一为他打开了在山东讲学之门。由于他是一个党魁，人脉广，他邀请梁漱溟到山东去，设想了好多事情，包括办一所中学、办一所大学。而且梁漱溟也很重视中国的讲学传统。讲学传统和现代大学制度相比好处在于，讲学传统里边，师徒关系是非常亲和的，朝夕相处，不同于现代大学制度中师生关系的冷漠。他希望重新复原讲学传统，希望师生一起吃住、一起学习。

他在北方通过王鸿一认识了阎锡山、冯玉祥、韩复榘。阎锡山主政的山西也在搞"村治"，河南数个地方也有人在做类似试验，这对梁漱溟有触动。

他在南方也有两个朋友，都很厉害。一个是李济深，北伐军第四军军长；另一个是陈铭枢，第四军第十师师长。他们两个信佛，梁漱溟在北大教佛学，关系非常好，也是一拍即合。李济深经常送钱给梁漱溟，因为梁漱溟有他大的志向，需要钱财。南北之间，北方的军阀给他钱；南方的革命军，也给他钱。两方面都看重他。李济深邀请梁漱溟南下。梁漱溟没有马上答应，他先派了三个学生过去，是他最优秀的三个学生：黄艮庸、王平叔、徐铭鸿。过段时间，黄与王回来了。梁漱溟问情况如何。他们说，徐铭鸿跟共产党走了。王平叔说也想加入中国共产党。黄艮庸说"我也在考虑中"（笑）。

这一次，共产党给了他比较大的刺激。徐铭鸿是一个非常优秀、非常忠诚的共产党员，共产党人的精神气质和对信仰的忠诚一直让梁漱溟非常佩服。而且共产党在北伐中进行的农民运动也给了他强烈刺激。共产党搞农民协会，其实是先于梁漱溟乡建运动的大规模的农民运动，梁漱溟虽不认同共产党的方式，但共产党组织农民的尝试给了他很大的启发。这在相当程度上，可以说，他搞乡建运动就是为了用有别于共产党的理念组织农民。他认为，中国近代以来的自救之路有两条。第一条是西方式的宪政之路。他说，这一条道路，到1923年就结束了。第二条是以1924年国民党"一大"召开，孙中山改组国民党、国共合作为标志，学习苏联以党建国的道路。他认为这一条路也破产了。对这条路的反思产生了他的乡村建设理论。他认为，中国确实需要第一条路的许多特质，例如团体组织、科学。但是中国的社会基础，无法和第一条路对接。最大的问题是中国缺少团体、缺少科学。梁漱溟认为，要从乡村之中开辟出这个空间，创造团体，培养人们对科学的兴趣，那样就可以对接了。

他第二部著作是1930年出版的《中国民族自救运动之最后觉悟》，非常有影响。"最后觉悟"这个词组来自陈独秀。第一次世界大战发生以后，陈独秀感觉历史发生了变化。我们如何重新认识历史，重新创造历史，是由对这个东西的自觉开始的。所以"自觉"非常重要。"觉悟"在五四新文化运动中是个关键词，周恩来参加了一个社团叫"觉悟社"。梁漱溟说，我们最后的觉悟是，乡村建设是拯救中国的一条道路；可是要注意，同时它也是拯救世界的一条道路。中华民族需要有这样的觉悟，这个觉悟是，我们需要承担世界历史的使命。黑格尔在考虑日耳曼民族的时候，也赋予日耳曼民族一种世界历史的使命。日本也希望承担世界历史的使命。在俄罗斯，陀思妥耶夫斯基也给了俄罗斯民族一个世界历史的使命。可是这个落差非常大，中国现在这么差，如何承担世界历史的使命？

梁漱溟通过和中国共产党的"阶级理论"对话，形成他对整个中国的人生和社会完整的认识。他说中国社会根本不是阶级社会，中国社会的特征是"伦理本位，职业分立"。后来在《中国文化要义》里，他把"分立"改为"分途"。"分立"是和"对立"相对的概念，"对立"是冲突性的，"分立"是"你走你的，我走我的"。这八个字包含的意思是什么？简单地讲，中国社会的特征是，不是一方面是个人，而另一方面是团体。因为这会导致一个非常紧张的关系，在西方会出现极端的专政，把个人给压抑了；或者会出现一个反专制的运动，高扬"个人"和"自我"。而中国以家庭为核心，避免了个人和团体的对立。

今天上午也有同学说起过，借用费孝通的一个词来说，叫"差序格局"。费孝通对于中国的差序格局的评价没有梁漱溟那么高。"差序格局"指的是扔一块石头，然后出现一层层的涟漪，一个个波纹圈，你在中间，和你最近的家人就是父母，然后是兄弟姐妹，叔叔、婶婶，七大姑八大姨等，这样一层层下来，它有亲疏之别。在费孝通看来这是中国式的个人主义。"一人得道，鸡犬升天"是这样，中国人对陌生人的那种漠视和冷漠感，有可能——只是我的一个不准确的想法——与欧洲人对陌生人的感觉不一样。因为欧洲人会马上觉得，我们是同一个民族；但中国人散散漫漫，不存在非常强的民族认同感。而梁漱溟从中看到的是积极的方面。中国人善于用家庭关系来安排社会关系，其中虽有远近亲疏，但一直存在着把远的拉近，把别人的事情当作自家亲人的事情来对待的情感发展方向。他基于家庭关系看世界，但同时家庭关系可以复制，例如，朋友之间说你是我哥，我们就是兄弟，一拜把子就是铁兄弟了。我们用"家庭"来比作所有的一切，一说"家庭"就亲切了，所以远的近的都应该负责。

在梁漱溟那儿，还没有"差序格局"这个词，他用"伦理为本"这个概念，人和人之间的关系就是通过这种亲缘关系来展开。他说，人生的意义，就是我要承担四面八方的责任，履行四面八方的义务。他用的"义务"这个词，在法律体系里面是一个消极的存在，即我要获取我的权利，所以我不得不承担某个义务。可是中国人却是积极地履行四面八方的义务，这不是法律意义上，而是伦理意义上的，不是消极的而是积极的。把什么都扛在自己肩上，我能力差了，我就少扛点。七大姑八大姨要造房子，我没有钱资助她，那我就要出一点力气，因为她是我亲戚。中国有个难听的话叫"养儿防老"。可是假如你现在随便抓一个母亲问，你为什么对你儿子这么好？她会说，他是我亲儿子。这是天生的本能。所以这个文化是一直影响到我们日常生活的。

梁漱溟认为中国人达到了超乎西洋人的高度。他说，除非中国人四千年都白活了，要不然的话，应该说中国对世界一个非常大的贡献就在于"理性"。这个"理性"指的是中国人与人之间的情谊关系。这个情谊不是由于我有欲望而产生的。而是说,除了欲望关系这一层,是在社会当中磨出来的那种没法割舍的关系。而这个东西对梁漱溟来说,是他的立论之本,而且他认为这也是中国的立国之本,还是未来世界的方向。

他曾经到香港去办《光明报》,办了没多长时间,太平洋战争爆发了,他跑回来了,给自己儿子写了封信说,我要是死了,那天地为之变色、历史为之改辙,我怎么可以死?这封信有点狂妄,他相信自己发现了与人类未来生死攸关的真理。看梁漱溟的著作,你会发现一个非常大的特点是,他用的例子一般相对浅显,如《论语》经典的例子,也会用一点《礼记》中的例子,但更多会用老百姓的日常事例。你作为一个中国人,立马能够看出他说的是什么。他说"理性"和"理智"不一样,"理智"判断是利害关系,是利益冲突。而中国人已经达到这个程度:用对错来看问题。什么是善?什么是恶?什么是好?什么是坏?中国民间这方面是一点不含糊。

这就是梁漱溟看到的。他把这些看得非常重要。这样一来,他可以跟共产党对照。他认为,中国社会形成的不是集团性质的两面对立,"压迫"与"被压迫"的格局。在欧洲历史中,我们可以从土地制度和遗产继承制度看出来,对于领主而言,自己是领主,这儿的农民就是在领主这儿生活的,农民的人身自由都是受限制的;领主的生活方式和农民是完全不一样的,领主不工作。可是在中国没有这个东西,中国以前是所谓的"四民社会",士农工商。"朝为田舍郎,暮登天子堂"。本来是耕读的,耕着读着,后来就跑到天子脚下去了。所以这四个方面是相互流转的。皇帝对你也没有任何限制。从这里边能找到阶级的两面对立吗?找不到。那如何说这是一个阶级社会?所以梁漱溟说这是一个"职业分立"的社会。

可是他心心念念要创造团体。但他说中国社会是伦理本位,中国社会发达的是礼俗而不是法律。天子一个人如何管整个社会?要靠法,同时要靠执法的人,要靠军队吗?这是天子做不到的,中国古代是无兵的文化。能做到的是什么呢？是用礼俗，用人和人之间的情谊关系、仁义关系来治理社会。中国社会是置法律于礼俗之中，置国家于社会之中的。中国人缺乏国家感，社会反而比国家要大。这个特征使得中国人形不成团体，欧洲是因为有团体、有两面对立的形势。以民族为单位建立的团体就是国家。而中国社会散散漫漫，来一个异族，一下子就把它给同化了。所以中国人形不成西方意义上的团体，即强大的利益共同体。而现代的中国要形成团体，不能以西方的形态组织起来。

现代中国的敌人是谁？中国共产党回答是两个，即帝国主义、封建军阀。梁漱溟前面分析了中国社会的优点所在，但中国社会何以变得这么糟？他认为，一切由外因而起——帝国主义的侵略。由于帝国主义的侵略，中国不得不形成团体。

帝国主义的侵略导致新型大城市在中国出现。中国以前的城镇与农村之间是一种友好的关系。而一旦新型大城市出现，城镇和乡村之间的紧张关系就出现了，地主变成不在地的地主、跑到城市里。地主在乡间和地主在城市完全不一样。因为乡间地主知道周围都是他自己生存的环境，所以要承担社会责任，即我要对乡里乡亲好，要不然的话，我在这儿怎么生存下去？而且，修路、建桥，我也得花钱，因为我也要出行。可是地主假如不在地的话就不一样了——这个地方跟我无关。然后所谓的中间人成为本地治理的重要角色。从这个角度来说，中国的一切灾难都是起因于外部——帝国主义。

梁漱溟支持反帝。可是他说，你反得了吗？帝国主义这么厉害，反得了吗？梁漱溟认为，中国现在不存在反帝的可能性。因此只存在一个问题：中国能不能扛得住帝国主义的打？搞乡村建设一个非常大的作用是，在乡间、在中国的最广阔的民间，创造一个可能性，可以扛住别人的打。

山东邹平县离济南不是太远，一百多公里。这个县还有一个特征：相对而言土地比较平均，自耕农比较多，没有大地主，地主很少。他选择这个地方，相对规避了贫富分化。

到这个地方搞什么？

一是发展团体、发展合作社。他说希望走出一条不搞对立搞合作的道路。合作社慢慢地壮大,让更多农民认同合作社的好处,团体感就会出现。但如果这样,这个团体不还是利益团体吗?梁漱溟说这个合作社不仅仅是做事,也是培养。这也是梁漱溟思想非常突出的地方:不是培养作为职业的农民,但培养里包含着农民的职业的技术;从高处来说,要培养一个新的人,是一个新的农民,是人本身。

梁漱溟所说的乡学,就是将乡政权机关改造为学校的形式,邀请社会贤达、有威望的老者担任领导者,即所谓乡学中的"学长"。中国是一个敬老的社会,而这个老人是没什么权力的,是道德的象征。整个乡学,掌握在梁漱溟自己培养的一批人那里。他非常欣赏陶行知的晓庄师范里培养的人,精气神十足,理念非常好。他到那儿抢了一批人,而且把那儿的教导处主任也抢过来了,这样就形成了他自己的精英团队。他认为中国未来命运是掌握在这些人手中的。他认为,农民是宾不是主,主宾关系不要搞错了,只有这些下乡的精英们心中有世界视野,有如何在帝国主义压迫下慢慢走出一条乡建道路的思想自觉,普通乡民不可能拥有这样的视野和思想。

二是搞教育。他搞了一百多所学校,村学一百多所,乡学十四所。他把邹平县分成了十四个乡,是乡学意义上的乡,不是行政乡。行政功能被降级了,乡里边有理事,村里边也有干事。理事和干事与以前的行政官员对接,更多精英成为教师,教师面对的教学对象不仅仅包括学龄儿童,也包括成年农民。如何建立和发展合作社,教师们带着农民们一块儿干,这同时就包含着对农民的知识和技能的教育与传授。当然,在教育当中,相对来说有实际成效的,其实还是儿童的教育。

但是,办合作社困难重重。例如,他引进了很好的棉花种子,然后棉花丰收了,丰收以后干什么呢?帝国主义入侵之前,山东是棉花产区,有产棉、纺纱、织布、制衣的产业链条。可是上海开埠后就把这个产业链条全都给摧毁了,导致山东只是一个产棉的地方。现在梁漱溟没法把整个山东手工业重建起来,只能把这个棉花卖掉,可以卖到好的价格,因为买卖掌握在合作社手里,没有中间商,因此,合作社能得到好处，农民也能得到好处。20世纪80年代，当时的县长谈到这个事情的时候说了几句坏话。他说，棉花合作社的成功，也不一定是要完全当真的。他挑了坏的一个角度来说，棉花丰收这不是件好事，因为这样一来整个邹平县的老百姓都想种棉花，自耕农大多来种棉花导致的结果是什么呢？邹平县的粮食就不能自给了。一个县粮食不能自给，你还搞什么乡村建设？结果就是，乡建研究院发出指令，农民要种满一定数量的粮食以后才能种棉花。合理吧？合理。可是这样一来，谁的田地多，谁就得利，田地非常贫瘠非常少的农民就被剔除出了种棉花的行列，只能种粮食。种棉花使得两极分化更加严重。

有一个学者叫千家驹，他那时还是个年轻人，刚从北大毕业，在胡适色彩比较浓的北平的一个社会调查所里工作。所长叫陶孟和，也是一个名人，在五四时期、新文化运动时期就是一个名人。千家驹是个温和的人，又特别能干，在调查所里挺受赏识。后来《益世报》要办一个周刊叫《农村周刊》，陶孟和让千家驹来帮忙。《益世报》是民国时期的四大报纸之一。《大公报》大家知道，《申报》大家也知道，还有一份是《民国日报》，《益世报》是排在第二位的。千家驹参加过共产党，后来被抓放出来以后，脱党了。千家驹后来在回忆录里边写道，自己从来没有做过叛党的事情，也不知道为什么，他出狱以后跟党脱离了联系。可是他还在坚持认真地读马克思、恩格斯的书，读得非常起劲，变成了非常左翼的一个经济学家。办《农村周报》期间，他就发起了对乡村建设，特别是对梁漱溟的批判。

他也批晏阳初。他批晏阳初很有意思——有点粗暴。晏阳初说中国社会最大的问题有四个，即"愚、贫、弱、私"。千家驹认为，"愚、贫、弱、私"都是帝国主义搞来的，晏阳初在帝国主义支持下治理中国的"愚、贫、弱、私"，逻辑不能自洽。他批判梁漱溟，也是用的这个方式。他认为，梁漱溟最大问题是——用我们现在用的语言来说——第一，不反封建；第二，不反帝国主义。中国新民主主义有三大任务，反帝、反封建、反官僚资本主义。当初通行的是前两个任务，从左翼角度来说这两个任务是必须完成的。可是在农村，这两个事什么都没干。非但如此，我们还可以发现梁漱溟合作社的棉花无意中也在帝国主义侵略中国的经济循环中，成为其中的一个环节。具体到梁漱溟的乡村建设方案，他认为从理念到组织方式都只是"歧路"。从理念上来说，所谓伦理为本只是孔老夫子学说老调重弹，从组织方式来说，那种综合乡绅和平民的乡农学校根本不是真正的民众合作组织，在贫富日益分化的中国，它只能起维护现存秩序的作用。

这个批判成立吗？成立。但是，这个批判有点对不上榫头，有点让人窝火。千家驹亲自到邹平县调查过，与梁漱溟也聊过多次。他应该知道梁漱溟的方案，他之所以选择邹平县就是为了较大程度上规避贫富分化的状况。梁漱溟的理念，缘起于他对中国社会与西洋社会不同构造的分析，当然他美化了中国传统乡村社会，但没法说只是孔子学说的老调重弹。而且，与其说他像先秦的孔子，不如说他的思想更直接受心学的影响，他晚年曾说他只是远远地看到了王阳明。所以，千家驹的批评虽然很正确，但他到达不了梁漱溟理念和实践的独到处、深刻处、艰难处。正确而没什么意思，没什么新的发现。

由于抗日局势，梁漱溟访问了延安。他对毛泽东有高度的评价，因为他看延安这些人虽然吃得很差，但一个个还是神清气爽的样子。他跟毛泽东接触，两人在十六天中一共谈了八次，通宵的有两次，谈得非常好。梁漱溟给他看《乡村建设理论》，第二天晚上两人一见面，毛泽东写了很多的纸条在上面，把他的主要观点列出来。毛泽东说，你所说的团体建设，我非常认同。两人观点上的分歧就在阶级这个方面。梁漱溟说中国是特殊的，你说的这个是西欧的状况。毛泽东说，你太讲究特殊了，忽略了一般。

再接下来梁漱溟参与了协调国共之间的关系。可是他协调来协调去，最终发现自己干不了这活，协调不了就跑到北碚这儿来继续写他的《中国文化要义》。在北碚梁漱溟迎来了解放军。1950年，在毛泽东的邀请下，梁漱溟到山东、河南、东北等地区走了走。

这一走，他震惊了，搞不清楚怎么回事儿。就是《中国建国之路》一文所表达的，中国共产党居然走通了新中国成立之路，而走通这条路

101

依靠的是什么呢？依靠的就是"阶级"。

梁漱溟要寻找原因，他反思了他对阶级理论的排斥导致了他失败，而中国共产党成功了。梁漱溟早就说过他"号称乡村运动而乡村不动"。可是中国共产党立马可以和乡村老百姓打成一片。当年他在邹平县等地搞乡建的时候，也训练出一批人，这批人里边大部分被韩复榘挖走了，山东沦陷前他带出来一千多号人，后来又回去，在山东抗日打游击。中国共产党部队——五师分兵一部分也跑到了山东。这一千多号乡建培养出来的游击队伍，就剩下五百人，最后差不多全军覆没。而中国共产党在那儿从一千人很快变成一两万人。共产党的队伍和乡间有种亲和能力。梁漱溟这儿，教师还是教师，学员还是学员，融不进去。最后中共成功了，乡建只剩下梁漱溟一个孤老头了。所以说，他第一反思的就是来自对于阶级问题的反思。他对于阶级问题有误判。

但是他以前的理解也不会放弃，这是梁漱溟非常优秀的品质。因为与自己的理论有种血肉关系，当要反思自己的时候等于是扒自己一层皮一样。可是扒了这层皮，发现有个东西还不能放弃，坚决不放弃，这是梁漱溟非常非常突出的地方。就是说中国社会的构造和欧洲还是不一样，中国社会产生的理想价值，仍然是超越西方的，这一点他也不放弃。

可是为什么中国共产党会成功呢？他解释说，是帝国主义的入侵使得中国的阶级矛盾变得尖锐。我们可以沿用吕新雨老师今天上午所举的例子。一是明清时期的中国土地状况和阶级状况不能说明民国时期的状况。二是由于中国共产党一直在武装斗争的环境之下，中国共产党是首先构造了团体，而且构造了一个坚实的团体，因为武装斗争有鲜明的敌我关系存在。三是中国共产党非常好地使用了统一战线。这个统战工作包括把对方使用的兵转化为自己的兵。这是共产党非常厉害的。有一本书推荐给大家，高戈里写的《心路沧桑：国民党 60 军到共产党 50 军》，这本书写得非常好，这本书追溯了一支部队的历史，从国民党六十军到共产党五十军的历史。六十军是云南龙云的部队，在东北起义了。我们平时看电影经常会看到共产党军队对国民党军队喊话说，士兵兄弟们，你们的家乡土改了，你们每家都有自己的土地了。这一招很厉害，很容易瓦解敌方。但是，如果仅仅是这样也太小看统战的深刻之处了。借用梁漱溟的话说，如果这样构造一个团体，那这个团体也只能是利益团体。共产党统战更厉害的地方是其有能力将来自敌方的人群的人际关系，以及是非善恶观念全部改造过来。六十军被改造后，成为共产党五十军，后来在朝鲜战场中作战非常坚决，非常威猛。高戈里这本书呈现了共产党统战和改造旧军队的优秀经验。统战是需要触及人心的。梁漱溟老是说要触及人心，但他发现他在农村里触及不了人心。而中国共产党的土地改革却实实在在触及了人心。他参加土改后感慨道："此次到西南参加土地改革，在下面看了看，才知道高高在上的北京政府竟是在四远角落的农民身上牢牢建筑起来；每一个农民便是一块基石。若问似这般鬼斧神工从何而致？还不是说破唇皮的四个大字'阶级斗争'！"

他去东北参观工厂，也是感慨颇深。他总结共产党的工人政策为，安顿其身，鼓舞其心。什么意思呢？从前工人在工厂里干活，就为自己的身体，为养活自己和家人。人有身和心两部分，首先肯定是要顾及人的身体，为了活命，为了我自己的欲望。而当共产党的厂子将你的生老病死包下来了，甚至你的孩子的入学等，也给你包下来了。这样一来，你的身就安顿好了，而身安顿好了以后，心的力量出现了。"鼓舞其心"什么意思呢？我干活也不再仅仅是为了我自己，而且每个工人都感受到了非常强大的团体精神存在，这个团体小而言之是工厂，而工厂后面就是国家。这就让工人感觉到这个国家的存在，他跟国家有着直接的联系。那这样一来，我干活就不仅仅是为了自己了，不仅仅为了自己，就叫作"透出人心"。就是我真正感觉到我是在为祖国建设而工作，工人的主人翁意识就是这样出来的。

这里我插说一个小故事。多年前我经常在办公室加班，学校安排工人晚上来办公室和楼道打扫卫生，这样我和一位工人经常碰面，一来二去就熟了，经常聊天。我得知他原本是附近的农民，学校扩建把他的地征了，他成了学校的工人，他以前是生产队里养猪的。要说物质生活，他现今实在是好，征地每年有补贴，他还有几处房产出租，再加上劳动所得，月收入比我高多了。但是，他总是深情地夸赞以前——他养猪时候的生活。我反问说那时候你最多就能吃饱饭吧，我们都知道那时候对农民的生活的安顿做得不如城市，但他的回答让我想起了梁漱溟，他说那时候他干活是为国家。

再就是1953年的事情，这一年对整个中国社会来说是一个转折点。梁漱溟这个人，发言的时候总是话太长了，而他自认为非常重要的建议居然在几次发言里边都没有说明白。他要说一个什么事情呢？就是，中国共产党现在搞总路线非常好，中国现在有计划非常好，两个都很好，他根本没有反对。可他的建议是什么呢？在建议之前他总是要说出一些问题，然后再说建议，这样建议才显得重要。他的意思是，现在农村干部被抽走了许多，农村也没有了以前的农会组织，现有的干部对老百姓态度不太好，不是用说服的方法做工作，而是用命令的方法。用说服的方法做工作原本是共产党最擅长的，我们要把它搞回来。国家有总路线，新中国成立有计划，确实与梁漱溟的思想很吻合，说他反对总路线当然是冤枉他了。他想揭示的问题是，我们现在如何让群众与国家的计划和总路线相配合？他担心的是，共产党在农村似乎放弃了领导老百姓、说服老百姓的看家本领，他看到了一些端倪，所以忧心忡忡。他认为现在更紧要的事情是要大规模地发挥这个看家本领，建立起一个社会教育系统。只有建立起这样一个系统，老百姓才有可能主动地参与国家建设，而不是被动地、被迫地这样做。1933年，梁漱溟写有《社会本位的教育系统草案》，让梁漱溟真正兴奋的是，这个草案有可能会被付诸实践。

这个方案让人想起梁漱溟的父亲梁济。晚清的最后几年他在警察厅、民政局任职。他有一个改革中国的方案，由教育部门、民政部门、警察部门联合设立宣讲制度，就是用来教育民众的。他认为中国改革必须要做到"正人心"。他后来目睹民国乱象自杀了，在遗书中说自己自杀是因为中国没有国性，"国性不存，我生何用"。他说的国性并不等同于清朝，是什么呢？是其母亲打小跟他说的那个东西，那种人的根本道理，现在中国没有了，所以他要用自杀的方式来让国人觉醒。他的自杀是一个启蒙性质的自杀。他这个方案和梁漱溟的社会教育方案很相似。很特别的地方是让警察承担教育的功能。大家想一下，我们中华人民共和国有没有让警察承担过教育功能？有过。那个时候警察不是罚款的，而是教育你。那时候警察是什么样子的？大家可以看看电影《今天我休息》，讲的是民警马天明的休息日，处处为老百姓服务，遇到不守交通规则的人就教育，是道德的典范。

你看梁漱溟的方案和他父亲的方案其实是一脉相承的。1950~1970年的中国有这方面的影子吗？有。当初有一句话叫"把社会办成一所大学校"，不知道各位听说过没有？那时候打开收音机、听广播，看电影，都是跟教育有关的内容，从头教育到尾。而现在从头到尾都是娱乐的。文化上娱乐至死倒让今天的我挺怀念教育的年代。我挺希望有人去研究传统社会主义时期的社会教育。它也确实配合了中国的工业化建设。当然，我们肯定不能说这个社会教育是按照梁漱溟1930年代的草案去做的。

艾恺在1980年代问梁漱溟：你在延安与毛泽东的谈话，是否在思想上影响了毛泽东？他觉得当时毛泽东对农村的重视，将工厂分散在乡下的措施，好多地方有梁漱溟的影子。梁漱溟回答，我不敢这样说。但我们可以发现一些暗合的方面。梁漱溟的乡村建设有一个方案，即把工业放在农业的环境里。第一个五年计划的一百五十六个项目就是在苏联的援助下逐一落实的，城市和乡村差距拉大了。可是毛泽东并没有满意这种苏联式的工业化战略。到了人民公社和"大跃进"时期，你会发现，梁漱溟以前所希望的东西回来了，就是在农村办工业。中国大部分手工业和后来的小部分的机械工业，都聚集在农村，当时有社办企业、队办企业。

就像我们不能说社会教育是受了梁漱溟的影响，我们也不能说中国革命从农村入手、中国的人民公社实践是受了梁漱溟的影响。梁漱溟在这方面根本没有贡献。他的著作连同他的乡村建设实践，都被社会遗忘了。但非常特别的是，他对中国社会的发展和变化，饱含赞美之词。他通过报纸了解社会，也反复阅读毛泽东的著作，还有马列著作。中苏论战、雷锋精神、社会主义教育运动、五七干校等，这些他都给予了高度评价，包括"文革"也是。"文革"初期，他受红卫兵冲击，遭罪不少，但他日记里几乎没有抱怨。只有批林批孔运动他发出了反对的声音。政协要他表态，他回答只批林不批孔，还在会上洋洋洒洒发言了好几个小时,从马克思的亚细亚生产方式谈起,为孔子辩护。这个态度非常强硬,他说三军可夺帅也,匹夫不可夺志也,就是把人消灭了,这个志也没法夺走。但是,如果由此引申出梁漱溟与中国社会主义的对立,那根本不是事实。实际情况是,梁漱溟一直在用他独特的方式来解释中国革命,用他自己的语词概念来说明什么是中国的无产阶级、毛泽东的思想和哲学与中国传统之间有什么关系。这是他晚年著作的核心思考。因时间关系,这次没法讲这方面的内容了。

梁漱溟有一个大的"企图",就是要将中国革命的方方面面,回收到他的理论中去。所以,他的结论挺简单,总而言之,中国是理性之国。雷锋精神、集体主义精神、无产阶级精神,都是中国理性的体现。但是,不要小看了他的结论。在我看来,他的思想无意之中在努力衔接中国传统和民间都存在的价值系统和价值理想与中国革命之间的关系。中国的理性是知好坏、分善恶,而且中国人还有个特点是,非常讲究内在的精神。我今天早上听了大家的"朝话",有个同学说了不少"精神"这个词。我听得很开心,因为这个用词方式说明,中国的现代文化留存的基因里边,还包含着对精神的重视,对天下之内分明善恶的重视,对在情谊之下扛起四面八方的责任的重视。这对中国当代来说也仍然是一种活生生的文化,而对这种文化的描述,梁漱溟是第一个,就是从老百姓的日常生活里边去总结出一个国家的价值。这是以前没有过的。

最后一句话。沿着明代心学,特别是泰州学派的脉络,心学完全下沉到了平民阶层。而王阳明、心学和泰州学派,是在我们当代的研究之外的。可是在我看来,如果要去挖掘中国的价值,甚至挖掘中国知识分子为什么愿意跑到民间去,那个动力是和心学的发展有非常密切关系的。在这个脉络里,梁漱溟和中国儒家发生了关系。谢谢!

【讨论】

提问一:

薛老师之前讲到,梁漱溟认为,除非中国人四千年白活了,否则一定对世界有所贡献。梁漱溟认为最大的贡献就是"理性"。我的问题是，梁漱溟是怎么阐述"理性"的？在梁漱溟的思路中，它如何可以成为世界未来的方向？

薛毅老师：

非常感谢这个问题，我可以把刚才没来得及讲的地方稍微讲一下。

关于"理性"的问题，梁漱溟自己说过，他自己的思想有一个根本的改变。在《东西文化及其哲学》里，他用"直觉"和"本能"来说明中国人和中国人的关系。"五四"后期流行俄罗斯思想家克鲁泡特金的学说，他有本书叫《互助论》，里面讨论到动物也有社会本能，就是互相帮助，这让梁漱溟印象很深。他认为互助和本能是连在一块的。

"五四"时期流行柏格森的思想，他有一个概念被梁漱溟抽出来，叫"直觉"。所谓"直觉"可以这样理解：我和世界相遇的初始状态，我凭借的是我所有的感觉系统，我的感官全都是张开的、活跃的，这就是直觉，没有被理性化，没有被知识化，没有被对象化。梁漱溟发现，直觉和本能可以连在一块。而且，这在心学里边是有一条相关脉络的。

后来梁漱溟把它给改了。在他的思路中，人的意识可以被分为几个层面。本能就是人的动物性，人之为人不在于人的本能。除了本能之外人的意识发展出来的，第一是理智，理智相当于一种和科学、知识、技术有关系的东西，我和物体打交道，靠的是一种理智；第二则是人和人之间的关系，梁漱溟有时候称之为"情理"，"情理"讲的是人和人之间的"理性"关系，理智用来判断利益问题，理性用来判断是非问题。中国的特点是理性早启，他认为从秦汉开始中国就有了。

但这个东西何以就是世界的未来？因为资本主义发达的是理智，它使人和人之间的关系服从利益，而代替资本主义的社会主义，是更高一级的社会阶段，人和人之间能发展出可贵的情谊关系。梁漱溟一直是社会主义者。

我们举例看他对中国共产党的理性总结。他追问，可中国无产阶级哪儿来的？我们平时的日常用语里边，关于"无产阶级"有两个讲法。

一是根据你的经济地位来判断你属于什么阶级；二是根据内在的思想情感来判断你属于什么阶级。正是因为第二个讲法所以才会有"无产阶级思想"这个说法。也即，我出生不管是什么经济状况，我可以背叛本阶级，只要我拥有了无产阶级思想，我当然是无产阶级。

作为经济地位的无产阶级和作为思想的无产阶级是什么关系？作为经济的和政治的无产阶级并没有发达，可是作为思想的无产阶级有很多。一开始几十个人，到后来解放战争的时候一百万人，再后来四百万人。梁漱溟说这叫"无产阶级化"，把人无产阶级化改造。那什么叫"无产阶级化"？梁漱溟用"理性"来解答，就是承担起四面八方的责任，是"情理"、"情谊"和"理性"，我能够牺牲自我，而且我是愿意、主动的，没有人逼迫我。是我愿意主动地自我牺牲去成就一个更崇高的事业。拥有了这个东西以后你就会无产阶级化了。所以我们会说这个人有集体主义精神，有无产阶级思想感情，有共产主义精神，其实说的是一回事儿，可以互换。这与中国传统的杀身成仁、克己奉公、克己复礼是相通的，也和中国老百姓的价值观念相通。

我们会发现，在中国老百姓那里，什么是一个好的党员的标准，什么是一个好的领导的标准，非常清楚，一点都不含糊，老百姓可能没读过马列著作，光凭党员和领导待人处世，就能判断。用梁漱溟的话来说，这就是凭中国本来就有的理性在判断。

提问二：

我想补充一下梁漱溟先生的关于社会教育的思想，也就是他的《社会本位的教育系统草案》。刚刚薛老师提到了这一点，但是没有展开。这是他1933年2月参加南京国民政府教育部组织的关于民众教育的讨论会后所写成的草案。我个人觉得这个草案非常有启发性。我们现在的教育系统是基于知识进行层级划分的，如小学、中学、高中、大学。但在梁先生这里，不是这样的。他是基于地域的层级进行层次划分的，有五个层次，分别是乡学、区学（或坊学）、县学（或市学）、省学、国学。每一个层次有不同的功能。国学是最高学府，主要做学术研究。乡学主要负责基础教育。省学和县学主要负责人才培训，因为人才可以往下走，到乡学，参加基础教育工作；也可以往上走，到国学做学术研究。各个层级之间，不是以升学为目的，人才可以从里面分流出来，也可以继续选择深造。这是一个开放、有弹性的系统。这个系统的目的是要让学校成为地方社会的中心。梁先生的文化理论和乡村建设有一个中轴：他认为中国人的精神，在于"伦理本位，人生向上"，他非常强调向上、学习。首先，他所设计的教育体系其实是一个终身教育的系统，用地域的方式，把正式教育和非正式教育联系起来，把学生和社会联系起来。其次，这样的设计也是让教员、教师成为社会的指导者，类似于中国古代的师儒传统，读书人往上走是士大夫，往下走是乡绅，是一个引领性的中坚力量。最后，在一个群体中，通过教育可以培养一个人自身的力量，这意味着民众的"自力"，而非外来的力量。

提问三：

我是一名高校学生。在大学中，我有一种强烈的感觉，即学校教育在知识、理论和视野上非常有局限性，与真实的社会现实（如乡村问题、第三世界、生态危机等）之间有不小的隔阂。就整体而言，高校中爱思考的青年学生比较迷茫。请问薛老师怎么看待学校教育的这个问题？

薛毅：

大家发言都很精彩。我挑一些我觉得我能回应的问题加以讨论。

这位同学说到梁漱溟的教育方案，感谢你做了一个很好的补充。我也可以再继续补充一下。我想讨论的是，对毛泽东来说有一个问题，对梁漱溟而言这个问题不存在，即作为教育者，你如何有资格成为一个教育者？在梁漱溟那里，教育者是读书人，意味着先知先觉，有对中国危机的感悟。对毛泽东而言，先觉者也是由少数开始，但知识分子和老百姓之间，谁是教育者，谁是被教育者？毛泽东赋予知识分子一个非常大的使命，成为工农的教育者、领导者。可是在成为工农的领导者之前，其必须向工农学习。所以，20世纪60年代，工农和知识分子之间的关系发生了倒置。原本教育者的功能，被倒置过来了。中国根据"五七指示"办了很多干校。干校的出现，不是由于缺少劳动力，需要知识分子补充，也不是要惩治你。它背后包含的政治思考是，通过干校的劳动和生活体会，知识分子作为被教育者，能够体会最广大劳动人民所从事的生产工作。再如"广阔天地大有作为""知识青年到农村去接受贫下中农再教育很有必要"。因为知识青年接受过学校教育，在社会里，接受更多的再教育非常有必要。这是我所说的"倒置"的意思。

还有一位同学说到高校的问题，我深感同意。类似于乡村建设暑期研习营这样的活动，我非常愿意参加。在这儿，我们的关系非常纯粹，可以非常舒心地讲话。而在高校里，孩子们心思太重（众笑）。我观察到，二十年前，是学生到了大四才忧愁，后来发现大三就忧愁了，现在发现，学生一进大学就开始忧愁了。忧愁的不是中国往何处去，而是我往何处去（众笑），以及如何选择自己的人生道路。这里的"人生道路"，没有梁漱溟他们所讲的"人生道路"的含义。你会发现历史在这里有一个断裂。这是我深感没劲的地方。我自己也参与办了两次夏令营，主要是针对大学生的。那个夏令营只有十天，时间比较短，但可以让学生体会另外一种人际关系——比较理想的人际关系，而暂时不用焦虑自己的未来。

孟登迎：

通过薛毅老师的讲解，我们感受到了以梁漱溟为代表的有识之士们曾经进行的突围和努力。其实我们都处在一个困惑的时代。在学科体制里，我们接受了把自己变成"人力资源"的教育。一旦我们面临紧迫的现实问题，我们能明显感觉到无力。我们的研习营其实是想做这方面的努力，即希望给年轻人搭建桥梁，摆脱学科体制的束缚，真实地面对问题本身。我自己也一直努力这么做，但还不敢说我是一个乡建人，实事求是地讲我也没有做到。只是我一直在朝着这个方向努力。

村乡互动：1940年代延安的乡建模式[①]

孙晓忠[②]

【演讲】[③]

今天我给大家汇报的主题是"乡村互动：1940年代延安乡建模式"。为什么要分开提"乡治和村治"？从国家治理的角度看，这两层关系比较重要，乡和村是我们国家政策的断裂地带，乡和村之间难以弥合，是中国的治理难题，也是延安的创举。

在国家治理中，从村到家，被认为国家政权最后的一小段路，然而却是最漫长的路。村政权的功能在哪？村和镇在地理空间上具有地方性，有组织地方性日常生活的功能；村政权体现国家政权治理在基层的渗透能力。任何一个农业大国，国家政权都很难进入村庄。社会学界和历史学界通常研究国家政权进入基层乡村时，会有哪些力量抵抗和协

[①] 时间：2017年8月25日；地点：重庆市北碚区梁漱溟旧居；整理人：宋佳仪；校对人：张振。

[②] 孙晓忠，2003年毕业于北京大学中文系，文学博士。现任华东师范大学中文系教授，华东政法大学人文传播学院兼职教授。主要从事延安文艺研究和中国当代史研究。代表论文有《当代文学中的冯雪峰——以〈文艺报〉为中心》《改造说书人——1943年延安的乡村文化实践》《有声的乡村——论赵树理的乡村文化实践》《文化革命：1950年代的农村识字运动》等。主编有《延安乡村建设资料》（全四卷）、《鲁迅与竹内好》、《生活在后美国时代》等。

[③] 孙晓忠教授注：为保留原讲稿风格和讲课语气，本文省略了注释。

商,现代政权进入乡村以后会如何被消解,造成国家的现代法令没法落实,甚至适得其反,杜赞奇等将这种现象称为"内卷化"(involution)。近来也有学者对用西方现代工业模式研究亚细亚生产方式提出质疑,与西方工业革命相对,他们提出东南亚"勤劳革命"的模式,"工业"和"勤劳"共享了同一个英文词根(industry)。这提醒我们,研究中国问题,既要有全球视野,也要有内部眼光,辩证地看中国革命的独特性和普遍性。我认为在延安时期,政权比历史上任何一个时期都成功地"进村"了,这体现了中国共产党群众路线的实践形式。

中国传统乡村的组织形式,我们都不陌生,费孝通称之为"长老统治""差序格局",日本学者称之为"乡里空间"。在早期中国,"乡"和我们今天所说的"乡"不太一样。按照周制,"乡"是诸侯国的"都",民众聚居的地方称为"里"。古代的"乡",跟王权和皇权离得比较近,"里"则比较远,和"国、都、城、郭、野"等空间概念一样,既是人群聚居的区隔,也表示老百姓参与政治权力的程度。后来我们逐渐用"乡里"来泛指农村相融聚居的老百姓生活圈,其内涵有这样一个变迁。所以在早期,"乡"是有权的,乡民是有权的,地位比"里"人(下里巴人,即农民)要高一点。像费孝通所说的,中国社会内部有一个差序,不仅仅体现在宗族内部,整个社会结构都是如此。同样是农民,农民内部还有一个差序。早期的"村"和"庄"、"城"和"郭"也有等级差别,村夫是化外在野之民,说的方言是别人听不懂的"野语"和"蛮话",比较低贱,郭外的人在战争时连保卫都城的参战权(保家卫国的权利)都没有。到秦汉以后,国家治理从封建制向郡县制过渡。郡县制至少从政治形式上实现了国家政权的全范围管理。同样是自然村,也有庄和村之分,自然村则指有杂姓的自然聚落,所谓"三家"为村,村和村之间也有互相欺负的现象。但讲到"庄",多指地主和大户人家的自然聚落,这里最适合搞宗法社会。有了人的活动,就有贫富分化,这在村与村的关系中也存在,农村的大村庄和小村庄之间的关系也是不平等的。例如,农业种植灌溉用水是最重要的,水田生产率高于旱田。农忙时刻用水的时间很重要,在用水上就体现了乡村权力支配关系。民国时期一旦到了用水的时候，水塘里水先给谁呢？人多势众的大村庄往往先得到水，他们将一条自然流动的小河中途截流，断了下游村庄的水，这就是村庄不平等。在20世纪20年代的中国现代文学中，作家们经常表现各村因争抢灌溉用水而"械斗"的主题，抢水只是旧中国村与村的矛盾之一，说明近代乡里空间在其自然属性上并非如古代文豪们感慨的那样，是无忧无虑的农家乐！村在其自然属性上又被称为"自然村"，也就是说它没有外力的作用，没有政权的组织，没有国家的眼光。村和村的关系当然也需要国家在更高的层面进行协调，处理矛盾关系。所以毛泽东在苏维埃时期就深有体会，封建时代的大省、大县、大村庄，只会造成民众之间的隔绝和对立，老死不相往来，政府要解决掉这个问题。我们今天重点考察延安是如何解决大村庄与小村庄之间的关系问题的。

近年来史学界对皇权和绅权的研究是热点。当皇权想渗透基层时，它通常会遇到绅权的问题。皇权和绅权应该合作还是不合作？有没有遭受绅权的抵抗？这在各个朝代都不太一样。科举以后，士绅越来越多地承担了地方官的职责，明朝以前皇权和绅权的对立不是那么严重，到了清朝，问题变得复杂起来。早期的几代清朝皇帝连汉字都不懂，而清朝统治又必须将以汉字为代表的汉文化作为基础，因此就不能不与汉族地主和士绅合作，绅有知识、有文化，又有资本，生活上富裕，但科举扩招和捐纳制的推行，导致有文凭的人越来越多，就业率降低，在这些识字的人中，有的又造成了乡村不安定，这就导致了劣绅、讼棍等乡村不良知识分子出现。

郡县制是历史的进步，但通常说"皇权不下县"，有很多原因。国家政权要下基层和边疆，宣示主权。但在郡县制中，不是皇权不想下县，而是实力不允许。第一，清朝以前的中国农村总人口和清朝后期比较不算多，且居住分散；清中后期的永佃权和永不加赋政策；粮食新品种的引进；短暂的"康乾盛世"等有利因素，使得国家人口激增到近4亿，皇权其实也下县，主要靠巡视，但仅仅依靠巡视制度是不足以解决问题的。由于交通不便，一个县太爷在任期间，几乎还没跑遍管辖地，就要退休了。第二，治理成本太高，虽然先秦就已经出现编户齐民，历史上也出现过保甲制，但都比较松散，而且这些制度多为税收和治安服务，管理权看似下放，实质上国家是以一种连坐的方式将责任推卸于民，"无为而治"实质上是皇权的不作为。皇权如果要下县制度化，每个县下要设乡，当时的经济条件无法支付这么大的开销。所以我们通常说，"息讼""民不告，官不究""山高皇帝远"，这些民间谚语暴露了国家政权对乡村的松散管理能力。在清朝时，最小的官是"九品芝麻官"（县官），是正式领国家俸禄的官员。而且是财政包干制，这必然造成编制少，勤杂人由县官自聘，县官以及衙役因此不得不借各种行政管理搞创收，搜刮民膏。后期科举开捐纳制后，文人质量下降，腐败更多，所以会有"三年清知府，十万雪花银"的说法，衙门的名声越来越坏，在小说《小二黑结婚》中的乡村小知识分子二诸葛，不敢去区政府打听儿子的下落，一跨进区政府大门就吓得哆嗦跪下，能掐会算的二诸葛尚且如此！不经意就写出了千百年来，老百姓怕见官的心理。

在传统中国乡村治理中，利用熟人社会进行自治，其形式就是宗法制，宗法社会基于血缘的远近而构成，跟经济有密切关系，有钱好办事，越富裕的地方，族长越有权威，共同体越有序，所以宋朝以后商业繁荣的地方，宗谱都修得好，从其留下的明清古建筑即可想象当年的奢华。家族中出了状元，攀上了皇亲国戚，整个家族都能得到照顾。在描写中国江南日常生活的《儒林外史》中，整个家族拼命供子孙读书，就指望族中出个举人，光宗耀祖，一人得道，鸡犬升天，族人及后代都可得到荫护，大家族宗法制井然有序。对宗法血亲的诉求虽然是战乱移民后兴起的，但大多数穷人家并无宗法可循，没有查找祖宗的荣耀，甚至也没有保留祖宗的必要。太平天国运动等农民起义爆发后，盗匪纷起，重挫皇权统治根基，大户人家和村庄纷纷建堡、建圩、建庄、建寨，以及自设防护武装以防盗匪，农民造反表明农村社会经济急剧分化，绅士的自保则表明他们对国家有多绝望。20世纪初的全球经济危机波及中国，宗法制的大家族就逐渐解体了。所以，不是说宗法社会本来运行良好，而是宗法社会自身运行受到外界的冲击，到民国时期世风发生了变化。鲁迅在现代文学开端《呐喊·自序》中说道："有谁从小康人家跌入困顿的么？我以为在这途路中，大概可以看见世人的真面目……"这刻画出了民元革命后，曾经最富裕的江南农村社会的破败，以及破败后的人心不古。世人"露出真面目"，这进一步表明宗法文化的虚伪。鲁迅的父亲死后，叔叔立刻来争夺房产。在一个运行良好的宗法社会，孤儿寡母本应得到抚恤，有族田供养接济，目的是防止寡妇析产再嫁，离开宗家。而在鲁迅的时代，族人不仅不接济，还要抢房产，可见社会价值观和宗法都出了问题。在《阿Q正传》中，阿Q本来也姓赵，按理说跟赵老太爷同宗。赵老太爷作为未庄的高级知识分子，属于"乡贤"，理当德高望重。按照宗法社会的常理，他应该好好保护赵家人，包括同族的阿Q，但阿Q认祖宗的时候，却被赵秀才一巴掌打蒙了，赵秀才以有阿Q这样的亲戚为耻，他骂出那句有名的话"你也配姓赵！"从娘胎里带来的姓成了配不配的问题，宗法不仅不保护弱者，还要将他排除出去，鲁迅以不愉快的记忆，写出了民国经验，也说明了民国不得不面临变革。

应该承认，民国时期国民党也有过种种乡村建设运动，例如，开设农民运动讲习所，培养农村干部，也有过大规模的农村社会调查运动。同时，也出现了自发的民间乡村建设组织，中国的乡建派经历了"翟城村—定县—山西—全国"影响逐步扩大的四个阶段。民国的种种乡建，想法是好的，有值得肯定的地方，也有很多宝贵经验。这些实践者因为对皇权和国家权力不寄希望，所以才开展自救运动。对历史中这些乡建运动的人做的事应该"具体肯定"，但也应在更高的层面接受"抽象批判"。他们的动机和具体实践行动都是值得肯定的，他们的道德人格也远高于普通人。但是，如果将其作为一种可普遍性推广的乡村建设模式和理论，那么，就必须检讨其局限性。

在国家的农村治理遇到困难的情况下，各地纷纷推出自主的乡村建设运动。民国时期山西自治出了名，而且山西的乡村建设也试图将政权往下推，搞村治。阎锡山是在"官办村政"遇到诸种困难的情况下推行"村民自办村政"的。自办村政沿袭了家族/长老社会传统，对宗法社会没有进行改造，更没有考虑经济贫弱的乡村现实，因此，许多制度、方案无法落实，只能停留在纸面上。阎锡山所在的山西，正好是延安的边界，当时"伯川兄"与毛泽东有互动，也有书信往来。赵树理写晋察冀的很多小说都是写阎锡山治理下的山西农村，山西和陕西仅一河之隔，拿它跟黄河对岸的延安比较，很有说服力。阎锡山留学日本，受日本新村运动启发，他在山西的农村建设工作做得比较细腻，搞邻间制，同样也是受明清保甲体系的启发。在日记里阎锡山这样写道，"市村之外无土地，人民亦无政治经济。故村为政本，改政治当先定村制，村制定则县以上随之"（《阎锡山日记》，1933）。他重视建村，说"村为政本"，是有洞见的。他也注意到了老百姓的政治经济的匮乏，这也是进步。和国民政权的乡建比，山西村治的一个特色是，从下往上。国民党办了很多农民运动讲习所，但往往是雷声大、雨点小。阎锡山比国民党有效的地方是从基层做起，比如编村，100户为1个村，设村长、村副（主村设村长，副村设村副）；25家为1间，设间长；5家为1邻，设邻长，这样基层网络就建起来了。因为山西是山区丘陵地带，村有大小，大村就设立村长，小村就设立村副，不设村长。村长、村副协助，以大村为中心，在行政上村副服从村长，小村隶属于大村，这个不得已制度设计带来了村际问题，这就仍然没有解决刚刚讲到的村与村不平等关系的问题。毛泽东批评了这套制度中的大村、小村不平等现象。以村为基础，阎锡山对山西乡村网络的建设很有信心，而且山西的工作也确实有一定成效。尤其重视办教育，鼓励禁烟、女性解放，从治安、卫生到人口登记，都出现过新面貌。

以村为中心，往上有县知事、区长。村内设有村民会、息讼会、禁烟会、监察会、保卫团等，也部分利用传统宗法社会的管理方式。传统宗法社会里设有息讼会，地点就是各族的祠堂。传统社会自然村庄距离县城很远，交通不便，发生矛盾和纠纷，打官司的成本（如交通盘缠等）极高。农民主张邻里发生矛盾内部协商，找中人调停，尽量不上官府，县政府也没有精力管理那么多诉讼案件，能不受理则尽量不受理，息讼会由此而来。因为打官司误农事，赔不起时间；穷人打官司打不过富人，农民在财力和时间上都耗不起。但是息讼会这个管理民间官司的机构后来也出问题了。传统社会"民不告，官不究"是有其合理性的，但打压恶讼，也容易造成懒政，容易造成农民忍气吞声。息讼会当然和宗法社会不完全一样，多有强制当事人交纳会费的情况。比如说农民借钱急用，可不是小事。宋以后商业社会兴起，民心不古，中国人金融观发生巨变，普通农民生活负担和成本增加，抗灾变能力越来越弱。一个农民因天灾人祸能借到钱，是很不容易的事。在民国则是大地主析产逐渐转变小地主，或大地主逐渐转变为居住在城市的金融地主，而农村中则是小地主居多。民国时期这类"小地主"或新发地主在乡村出现是一个新现象，毛泽东在《寻乌调查》中就发现，湖南最坏的不是大地主而是小地主，"普通所讲小地主，除上述老税户部分外，另有一个占地主全数百分之四十八的不小的阶层，那就是所谓'新发户子'。……他们又放很恶的高利贷，很多是'加五'（百分之五十）的利息"，"这些都是大中地主所少做的。前清时候放恶利的比较少，民国以来放恶利的渐渐加多。'现在人心更贪了'，就是贫民对于高利贷者含有历史意义的评语"。[①] 新发地主就是富农阶层，他们有一点中产，但也不是太有钱，为了尽快完成财富积累，升级成大地主，往往把钱看得特别重，所以毛泽东说小地主最可恨，这可能也影响他土改后对富农道路的认识，也影响了他对合作化的坚定信念。在山西新政中，小地主们都是地方的士绅，他们大多是有钱有闲的人，自然而然就成为村庄息讼会或村行政的成员。赵树理在《李家庄的变迁》中一开始就写一个官司案里小地主的丑态，官司没打，首先开吃，上面不准收调解费，但调解人忙一晌午，饭总要吃吧。这造成在山西农村原告、被告扛着白面来告状的荒唐现象，那怎么来分烙饼呢？赵树理写得很详细：负责断案的息讼会成员，按人头和身份分烙饼，比如既是原告又是息讼会委员，可以吃两份；既是村长，又是息讼会会员，也是两份，吃完了再谈正事。

阎锡山治理山西有一定的成就，社会治安向好。在用兵方式上，从雇佣制转变为了募兵制。文化普及工作做得也不错，尤其在教育上。民

---

① 中共中央文献研究室：《毛泽东文集》（第一卷），人民出版社，1993，第 197~198 页。

国时期山西教育发达，赵树理就是第一批新学培养出来的人。上文说到，科举制度取消后读书人升迁无望，留在村中的读书人变多，士绅本来在传统里面是有威望的，但是到了这个时期，士绅自顾不暇，很多就变成劣绅，所以说，"好人政治"不靠谱。阎锡山发现了这个问题，他禁止坏人做村长，这也是他清醒的地方，但是制度如此，好人坏人他能分得清楚吗？

从国家建构来说，邻闾制比宗法制有进步。宗法制以同族同姓为中心，村庄里有异姓，就会出现大姓欺负小姓、老户欺新户或欺负外来户的现象。赵树理在《李有才板话》中就指出阎锡山治理下的山西乡村出现的不合理现象。在邻闾制下，不同姓者可在一定程度上得到保护。但是村长需承担挨家挨户收税的责任，压力很大，普通人家没人愿意当村长。到了后期，保长、甲长都已不是好差事，村副的选举，更具有强迫性，如果粮食收不上来，村长要先垫付。赵树理在《福贵》中写了一个民国时期的小人物"福贵"，他曾经家境富裕，是一个好劳力，可是被强迫当了村长，因误了农事，税收不上来要自己先垫付，因此想赚快钱，养成了赌博恶习，最后家破人亡，流走他乡，变成流氓无产者。所以说当时的穷人没人愿意当村长，只有有钱有闲的人家有能力去做。阎锡山规定，"村民在25岁以上，现未充当教员及在外别有职业，具备下列资格之二者，得选为村副：一、朴实公正，兼通文艺者；二、参与村民会议确无嗜好者；三有不动产价值在一千元以上者，得选村长"。当时选村干部带有强迫性质，可见这村副，小村村长不是个好差使。当然还有最后一个条件：不动产须在一千元以上。村长是三千元以上。因此村长无一不是地主、豪绅，在赵树理的家乡，沁水县的《沁水县志》中可查：当时沁水有钱的大劣绅，如中村的刘相秦、李星垣、张马王、文斗长均为村长（沁水县志编纂办公室，《沁水县志》，山西人民出版社，1987，第268页）。因为他们有钱，可以不劳动，又闲暇。真正穷的老百姓整天要去干活，没心思去管粮收税、开会。阎锡山主张修身齐家的品德教育，主张村中有德行者主持公道，这是因为他看到了民国乡村中的劣绅现象。可最后的结果是，明明不想让劣绅来当政，最终又不得不借助劣绅来管理。他有钱、又闲、爱管事、识字、会读书、会说话；穷人来当村长，不识字、没有钱、要劳动、胆子小开会说不出来话。关于给不给村干部发工资也是两难，政府有无充足财政先不说，"无给则不肯负责，（有给）则运动被选之弊起矣"；"盖共和国之选举卖票，犹专制国之鬻爵卖官，卖官之专制国，绝难永久存在，卖票之专制国，必无良好结果，均可断言。近世选举卖票，明目张胆，大庭广众之下，买者卖者均直言无忌，而闻之者，也不以为可耻而耻之"（阎锡山，《阎伯川先生言论类编》卷三，1939）。

所以，邻间制下的村权仍然流于形式。1917年阎锡山推行村本政治，将主宰村政的人定为村长。村政权实际上不是通过选举产生的，而是由宗族中长者、富绅和地痞等各种力量交织而成。主政者凭借自己的"资历威望"裁决村务，这又陷入了宗法社会旧有的统治形式（《祁县志》，中华书局，1999，第769页）。阎锡山治理山西有实用主义色彩，他的实用决定了其很多方案能落到实处。他考虑到了乡村实际情况，编村从村情出发，有灵活性。例如，他提出从"用民到用众"，"用民"是让百姓当官，"用众"是让所有的人都来参与，注重全面考虑，他的村治一度影响了国民党乡村治理。但他最大的问题是，没有考虑村庄内部的阶级分化，老百姓中占人口绝大多数的穷人没有从村治中获得实际好处。不打破村庄的政治经济结构，农民动员不起来。国民党也是如此，他们也做了大量乡村治理工作，致力于乡村现代化。黄宗智指出，国民党最大的问题是"内卷化"，如前面提到的，国家政权试图往下延伸，但这个过程带来了负面结果，不但没有深入村里，反而倒退了。李怀印也曾指出，"一方面国家政权无法深入农村基层，不得不借助地方力量完成税役；另一方面地方乡绅力量由于其地位权力源于基层，往往成为携民众同官方博弈的中间层。国家政权在农村的薄弱以及乡土关系的凝聚使得村规有时比国法更有效"（李怀印，《华北村治》，中华书局，2008）。阎锡山和国民党的乡村再建运动也有许多不切实际的地方，闹出了很多笑话。例如：规定农村要讲卫生，过现代文明生活，在沁水明令禁止"室内停柩"，派人四处检查，完全没有尊重中国农民千百年的文化习俗。

总的来看，阎锡山的教训在于忽略农村社会的经济结构改造，实业建设没有惠及下层民众，农民并没有真正被动员起来。在延安，我们看到的是轰轰烈烈的减租减息和土改运动。阎锡山忽视了农民贫富分化的现实：乡－村政权问题演变为村－庄内部等级压迫。致使他关注的"政本经济"变成了空话。推行乡村经济建设和实业，例如，种植经济作物、发展生产，在绝大多数农民没有土地的情况下，真正得到好处的并非最穷的大多数。此外，他将乡村治理寄托在个别好的读书人或"乡贤"身上，寄托在他们的人品上，这缺乏普遍性。他不加甄别笼统地将乡村读书人归为乡贤，把希望寄托在个别好人身上，不做基本社会结构改造，也是枉然。在赵树理的《李家庄的变迁》中，我们看到了当时山西乡村社会现实，比如说民国时期村干部和权贵勾结，在李家庄，小学教员春喜跟铁锁打官司，春喜的靠山就是村中有钱有势的李如珍，李如珍虽然不是村公所里的干部，但是所有的村干部每有村务，皆要到他府上请示，他的看不见的手无时无刻都在村中起着作用。

1944年，著名记者赵超构作为《新民报》记者随"中外记者西北参观团"先后访问了山西和延安，其长篇随访录在《新民报》上连载，她记下了1944年阎锡山的苦恼：

> 我们所提到的，大多数是本战区政治上最感困难的问题。他毫不遮饰的加以说明抗战期中，山西的处境确有特别艰难，当面有敌人，背后则有共产党的存在。负责这一战区的人，一面要应付强敌，同时还须和中国共产党进行"革命竞赛"，阎先生说到这一点，容光暗淡，语调低沉，特别使我们感动（赵超构，《延安一月》，新民报社，1946，第45~46页）。

这个苦恼来自和延安竞赛中的"失败"，与此相对，当时延安一方的《抗战日报》开始讨论："为什么要废除邻闾制"，并指出了它的缺陷。邻闾制只对上级负责，不对群众负责，和保甲制一样，也是层层向下推卸责任。这种推卸责任式的管理方式最后都是层层加码，将重担压到农民身上，造成越管经济负担越重；邻间制内部则是以户为单位，家长负责，封建家长包办；邻间长是家长互推，上级委任，并非民主选举。

延安时期提出民主政治先从家庭民主、家庭生产做起，自下而上，从村政权再到乡政建设，这也是从江西苏维埃到延安逐步得出的经验。和山西比较，延安当时就提出一个朴素的口号：要给农民看得见的好处！早在长征乃至苏维埃时期，毛泽东就做了大量农村调查研究，发现了农村问题的症结。区、乡、村的关系被逐渐理顺，毛泽东首先看到了"乡村"和"市镇"的区别。在《长溪乡调查》里，毛泽东发现市区苏维埃的"城市"特点和乡不同，同时开始指出村的重要性，"村也应该建立某些重要的工作的委员会"。"因为如果只有乡的委员会，在有一千人上下的广大居民的乡，是无法周密地进行工作的"。[1]长冈乡成立5人村民委员会，使苏维埃联系了更广大的群众，这是苏维埃很好的创造。但他批评了乡委员会机构组成方式，乡委员会其实就是村代表组成，每个村的村长就自然而然成为乡委员会的委员。毛泽东批评长冈乡把这些委员会看成工会一样的组织，"而乡的委员会的五个人，其中四个就是村委会的主任，这样把工作组成了网，对于乡代表会议的工作的帮助是很大的。但长冈乡同志把这些委员会看作如同工会、贫农团一样的群众团体，而不知其是苏维埃组织的一部分，这是不妥当的"。[2]意思是很松散，缺乏领导职能，将乡委员会当成了贫农团这样的群众团体，还不是正规有效的行政单位，忽略了国家政权建设的重要性。

同时，他也意识到了培养村干部的急迫性。"……今天我们的下层基础还是相当薄弱。这首先表现在：我们许多工作计划不能顺利地达到村，这当然不是说每次的计划书发不到村去，问题是不能在工作实现中深入村去……强迫命令，贪功图数的现象相当普遍，这种不能允许的工作方式代替了艰苦的，从政治上动员说服以及有计划地去发动群众自己斗争，因此工作不能向切实深入方向开展，许多坏分子恶势力仍

---

[1] 中共中央文献研究室：《毛泽东文集》（第一卷），人民出版社，1993，第328页。
[2] 中共中央文献研究室：《毛泽东文集》（第一卷），人民出版社，1993，第290页。

然把持村政，村政权因而还不能彻底改造"。①后期有著名的三次精兵简政运动，强调充实下层行政（乡、村）力量，增设乡专职文书。为节约开支，建大区，减少小区和县的领导单位。在社论中，他要求注意村干部的特殊性，因为村干部不脱离生产，行政村组织困难。编村既不能太大，也不能太小，编行政村不出七里为原则，1个行政村不超过五个散村，"过去取消编村，30户以下的散村，增加开支，难以建立工作制度"，村距区不超过四十里，县以250~350个行政村为原则，过去"大村欺负小村情况时有发生"，现在要求保护40户下的散村，三五家到十余家的散村，设村长（过去叫农会会长），受行政村主任和乡农会主任领导。缩短县和村的距离，则便于县区干部下乡巡查，也便于农民有事找政府。

国民党实行"先训政后宪政"的模式。所谓"先训政"，就是先启蒙。民众尚无能力管理国家，等民众训练好了，最终达到宪政阶段，自己管理自己，目前作为手段，有必要自上而下的推行。延安的乡政府工作人员不是士绅名流，而是地道的老百姓。他们识字不多。国民党认为农民没有管理能力的原因之一就是农民不识字，不识字的确是现代管理的障碍，但是不识字不等于没文化，不等于农民不会管理农业生产。延安采取的方式就是先干起来，在工作中学。另一个难题是村干部的积极性如何调动，如上文说，村长是不拿工资的，做村长没多少好处。赵树理的小说《三里湾》中的范登高，土改前是村里的穷户，因为能干、体力好，被选为村干部，分了地以后，他迅速致富，后来任村主任，合作化后就总认为自己能力比别人强，跟别人合作吃亏，只想耕种自己的一亩三分地、打自己的小算盘、做自己的小生意、过自己的小日子。后来金生书记批评他，他一不高兴就甩手不干村主任了。村干部随时可以辞职不干，就因为看出来，村干部其实没有多少个人利益，所以能约束村干部的措施就很少，共产党如何将这样的带头人武装起来，让他们愿意牺牲自己的利益，做先锋队员，这也是一个创造。

---

① 《一切工作在于村》，《抗战日报》社论1940年11月9日。

值得注意的是，毛泽东同时发现了旧有的大小村庄制度的弊端，"封建时代的大省大县大村庄制度，仅仅便利于隔绝民众"，①隔绝不仅是空间上的，而且是情感上的对立。苏维埃工作的最有利的方法是以村为单位动员民众，依靠村的适当划分、村的民众组织的建立、村的代表与代表主任对于全村的有力的领导，乡村工作才能收到最大的成效。在《才溪乡调查》中，毛泽东指出了村对于整个农村工作的重要性，"乡的中心在村，故村的组织与领导成为极应注意的问题。将乡的全境划分为若干村，依靠于民众自己的乡苏代表及村的委员会与民众团体在村的坚强的领导，使全村民众像网一样组织于苏维埃之下，去执行苏维埃的一切工作任务"。②

毛泽东通过农村调查发现，光讲乡是不行的。江西苏维埃时期的土改以乡为单位统一均分土地就遇到了问题。如果以乡为单位，有些土地多的村，多的土地就必须被割出去，这就遭到本村农民抵制，或者瞒报土地情况。这些村、乡危机在新中国成立后仍然存在。

具体到分地时，毛泽东又强调了以乡为单位的大局观，指出了"以村为单位分田的弊病：（一）大村不肯拨田于小村。（二）单位太多，区乡政府不易督促，暗中生出许多弊病。（三）一村之内，容易被地主富农以姓氏主义蒙蔽群众，不去彻底平田，彻底打土豪"。③没有乡的高度，"姓氏主义"的虚伪宗法就很难被打破。

看得见的好处就是要让农民获得实质平等，包括毛泽东批评当时有人提出的"江汉波劳力分配法"，即根据劳动力大小来分配土地，忽略了贫农不及富农的牛力、农具、资本，长期下去必然造成新的不平等。1941年重新编村划区勘县界，就是考虑到各村地主的土地分权（田底权、田面权）、离村地主问题，此外还有嵌地、飞地、插花地等农村长期土地买卖产生的乱象，不以乡为单位分田，旧有的生产关系千丝万缕，很难打破。不仅难以解决上述土地条块分割弊端，也不利于水利的

---

① 谢觉哉：《谢觉哉文集》，人民出版社，1989，第342页。
② 中共中央文献研究室：《毛泽东文集》（第一卷），人民出版社，1993，第325页。
③ 中共中央文献研究室：《毛泽东文集》（第一卷），人民出版社，1993，第248页。

统一治理。

　　1941年，延安提出了一个非常好的口号，就是建设"新家风和新村风"。关于延安的新式家庭建设，已经有很多论述，今天不讲了。老的管理方式带来的问题是，即便中央路线是正确的，国家政权也无法进入乡村内部，它面临如何处理村乡网络和村内部的问题。我们看PPT里有两幅图画。这是古元的两幅木刻。两幅画都是同一个主题，"离婚"。从这两幅图画的变化中我们可以看出表达方式上的变化。画面是一个阴阳变化，阳刻和阴刻很明显，一个表达的是夜晚的农会（1941年），所以阴刻多一点，另一个则是白天政府办公室，是政府办公的时间，用的是阳刻多一点，调子也明朗许多。内容上，这里有一个办公桌，桌子是国家政权象征。第二张是1942年的。相比于1941年的画，1942年的画在画面内容上增加了男方当事人和女方的婆婆。画的主题也有所变化，1941年的画表达着绝对的女性解放和一切权力在农会的主题，1942年的画在主题上则配合了延安时期婚姻法的修订，即在离婚政策上由早期的无过错离婚转变为经过双方协商同意离婚。重要的是多了一扇门，这张木刻，让我想起卡夫卡《在法的门前》和德里达的解读。法的门外站着一群好奇的农民，这是中国文艺此前从来没有的形象，他们是村中围观离婚事件的群众，群众在观看国家对于离婚案件的处理，门内是诉讼双方和公正的裁判者，群众在法的门前受到了教育，法律从政府门内传到了农村外部世界。我们可以看到，后期的离婚木刻更有政治象征意义，和稍前创作的一幅作品比较有很大的变化。变化之一是，对农民群众来说，国家政权和农民的关系发生了改变，这以后的马锡五巡回法庭，具体体现了当时人们将抽象的国家变成黑格尔意义上的"行走在大地上的神"。

　　在延安乡村治理中，区、县、乡、村有一个上下之间开放的空间，尤其是建立了区、县干部下村的巡视制度。村乡干部中本地干部居多，尤其是村级干部多是同村人，且不算国家正式干部，新中国成立后也是如此，因为这些人文化程度不高，加之是熟人社会，常带来行政低效或政策执行走样的问题。赵树理在《小二黑结婚》《登记》等小说中，都描写土改和合作化时期村、乡两级干部，因为当地仍然是熟人社会，所以还依据传统风俗阻挠自由恋爱，最后农民上报到区一级，才能解决问题。从现代国家治理层面上讲，共产党也还依然存在一个吏治问题。这个吏在现实社会中指基层公务员，王安石当年指出小吏不治的危害。小吏是现代国家治理层级中阻力最大的一层。这一改造主要通过学习和整风运动来完成，毛泽东在《改造我们的学习》中，提出双重改造，普遍启蒙的改造辩证法，即不是简单的干部对农民的启蒙，干部也要向农民学习他们缺乏的生产劳动知识，干部和农民互相学习，互相改造，最后达成一致。农民和知识分子都需要改造。这与"五四"仅仅说知识分子启蒙工农大众，有了重要的变化，和传统儒家的精英治理文化也大不相同。

延安时期干部生活实行供给制，只有乡长一人脱离生产，乡长的津贴为1.5元，每天公粮一斤四两，菜钱4分；边区主席5元，乡政府每月办公经费只有1元。乡长之外，其他委员，行政村主任、村长，"都是吃自己的，用自己的，穿自己的"，他们没有公粮、也没有津贴，这大大降低了政府管理成本。我们可以通过比较一组数据，来看延安的农村建设成效。以大生产前后为界，过去（1940前）每户贫农负担60元，1940年后每户贫农负担9元；中农以前负担250元，现在负担17元；富农以前负担300~500元，现在负担25~30元。1934年雇工工资1毛5、木匠1毛5、泥水匠2毛；现在雇工3毛、木匠5毛、泥水匠5毛。过去长工每年有20~40元的收入，现在是50~90元，可以说每个阶层都得到了看得见的"好处"！负担减轻了，收入增加了，农民能不拥护共产党吗？！

村乡问题一直延续到中华人民共和国成立后，以什么方式分配，关涉如何处理国家和集体、集体和个人的关系。新中国成立后的人民公社时期的"三级所有、队为基础"，实行以自然村为生产单位的分配方式。村是集体经济的最小单位，公社或大队下的每个村经济收入都不一致，涉及集体和个体、集体和国家的关系问题，以乡为单位的分配方式走得过快，很难将农民的积极性调动起来。1959年毛泽东在

《党内通信》中依然要干部们注意处理高级社、生产大队、自然村（生产小队）之间的关系，尤其注意以什么为基本核算单位，不同意以公社为单位的"一平二调"的绝对平均主义分配方式。① 当时河南和湖南等地有的县委、公社党委、大队（管理区）一味地冒进，主张以大队为基本核算单位，生产队（原高级社）支书则多主张以生产队为基本核算单位。毛泽东说："我感觉这个问题关系重大，关系到三千多万生产队长小队长等基层干部和几亿农民的直接利益问题。"并且他要求，"采取河南、湖南的办法，一定要得到基层干部的真正同意，如果他们觉得勉强，则宁可采用生产队即原高级社为基本核算单位，不致使我们脱离群众……"。② 在新民主主义建设经验的基础上，党在这一时期仍然注重将自然村作为安排农业生产的条件和基础，作为农业集体化生产单位，毛泽东就合作化问题还专门征求过赵树理的意见，赵树理在给陈伯达的信中也表达了相似的忧虑，他指出20世纪50年代末公社和生产队在生产和分配上的对立表现为将农村集体经济强拉入国家计划，甚至当作国营经济的错误认识。公社干部"喜欢数字化管理"，和大队有隔阂，影响农事生产。

从更高的视野来看，农业社会主义的难题并不必然内在于社会主义合作化内部。中华人民共和国成立时我们处在现代化初级阶段，需要农业支持工业。在这一背景下产生了户籍制度的问题。这是一个迫不得已的选择。如果中华人民共和国成立初期我们不从农村反哺工业，农民或许会生活得好一点，但中国的工业基础也很难奠定。更大的压力来自这一时期的冷战对峙，中国作为第三世界国家，在被四处包围的情况下必须走出一条"赶超英美"的道路，因此必须要跃过工业化的峡谷。这样节衣缩食的"紧日子"长期下去就会影响生产积极性，村、乡的难题于是很难解决。今天我们的历史条件也已经发生深刻变化，很多问题自然就迎刃而解，但是会遭遇新的村乡难题，乡村建设需要我们统筹关系，发挥想象力。

---

① 中共中央文献研究室：《毛泽东文集》（第八卷），人民出版社，1999，第32、33页。
② 中共中央文献研究室：《毛泽东文集》（第八卷），人民出版社，1999，第32、33页。

【讨论】

提问一：

现在国家似乎是在重新加强党建来推进对基层的重新塑造，比如这几年的精准扶贫。在您看来，延安经验对我们现在面临的问题有怎样的启示？

提问二：

我的博士论文研究的是晏阳初从河北定县到四川新都的历程，其中几个案例正好可以作为孙老师演讲的注脚。孙老师在演讲中也指出，共产党、国民党和乡村建设派共同面临外来者如何进入乡村的问题。首先是乡村领导权的问题；其次是用什么样的方式使领导权获得合法性的问题。共产党以"阶级"的理论与实践获得了合法性。晏阳初在定县时，本身发动不起农民，就跟国民政府进行合作。在这个过程中，他遇到了当地乡绅的反抗，被迫辞职。晏阳初到四川新都之后，与四川省政府合作。这个过程中他们进行了非常大的调整工作：第一，警卫合一；第二，土地丈量，希望抽取更多税收；第三，人口普查，希望更好地征兵。四川的基层政权当时与华北的乡村状况非常不一样，在四川基层社会中，作为非正规组织的袍哥势力很大。在乡级政权和保甲中，甚至县政权中，都有袍哥的成员。在这种情况下，晏阳初在新都的实验最后导致了"新都事件"的爆发。晏阳初本想打破原有的基层权力关系，但因为没有打破，造成了当地势力的反抗。晏阳初认为他在这个过程得到的启示是，他应当掌握武力，由此才能完成自己的目标。

从我接触到的资料来看，在四川新都，乡跟村两级的治理成本相对还好，但是县级治理的成本非常高。而这个成本最终是从乡村社会中汲取的。这是晏阳初失败的地方。另外，如果乡级政权是所有人面对的最主要的问题，那阶级问题是第二个要面对的问题，也许我们不能说平教会或者国民党是因为没有改良而造成的失败，我们需要重新考虑改良与革命的关系问题。

孙晓忠：

延安的乡村建设对今天有没有启示？我的一点理解是，如果说此前的种种乡村运动都是纠缠"官"和"民"，即到底是"官治"还是"民治"，那么中国革命的经验是在国家行政治理之外，增加了"党的领导的维度"（这是我的提法，也接受大家批评），也就是说中国共产党的最成功之处不是在行政治理层面，因为治理只是自上而下的现代化思路，任何国家都可以讲治理的理论。中国共产党的创造性在于，党如何起先锋队的作用，如何作为人民公仆，先牺牲自己的利益，将对方吸引过来，自下而上地动员起来，这是共产党人在"组织起来"上的创举；这种组织动员还有文化政治上的成功，他们试图突破生产力决定生产关系的自发性，通过生产关系建设的优先性，来促进生产力发展。乡村要解决的不仅仅是一个制度问题，而且是要将大家动员起来做主人，这就是梁漱溟为什么说他们的乡建农民总是不愿动，而共产党让村子沸腾起来，其根本在于"透出人心"。这跟阎锡山、国民党仅仅将乡村建设当作行政管理也不一样。

第二位同志的归纳很好，四川新都的例子非常有说服力，晏阳初乡建失败的原因是多方面的，除了你说的原因，他们在资金来源，文化建设上也成问题。这些乡建都是没有解决好如何将"外来者"变为内部动力，进而成为一个整体的问题，导致其与农民的关系总是油浮于水。村是国家政权很难达到的地方，就像是最后一个台阶。乡和县当然有差别，但是在行政治理的意义上可以统归为国家政权。国家已经达到县、乡两级，但最难的就是村这一级。这个前提当然是你自己就是政权的合法的代表，依附别的权威来办事往往被动。梁漱溟想和国民政府保持距离，可是下到村里办学又不得不依靠他们，这样路线可能就出了问题，晏阳初最后的启示也验证了毛主席的话："枪杆子里面出政权"，政权是第一位的。

提问三：

首先，我们不能从狭义上去理解延安，而应该在一个相对意义上理解延安。延安是相对于什么？是相对于西安。当时有句话叫"延安作风打败西安作风"。从党史的角度讲，从1936年中共中央进延安算起，到后来的抗日根据地，中共领导的总共有十几个抗日根据地。晋冀鲁豫都有中共领导下的局部政权。从这个意义上讲，我们能够理解为何孙老师通过讲晋察冀来讲延安的乡村建设。

其次，我仔细读过孙老师编的《延安乡村建设资料》。这里面更多是一些媒体资料，例如，来自《抗战日报》《解放日报》的资料。但这里有一个如何认识"媒体的真实"和"历史的真实"的问题。举两个例子。一是关于当时模范村的建设，当时有一个比较著名的模范村，报纸上的报道当然是不用说的。我看到一份当时这个地方的党委的一份会议记录，说要把其他一些村好的做法都移过来，如此才能塑造这样一个典型。二是我们也讨论到调解问题。当时延安做了很多调解工作，同时也涌现了一批调解模范。我在陕北调研的时候，就去了某个调解模范所在的村，后来了解到，这个调解模范是早期参加革命的，他后来在村里面也是担任相当于自卫连连长的职务，有很大的行政权力，可以惩罚村民，村里人比较怕他。这是他调解能够成功的一个重要原因，而不是说媒体中所说的他特别有说服力，或者说他有一些其他技巧。

最后，我们能否从延安的历史经验中汲取一些能够为今天所用的经验？孙老师在《延安乡村建设资料》序言中有几个非常好的点。第一，对个人精神的巨大激发，比如妇女起早贪黑开荒，这种精神的提升与个人能动性的强烈激发是怎么做到的？我觉得有两个方面：一方面是举办一系列会议，如劳模会议，对劳动模范进行表彰，从而提升其荣誉感；另一方面是大量媒体报道，形成示范作用。这对农民的积极性的提升是非常重要的。第二，重要的问题还是"组织起来"。当时有各种各样的互助组、合作社，例如，春耕互助组、信用合作社、消费合作社、医疗合作社。最后，延安经验中也注意调和私利和公益之间的关系。延安的农民也有自私的一面，但是党进去以后更好地发挥了社会性、公共性层面的作用。这些作用是怎么发挥的？通过党组织和党员的推动。这是我的一些学习体会。

孙晓忠：

一提到中国革命，我们往往就会将之理解为分地、分浮财、斗地主等一系列暴力行为。其实革命不只是暴力，更需要文化政治动员，让农民明眼睛，唤起阶级意识。否则你分地给农民，农民也不敢要。当时土改把田地分下去后，有不少贫农害怕，要把地还给地主。革命更需要和风细雨的生产运动，地分给你，接下来你要种吧？农村中有些人就是懒惰，游手好闲得过且过，对这些人怎么改造？所以革命和建设是一体两面。

诸位发言中都讨论到的日本入侵与乡村建设的内在危机问题。每个运动有自身的历史契机。写《君主论》的马基雅维利爱讲做大事的"时运"和"契机"，做大事的确要抓住稍纵即逝的契机，错过就没有机会了。可以说中国革命每个进程，毛泽东等中共领导人在不断地通过判断现实，创造并抓住机会，毛泽东在这一时期写下了《矛盾论》，抓住历史时机就是抓住主要矛盾和矛盾主要的方面。

还有同学讨论到延安时期军队的特殊性问题，共产党经过"三湾改编"，铸造了人民新型军队。毛泽东最重要的成就之一就是对军队的改造，使得军队又能战斗又能生产，服从党的绝对领导，他对军队的另一个设想，就是人民军队高度的组织性和纪律性，以及大生产的能力，解决中国亚细亚生产方式中无产阶级力量不足的难题。中国革命的军队是党的军队，党一定要指挥枪，中国军队又能战斗又能生产，特殊性就在这里。1941年后，由于国民党对解放区封锁，部队和军政人员收缩到延安，延安人口陡增，资源匮乏，物价波动大，有些老百姓起初有意见。1941年以后，实现了军民大生产，变被动为主动，一下子税收就降下来了。军队不仅能自给自足，还帮助百姓生产，实现耕二余一，这就是看得见的好处，党如果不给农民实实在在看得见的好处，不给农民获得感，农民就不会跟着党走。

另外，怎么看待当时的媒体？这个问题非常重要。我们不能否认当时有些报道是有宣传成分的，很多时候是好多材料合到一起去。怎么看待这个历史事件的真实，以及它在更高意义上的抽象的真实？某种意义上，典型也是真实，这是第一个层面。此外，在用材料的过程中，我当然也会比较谨慎，会参考家庭档案研究。媒体报道的典型性与现实当然会有差异，这在任何时代都会有，现实和真实是两个概念，我们不能拘泥于现象谈真实。关于真实和客观真实，诸位可参考黄宗智提出的两种真实理论：客观性真实和表达性真实，黄宗智把表达性真实也看作一种真实，这种真实如何构造并创造出实践真实的可能性。在文化政治的层面，它也是真实。文化政治的意义就是如何站在比客观真实更高的位置，引导人民改造自然，也改造主体的自然性。

今天我们做延安研究，单纯地唱赞歌，做保护性阅读，意义不大。总目的只是总结历史经验，包括教训。延安当时的《解放日报》也自曝自己的问题。通过相关事件的跟踪报道，我们会看出当时中共遇到了什么问题，是怎么解决的。这样的方式就是把延安当作一个"难题性"来呈现，考察延安当时遇到什么问题，怎么解决，这些对我们当下有什么价值。我们研究梁漱溟，也是把梁漱溟作为一个"难题性"放到历史语境下来加以考察，包括梁漱溟遇到了什么样的问题，他怎么应对。这样就不站在"好得很""糟得很"的两边对先人的乡建争论不休。

不只建设乡村
——整体视野下的中国乡村建设[1]

潘家恩[2]

【演讲】

今天我与大家分享的题目是"整体视野下的中国乡村建设"。"整体视野"主要是说，我们不应该把乡村和城市、乡村危机与乡村建设、乡村建设与乡村革命等分割开，应该放在一起来思考。1938年，抗战最激烈的时候，梁漱溟在延安和毛泽东有过非常著名的窑洞对谈，让我们看到这两位常被视作改良和革命的代表性人物，他们并不是用简单的、外来照搬的做法，他们都需要直接面对乡土中国，这是大家首先需要注意的。

在整体视野下，我们可以将乡村建设放在"百年脉络"中进行思

---

[1] 时间：2017 年 8 月 25 日；地点：重庆市北碚区梁漱溟旧居；整理人：束鸿鸣；校对人：朱朝飞。
[2] 潘家恩，西南大学乡村振兴战略研究院（中国乡村建设学院）副院长、教授。兼任屏南乡村振兴研究院执行院长、中信改革发展研究院研究员、重庆市梁漱溟研究会副会长、《卢作孚研究》副主编等职。
从 2001 年起参与当代中国乡村建设实践至今逾二十年，在《开放时代》《人民日报》、*Cultural Studies* 等处发表中英文文章 60 余篇，联合主编国家"十三五"重点图书出版规划项目《中国乡村建设百年图录》，著有《回嵌乡土——现代化进程中的中国乡村建设》。

考。当我们谈"百年"时,它不是指准确的一百年,而是希望把视野从常见的一年、十年拓展到更长时段,可能会有人说怎么会有百年呢?大家都比较熟悉的是"民国"时期的十年,抗战时好像就停了,到了21世纪又有当代十多年,十加十不也就二十吗?另外80年在哪?的确,如果用传统眼光看,近代以来的乡村建设似乎只是断断续续的有限实践,而其中被我们关注到的也只有手指头都数得过来的少数"代表人物"。但是,若我们换一种视野看,可能会看到一部更为丰富的"百年乡建史"。

需要怎么看呢?先与大家分享梁漱溟先生在《朝话》里的一段话:"要从容有含蓄,不要性急。性急是一般人最容易犯的毛病。当你对他讲这样不好,他就以为你主张那样。你说民主制度不好,他就想到你是相信独裁;你批评资本主义,他就想到你是共产党……"80多年前梁先生这段富有哲理的话提醒我们要警惕随处可见的二元对立思维,即当我们讨论A的时候,常认为除了A就剩非A,但事实上与A相对应的,可能还有B、C、D、E、F等无数可能性。从事乡村建设,需要有生态化思维,就像我们现在打开这扇门,看见外面有多棵百年香樟、周围也有很多灌木和小草,你说樟树会去嘲笑或否定小草吗?不会的,因为它们共同构成了多样化且共生共荣的大自然,不应非此即彼。

我是一位"80后",1999年上的大学,大家知道那段时间是"三农"问题最突出的时期。我们作为农业大学的支农社团学生,经常聚在一起讨论"三农"问题,讨论到热烈的时候,经常会发现有人跳起来:"我还不比你了解'三农'?我就是农民的儿子,我就是农村来的……"本可继续下去的讨论常因此尴尬结束,似乎眼前此人头后亮起一道光环,让你无话可说。对,他就是农民的儿子,他就是从农村来的,但他就应该更熟悉农村吗?

大家已经来这里参加研习营好几天了,不少营员住在二楼,上下楼梯估计已走了不少次,但若突然问大家,这栋楼的一楼到二楼有多少级台阶,有多少人能脱口而出?也许有人说三四天时间太短,那若问你家或学校宿舍的楼梯呢,可能爬了好几年或十几年了,你真能自信地说出来吗?这个问题难不难?当然不难。如果想知道的话,去现场数数,10

秒内就知道答案。那如此简单的问题为何常难倒很多人？因为那只是我们踩在脚下的台阶而已，我们的目标是上楼或下楼，有多少级对大多数人来说似乎没有意义。

举这个身边的例子，仅仅为了引出我们都关心的"乡村"这个话题。对于我们，特别是或被动或主动地经历过跳出"农门"的"农二代"来说，乡村意味着什么？它是如此熟悉，似乎每人都可以围绕"乡村与我们"说很多话，但它却又如此陌生，留给我们的常常是"过时"的记忆与"刻板"的印象。类似"熟悉的陌生"是如何发生的？只是今天才有吗？我想再与大家分享几位先贤的话。第一段话是人民教育家陶行知先生九十多年前所写《中国乡村教育之根本改造》的开篇名言："中国乡村教育走错了路！他教人离开乡下向城里跑，他教人吃饭不种稻，穿衣不种棉，做房子不造林；他教人羡慕奢华，看不起务农；他教人分利不生利；他教农夫子弟变成书呆子；他教富的变穷，穷的变得格外穷；他教强的变弱，弱的变得格外弱……"虽然九十多年过去了，但相信大家会觉得如此一针见血的分析并不过时。除此之外，我们再给大家看几位同时代人的感受。和留学美国哥伦比亚大学的陶行知一样，毕业于耶鲁大学的晏阳初也是"海归"，我们看看他怎么说："我们初到乡间，看见农民失学，慨叹中国教育不普及，后来在乡间久住，才知道幸而今日中国的教育不普及，否则真非亡国不可。这并非愤激之谈，因为农村青年，未入学校之前，尚能帮助他的父母，拾柴捡粪，看牛耕田，不失为一个生产者，可是一旦入了学校，受了一些都市文明的教育，他简直变成一个在乡村不安，到城市无能，不文不武的无业游民……"作为呼应，从英国留学回来的费孝通进一步说道："这种现代教育是悬空而不切实际的，并且像'采矿'，损蚀了乡土社会。乡间把子弟送出来受教育，结果悲惨的是连人都收不回。"相对而言，梁漱溟并未接受过高等教育，但其也有着类似的批评"旧日社会之教育，其病在无教育可说，是消极有所不足；（但）三十年来之新教育，则为个人生命上添病，是积极的中毒……"虽然背景、学科和立场不同，他们却不约而同地对"现代教育"所存在问题及其对乡土社会产生的负面影响给予激烈的批评，同时也指出在此潜移默化的影响下，乡村知识分子的"去农化"与"无根化"，从这个意义上来讲，当下"农二代"的纠结不是今天才有，而是有着悠远的历史回声。

如果说上面是从教育的角度探讨近代以来的"乡村与我们"的困境，那我们还可从文化角度讨论"乡村与城市"的尴尬。下面先请大家看一个网络段子，或许只是借农民之口，但却意味深长地折射出某种扭曲病态的城乡关系。

> 俺们刚不用爬山寻草买药了，你们又攀岩蹦极了；
> 俺们刚开始用老玉米喂猪了，你们又把它当补品了；
> 俺们刚搬出山沟有田种了，你们又钻进山洼找野趣了；
> 俺们刚吃上糖，你们又尿糖了；
> 俺们刚吃上肉了，你们又改为吃菜了；
> 俺们刚吃饱穿暖了，你们又减肥露脐了；
> 俺们刚结束喝河水的日子，你们又改为喝纯净水了；
> 俺们刚把破裤子扔掉，你们又开始在裤子上剪洞了；
> 俺们刚把青菜上的害虫灭掉，你们又爱吃虫子啃的青菜了；
> 俺们刚能歇会儿不用擦汗，你们又去健身房、桑拿房流汗了。

梁漱溟曾说过一句大白话，什么叫文化？文化就是如何过日子。也可以说，就是怎么安排我们的生活，怎么消费和花钱。可今天，怎么花费越来越不由自己说了算。正如文化研究学者王晓明老师所说，"这个社会几乎所有的文化产品：广告、电影、肥皂剧、小说、报刊的专栏文章、'学术'论文……都汇入了鼓吹城市化、鄙弃乡村生活的潮流，即便一些偏僻的角落里，偶尔会冒出一两样别式的创作，也都迅速被这潮流淹没，沦为'农家土鸡'式的点缀，使人们更安心于享受城市的奢华。在这铁桶一般的现代化、城市化的主流文化的包围和熏染之下，农民除了向城里人的生活看齐，还有别的选择吗？和许多城里人相比，他们反而更轻贱自己的生活"。

说到这，希望大家能理解为何我们这个研习营不就乡村谈乡村，还要谈"城乡关系"；除经济和社会外，同时安排有文化、生态等角度的研习，因为乡村建设本身及所在的社会都是一个整体。以上算是一个比较长的开场白，希望大家一起把脑洞打开，努力建立起整体性视野，以此再来看中国的百年乡村建设。

作为一场知识分子参与并直接回应"三农"这一重大现实问题的社会实践，虽然进入今日公众视野的乡建实践屈指可数，但据当年南京国民政府实业部调查，20世纪20年代末、30年代初全国从事乡村建设工作的团体和机构有600多个，先后设立的各种实验区有1000多处，呈现"群体性"和"多样化"特点。可以说，乡村建设并非孤立个别的现象，也不是偶然发生，而是由时代需要、环境刺激与文化变动所引起的，是民族自觉及文化自觉心理所推动产生的，其充分内在于乡土中国现代化转型的历史进程。

那它是不是一般人很容易认为的"建设乡村"？我们先看梁漱溟先生的一段话，他说："乡村建设，实非建设乡村，而意在整个中国社会之建设，实乃吾民族社会重建一新组织构造之运动。"我们再看他的经典著作《乡村建设理论》有个副标题——中国民族之前途，而他思考乡村前途的另一本书是《中国民族自救运动之最后觉悟》，可见乡村建设对于梁漱溟来说，从来就联系着他对中国及宏观问题的思考，特别对于我们这样一个"外无市场、内无资本"的乡土社会来说，我们既不能简单学西方，也不能简单学苏俄，那该走出一条什么样的道路？他提醒我们必须有充分的国情自觉，这跟马克思主义中国化，其实有着相同的内涵。

因此，希望我们不要认为乡村建设只是在乡村里面做具体工作，它有着更为丰富的内涵，我们需要"跳出乡建看乡建"，才能有更好的理解。作为乡村建设实践者，我从2001年上大学期间开始参与其中，毕业后到晏阳初乡村建设学院专门从事乡建工作，其间遇到很多困惑和问题，觉得有必要系统地学习与反思，所以又去高校"回炉"读书，博士论文就是自己参与其中的乡建实践。我希望能通过对百年乡建历程的梳理，回答一直困扰自己的几个问题：如何理解"百年乡建"在实践展开中"差异纷呈"却"不约而同"?如何拒绝二元对立的分析框架及基于道德立场上简单化的价值判断,去意识形态化地呈现有别于"好人好事"、"就事论事"与"成王败寇"的复杂乡建?中国身处第三世界,在被动和后发工业化中,乡土社会面对着剧烈的社会转型,除革命外还存在着什么样的实践?

以上问题意识希望有助于大家理解本讲对应的研习文献《三个"百年"——中国乡村建设的脉络与展开》(潘家恩、温铁军,《开放时代》2016年第4期)。该文前两个"百年"分别为"百年激进"与"百年乡村破坏"。原来我们一提到激进,估计想到更多的是政治或文化上的激进,然而它还包括经济和思维上的激进。作为以农业为主要文明类型及农民为主要人口构成的国家,小农经济与乡土社会是我们的底色,人地关系高度紧张则是我国的基本国情。如果脱离这种国情与来自资源生态等方面的限制,简单地以城市和西方为导向,那难道不也是激进?这个过程中的复杂性将如何体现,我想借用梁漱溟先生一个非常有洞见的分析,这组概念叫"他毁"与"自毁"。从字面上大家应该容易理解"他毁",我们从小都读过,从鸦片战争开始,帝国主义侵略和掠夺中国,用廉价产品在中国倾销,摧毁了农村传统的自然经济。梁漱溟从来不反对"他毁"这个观点,他和卢作孚一样,都有过"革命救国"的早期经历,他们都同样看到帝国主义侵略的事实,但他认为中国不仅面对"他毁",更麻烦的是"他毁"引发了"自毁",并且两者互为因果,形成了恶性循环。根据他的原话"外力之破坏乡村尚属有限,我们感受外面刺激而起反应,自动的破坏乡村,可能十倍之不止"。或许这是梁先生的一家之言,我们可能更关心的是,这种"他毁+自毁"的双重破坏会对乡村造成哪些方面的影响?

虽然民国与当代的问题和表现有所不同,但却有相通的内涵。首先从经济上讲,最早从学术上提出"三农"问题的温铁军老师认为,之所以出现"三农"问题,是因为农村中的"三要素"净流出,"三要素"是经济学术语,分别指土地、资金、劳动力。比如说劳动力,我们都知道现在有将近3亿的进城务工人员,这些本来应该是农村建设主力军的青壮年纷纷从乡村流向了城市，除此之外，还有大量像在座你我一样的"农N代"通过升学纷纷跳出"农门"。你当然会说，人员流动正常合理，且古已有之。然而，我们需要看到古代社会虽然有"朝为田舍郎，暮登天子堂"的"外流"，但也有"告老还乡""落叶归根"的"回流"及"晴耕雨读"这样的在地发展。直到近代，双向流动变成了单向流动，这才成为问题。除劳动力外，资金也常从乡村外流，相对来说，今天农民存钱容易贷出来难，因为现代金融和乡土社会的衔接上存在着各种"不兼容"且与细碎小农间的交易费用过高。最后说土地，虽然看起来跑不了，但土地却常常发生着以"非农化""非粮化"为特征的就地转化，大家看看近年来剧烈的城市化浪潮及身边随处可见的"逼农上楼"即可窥见一斑。

从政治上讲，梁漱溟先生当年在山东从事乡村建设时说："我们一定要让乡村自己生出一个力量来，且必须让农民自己生出一个力量来，非乡村自身生出的力量解决不了这个问题，因为乡村是政府力量所不达的地方，还有警察没有那么多。"我们知道乡村治理很重要，但如何实现乡村善治？能够依靠为村庄配备足够的警察进行解决吗？要知道，羊毛出在羊身上，治理的各种成本最后都要由乡土社会自行承担。数千年来，乡土社会形成了一套与其资源条件及生存方式相适应的低成本稳态乡村秩序，你可能会觉得不够先进，且它自身也存在问题，但其的确有一定的合理性。到近代以后，这套东西解体了，可有效且合理的新秩序却没有建立起来，而我们的文明传统与资源条件又难以支撑我们简单地照搬西方。面对这一现实，20世纪30年代的乡建实践者们不仅想办法减少匪患，而且帮农民致富，在乡村治理的传承与创新上也做出了不少探索。比如在河南镇平，彭禹廷[①]曾以打油歌形式在当地传唱《息讼歌》：

[①] 彭禹廷（1893~1933），河南镇平县七里庄人。历任西北边防督办公署秘书长、国民革命军第二集团军高等执法官等职。1927年8月因母亲病危返乡，时值镇平土匪猖獗，民无宁日，应乡邻哭请而抛弃高官，戴孝出任镇平县南区区长，组建地方民团，剿匪安民，成为宛西自治运动领袖并在乡村建设运动中享有较高声誉。

世人有事莫结怨，人也安然，己也安然；听人教唆到衙前，告也要钱，诉也要钱；差人奉票又奉签，锁也要钱，开也要钱；地邻干证车马连，茶也要钱，酒也要钱；三班丁书最难言，审也要钱，和也要钱；自古官廉吏不廉，打也要钱，枷也要钱；唆人本来为腰缠，赢也要钱，输也要钱；当尽家产卖尽田，争志也难，争气也难；食不充口衣不全，子也熬煎，妻也熬煎；那时方知讼不甜，悔也枉然，恨也枉然；唆人争讼罪弥天，人也憎嫌，神也憎嫌；世事看来莫见偏，屈也受焉，辱也受焉；教子读书与耕田，名也完全，利也完全；民众切记此篇言，行也安然，坐也安然；乡党和气结一团，愿你也然，愿我也然；从此邻里无争端，张也省钱，李也省钱。

图1 河南镇平"彭公祠"墙上的《息讼歌》

为何会有这首息讼歌？一方面，"无讼"和"以和为贵"是中国人自古以来的社会理想，特别是在乡土熟人社会；另一方面，面对近代以来的乡村"失序"和治理"失效"，乡土社会是否可以单纯依靠现代法治，是否能支付得起建立与运行成本。那首歌恰是这些背景和探索的一个侧面。

那文化方面呢？我们再来开下脑洞，假如"牛郎织女"穿越到今天，大家觉得他（她）们会幸福吗？（笑）我想幸福的可能性不大。首先，他们多数需要外出打工，这时候会出现两种可能：第一种可能是织女成为留守妇女，随后一系列今日的现实问题就出现了；第二种可能是她跟牛郎进城，比较理想的情况是他们在同一个工作地点，但一定会比较辛苦，下班后也和我们一样打开同样的节目——众声喧哗地重复着同样一句话"宁可坐在宝马车里哭，也不要坐在自行车后笑"，大家觉得农耕文明时代的伟大爱情能够有效抵御现代消费社会的文化诱惑吗？

当然，这是一个玩笑。但一个比较严肃的现实是：在中国文化里，乡村本不是问题且多是正面象征，然而到了近代，在都市眼光的巡视下乡村逐渐转趋负面，并成为"问题"（保守／落后／小农意识……）。这种"眼光"即文化的力量，和前面讲到"去农化"教育一起，让乡村成为"问题"和我们需要克服的"对象"或甩掉的"包袱"，而我们却常常不假思索地将之自然化。

前面分别从经济、政治和文化三个方面讨论近代中国的剧烈转型及其对乡村的影响。其发生于自鸦片战争以来中国所发生的"三千年未有之大变局"的历史进程中，其中，中国乡村危机的进一步凸显，多在乡土中国更直接承担全球化危机的时刻，这深刻体现着"他毁＋自毁"的影响。若看民国时期，为何乡村崩溃集中爆发于20世纪30年代前半段，因为此时国际宏观环境发生了巨大变化，西方1929~1933年的经济危机深刻影响着已初步卷入世界经济体系的中国，正如日本学者城山智子所指，当大萧条导致美国金融利益自保而提高黄金白银等贵金属价格时，中国作为刚刚兴起工业化的"银本位"国家立即出现白银大量外流，进而引发通货膨胀，这个本应由都市承担的危机又进一步向农村转嫁，造成土地兼并、小农破产、社会动荡、外敌乘虚而入。因此，我们看到这个时期的新闻报道和调查报告中有着更为集中的"农村破产"表述，现代文学的各种"丰灾（丰收成灾）类"作品也多出现在这个阶段。可以说，"内外因素"的结合让"乡村"困境更为明显，此时的农村只剩下了"干柴烈火"，通过知识分子、良绅与农民的结合以重建乡土社会秩序，越发困难，乡村建设与乡村革命也更为复杂地缠绕在了一起。

对于以上所述及近代中国之"百年乡村破坏"，我们可以用梁漱溟的一段话进行小结："一部中国近百年史，从头到尾都是一部乡村破坏史，在任何社会里面，乡村都是居于不利的地位；但我们不能说任何社会史都是乡村破坏史。说乡村破坏史，必须在这一段历史里面，乡村破坏成了一种趋势并且乡村成了绝对牺牲品。"我想还需补充的是更大麻烦在于，我们常认为"牺牲"就是支付代价，过去了就好。但实际上不那么简单，且不说"转嫁/牺牲"常产生着意想不到的路径依赖，其代价也绝非一次性。更重要的是，代价承担者和收益获得者常是不同群体……因此，百年乡村破坏对中国来说是深刻而复杂的，与今天我们谈的"三农"问题彼此呼应。

　　面对如此千年变革和百年危机，怎么办？乡村是否继续"百年破坏"？下面先请大家听一首当代乡村建设实践者孙恒老师根据真实故事创作的《生命之歌》："大地从未沉默不语，只是没有听到她的声音，千百年来你的呼喊，在我心间从未改变！"可以说，面对着百年乡村破坏，一定会有人不甘心，也会有人不忍心，建设性实践从来会与"破坏/危机"相伴而生。为了让这个道理更理论化，我给大家推荐卡尔·波兰尼的经典著作《大转型》，该书有两个非常有洞见的观点。首先，他说若不是保护主义的"反向运动"阻滞了这个自我毁灭机制的运行，人类社会可能早就烟消云散了；其次，他说不是"反向运动"本身将取得胜利，而是"正向运动"建基于其上的乌托邦假设本身的虚拟性。

　　我们可以借用这两个观点来反思当下的乡村问题。曾经，很长一段时间我们常认为只有城市才会让生活更美好。然而让人越来越喘不过气来的雾霾与高房价的出现，大家还会这么想当然吗？进一步说，乡村和"三农"不应只是被动的"问题"或等待克服的"对象"。鄙人认为存在着某种"三农辩证法"，即在资本主义和工业文明的内部，"三农"常常被当作一个落后的、拖后腿、小农意识的、待开发改造的"他者"，但是我们知道人是离不开农业的，没有农夫谁能活于天地间？那么我们最后该怎么面对这种矛盾？过去数百年间我们似乎看到有两种办法。一种办法是"空间换时间"，通过全球范围内的殖民，不断地把过剩压力甩出去，同时掠夺其他地方的各种资源，关于这段历史，大家可以看看莱昂纳多2015年主演的电影《荒野猎人》，从侧面上去感受一下。当殖民地瓜分完毕，空间不再能换来时间时，怎么办？另一种办法是"时间换空间"，通过绿色革命、化学农业、石油农业和生物农业，这些变革似乎为人类"赢"得了时间，但别忘了我们也在"透支"时间，我们可能比祖先活得长，但我们的子孙后代呢，他们可能要面对更为糟糕的空气和更为紧张的资源的局面。未来人类的总体数量可能翻了很多倍，但很多物种可能再也没有机会来到这个世界上，因为每天都有物种在消失。从这个意义上说，我们真的进步了吗？可以说，面对着"有限地球时代"的新限制和现代社会的整体性危机，以上两个"自圆其说"的观点，今天都显得"捉襟见肘"，而中国的百年乡村建设，正是在如此背景下孕育而生的。

接着上面分析，中国近现代历史进程的剧烈转型既产生着不同形式的"百年乡村破坏"，也孕育出了以"自我保护"与"乡土重建"为双重定位的"百年乡村建设"，其不仅由农村"被落后"的现实促成，也是知识界对农村重要性自觉体认的产物。因此，乡村建设不限于技术层面上的单一回应，也不只为个案实践与微观做法，它直接关联着中国近现代的转型与剧变，其推动者是包括知识分子、农民、学生、市民等在内的多元主体，内容形式也常因阶段和目标的不同而充满差异。下面我们分别从源起和内涵两方面进行讨论。

根据梁漱溟先生当年的总结：乡村建设既产生于"各种救亡图存而要求社会积极建设思潮"之中，也因为当乡村破坏成为主要趋势而激起"救济乡村"和"乡村自救"的不同努力，更源自千年社会秩序崩溃，但新秩序尚未确立或呈现代价过大，某种重建社会构造的自觉探寻与另辟蹊径。他将这些努力称为"中国社会积极建设之要求"。可以说，其中既有消极也有积极，既涉及个体经验也直接联系着社会结构与时代主题。

就以上面所谈到当年在河南镇平传唱《息讼歌》的彭禹廷为例，这位受冯玉祥器重却毅然辞职返乡，推动以"自卫、自治、自富"为特点的"宛西自治"，同时创办河南村治学院并深得时人敬重的先驱。其之所以放弃令人羡慕的地位与事业，源起于1927年其因母丧回乡，却在途中"阻于匪乱，滞留十八日，始得动身，及抵里，其母已殡，由是于匪盗之横暴，切齿腐心"。在这种情况下，还不断有乡中长者前来诉及匪情惨状。有人跪下请求，老婆婆哭诉哀告，闹成一片。可能今天我们难以理解"眼泪"如何留下彭禹廷，但若了解彼时彼地土匪横行之程度将有助于我们对当时情况的认识。在当时的观察家孔雪雄看来，镇平实践是在"被土匪、军队、污官、劣绅蹂躏到求生不得求死不能的环境里，人民自动拼出一条活路"。当然，留下来带领乡亲们对付匪患只是第一步，如何更为积极地消除匪患存在之社会土壤更为重要，这就逐步将彭禹廷引向了以"清户口、丈地亩、兴实业、便交通、立学校、积义仓、息讼救灾、养老恤孤，以及改良风俗、调剂金融"为特征的乡村建设。

如果说这种"自救"体现了乡村建设实践者对家乡父老的赤子之情与不忍之心，那么"救济"则更多体现为对宏观意义上"百年乡村破坏"和乡土社会濒临崩溃的不安，以及由此做出的"保护性"反应。比如，这种"不安"就内在于曾启发梁漱溟进行乡村建设探索的"村治派"发起人王鸿一身上，在1930年的遗言中他就认为"回想平生奔走，阅二十五六年，无非起于不安之一念"，其也构成了安徽乌江乡村建设的实践动力："农村问题之严重，已成普遍之火灾，滴滴之水，无济于事，然尽力一分，即减少良心一分的苛责。"正是步步紧逼的残酷现实，让局内人混不下去，局外人也苟安不住，进而引发出形式多样，但内涵相通的乡村建设。

从"自救"到"救济"，各种形式的"救"作为乡村建设实践的重要源起，常常相互融合而不可被简单分割，其所希望面对并缓解的不只是困境中的农村经济，也包括被"问题化"和"对象化"后的乡土社会，更包括不平衡的城乡关系、不合理的社会结构、不包容的价值取向与不可持续的生活方式。而"救"的动力，除"乡村破坏"这一客观现实的催迫外，还包括对"去乡土化"发展方向的质疑。

进一步说，"自救"和"救济"在实践中常引发人们更大的自觉，除来自乡村破坏的刺激及对主流困境的反思外，其还源起于实践中对乡土力量的发现。又如，晚年晏阳初在《九十自述》中曾回顾道："我去法国，原是想教育华工，没想到他们竟教育了我。他们的智力和热诚，渐渐引导我发现一种新人。这新人的发现，比考古学家发现北京人，也许还要重要。"由此可见,除了对时代的责任感和农民困苦的不忍之心,类似"发现"让他切身感受到"民众"和"民间"的巨大力量,并因此而心中有"民"。实际上,这种建基于个体经历之上的"发现"与意义确立,有效地呼应着"五四"以来对女性、儿童、农民等边缘群体的重新"发现"。随后,势如破竹的北伐和风起云涌的农民运动为这种"发现"提供了广泛而又有力的例证。

类似"发现"既广泛且重要,其不仅促进着上述各种"救"目标的达成,也有助于乡村建设实践者重新发掘常被遮蔽的议题和空间,进而做出别人看来不易理解的选择。比如对于从"大职业教育"角度出发进行乡村建设的黄炎培来说,之所以两度回绝北京政府邀请其担任教育总长,是因为其认为"社会的重心应当在基层而不在上层。好比花瓶,要它不倒,只得将重心放低"。再如燕京大学社会学系设立清河镇社会实验区,通过高校力量直接参与乡村建设,因为发起人认识到"要对付我国目前的大变迁,社会学者尤不能藏身象牙塔里,去幻出玫瑰色的理想国",而对于费孝通来说,其之所以主张乡土重建,并反复强调以乡土工业为突破口,因为他"发现"在现实中存在着这样一个并未引起足够重视的基本事实:"乡土工业这个名字,我知道是不够漂亮,不够生动的,但是在这乡土中国,漂亮和生动常等于奢侈。"事实上,在以都市化和工业化为导向、以乡村为需要克服的"对象"之整体环境下,"发现"乡土的价值和潜藏力量并不容易,乡村建设却因扎根乡土及与实践的紧密互动而曲折有力地展开着。也可以说,城市导向的发展把"草尖"掐走了,但同样多的"草根"留在了广阔的大地上。活着的愿望与扎根的动力,正是乡村建设的重要土壤。

若进一步纵观百年乡村建设,其不仅源起于主观上的各种"发现",同时也受力于被遮蔽事实在新条件下的"再现"。例如,当代乡村建设近年来在城市推进社会生态农业(CSA),除都市消费者对生态健康农产品的需求外,其兴起的深层原因还包括:农业性质的扭曲性改变不断产生着反作用与能动性,即本来农业是"养人"且净化环境的,但当下各种激素与化学物质的高残留高污染却让农业成为"害人"的源头;本来农业是通过转化太阳能以创造能量的,现在却成为不可再生能源的重要消耗单位……类似变化与扭曲,脱离了社会与生态脉络,并在现实中产生了越来越多的问题,曾经的"自圆其说"日益"捉襟见肘",它也促使当代乡村建设在生态可持续这一民国实践所不涉及的领域进行了诸多创新性探索。大家可以看这两张照片:第一张照片是《北京青年报》的一个广告,叫"五一学农,劳动光荣";第二张照片来源于《新周刊》,以封面专题的方式讨论"逆城市化"这个重要话题。

这两张主流媒体图片所反映的新趋势,恰好也是当代乡村建设的新土壤。从2001年起,我们先在各地乡村沿着历史先贤的足迹从事21世纪乡村建设实践,2008年我们到北京创办了"小毛驴市民农园",这个农场作为乡建"进城"与市民"下乡"的创新性实践,自成立起就引起社会各界的广泛关注并在国内外产生着较大影响,至今仍在推动中国社会生态农业的行业发展。为何这个不大的农场能够产生影响,温铁军老师2010年曾解释道:"有人问怎么动员市民参与?最好的动员不是我们,不管我们做了多少宣传,但并不能被城市中的中等收入群体完全接受。那么,什么是他们最能接受的呢?不是我们的宣传,不是我们教育的,是那些有毒食品教育的,是孔雀绿、苏丹红的功劳。"如果做个简单的回顾,这个农园之所以取"小毛驴"的名字,是因为我们在河北省定州市的办晏阳初乡村建设学院时,为了发展生态循环农业养了一头毛驴,这头驴当时还引发了村民的强烈反对和外界的各种嘲笑,说是"开历史倒车""秀才下乡""乌托邦"等,最后由温铁军院长的太太自费认养,才平息了这场风波。可见此一时彼一时,外部环境正在发生着快速变化,2008年全国范围内的食品危机事件既暴露出各种问题,也催生出新的实践。之所以会出现"逆城市化"和"社会生态农业",除了前面说到的国情制约和有限的资源条件,还因为乡土中国不大可能全面都市化。这还联系着我们对"农"本身的思考,即农民、农村和农业本来就是个整体,不能割裂地只强调一方面;同时,农业本来也是多功能的,不止给我们提供粮食和蔬菜,其还具有生计、生态和文化等功能,虽然这些原来常被遮蔽或忽略,但当问题和危机出现后其就会重新浮现。

总之，受外部冲击和直接侵略导致的资源外流与巨大压力，以及由耻辱和焦虑所引发包括"自强、自毁、自救"等在内的复杂实践与客观效果，使得乡村建设内在于因中西碰撞而剧烈变动之近现代历史进程。作为整体性的建设努力，乡村建设的形式载体复杂多样，不仅是对"破坏"的"回应"，也是数千年中华文明自下而上的历史传承与创新发扬，还是基于对"老中国"的再认识及对平民、农业、城乡及中国在现代世界之处境的自觉与反思。我们对乡村建设的理解不应拘泥于具体行动或技术层面，也不应满足于从内容上对乡村建设的一般性探讨，上面初步讨论了百年乡村建设的复杂源起，下面紧接着讨论这些差异性实践所共通的内涵和实质。

中国乡村建设始终回应着不同形式的"三农"问题，乡村建设作为"去乡土化"普遍趋势下的"再乡土化"探索，虽然在内容、形式和效果上充满差异，但却有以下几个基本内涵：一是与乡土紧密结合并充分互动；二是促进各种发展要素向"三农"回流；三是努力改变乡土长期被当作"问题"和"对象"的状况；四是对乡村遭受破坏和不可持续困境进行积极应对与创新探索。

首先，从发展要素上看，作为尝试面对且缓解"三农"问题的乡村建设，虽然形式可能多样，但如何让纷纷外流的"三要素"逆向回流则是关键。这种回流不仅涉及原来流出的土地、资金和劳动力，还包括有利于乡村可持续发展的各种资源；回流目标不仅是作为经济产业的农业，也包括从政治、社会、文化、生态等角度看更为综合的广义"三农"领域；回流效果则同时包括由此产生新认识及对原有坐标的反思与改出。特别是不仅让人回来，而且还希望让资本从"下乡"到进一步"回乡"。同时，在此过程中进一步调整我们的思维和坐标，不再把"乡"和"土"当作问题和对象，而是重新发现故乡、发现乡土的可持续性和独特意义。

其次，从制度组织上看，近代以来乡土社会之所以会发生复杂矛盾与对抗性冲突，低成本稳态乡村治理之所以失效，除由外部原因所引发的"乡村经济破产"外，还归因于在乡土社会照搬了高成本的城市上层建筑，进而造成其与传统小农经济间难以调适的矛盾。因此，乡村建设在促进发展要素回流的同时，需要通过组织创新和制度创新，努力重建承接"三要素"回流的有效载体。一方面，我们要在回归乡土的过程中探索一套既能避免已有困境又能体现中国特点的组织制度，从而实现理想化的社会治理；另一方面，我们则是要推动更具包容性和有利于城乡良性互动的制度设计，避免城乡割裂且减少外部剥夺，并强调社会参与、平民立场和可持续发展。

再次，从认识坐标上看，乡村建设意味着对原有都市导向及经济主义单一视野的调整、对以乡土为"问题"和"对象"之主流坐标的改出，以及因特殊时代及外部压力所形成片面认识和定性思维的挑战。其立足多元共生的乡土社会，认识到单向强调都市发展之不可持续性，进而重新发现乡土的意义与价值，由此也产生出更为多样化的实践，比如新组织形式的创造、新思考纬度的引入和新生活方式的践行等。

总而言之，一方面，乡村建设有着复杂的源起和脉络，其不仅是简单的建设乡村，而是内涵体现着"自我保护"与"乡土重建"的建设性实践，它是与近代中国的主流激进史及对抗史平行共存，在乡土自觉和社会参与中不断形成的民众民间建设史；另一方面，它就在我们的身边和手中，不是说要等毕业后参加某个乡建实践团体或返乡才是乡村建设，在座不少营员现在和未来将从事教育工作，若能有办法让正被"连根拔起"的乡村少年减轻对故乡的隔阂，与故乡的关系能发生一点积极意义上的改变，难道不也是乡村建设？

最后，因为很多人常常把乡建和革命对立起来，我想抛出一个供大家讨论的话题：重思"激进－改良"。先和大家分享一张照片。

这张照片是我在菲律宾乡村建设协进会负责人的办公桌上拍的，内侧是晏阳初的铅笔画像，下边是切格瓦拉。我当时非常惊讶地问道："这两位常被视作彼此对立的符号，您怎么把他们放在一起啊？"这位饱经沧桑的老者反问到，为什么不能？随后给我分享了他的生命故事，他既是晏阳初在菲律宾推动乡村运动的亲历者，又是一位因反抗集权政府而蹲过监狱的民主理念坚信者，同时还是一位诗人、教师和返乡建设者。我当时突然意识到，无论是个人还是社会实践都不该只有一种属性，也不应被标签化地认识，而需要进一步地脉络化。若以整体性视野看，乡村建设与乡村革命很多时候不像我们所看到的那样——是"打擂台"，它们既彼此缠绕也相互影响和转化，即乡建里边有革命，革命里边也有乡建，这几天给我们上课的孙晓忠老师就编过《延安乡村建设资料》，里面打开了"革命摇篮"的乡建探索；同时也不是"避重就轻"的人才搞乡建，前面举例的彭禹廷因为得罪地方劣绅而遭暗杀，为此付出了生命的代价，而梁漱溟、陶行知等被视作主张"改良"的人，其对教育和时局的批评也常是一针见血且行其所知……

也可以说，虽然乡村建设常以"改良"为表现，但却不应简单地等同于改良。其之所以具有改良性质，恰因其作为乡土社会的保护性存在，同时立足于广泛分散的草根与乡土脉络之中，对乡土社会所面对的成本转嫁有着独特的敏感与自觉。与常见刻板认识不同，"乡建式改良"实际上非常反对坐而论道或以静态和浪漫化眼光看待传统，而是希望人们通过有效实践以产生出有利于弱势群体与乡土社会的建设性改变。它与更为复杂的乡村革命、国家建设等共同构成了丰富饱满的二十世纪中国经验，这需要我们进一步的认识与理解。

在我刚读博士的时候，看到20世纪30年代左右翼对乡建运动的激烈批评，有段时间对乡建产生过很大的怀疑，也因得不到认同而陷入虚无。当时我就跟导师说，"如果把我放在那个年代，我一定不会从事乡建，而成为一个批判乡建的革命者。你看当年的批评是如此到位：人都快死了，还跟他（她）说什么徐徐调理，这时候最需要的是一剂强心针，最重要的是让他（她）活过来……"导师突然问我"什么活下去？"也是，活下去的或许还包括我们对强心针的依赖及并不认同的强势逻辑与发展幻象。其正如一直争议不断的中医与西医，止血和养生自然不可简单地彼此替代，因为其属于不同层面的问题。

总之，我希望这个粗浅而发散的讲座，有助于大家推进对百年乡村建设的新认识，谢谢大家！

【讨论】

提问一：

大家好！从 2013 年开始，我曾在北京小毛驴市民农园工作了三年，现在在北京爱故乡文化发展中心做一些兼职工作。首先非常感谢潘老师和西南大学中国乡村建设学院举办这个研习营，把这么多一线实践者和高校研究者拉到同一个平台，来讨论当代乡村建设问题。我有些问题要向潘老师和邱老师请教。

第一，日本新村运动跟乡村建设的关系。钱理群老师曾说"新村"运动是带有一定乌托邦色彩的理想社会和理想生活实验，是一群理想主义者的探索。回顾历史，今天的乡建研究者如何评价新村运动及其与乡村建设的关系？

第二，乡村建设和政府的关系如何处理？我们做实践都会知道，如果跟政府太近，拿政府的资金来做项目，就会有一些受限制的地方。但如果不跟政府合作，就缺乏很多重要资源。所以我想问一下老师们的经验和思考。

第三，关于理论和实践的关系。我之前在北京小毛驴市民农园工作，有一次，已经下班回宿舍了，但是猪圈里的猪跑出来了，大家被喊回农场，一起把猪赶回猪圈（笑）。还有一年去上海开 CSA（社会生态农业）大会，好不容易很开心地进了一趟城，坐着上海干净的地铁，突然接到一个电话，是北京那边市民打来的，说要买两只鸡（笑）。实践者平时都忙于很琐碎的事情，很少有机会出去学习，跟理论思考似乎有些脱节。有一个中科院的博士想做 CSA 方面的研究，他曾在农场跟我们同吃同住同劳动，他告诉我们，他觉得我们这些实践者有的时候有一种"反智"倾向。我当时还是第一次听说这个词。后来我又去学校读研究生，有个同学告诉我，他导师对乡村这块很有兴趣。我觉得他对这个东西感兴趣很好，就去找他聊天，跟他讲些当代乡村建设案例，包括我们当时正在开的一个乡村博物馆会议。结果这位老师说，做这些博物馆，把一些老的农具和农民的生活器具收进去，等于是提前宣判了它们的死亡,他进一步认为乡村已经"死"了,已经没有了。我对此有些无语,他对于当代中国乡村正在发生的各种鲜活经验确实缺乏了解。通过以上,我想问的是,如何让一线实践者更有理论自觉,同时让高校的研究者更有实践意识?我提出这个问题,与大家一起来思考。

提问二:

乡建运动的思想资源变得越来越丰富。最初只是谈梁漱溟、晏阳初,但是我们现在把张謇、中国传统等其他内容也都收纳进来。如此一来,各种不同的思想、资源之间是否会相互打架?它们之间的异质性能否被顺畅地统合在"乡村建设"这个范畴下面?或者说,"乡村建设"这个范畴的边界在哪里?

提问三:

我觉得关于"乡村建设"范畴下不同思想资源及相应脉络的异质性这个问题很值得思考。对历史的叙述总是离不开对同质性和异质性的处理,怎样找到一个范畴来统合并不完全重叠的脉络,是历史叙述常常面临的挑战。这固然是一个"事实"问题,但同时也是一个"阐释"问题。在我的理解中,今天做乡村建设研究特别是乡建史研究的同仁们,其实是希望通过自己的叙述来为这些不同的脉络找到一个连接点,把它们统合起来。但这方面的工作,目前看来还不够成熟,还存在很多粗糙乃至不自洽之处。因此,当出身乡建的研究者试图跟主流的学术界对话时,就容易遭到质疑。对方会觉得,你所使用的思想资源之间都在打架,你的学术体系内部不完全自洽,那你为什么还要跟我谈呢?我觉得还是要慢慢深入历史之中,去描绘这些脉络之间的相互联系,逐渐把"乡村建设"的范畴落实在扎实的历史分析之上。这可能是一个需要较长时间积累的工作。

潘家恩:

非常感谢三位,与其说是问题,不如说是很及时的提醒和我们未来需努力的方向。

第一个问题关于新村运动，这个线索非常重要。"新村"是日本白桦派代表作家武者小路实笃 1918 年创办的，亚洲的类似实践和思考，还包括泰戈尔在印度的探索及韩国的东学运动，因为我没有做过专门的研究，暂时不能说很多。这里只是说些小思考：一方面，这些域外探索与中国百年乡建有着一定的呼应性，并有着不同形式的互动，比如受日本新村运动影响的周作人曾和俞平伯一起参观过定县晏阳初的实践，当年，泰戈尔也专门到山西和阎锡山讨论中印乡村建设；但另一方面，这些外来思想有着各自的脉络和需要解决的问题，对于中国来说，重点不是另外建设一个个的"新村"，而是如何寻找梁漱溟说的"有道理的老道理"，在传统的社会基础上进行创新与发扬，也即"老树发新芽"。这些新的线索也进一步鼓励我们，当我们理解乡建时，的确应该基于整体性视野，才能发掘更多原来被遮蔽的实践和面向，比如刚提醒到的国际视野。但也需要注意，它绝不意味着不加区分的照单全收或"拾缺补漏"，我们需要做认真的比较分析。

第二个问题关于乡村建设的边界。一方面，其与上面的"新村"问题相关，我们的确需要警惕乡村建设理解上的"泛化"，虽然我们说乡村建设不仅是"建设乡村"，乡村建设与乡村革命、国家建设有着复杂的关联，但同时也要认真地讨论乡村建设的实质与内涵，明确对象本身，也才可能思考鉴别"有实无名"的乡建和"有名无实"的乡建；另一方面，我们也要警惕为自洽而自洽的研究，因为这个世界本来就是复杂和动态的，若非得说世界你停一会，让我研究完你再发展，这是不可能的。我们从写作和接受的方便出发常需要归纳出一二三，这可以理解，但却要警惕其可能框住我们的思维并让现实削足适履。这几年可能我干的最重要的事情不是写文章，而是多方收资料，照片收集了几千张，还在不断寻找，为什么要执着地干下去？因为这个过程所发现的很多"碎片"在不断刷新并挑战着我的认知，我觉得这种感觉很重要，有利于丰富自己的认识，但若局限于此，也很容易在自圆其说中"画地为牢"。当然，以上只是基础性工作，我所抛出的认识框架非常粗疏，下一步我们要进行深入严谨的研究，而不是泛泛而谈。乡村建设既需要突破"好人好事"和"就事论事"的陈规，需要形散神不散，更需要不断地自我突破与推陈出新。这是一个长期的过程,希望大家一起努力。

第三个问题关于与政府的关系。我借用梁漱溟先生1929年的一个生动比喻,他在反思山西村治时说,官府像铁钩,百姓像豆腐,铁钩可能是好心,小心翼翼地想帮豆腐,但最后受伤的还是豆腐……大家能理解吗?我觉得这真是一个非常传神而又意味深长的比喻,也值得对我们当下的困境进行反思,即为什么很多好心却办成坏事?但反过来,我们也应借此思考当梁漱溟在新中国成立初亲历土改并感受新气象后,为何会对彼时的共产党由衷钦佩。我觉得有两个方面的原因:一方面,他在那时看到了"铁钩"通过群众路线等方式改造了自身,能够与"豆腐"打成一片了,而不再只是一种伤害性的力量;另一方面,彼时的农民被高度组织化且"透出了人心",豆腐虽软,若组织起来则可能成为"豆干",就不必过于担心铁钩。通过这个辩证关系,说明我们需要双向并进,即一方面努力改变上层建筑,另一方面是让乡村进一步组织化并提高自我保护的能力与自觉。至于现实中我们怎么处理跟政府的关系,何慧丽老师很有经验,明天她来后大家可以直接问她。

最后想谈一下,为什么我们这些泡在实践里的人也要进入学院,个人觉得我们要主动打破"象牙塔"和"泥巴墙"的二元对立。同时我们也常常看到很多同仁整天埋头赶路,因为各种原因没能够抬头看天,虽然我们身边有很多理论脱离实践的案例,但一定也有好的思想资源,我们需要在两者间做好"翻译"与"中介"工作。

此外,我们各地高校里也有很多想做有意义事情的老师,大家不仅面对各种压力和不断被放大的消极自嘲,而且也可能通过扎根大地,与艰辛却坚韧的实践者们并肩前行,通过互相看见和彼此搀扶,逐步摆脱自恋与自怜。

今天我们常谈自信,我觉得在自信之前首先要自觉,结合我们前面讨论到的"自毁"和"自救",其中都有"自",当下我们如何寻找"自"?哲学里最重要的问题:我们是谁?我们来自哪里?我们要到哪里去?百年过去了,老问题以新的方式被重新提出,同时也邀请我们在实践中且歌且行,那就一起努力吧。谢谢!

第三单元：实践自觉

全球视野与在地实践[①]

刘健芝[②]

【演讲】

谢谢大家！我今天演讲的题目是"全球视野与在地实践"。

我会讲三个部分。第一部分，谈两个个案，分别是气候变化和核灾难。第二部分，谈两个个案的启示。第三部分，回到"在地实践"，讨论什么叫"在地"、什么叫"实践"，以及它们跟乡建和社会变革有什么关系。

一 两个个案：气候变化与核灾难

在重庆这几天，我们经历了40摄氏度的"桑拿"高温。相比之下，大家应该还记得，去年春节有一股寒流，覆盖了亚洲、美洲、欧洲，造成重庆市二十年以来首次下大雪，北京出现三十年以来最低气温，连广

[①] 时间：2017年8月23日；地点：重庆市北碚区梁漱溟旧居；整理人：王昊；校对人：王欢。

[②] 刘健芝，香港大学比较文学博士，岭南大学文化研究系兼职副教授，岭南大学文化研究及发展中心生态文化部主任；全球大学（Global University for Sustainability）创办人之一、"全球和平妇女"（PeaceWomen Across the Globe）理事、另类实践世界论坛（World Forum for Alternatives）副主席、亚洲学者交流中心（Asian Regional Exchange for New Alternatives）理事；主要研究方向为文学与文化、全球化与可持续实践、批判教育学等；主（合）编有 The Struggle for Food Sovereignty、Shaping Our Future、China Reflected、Resurgent Patriarchies、Beyond the Financial Crisis、《庶民研究》、《抵抗的全球化》、《可持续发展与乡村建设》、《蒙面骑士》等；合著有《福岛/辐岛：十年回首诘问》。

州也下雪了。

香港很多人兴奋地爬到大帽山上然后下不来，因为路面结冰之后无法走动，要出动消防员把他们救下来。这些事情发生至今还不到两年，大家应该还有印象吧？当时，我想看看究竟大家对下雪有什么感觉，我就在网上随便输入了一些关键词，比如"2016重庆寒流"。结果网上到处是欢呼："重庆终于下雪了！"大家强调的是惊喜。还有人说，下雪让我们体验重庆多美，是人生很难得的体验。

但是究竟寒潮是寒还是暖呢？我们直观的感受是寒流来了，而且是帝王级的寒流。可是这个寒流是怎么出现的？其实当时圣诞节前一两周，异常的温暖气候北上霸占了北极地区，北极的气温陡然从零下30摄氏度升至1摄氏度，冷空气被迫逃离北极南下，因此，连重庆也下雪了。

表面寒冷的现象背后，仍然是全球暖化的延伸。有气象学者根据美国太空总署数据资料进行研究，得出的结论是，每一个月的平均气温都比去年同期高出一点。2016年11月，北纬80°以上的北极地带，超过正常温度36摄氏度。

政府间气候变化委员会（IPCC），是联合国下面的一个跨政府组织，成立于1988年，由几千名科学家组成，并联合进行研究。20世纪80年代就已经提交报告并指出，工业化导致了严重的气候变化。相关研究推动了《京都议定书》1997年在日本的签订。除了美国，当时有很多国家参与了进来。IPCC分别在1991年、1995年、2001年、2007年、2013年发表过五次正式的气候变迁报告，有中文版，大家可以去看。

最新的报告指出，温室气体的排放量达到了历史最高值，而且我们可以百分之九十九地肯定是人为因素导致的。当然，如果一个学者发表论文批评IPCC的报告，或者论证我们现在不是进入暖化时期而是进入小冰河期，就可以拿到来自石油公司的很多资助。这背后有利益集团操纵的影子。

尽管IPCC有这么权威的报告，但也有很多质疑和反对的声音。大家可以去查一下，人们对于IPCC报告的主要质疑就是后面的金主是谁。我看到过的主要的观点是这背后的金主是与石油煤炭相关的跨国企业。我们可以看到，IPCC 报告的表述是比较谨慎的，因为每次发表报告的时候必须要得到各大国的同意。每次要求修改报告字眼最多的国家是美国、澳大利亚和中国，因为澳洲要输出煤碳，而我国认为发达国家不能以气候理由来压制我们作为发展中国家的经济增长，同时我国强调发达国家应该背负更多责任。

这些数据其实很值得重视。因为"全球平均温度"这个概念意味着北极、南极这些地方受到的冲击特别大。从 1880 年到 2012 年全球平均升温 0.85 摄氏度，我们以一般的常识来想，增加不到 1 摄氏度，应该不是大问题吧。我们随时可以从 42 摄氏度的室外跑到 26 摄氏度的空调房间，十五六摄氏度的突然温差好像挺正常的，不难适应。所以一百年才升温不到 1 摄氏度，干吗大惊小怪？可能我们会问这个问题。我们把这个问题先保留着，待会解答。

问题不只在于我们说的一个数字——0.85 摄氏度，这不是一个简单的数字问题。真正的问题在于，这个数字在我们现在特定的政治-经济系统里面意味着什么。联合国很清楚，极端天气对我们影响最大的地方在于水资源、沙漠化和粮食生产。

我们先转一下话题讨论二氧化碳。二氧化碳的问题为什么恐怖？因为温室效应。从六十五万年前，到我们前工业化的社会，大气中的二氧化碳浓度从来没有超过 300ppm（parts per million，百万分比浓度）。工业社会时期人类不断使用化石燃料，二氧化碳浓度已经超过了 300ppm。在 20 世纪 80 年代，人们认为二氧化碳浓度在 300~350ppm 的话，地球可能就开始没救了，过了 400ppm，大家可能要移民月球了。但是，今天我们大气中二氧化碳的浓度已经达到了 407.25ppm。被排放的二氧化碳，会停留在大气层约 20 年。也就是说，我们今天面对的极端天气，是我们 20 年前积累下来的。过去二十年，全球各个地方无论是印度还是巴西，都欢呼经济发展。但后果之一就是现在二氧化碳浓度超过了 400ppm。

大家看这个图表，如果气温上升 1 摄氏度的话，对应的二氧化碳浓度就是 350ppm。浓度为 400ppm 则相当于温度变化已经几乎到了 2 摄氏度的水平。当温度变化达到了 6 摄氏度的水平时，人类还能不能存在真的很难说。

表 1　二氧化碳排放与气温上升对照

温度变化	摄氏度变化	二氧化碳指标
1 摄氏度	0.1~1.0℃	350ppm
2 摄氏度	1.1~2.0℃	400ppm
3 摄氏度	2.1~3.0℃	450ppm
4 摄氏度	3.1~4.0℃	550ppm
5 摄氏度	4.1~5.0℃	650ppm
6 摄氏度	5.1~5.8℃	800ppm

资料来源：马克·赖纳斯：《6度：一个愈来愈热的星球》，湖南科学技术出版社，2011。

那么，气候变化与自然、经济发展、国际政治有什么关系？

我们知道，这个问题的罪魁祸首不是发展中国家，而是美国，也可以说是发达国家。按照生态足迹来测算，美国一个人的平均消费相当于十个地球的资源量。中国城市的消费可能达到了欧美的水平，但是因为我们有广大的农村，所以平均数值并不高。中国人均消费水平大约相当于一个地球的资源量，是美国的十分之一。今天回头看《京都议定书》签订时所定下的目标，非常可笑，也可以说是极端可悲。当时设定的目标是到2008年，也即该议定书签署之后的十年内，温室气体的排放总量比1990年减少百分之五。这个说法今天没有人再提了，太尴尬。不要说回到1990年的水平，就算要保持1997年的水平都不可能。

当时美国总统解释为什么不能签订这个协议，因为"The American-way of life is non-negotiable"，就是说不跟你们谈，没得谈，你们不能质疑我们美国人的生活方式，我们消耗能源、开汽车、使用各种电器等的现代化生活方式是不容改变的，没商量！今天，美国不少地方已经面临资源短缺的情况，加州十分缺水，政府硬性规定每个家庭的用水量立减四分之一，例如，房子前面的空地不准搞草坪，要改种仙人掌。资源短缺开始逼迫美国人改变他们自己的"American way of life"，但是全球现在还是有很多人想拥有美国的生活方式。

给大家介绍一个纪录片——《难以忽视的真相》,美国副总统戈尔凭借这部电影获得了诺贝尔和平奖。这部电影刚上映的时候,我很不愿意看,因为我觉得,美国的副总统、民主党,有什么好说的?都是标榜自己吧?事实上也真的有不少他们的自我宣传,但里面用的数据绝大多数是 IPCC 的数据。大家可以去看这个纪录片,如果对数据有怀疑,可以找资料去查证。

美国总统特朗普,一上台就在白宫网站删除所有与"人为气候破坏"议题相关的网页,并要求美国环保局删除其网站上关于气候变化的版面。美国毕竟有很多民权运动、环保运动、黑人运动等社会运动,都比较有影响力,因此,我们看到在法律上就表现为不同力量之间的博弈。美国有一些法律,包括清洁能源计划,以及对美国水域的规定等,让跨国企业非常不爽。之前已发生了十四次跨国企业状告环保局的事件,诉讼人其中之一就是现在被任命为环保局局长的 Scott Pruitt。他本身是有跨国企业利益背景的,现在当上了环保局局长,大家自然清楚其政策倾向。他不用麻烦地去法院诉讼了,在内部改变法规不是易如反掌吗?

有一本书叫 *Six Degrees*: *Our Future on a Hotter Planet*(中译本《6 度:一个愈来愈热的星球》),其中有大量资料研究,并做出了推测,如地球的平均温度升高 1 摄氏度的话会发生什么,升高 2 摄氏度会发生什么。这本书指出,气温上升 2 摄氏度几乎是极限了,格陵兰岛的冰原会彻底消融,平均海平面将上升 7 米。如果上升 3 摄氏度,森林大火不可避免,亚马孙河流域的热带雨林大部分会在大火中被烧毁,难民的数字可能会有几亿人。联合国难民署早就指出,在 21 世纪的难民中,虽然战争难民会不断增加,但主要还是因水与食物的短缺而产生的生态难民。地球的平均气温升高 6 摄氏度的话,可能 95% 的生物会灭绝。

我觉得我们要有一些观念上的改变。气候暖化不是一个渐进的过程。全球生态系统是非常脆弱的,一环扣一环,中间某一环断了,可能整个链条就断了,影响非常大。所以我们不要抱有"偷安"的心理,总觉得没那么糟、可能有别的解决办法,或者现在平均气温的上升幸好还没到 3 摄氏度。地球非常复杂、非常微妙,同时,又极端脆弱。为什么它极端脆弱？因为过去一百年甚至是过去的 30~50 年，人为造成的破坏对于以前几十万年形成的稳态环境来说，太剧烈了。地球的生态环境经过漫长的时间才达到平衡状态，生物也是经过缓慢进化才适应环境的，但短时间内剧烈的环境变化打破了稳态。之前我们去秘鲁，秘鲁的朋友说，原住民会观测自然界的现象，例如，某一只鸟今年生两只蛋，你就知道，今年的水或气温会不太好；如果这只鸟生了六只蛋，那说明环境会比较好。他们会从很多大自然的迹象中看出气候波动，从而相应地调整耕种和生活形态。但现在这些知识都失效了，因为气候变化太突然、太剧烈了。

我今天要讲的第二个问题是福岛的核灾难。1954 年，日本作为亚洲第一个接受核能发展的国家，进行了核能与推广核安全的展览，地点很反讽的就在纪念广岛原子弹的展览馆。日本推广核安全的时候，辩称虽然核弹造成了灾难性破坏，但是我们进入和平年代了，应该把核能作为安全的能源来使用。于是我们不断听到有人强调核能是安全的，但我们不会听到有人说风力发电是安全的。就是因为核能不安全，才会有人跟你说"别害怕，这个是安全的"。当然，我们现在也知道，日本发展核能，与美日的军事战略关系及原子弹、核武器的制备是分不开的。日本战后受到美国的控制和扶持，美国驻军日本。所以说日本的反战运动、反美军基地运动如此重要。

正是在所谓的和平年代，没有人会想到，突然发生福岛核灾难。2011 年 3 月 11 日，核灾难发生了。2012 年 10 月，我应邀去东京参加一个世界银行的会议，顺便和朋友去福岛考察；其实说不上是"考察"，只去了一天。

我们每个人都带着测量核辐射的电子仪器。外面景色非常美，蓝天、白云、绿野，我们坐在吉普车里，我把窗户摇下来拍照，车里的人惊叫："刘老师，快快关窗！"因为电子仪器上显示的核辐射数值忽然上升了几倍。我们其实是很害怕的。

长谷川先生是核灾难幸存的奶农，他和妻子现在住在难民营组合屋。日本的农民大部分是有机农民，他们用了 30~50 年精心耕作，使得土壤非常肥沃，但现在全没了。我们在探访长谷川先生之前，先去他原来的家看了看。我们只能出去一分钟，一分钟后大家回到车上。一个朋友拿着仪器测量，显示结果是每小时 3.35 微西弗。安全的标准是每小时 0.23 微西弗，相当于安全标准的 14.6 倍。地方政府只允许白天进入这个地方，晚上不准停留，因为太危险。

日本农村社区内部有深厚的情感连带。我有几次去日本不同地区的农村，看到在节日时他们会舞龙舞狮，社区里的人互相认识，卖的鸡蛋上面会写着是哪一家养的鸡，社区邻里关系非常和谐，较少个体化、原子化。但是他们最后分散到各地居住，核灾难发生后，他们把牛送去屠宰场，奶业也结束了。他们给我看了一些照片，说他的邻居也是奶农，把牛送去屠宰场后，在牛棚里立了祭牛魂的牌位，说我们对不起你们，然后自杀了。在事件发生地有大量报纸上看不到的故事。我们去访问了多位农民。有一对夫妻说他们每天开一个小时的车回原来的家种田，"不种田我不知道还能做什么"。他们说起自己是农民，都是非常自豪的。他们切了苹果、梨给我们吃。当天我买了当地的报纸，报纸上有一整页记录着每个地方每一天检测的不同蔬菜水果的辐射量。我发现辐射污染最高的，恰恰是苹果。我们回想自己吃了可能受了污染的苹果，心里有点不安，但这是当地人的日常状态。

我在香港的市场买菜的时候，看到富士苹果，就问是日本来的吗。小贩很不屑地说当然不是日本的，是我们中国来的。我才安心买了，因为日本产的苹果我已经不敢吃了。要知道，我们每一个人都可能被卷入核灾难所带来的后续影响之中。

现在简单说一下当时福岛核灾难的情况。当时 1 号核反应堆熔化之后，其顶部炸开了。在网上大家会看到 3 号、4 号反应堆爆炸的场面，这个就不用多说了。问题是，这个是天灾还是人祸？地震之后海啸冲上来，比预想的高出两三倍。海啸冲上来之后，反应堆没有电源，后备发电系统也被冲坏了。大家知道，核裂变没法控制，只能靠冷却系统降温，如果反应堆得不到冷却的话，就会慢慢过热，然后熔化。值得注意的是，这次灾难不是发生在"落后"的国家，而是发生在全球数一数二的科技大国——日本。其实，即使国家拥有全球顶尖的防护措施也不能保证万无一失。我看了很多相关的福岛事件纪录片，谈及了很多人为疏忽的细节，例如，消防车要灌水到第三反应堆，发现只有45%的水进去了，其余的都流走了。

另外我要说的就是2号反应堆。大家都知道发电站要建在海边，因为要排出冷却水。这导致正常情况下，海水温度会升高1~3摄氏度，所以核电站旁边基本没鱼。意外发生后，当局开始不愿意用海水来降温，因为用海水的话核电站就报废了。他们当时打电话要求送来4000吨的淡水，但送来的是4000公升，你说是谁听错了，还是什么问题？还有一个情况，他们要求送电池过来，启动后备电源，不然冷却系统就不行了，但送来的电池型号是错的，例如，我要3A电池，送来的是2A电池。后来工作人员把汽车的电池都拆下来了，但是已经太晚了，反应堆熔了。因为之前从来没出过事，核电站的紧急系统四十年来没发生过警报。核电站的墙外面有一个像猪鼻子一样的东西，如果这里出蒸汽的话就说明反应堆开始出问题了。因为从来没用过，所以大家看到蒸汽跑出来，也没察觉到这是一个警报。还有非常多的细节，大家感兴趣的可以自己去找来看看。

事情发生之后，日本政府做的第一件事就是否认。日本政府说要撤走核电站二十公里之内的居民，二十至三十公里的居民要关好门窗待在家里。我有一个朋友——大桥先生，是东京的大学教授，经常跑全球各地做红十字会救援志愿者。他说，主要的国际救援组织不会跑到太接近现场的地区做救援，因为太危险。他们那几天自发组织日本志愿者赶快送水送食物到二十公里至三十公里还留守家中的人，否则这些人没人管。但是，当时美国当局立即让美国侨民撤离到七十公里之外，因为核辐射扩散后，随着风能飘七十公里远。日本政府为了不引起"恐慌"，人为缩小撤离范围，官方界定的范围只有二十公里。

日本官方不断强调的是，事态已经得到控制。2013年12月，日本通过了保密法，并没有特别针对福岛，但通常情况下，很多国家的癌症资料数据是高等国家机密，土壤污染度也是国家机密。所以很多关注核电的人说，保密法也可以用于控制关于福岛核灾难的负面报道。我很多日本朋友说要跑到国外的网站才能看到更多信息，在日本的网站上很难看到。也不知道大家 2020 年要不要去东京奥运会？安倍晋三保证：第一，我们现在完全控制局面了，大家不要担心；第二，我们一直在清理。大家到时候看看他清理得怎么样。

现在福岛核电站旁边大约有九百万个黑塑料袋堆着，里面装着高度辐射污染的废物、泥土、碎石等。我们的常识是，塑料袋放在户外日晒雨淋，能保存多久？放置如此集中，凡是放置垃圾袋的区域都是辐射最高的地方。大家也知道切尔诺贝利核电站当时是怎么处理核废料的，他们把人全都撤走了，用大水泥罩把反应堆封住，从远处看是一个大坟墓。前几年发现水泥层裂了，于是再补一层，"坟墓"越补越大。但福岛不能封，原因我一会儿再说。

下大雨或水灾的时候，这些废料经常被冲到附近的河流。垃圾袋主要装固体废物，受核辐射污染的水每天都在产生，那怎么办呢？所以就建了一个个巨大的钢铁储水罐。

这些钢铁储水罐有三米高，现在有一千一百多个。这些储水罐旁边的核辐射强度为 2200 毫西弗。福岛发电站 2 号反应堆，由于其附近的辐射太高，人根本无法接近以评估损毁程度。六年之后，2017 年 2 月，东京电力公司造了一个机器人进入反应堆探测。原来估计反应堆内的辐射强度约为 73 西弗/小时，机器人应可工作超过 10 个小时。可是，机器人跑到里面拍了一张照片，探到辐射强度是每小时 530 西弗。机器人进去 2 个小时就坏了。

刚才说福岛不能像切尔诺贝利核电站那样用水泥封存，原因是，到现在为止，反应堆里面的情况还没能掌握，机器人测出的实际辐射量竟然是估计量的七倍多！至今没有报道说反应堆堆芯熔化后的残渣跑到哪里去了。有两种可能：一种可能是政府强调的残渣还在底板之上，另一种可能是已经穿过底板到了地下。我的日本朋友武藤先生说，如果真到地下了，那么下一次火山爆发，日本这个国家就全没了，因为核辐射物将覆盖各地。

核电站有 4 个反应堆，辐射污染的地下水来来去去。日本政府说，我们要用最尖端的技术把辐射污水封住。2016 年，日本政府花了 3.2 亿美元，用尖端的科技建了一个 30 多米深 1.5 公里长的冻土层，温度保持在零度以下，以阻挡水流进和流出，防止地下水漏进来。虽然开始成功了，但最后还是不得不宣告失败。正如气球只要有一个小洞就会泄气，冻土层也类似，只要不是百分之百防泄漏，就说明这个措施是失效的。你们看看这个伟大的设计，4 个反应堆旁边是一个 1.5 米多长的管道，像冰箱一样不断地冰冻土壤，让土层保持冷冻，但最终只能宣布现在的技术还是差一点点。[①]

二　两个个案的启示

这两个个案讲起来是非常沉重的。有时候我觉得自己都快要患上抑郁症了。2007~2008 年，我开始看关于气候变化的资料，只能得出一个结论：我们要改变使用能源的方式。但是对于政府来说，对于大企业来说，对于不断维持我们的现代化生活方式的经济增长来说，他们想的并不是改变我们的生活方式，使生活更加俭朴、节约，而是强调我们有没有替代能源。替代能源有一个非常好听的名字：清洁能源。清洁能源，就意味着是安全的，包括水力发电、太阳能发电、风力发电、核能发电。其中核能是最有效的。

说起水力发电，我要说一个故事，就是关于三峡大坝的。我读大学的时候，三峡工程已经在论证，但还没有开始建设。那时候中国科学家跟世界各地很多科学家论证，三峡大坝到底能不能建？我当时搜集到的资料，堆起来有很高一摞，全是关于三峡大坝的。当时分为反对派和赞成派，我不断看两边的资料。从孙中山开始，就想建设三峡大坝，但一直没有建设，最大的考虑是国防战略。如果发生战争，敌人第一个目标会是三峡大坝，摧毁水利和电力系统，造成平民最大程度的伤亡。我们

---

① 关于日本福岛核电站的相关状况与数据信息，可进一步参见刘建芝、黄小媚、何志雄《福岛/辐岛：十年回首诘问》，生活·读书·新知三联书店，2021。

先不说三峡大坝与自然生态环境之间的关系问题，单是国防方面的忧虑就已够多了。萨米尔·阿明教授2012年12月来中国参加"第二届南南论坛"，坐游船去重庆的时候，经过三峡水坝。他说道："你们为什么不像埃及那样建一公里宽的水坝？如果是一公里宽的话，敌人就无法轰炸摧毁。我们埃及是苏联帮忙建的，为什么你们不这样做？"我们在船上有很多争论，其中包括这个问题——应该不应该建一公里宽的水坝？我觉得，我们首先要注意国防问题。

所谓"清洁能源"，其中最受吹捧的是核电。可是，核电也是风险最大的。中国的现代化发展需要大量能源，日本核电站出事之后，德国全民投票取缔核电厂，就连输出核电技术在经济中占重要地位的法国，也对核电之安全性表示了关切与担忧。这些关切与担忧我们是非常能够理解的，如果战争导致核泄漏怎么办？就算不发生战争，万一出现一次意外或遭遇一次自然灾害，怎么办？

气候变化已经毫无疑问地彰显了它的威力。过去十六年，是有记录历史以来最热的一个时期，几乎每年都说是最热的一年。我觉得重要的问题是，在如今这个对我们每个人的身体都发生强大冲击的时刻，我们能不能把它联系到我们当下的各种政治关系、经济关系，在政治－经济的脉络中理解它？我们不断说要发展，"发展"还是不是硬道理？继续这样发展，会造成什么样的后果？我们可以留给子孙后代的是什么？我们会不会深刻感到气候变化跟我们有关？或者仍然像重庆下雪后，不少网站上出现的"下雪了，好高兴，好漂亮"那样话语，人们都沉浸在自我的世界里？这不单是理性的问题，更是感性的问题、情感的问题。我们能不能做出各种联系？我们是做文化研究的学者。什么是文化研究？我觉得就是有能力发现表面看上去分属于不同学科、不同领域的问题背后的连接性、关联性，并分析相互之间的关系。

接下来说核电站。我们收集了很多资料，主要讨论切尔诺贝利和福岛当时发生了什么事情？今天怎么样了？今天没有一个人、没有一个政府、没有一个科学家说可以解决现在的问题，我们可以看到所有措施不过是在不断推迟解决之日，因为现在连最基本的状况都没有掌握。现在每一天都有高辐射的水不断被排出去。前天我看到日本政府宣布，要把77万吨带有核辐射的水排放到海里，腾出空罐装更高污染的水。日本的渔民出来抗议。现在我们好像只能提出一种愿望：不要再发生第二次核灾难！科学如此"昌明发达"，以至于我们自己不知道做了怎样坏的事情，如同打开了潘多拉的盒子，我们不知道释放出了怎样的魔鬼。

可是，主流仍然迷信科学，执意"现代化"。例如，气候暖化，那就改用清洁能源；核能出问题了，那就回到化石能源。又或者找一些"平衡"的说法，减轻无法否认的事实可能带来的焦虑。极端天气变化对农业、对粮食生产有破坏性影响，非涝即旱。但有一种说法是，气候变暖不是没有好处，纬度更高一点的地方，以前太冷，不适合种植粮食，现在可以种植粮食了。有不少类似的说法与论争。不过问题是，在高纬度地区，气温升高了，但有水吗？没有水的话，干旱也会严重影响到粮食生产。固然，这种论争不是没有意义，就像联合国和各国政府都说，要想办法"适应"气候变暖。但是，我们真的在直面问题，寻找大力扭转局面的方向和做法吗？

要处理上述问题，不仅需要理性的思考，也需要感性的体会。我们可以通过考察探访，可以通过看电影，体会在"现代化"的大背景之下，一般看不到的被牺牲的底层人群如何遭遇伤痛、如何相濡以沫、如何奋力活着。我们应该有意识地站在底层立场看这个世界。我推荐几部纪录片和电影给大家。《依然要播种》这个纪录片，访问了执意耕种的福岛农民，他们无奈，却不甘放弃。韩国电影《潘多拉》的故事情节是福岛事件的韩国版，除了韩国电影特色的戏剧性处理，影片中核电站如何爆炸、事发后各方的应对、政府和电力公司的失措、工人的舍身抢救，都有真实的福岛原型。还有一部日本电影《家路》，它讲述的故事是，福岛的土地已经全部不能种植作物，但是主角背着老年痴呆的妈妈回去种田，不顾什么时候会因受到辐射而死去。我看了这个虚构故事片，后来读新闻的时候竟然发现，有人真的跑回去住下来，喂猫、喂狗、喂牛。他说，我们人都撤了，动物怎么办？所以他跑回去。他说不知道哪一天我们都会因核辐射而死，但是人类对不起这些动物，他至少去偿还一点。大家看过《广岛之恋》吧？有一部电影叫《福岛之恋》，处理的问题是遭遇这次灾变的日本老太太，怎么反思自己的作为、治疗伤痛。

三　在地实践

我要讲的第三部分是"在地实践"。什么叫"在地"？我们可能想到，我今天就在重庆这儿，在我们的社区，这就是"在地"。但是"在地"的含义很丰富，例如，人类相对于其他物种，我们作为一个民族、我作为一名妇女。再如，农村社区。"在地"并不只是一个地理的概念。

为什么要强调"在地"？因为我们想强调，任何实践都是在具体的时空脉络中，在具体的人际关系、社会关系中，在人与自然的关系中发生的。我们说"在地实践"的时候，不必拘泥于想象一个小社群，或者想象一个农村社区，因为"在地"更大程度上说的是我们怎么了解、怎么分析我们身处的具体时空脉络，针对我们受到的各种限制，寻找不同的可能性。这种可能性不是抽象的、飘缈的，而是实际存在的，等待我们把它呈现、连接起来。

我们今天谈的是"全球视野与在地实践"，其实只是变了个说法，来讨论认知与行动。"视野"是我们怎么看问题、怎么想问题、怎么思考我们的处境。"实践"是我们带着自觉性、方向性，充满激情和希望、带着乌托邦色彩去进行的行动。也就是我们经常说的"理论与实践"，"知与行"。

刚才谈的例子都是说我们应当怎么思考。在现代化的进程中，我们碰到的是非常内在的问题。例如，针对能源问题，我们说化石能源造成了大量污染，那我们下一步的逻辑就是使用清洁能源，核灾难之后我们就重新使用煤矿资源。我们仍然在"能源－发展－现代化"的逻辑链条内部转来转去。但是很少听到有人指出，我们要彻底、激烈地改变现在这种消耗能源的生活方式、经济模式。这是发展主义与现代化的内生问题，即人类向自然进行无限、无穷的索取。我们造成问题之后的解决办法，反而变成了资本主义延续下去的动力。举个例子，碳排放交易。我最初听说的时候觉得这是个大笑话，后来发现原来是真的。我根本不能相信，怎么可以把碳排放变成一个量，然后去交易？但是它变成了资本主义继续运行的动力。或者，针对污染的除污产业成了资本主义的新产业。有人说，如果中国只看GDP，那么它的增长是两位数的增长；但看HDI（Human Development Index，人类发展指数），那就低很多；如果看IWI（Integrated Wealth Index，综合幸福指数），包括自然生态在内，就更低了。

那么我们问，为什么要经济增长，产生污染，然后再用我们赚的钱治理污染？就类似于，为什么我们赚了钱，然后跑到医院送给医生？我们能不能意识到这个怪圈是怎么持续运行的？我们怎样可以跑出这个怪圈？因此，"全球视野"的意思是说，我们不只是在关注当下影响我们生活各个方面的东西，而是能够看到影响它的各种力量以及影响的方式。

我们也要思考文化上的问题。我们不是政府，也不是大资本，更不是企业。但是我们是不是就可以很清高地说，以上都是政府的问题、跨国财团的问题、利益集团的问题、百分之一的精英的问题，跟我们无关，我们是清白的？尽管我们批判现代化，批判发展主义，但是我们也在享受或者是背负着发展主义与现代化的后果。我们哪个人不希望一进家门就有热水洗澡、有空调吹风，哪个人不希望有相对比较舒适的环境？但同时，在发展主义与现代化的背后，产生了对科学的盲目乐观与迷信，使得我们觉得，总有一天这些问题会被解决。这种盲目乐观的情绪，跟科学主义、跟整个资本主义、跟整个现代主义，有着怎样不可分割的关系？我们如果不只是看到发展主义造成的社会、经济及政治上的不公，同时也看到它造成的生态不公（ecological injustice），看到人类对自身、对我们内部的弱势群体造成的不公，那么，我们是否还能总是觉得自己在"进步"？

我们该重新审视科学。一方面，科学可以解决很多问题；但另一方面，一个曾经经历过漫长时间形成了相对稳定状态的生态系统跟社会系统，现在正被科学激烈地打碎。

我跟日本福岛的前居民聊天的时候，他们说，建福岛核电站的时候政府咨询他们的意见，当时他们不了解可能的代价，于是答应了。现在沦落到这个地步，他们后悔了。现在，他们的愿望不是奢华生活、现代化，而是很普通的生活。例如，同一个村的人现在分散各地，他们觉得很了不起的事是，联系上分散在各个难民营的村民，大家一起去旅行。从一张照片上，我看到大概一百多人非常高兴的合照。他们在核灾难发生之后，终于可以全村人一起去旅行。接着还是回到各自的难民营。他们回不了故乡的家。

大家是否知道，最初的几天，在难民营他们吃什么？每天每人分到一根香蕉。日本在我们眼里是发达、进步的社会，但是一下子它会掉到一个"我只求有个房子有个家、种田吃上食物就满足了"的程度。一家人在一起，同一个村的朋友跟亲戚在一起，就满足了。我有一个日本朋友，她的丈夫是做日本基金会的，她经常跟丈夫到处跑，福岛事件发生之后她就跑去福岛做救援活动，就不想回去了。她的丈夫要继续留在东京，他们就离婚了。她就在福岛住下来了。那天我们在福岛农民家"惊心动魄"地喝了当地的水、吃了苹果后，晚上吃饭的时候我问她，你为什么要留下来？你完全可以不留下来。她说，我已经四十岁了，我觉得我可以不怕死了，可以为大家做点事，希望可以给年轻人一些启示。我真的非常感动。日本出问题，她完全有能力到别国去，但是她却选择跑到福岛。又过了一年，她跟福岛另外一个救援人员结婚了，那是另外一个故事了。我觉得，在灾难中，人与人的情谊、长久培养出来的社区关系与感情，在社区中发挥着很重要的作用。

美丽的乡村背后，有非常多问题，我认为最主要的就是人的关系、人与人之间的情感、人的尊严和自尊、互相的尊重。这种尊重涉及被某些历史或社会的状况破坏之后，怎么重新建立人与人的关系和人与自然的关系。举两个例子。第一，古巴在苏联解体之后失去了苏联的石油供应，差点垮了。后来没垮，为什么呢？它进行了相应的制度和文化变革，没有石油，大巴开不了，于是从中国运去一百万辆自行车。做农民最光荣，每个人在家里种木瓜蔬菜，然后在家门前摆着卖。我去古巴考察的时候发现浴缸放在后花园里，原来他们在浴缸上面盖一个网，里面养鱼。古巴那时候重点发展农业，现在变成全世界有机农业最重要的一个地方。每两年，古巴会办一次有机农业培训班，大家可以去试试看。能够生产食物的人都是厉害的人。第二，古巴把原来集中化的制度改了。怎么改呢？原来全国所有学生跑到哈瓦那大学读书，他们后来进行改革，把学生留在各地区，把老师派去上课，就是说，与其让一千个学生从全国各地跑到首都，不如把几十个老师派到学生那边。这启示我们，其实出路有很多，问题是我们是不是一定要等到只有最后一口气的时候才寻找出路？

古巴的物资非常匮乏，但他们还是熬过来了。古巴很多人懂中国的针灸，为什么呢？因为他们没有钱买西药，也没法像我们这样吃抗生素。当时中国派了一些专家去帮他们把整个古巴所有草药进行分类与检测，帮他们整理出几千种草药。这也是一种生存之道，可以在你自己的能力范围内实现。我很喜欢听戴老师说她的故事，她十一岁接受了三个月的培训，下乡做赤脚医生，村民非常欢迎她，她给他们开药、治疗疾病。我们每个人都有能力经过培训，搞好自己的身体，种植粮食，懂得怎么把水过滤干净，怎么收集雨水，等等。我们能够有相对不依赖政府和资本力量、建立相对自给自足的生活的能力。当然，不是完全自足的，因为我们还需要手机等现代产品。

总结一下，我们不是简单赞成或者反对现代化。现代化就在我们身上，渗透在我们的观念和情感里。我们应当去探索，在我们的认知、情感里面，我们的爱恨欲求，我们的恐惧、尊严以及荣辱感，能不能有所改变，去构成不同的主体性？我们承认，我们身上有各种矛盾，各种张力，我们不可能不困惑，不可能超脱出这种矛盾和张力，但是我们也看到，每种不同的爱、恨、情感是受不同东西制约的。

这里想讨论一下在巴西非常出名的运动——无地农民运动。薛翠老师在那边住了一年，跟他们交流。我们谈乡建的主体是农民，他们说他们的主体是无地农民，英文是 landless workers，即无地劳动者。为什么他们要争取一块地？巴西有很多大地主，他们和墨西哥的庄园地主可以很骄傲、很自负地说，别问我的庄园在哪个州，应该问哪个州在我的庄园里。所以可以想象他们的庄园有多大。无地农民参与者的爷爷一代属于农民工，到了这一代遭遇到较大规模的失业，他们觉得与其在城市里面乞讨或等待救济，不如自力更生，所以就有了无地农民运动。他们强调，我是无地的，我有权利也有诉求去拥有一块农地，争取到土地后，搞合作生产。"无地农民"是城里贫民窟失业者和不少年轻知识分子的身份认同。我们可以用不同的身份来表达诉求。举个例子，英国民间运动的口号是"我们都是黑人"（We are all black），意思就是说，黑人运动代表了社会中受压迫的，而且是有反抗能力、反抗诉求、反抗组织的运动，所以无论是妇女运动也好，小众运动也好，都可以聚集在黑人运动的旗帜下，将"黑人"作为我们的身份认同。再举个例子，我们从2005年开始就使用"和平妇女"这么一个表达我们身份的、完全不是要针对男性的词语，我们也非常欢迎"和平男士"。但是我们为什么特别强调"妇女"呢？因为我们将它作为代表，对抗任何暴力，包括宗教暴力、家庭暴力，或者是教育、文化上的歧视。我们在2005年组织了全球千名妇女争评诺贝尔和平奖的活动，去年启动了寻找百万和平妇女，收集妇女对抗强暴、对抗暴力的故事资料。"和平妇女"可以作为我们的身份认同。

我觉得现在我们谈回乡青年，或者谈乡贤，并不是简单地谈乡村发展的一种参与力量。里面可能不乏"带着创业梦做农场工作，最后只能凄惨离开"的例子。因此，回乡青年也不一定怀着希望来、不带着绝望离去。但重点在于，这两个群体如何作为主要力量，在重建社群的工作中发挥作用。

如果要建立一个社群，凝聚力来自什么地方？在香港，我现在有两个博士生，一个叫周思中，是全职农民，也是全职博士生；另一个是严晓辉，帮我们在香港教学生怎么种田、怎么用小麦做面包、做饺子，建设"转型校园"。我们今年开始教学生做木制品，例如，小凳子。上我的课的学生，无论读哪门课，基本上都要学种田，都要做食物，如包饺子。我希望学生能够体会，我们每一个人都可以是食物的生产者和加工者。

我们可以对照一个更大的环境：现代化产生的不只是社会不公、经济分配不公，也包括我们对大自然的伤害，这也反过来伤害人类中最弱势的群体，例如，遭受水灾、旱灾流离失所的人群。他们被称为"弃民"。社会根本不去榨取你的劳动力，你最好不存在，最好默默地死去，不要为社会增加负担。但事实上，"弃民"也可以自立。我在墨西哥听到这样一个故事。一名候选人在一个原住民占多数的州进行竞选活动，咨询原住民群体，如果我当选应该做什么。候选人觉得，他们肯定会说建道路、盖房子、建医院、办学校等。但原住民代表说，你当选之后最好只做一棵树。做一棵树的意思是，第一，你不要跑来跑去烦我们，你烦我们多于你帮我们；第二，如果你是一棵树，有需要我们找你来，相当于在你的阴凉下避暑。原住民的心态是，不管是政府还是企业，你让我在原居地，我可以生存得很好；但是你来了，你要我的地下水，要我土地下面的石油，要我的草药，把我们的生存条件剥夺了，然后你还说我们懒、不去工作，是活该死去的一群人。

我们怎么样参考他们的实践经验，如何以一种新的身份，创造新的社会关系？我们如何尽量自食其力，能够种田，能够摆脱对外部的依赖？

在座的其实都是比较"老实"的人，都是干得多、说得少的人。比起大公司的宣传部门，我们真的是不如他们。但是我觉得我们想象"乡建"作为动员的可能性的话，我们怎么表达"家"和"乡"？抗日战争的时候，口号是"国破家亡"，"家"和"国"是分不开的，那么现在我们说的"家"和"乡"如何可以带出一些新的内容？我们每个人可以作为生产者和生活者，希望自己能生存下去，如果是这样的话，那么它就包括了我们的归属感，我们的根，还有我们的未来。我们怎样丰富这种想象？

我们应该在情感上对自己比较宽容，给自己更多的自信跟自尊，让自己觉得不那么孤立、孤独。同时，我们是否能够有一种关怀，对庶民、对底层、对大多数人、对弱势群体由衷的关怀？这种关怀不是一种城市人对农村人、尊对卑的关系，而是在打造乡建的可能性、打造新社会的可能性的时候，我们作为新的主体、新的社群，学习底层人坚韧的生存哲学与实践，学习他们的不懈和宽容。

【讨论】

戴锦华：

刘老师讲得非常充分和全面。这些年来，刘老师一直从环境和在地另类实践的角度去思考，我也一直在分享她这个思路，在她的思路里学习。我只简单分享一下刘老师讲座过程中我的一些联想。

我们已经看到太多关于自然灾害的报道，例如，海啸即将到来的时候有人跑到前面去拍照被卷走了，这是我们今天的一种后现代主义的生活态度，而这个所谓后现代主义的生活态度，使我们完全无法敏锐地感知、体验和捕捉今天我们这个世界危机四伏的状态。

我经常举一个例子。有一次我谈到叙利亚战争的问题，叙利亚难民的问题。讲完之后有个学生跟我说："戴老师你说得非常感动，但是我就非常奇怪，为什么那么大老远的事儿，你怎么那么动感情？"后来我就说："好像昨天你跟我讲美国总统大选的时候也挺动感情的，好像美国比叙利亚还远一点。"结果那个非常可爱的同学就恍然大悟说："对呀！"

今天上午，我跟张振谈到，怎么去超越我们这一代人的主体限定，去认知我们之外的生活？我觉得前面的例子是很重要的。福岛危机发生之后，我当时在美国很焦虑。上网的时候发现，中国大陆网站的两种反应都让我觉得特别可怕。当然，不是我们所有人都有这种反应，即相信日本的民主制度，相信日本的现代化的力量，相信日本政府的救援能力，而当日本政府隐瞒这个灾难的真情的时候，网上的这一部分朋友继续反映说"不可能，日本社会是自由的、民主的"。所以我就发现，那种被偏见和想象所覆盖着的公众心理，其实远比我们作为独生子女，或者作为非政治化的历史过程的结果，要更深地蒙蔽着我们去感知这个世界正在发生的问题的能力。

所以，我刚才说的这个例子有意思。因为你会觉得，好像美国就与你非常近，或者你就是美国。当然"9·11恐怖袭击事件"发生的时候，有50多个知识分子联名写信说，"今夜我们是美国人"，你们的灾难就是我们的灾难，你们的泪水就是我们的泪水，你们为了维护世界和平遭到这么残酷的打击，我们很伤心。但是，当美国军队在世界各地制造灾难的时候，当美国用空中打击把伊拉克、阿富汗夷为平地的时候，当无数的平民死于战火的时候，我没看到这些人站出来说"今夜我们是阿富汗人"或"今夜我们是伊拉克人"。

这说明了我们的局限：我们感知世界的能力，在很大程度上取决于我们的知识、我们的愿望、我们的位置。如果我们有这个愿望、有这个位置的话，无论他是城里人、农村人、外国人，还是在遥远的地方，都不是特别重要。我原来老说自己成长的时候我们的世界是亚非拉，真的没有欧美，我们听到欧美的时候，我们就听到了他们的灾难，他们的苦难，他们的不公。我老讲一个笑话。我第一次到台湾的时候，台湾的朋友跟我说："你们那有香蕉吗？"我说"有啊"。他说，我们小时候听说你们那都吃香蕉皮，然后我愣了一下，我就说："我们小时候也听说你们吃香蕉皮。"过了一会儿我们不约而同地说："香蕉到哪里去了？"我只是说，在那个历史条件下，我们不能够相互了解，我们的视野也不能够互相覆盖，我们只有第三世界，只有拉丁美洲，后来当我们有欧美视野的时候，第三世界就没了。但是，我发现错了，我随便上中国官方的网站去查，发现我关注的第三世界的灾难、第三世界的反抗，都在主流媒体上有报道，当然绝不在显赫的位置上。那么为什么我的印象是没有了这些报道？是我自己把它过滤了。看报纸的时候，我就不看这些消息。我关注特朗普的选举，但我不关注那些国家——比如阿根廷——的选举。

今天说到环境问题和能源危机的时候，我们本来以为这会是一个很好的方式，让我们共享这个世界性的问题，共同获得一个反省现代主义逻辑和发展主义逻辑所造成的灾难的机会。但其实，我们进入这个问题的时候，没那么简单。比如，面对我一些非常批判资本主义的朋友，当我一旦说环保问题，他就说你是中产阶层，因为中产阶层才会关心这么"奢侈"的问题。另外会说，你简直就是西方资本主义的共谋，因为这些年来欧盟的很多国家把新能源和生物技术作为他们未来发展的增长点，所以他们千方百计从碳排放等方面去抹黑中国发展，谈环保是为了达成他们卖货的目的。但是，这是否就意味着那些问题不可以讨论？这些问题本身难道不是资本主义的灾难？这些年，一说政治、经济问题，大家都很关注，一说环境和性别的问题，男学者都没了，认为这是次要问题。我先不谈性别问题——人类的一半怎么会是少数？环境问题凭什么说是次要问题？

最后我给大家补充两个小例子。

不知道大家看没看过《铁臂阿童木》？今天京都到处都是阿童木，但是大家知道阿童木在日文里是原子小金刚的意思吗？这部电视剧被创造出来，主要有两个目的：一是抚平广岛长崎的原子弹爆炸创伤；二是服务于原子能和平利用。美日之间具有军事同盟关系，所有核电站的核废料可以用于制备核武材料，所以尽管日本是无核国，但其具有转变为核武国的可能性。甚至日本政府都没能正面回应有关方面对这个问题的质疑。所以我提醒大家，三年前注意到好莱坞突然把阿童木的形象拍成阿童木的电影，而这部电影服务于另外一个故事。我认为还是"真命题、伪解决"。真命题就是两极分化，在这个故事当中，上等人制造了一颗卫星，生活在地球上空，逃避地球所有的环境污染。当然，那个好莱坞式的电影说，后来这颗人造卫星的系统出现问题，导致卫星摇摇欲坠，于是阿童木托住他们，把他们平安放到地球上。那一段时间，同样类型的电影太多了。

好莱坞另外一个非常好玩的"真命题、伪解决"是一部我觉得制作相当不错的日本科幻片《环太平洋》。故事说有一种怪物来自地心袭击人类，最后人类终于用好莱坞式的精神战胜了他们，人类采取的方法是放置一个核弹堵住虫洞。核弹不是炸毁虫洞而是堵住虫洞，为什么？因为他们成功制造了高温以使核弹堆芯熔化，也即福岛的悲剧。电影把一个巨大的悲剧，一个今天仍然在持续上演的悲剧变成一个好莱坞式的奇迹。这是好莱坞电影最高明的地方，即把一个伤口变成一个解决方式，把一个灾难变成一个礼物。大家看故事当中的主要情节，其实就是日美关系，其中包含了日本姑娘和一个美国军官的爱情故事。所以我认为，这样的一个事实，其实从来都不是区域性、国别性的个别事实，而是一个在全球背景当中的事实。

最后我补充一个事实，铯和铬的半衰期为 80 年。也就是说，排放到大海的核辐射水，以及堆放的核废料垃圾，要 80 年才能进入半衰期。而一滴水融入世界每一个海域所需要的时间是 20 年。也就是说，20 年后，核福射水将流经地球的每一个海域。根据我自己看到的一个材料，福岛危机的一个月之后，阿拉斯加发生大批海豹牙齿脱落、毛发脱落、出血而死的情况。尸体经检查发现，是放射性污染导致的。立刻有专家给我们划出洋流图，上面显示有一个捷径可以把日本海的海水快速带到阿拉斯加，于是第一批牺牲者就在那里出现了，就是沙滩上的海豹。这一现象还在继续。有人跟我们说，大海很大，会稀释核污水，我不相信他们的话。

讨论一：

我的导师曾给我推荐两本书，一本是印度学者查卡拉巴提的 *Provincializing Europe*，另一本是富兰克林·金的《四千年农夫》。这两本书让我意识到，文明不应被简单化地视为一个线性的、历史进步的过程，我们的文明是多样、多面的历史。2001 年，"台湾中华传播协会"在台湾开了一个会，口号很有意思，叫作"向东看，往南走：传播研究的在地知识与全球实践"，"向东看，往南走"本身就代表了对西方发展主义和现代主义的批判意识。当我们今天关注巴西无地农民运动、印度毛主义运动的时候，我们也在去寻找这样一种发展"另类"道路的可能性。

讨论二：

刘老师的演讲对我的触动非常大。以前我以为这是离我很远的事情，但是没想到其实跟我联系这么大，我还从来没有以这样的视角考虑过问题。我们是否能够拨开一系列幻象与迷雾，反思发展是为了什么、发展给我们带来了什么好处？同时会给我们带来哪些危机？什么样的社会才是一个好的社会、怎样的个人发展才是好的发展？

刘健芝：

我觉得我们研习班最重要的安排就是让大家发言，把经验告诉大家,这个过程比我的回应更重要。刚才大家讲述了不少个人经验、个人故事,这是非常宝贵的。这种交流,帮助我们重新梳理、组织和理解自己的经验。

举一个例子。我们现在收集关于"和平妇女"的故事材料,希望收集一百万个故事,目的不是简单地指出这些妇女多么棒,而是希望呈现她们怎么面对制度性的压力,从不同的个体经验出发了解她们的应对方式,以及多种可能性。越是没有资源的人,越要发挥自己的智慧、能力和恒心,因为只有这样他们才能够生存下去。从这个意义上说,在底层和边缘,我们可以看到非常有智慧、非常有能力的人。

刚才几位谈到了幸福、尊严的问题。如何使幸福、尊严从废墟中重新生长出来?有很多种可能性。我以前去金沙江虎跳峡采访当地人的时候,他们说,你给我金银,我都不要,我只要青山绿水。那里有很多少数民族,他们说,土地是我们的命根子。中国各地会有不同情况,不同的村会有不同的认知。尽管在现代化的进程中,这些东西已经碎片化,但它们仍然存在。怎么让碎片连接起来?我们说,这些知识不是客体化的知识,我们应当从中看到不同的关系的存在,使这些关系重新恢复起来。这是我们乡建工作要思考的。

还有就是关于"生态"的问题。我们谈到的生态,不是简单地指自然,它还包括我们人与人之间的社会生态。我们可以有一些突破性的概念。比如"食物主权"这个概念。我跟一位法国的老师合编了一本书,请五大洲的作者写他们的农业和食物问题,书名是 *The Struggle for Food Sovereignty: Alternative Development and the Renewal of Peasant Societies Today*。"食物主权"这个词组,以前没有。我们说国家主权,或者主权在民,主权主要是一个政治概念,但现在谈食物主权,大家可能都接受了。这个概念最早是无地农民运动的人提出来的,他们强调,人要生存、要吃饭,要吃得好,不吃工业生产品,工业流水线式生产的鸡是工业品,不是食品。他们提出"食物主权"这个概念,把一些主流概念变成他们运动可以借助的批判性资源。这种转化、这种智慧、这种创造,都是我们可以参照的。

当代乡村建设的在地经验与总结反思[①]

何慧丽[②]

【演讲】

一 从《健康鸡之歌》说起

今天首先请大家欣赏一下由我们豫西乡建团队创作的一首歌，愉悦一下大家的心情。歌名是《健康鸡之歌》，说的是健康鸡、快乐鸡的故事。

健康鸡之歌

健康鸡蛋哪里产？罗家弘农生态园。
这里的鸡儿活的欢，欢实的鸡儿下好蛋！
食虫草、饮山泉，五谷蔬菜佐三餐。

[①] 时间：2017年8月28日；地点：重庆市北碚区梁漱溟旧居；整理人：杨朔；校对人：张振。
[②] 何慧丽，中国农业大学人文与发展学院教授，中国农业大学农民问题研究所所长。主要研究领域为农村社会学、农民组织化与城乡合作、县级治理与乡村建设、生态社会学等。先后在 Chinese Sociology & Anthropology、《开放时代》《马克思主义与现实》等期刊以单独或第一作者身份发表论文60余篇，主编《新时代乡贤》(2018年版)。国家社科基金重大项目"实施乡村建设行动研究"首席专家。

又吃又喝还锻炼，悠然散步山林间。

觅食嬉耍谈爱恋，日落才回舍里面。
发酵床呵真舒坦，海生老师帮忙建！
知恩感恩睡的酣……一觉醒来就扇蛋。
一枚、一打、一串串……咯哒、咯咯嗒……声声赞！

亲们亲们快来看，这儿景色最养眼。
（画外音）为啥？
健康鸡来健康蛋，自然农法法自然！

　　大家都知道，我卖过大米、卖过猪，现在开始卖鸡啦。
　　这个故事强调的第一个道理是推广生态技术。我们几乎每天都要吃鸡肉、鸡蛋或猪肉，可是工业化、规模化的饲养方式不仅导致了人类的食品安全问题，还造成了严重的环境污染。鸡和猪曾经是人类的朋友，增加它们的生存福利感应是人类的时代担当。这个健康鸡的故事是说当代乡建人在养殖上所做的发酵床生态技术探索，就是结合当地种养实际，利用微生物发酵技术，使得猪粪鸡粪不再发臭、不再是污染源；而且多年以后发酵好的猪粪鸡粪还是上等有机肥源。那么，鸡为什么快乐呢？因为除了喝山泉、吃虫草，还谈恋爱、嬉耍，晚上一觉睡到大天亮，一早起来就下蛋，"咯咯哒、咯咯哒"，声声赞！（众笑）这里面主要说的是生命的一种活泼的展现状态。这是从生态技术延展出的对生命的思考。
　　这个故事强调的第二个道理是培育农民组织。弘农生态园的创建者车海生，作为当代的支农大学生青年，曾是弘农书院秘书长、弘农农牧业专业合作社理事长助理，他在我们那边推动的工作，主要是培育当地的农民组织。
　　这个故事强调的第三个道理是弘扬传统文化。正如其最后一句话"自然农法法自然"，就是借鉴了老子《道德经》第五十一章的一句话

"人法地，地法天，天法道，道法自然"。这是中国文化的基因，是中国传统文化的经典。在农民合作组织里推广生态种养技术，这里面有一个文化的含义。

简言之，这个故事展现的三个道理，正是我们从事乡建工作所要做的"三位一体"工作，即生态技术、农民组织以及传统文化。

二 题解"当代"的含义与"乡村建设"的纲领

潘家恩给大家出了个题目——"当代乡村建设的在地化经验与总结反思"。我就按照这个题目，结合所参与的一些社会科学实验，跟大家分享我的经验性思考。这个分享从题解"当代"和"乡村建设"开始。

首先，如何理解"当代"？我想可以从以下几个方面来理解。

其一，当代指的是工业文明末期、生态文明初始阶段。这一个文明的末期与另一个文明的初始阶段，在发达、发展中国家表现为三个灾难：生态灾难（这个不用多说）、心态灾难（现在任何一个活着的有权力的人、有钱的人，甚至是包括有学识的人，都面临着深刻的身心分裂感，以及不能安身、不能立命的焦躁感）、社会态灾难（比如城乡差距、发达地区与落后地区的差距、社会阶层差距）。

其二，"当代"这个词着眼于21世纪在座的各位年轻人。我以前跟年轻人说，一个时代的"人"主要说的是那些为这个时代负责的，如果你是个思想家，你首先负责的是你所属于的那个时代。从这个角度来说，我们学毛泽东、学梁漱溟、学晏阳初、学陶行知、学孙中山、学孔子、学老子……是"我"基于当代的视角来学他们，是以此时代的"我"为主，"我"具有这个时代的问题意识。例如，毛泽东是近现代这个特定时代的人，必然首先对中国社会前所未有的工业化原始积累阶段，以及其所导致的社会动荡问题具有敏感性，并为缓解这些时代问题而勇于担当。所以，我们应当有我们自己时代的问题意识，为我们自己所处的这个时代负责。

其三，是"一带一路"倡议。"一带一路"有中国的文化风骨与精神，其中就有道法自然的风骨和精神。也就是说，"一带一路"作为一种对历史的超越式复兴，是对农耕文明内在精神的继承，对工业文明的合理因素的继承，同时，也是对工业文明的不合理因素的否定，以及对农耕文明的否定之否定。

那么，如何处理好当代与近代、当代与古代的关系呢？回到习近平总书记在2016年5月17日哲学社会科学工作座谈会上的讲话，其中一句振聋发聩的话是强调中国特色哲学社会科学"要坚持不忘本来、吸收外来、面向未来"。这里面有一种什么样的格局呢？就是我们要先解决当今生态问题、心态问题和社会态问题。第一，它一定是有一个内在的根据和依据的，那就是包括自己的历史和现实基础的"不忘本来"。历史是根，根深才能叶茂；现实基础是能够发力的、发挥创造性的凭借。第二，"吸收外来"的参照，就是看看外来的、外国的、外地区的知识成就，能否为"我"所用？能否实事求是地借鉴？那么，总的目的是为了面向一个有希望的未来——"面向未来"。习近平主席重点强调"看得见山，望得见水，记得住乡愁"，这些都是"本立而道生"。

我们用一句诗来说就是，"时来天地皆同力，运去英雄不自由"。生态文明的初始时代呼唤着各位开路的英雄，那么英雄有英雄的孤独，同时英雄有英雄的时运。孤独与时运并存。

其次，如何理解"乡村建设"？

这几天的培训内容非常丰富，一定会使大家对"乡村建设"有全方面的认识。对于乡村这个问题，我只想探讨纲领性的东西。

我认为这个纲领就是乡村的组织与制度建设，即培育乡村可持续发展的、有生命力的农民的自组织，以及与之相配套的制度。现在设在农村的组织机构，其中的一些恰恰是用来瓦解乡村、汲取乡村资源的组织，它们或是市场性组织，或是政府性组织，其功能就是汲取乡村资源，以服务城市化、工业化，比如一些信用担保公司、农资公司、产业化投资公司等。也就是说，乡村现在缺少农民自己的组织，农民的组织大都处于瓦解或支离破碎的状态。在乡村缺乏像样的农民自主性组织的状态下，乡村的诸多问题，包括农民增收问题、乡村环境问题、食品安全问题甚至农民生活问题等都没有组织保障，这就让目前中国农村很难走向可持续的发展。

最后,如果说乡村建设的纲领是指制度或者组织,那么,人类创造组织与制度的初心是什么呢?

先看"组织"的初心或本意。每当我看着"组"和"织"两个字,就会想到我的妈妈或者奶奶织布的样子。为什么要织呢?因为人要穿衣,人要耕地吃饭,穿衣吃饭是人类社会顶要紧的事,所以中国人造的"社"字,就是由示补旁和耕作的土地组成的。最初的"组"和"织"是非常生动形象的,里面有劳动最光荣的味道,也有亲情的味道。所以最初的组织是满足人的需要,这才是"组"和"织"。组织原本就是把一个个零散的东西串起来、织起来,符合大家的需要。我想这是"组织"的本义和初心,而不是社会学所说的组织对于人的控制和支配,或者组织是外在于人的管理和约束。

再来看"制度"的起源。我们看度量衡,最早的度量衡单位都与人体相关,都是从自己出发的:"布手知尺,布指知寸""一手之盛谓之掬,两手谓之溢"。夏朝时,以领袖大禹"身为度,称以出",以名人为标准进行单位的统一,这是最早的法定单位。秦始皇统一中国之后的度量衡改革,才出现了全国性的统一标准。

以上跟大家分享组织、制度的本源,是想说明任何事物的创造都有其本意和喻义,如果我们过度运用人为叠加的喻义或引申意,我们就会越走越远。我们要恢复乡村组织和制度的初心,使群体和谐,而不是老想起那些外在于农民群体生命的东西,老认为成立一个组织、制定一个制度只是用来约束、控制、管理、惩罚的。

接下来,我们要关心的是乡村组织制度建设的原则是什么。我认为,基本原则就是"尊道贵德、和合生态"。尊什么样的道?贵什么样的德?要遵守乡村组织的道,还需要有德行的人去开创去维护。因为,万事万物都是"道生之","道"生了之后怎样可持续呢?"德蓄之"。至于"和合生态","和合"是相辅相成的共生与和谐。"和"不是齐一的、规范的、同质的,而是补充的、搭配的、沟通的。此外还有主导主体角色的多元性原则、内容的综合性原则、技术服务的系统性原则等。

三 一些典型的乡村建设在地经验

知识分子所参与的乡村建设，内容是极其丰富的。我刚才说到的就有生态技术、农民组织、传统文化、伦理关系等方面，还有政府主导的公共服务、精准扶贫、基础设施建设等方面。今天我想结合一些典型案例，讲一讲不同社会群体或者阶层在乡村建设，尤其是乡村组织制度建设中的位置和作用。

（一）关于党的领导的组织制度创新经验

历史证明，基层的组织制度创新，离不开党政力量的主导。我曾撰文总结党政主导作用主要体现在四个方面：领导、保障、推广、监督。当然，在党政领导下，农民的力量、社会的力量和资源都可以发挥作用。

在这里我想强调的是党的领导创新的经验有如下几个方面。

其一，"4+2"的基层党的领导的组织制度创新的经验。作为21世纪一个由地方党领主导的、中组部推广的好经验，"4+2"工作法的原创地是河南省邓州市。从2005年始，河南省邓州市农村开展深化"三级联创"活动，加大农村基层组织建设的创新实践力度，推出了"4+2'"工作法。具体说来，就是所有村级重大事项都按照"四议""两公开"的程序决策实施。哪"四议"呢？就是党支部会提议、"两委"会商议、党员大会审议、村民代表会议决议或村民会议决议；哪"两公开"呢？就是决议公开、实施结果公开。其本质是在村里复杂情况下，尊重村社里面所有既有组织、既有势力的意见表达，形成各方意见的一个平衡，重视其内在生命力的合力及和谐共处。一个村里面的组织有：党支部、党员群体、村民自治委员会、村民小组、各家族乡绅等。

其二，"两票制"的本土制度创新经验。"两票制"产生于1991年的山西省河曲县岱狱殿村。所谓"两票制"，就是在村党支部选举时，先由村民群众投信任票，再由党员投票正式选举。就是说，选党支部书记等支部重要成员时，首先要在全体村民中间进行海选。本来党支部书记只需要村里全体党员选出即可，但是村民认为由党员选出来的支部书记，并不只是只管党员，而是要管全村，既然要管全村，就得首先过全体村民这一关；假如党员们选出来的支部书记大家不认可，那么，其在村里的工作还是没法开展。因此，首先默许海选，让全村的非党员也参与，海选推荐出支部书记候选人，然后党员再选，这种方式尊重了乡村国情的本土特点。

其三，关于地方党政主导的美丽乡村建设机制创新经验，以浙江省吉安市为例。我没有去吉安考察过，从媒体报道来看，还是有其内在生命力的。吉安市委市政府采取"政府推动、龙头拉动、协会带动、能人牵动"的方式，规划当先，推动农民以"土地入股"参与特色产业开发，以此保证农民可获得土地租金、劳务收益和专业合作社分红"三次收益"。由于党政主导，吉安市形成了各级干部总动员，搞美丽乡村建设的模式，成效显著。

（二）关于社会力量参与的组织制度创新经验

实践证明，在党政领导和统筹下，动员全社会的力量，尤其是社会公益组织、高校科研院所知识分子力量、社会企业资源等，参与农村基层的综合性建设工作，这是一条宝贵经验。在这方面我向各位介绍"社会力量有重要参与作用"的两个例子。

其一，社会企业发起的河南省信阳市平桥区郝堂村的乡村建设。我去了三次郝堂村，跟李昌平老师也是十多年的朋友。郝堂经验的关键在于：中国乡建院作为社会企业的介入，设置切合时代的村社内置金融及其他配套制度创新。李昌平老师有一揽子成体系的经验，除了内置金融，还搞了土地产权抵押、老年人协会、农家乐生态建筑、城乡文创旅游，以此鼓励市民下乡、资源下移，并壮大村庄集体经济，进行全面、综合的乡村建设和城乡融合建设。这个经验中有信阳市县乡村各级党政领导的重要因素，也有村民们的内生因素在里头。但是，其发动力量，是李昌平作为创始人和院长的社会企业组织——中国乡建院。有这么一个重要社会力量的培训、参与、设计、陪伴、指导是关键。

其二，由高校知识分子力量发起的兰考县农民合作组织建设的经验。2003年，我有幸作为中国农业大学老师、北京大学在读博士，被委派到河南兰考县挂职副县长。我是副县长，按理所做的都是中国农业大学校党委和开封、兰考地方党委从长远和大局出发的、领导关心或支持的事情，没有这个大背景和后盾，无论如何是在基层做不成行动试验的。但因为只是挂职，而且我自己也是一个立志要践行"知行合一"的近现代乡建派知识分子；所以一开始就试图动员以温铁军先生为首的当代乡建力量，中国农业大学、河南大学等高校科研院所的教育培训资源，以及各种进步社会公益组织、企业组织的资源力量，来做"以人民生计为本、以合作组织为纲、以多元文化为根"的社会科学实验。因为其是以"有理念、在行动"的知识分子为始的多元社会力量介入推动农民组织化的过程，所以一开始我们没有做当时在全国盛行的招商引资工作。

关于多元力量中的知识分子力量，我对这个过程印象最深刻，其对当地乡建作用也最持久，通过"传帮带"带来的进步也最大。在座的西北农林科技大学人文社会发展学院副院长赵晓峰副教授，就是从在河南大学上大一开始跟着我下乡，后来成了河南大学三农发展研究会会长又带着会员们下乡，他和团队下乡最多的地方是兰考县。大学生下乡过程中的"支农""支教"活动温暖了乡村，给乡村带来了生气，大学生则在"调研"活动中成长了。我基于高校教师和挂职副县长的双重角色，尽可能将他们年轻人的作用嵌入基层扶贫办组织的农民合作社培训，嵌入乡土文化建设。当时每年都要搞10余场乡建活动，来自中国农业大学、中国人民大学、清华大学、同济大学、河南大学、河南农业大学等高校师生力量对乡村文化建设起了发动机和宣传队的作用；而来自开封、郑州、北京等地的市民群体、企业力量、媒体力量、社会公益力量，以及乡村大量的老党员、老模范、老干部、退伍军人、退休老教师等"乡村五老"的乡绅力量，都在一定程度上起到了积极的社会参与作用。在此作用下，兰考县广大乡村的农民合作组织建设、老年人协会建设，以及乡土文化建设如火如荼地开展着，从大李庄村到陈寨村、贺村，再到南马庄村、胡寨村、蔡姜楼村、后白楼村、徐塘村、坝头村……在此过程中，大学生们成长起来了，像赵晓峰副院长这样的知识分子就是在无数次去兰考乡村参与乡建的过程中成长、成熟起来的。在座的还有一位重庆高校教师，名叫吕少德，10年前在中国农业大学读本科的时候，也跟着我下乡到兰考等地的农村从事乡建活动，心里一直挂念着中国乡村如何复兴的大事业。至于重庆大学的潘家恩主任，他当时很会组织和协调，组织全国各地农民合作组织骨干力量到兰考县进行了多次经验交流。

作为知识分子，大家参与了豫东乡村建设，主要是农民组织和文化建设，其范围从兰考县扩大到禹王台区、通许县、杞县、尉氏县、开封县等地，在发动、参与的过程中，我们知道了农民的苦难与农民的动力，了解了小农的局限性问题，也反省了自己作为小知识分子的问题、明确了自身的优势，明白知识分子群体到底能干什么，不能干什么，边界在哪里？与基层社会的结合点在哪里？这里面有各种酸甜苦辣咸的体验。

（三）关于以农民为主体的农民合作组织制度创新经验

10余年来，我到处讲的乡建动员经验，就是"党政领导、农民主体、社会参与"的三位一体经验。在这儿我想强调这个"农民主体"的经验。乡村建设的过程就像带兵打仗，在这儿，农民就是兵啊。没有兵，我党带着谁来打乡建这一场持久战啊！何况，其他兵种，如资本下乡的企业者、市民下乡的创客力量等，只是辅助力量和参与力量，他们在乡村难以反客为主，因为他们失去了农民这个群体，就不持久、就高成本，最后也未必有根基。然而，当前的农民力量也是很成问题的，存在着人员分散、老弱病残、大多外出谋生等问题。

来自山西省永济市蒲韩农民协会的经验就是以农民为主体的组织建设经验。

关于蒲韩农民协会的经验，大家都知道，它的带头人郑冰经过近二十年的探索，带领着一个有着近4000名农户加入的农民协会组织，为社员提供资金互助、联购分销、生态技术培训、城乡交换、老年人服务、幼儿"三亲"教育等诸多服务。许多知名学者专家都去看了，认为郑冰带领的协会组织是真正的依靠农民、为了农民的农民自组织。全国有很多乡建活动，要么主要是政府行为，要么主要是企业行为，要么主要是公益组织或者知识分子的理念行为，他们作为外发力量，有着意图促进农民内生力量的觉悟和担当，但是这其中有的促发了内生力量，有的折戟沉沙，造成很多后遗症。在这里我想跟大家分享两点。

第一，郑冰现象之所以产生的人文地理资源条件。

郑冰现象是如何产生的？我认为得益于黄河中游千万年来形成的人文地理资源条件。

我们去考察郑冰的经验时，发现她那个红娘手工艺大院的院墙上写了这样的一段话：

> 在人类历史的长河中，各民族在依靠自然环境生存、繁衍和发展的过程中孕育了各自独立的民族社会以适应周围的环境。发源于黄河边的农耕文化同样展示世人的又是一种自给自足的人文精神，但市场经济所造成的人力资源失散，使传统文化传承后继无人……我们生活在传统与现代碰撞的年代，义无反顾的就是要用我们微薄之躯去寻回祖祖辈辈的生存之道。

可见正是黄河这里的地理资源风骨与气象，如黄河的包容力、岸边蒲草的坚韧品性，长期以来所孕育的一种人文精神哺育了郑冰。就算没有郑冰，也会有张冰、孟冰，偶然的"郑冰"存在于这里的社会文化心理层面的必然性展开之中。

第二，蒲韩农民协会的农民主体性表现在哪儿？

郑冰这个自组织是尊重农民自主性生命的。它是服务于农民群体自身需求的，这里强调的特征是两个：一是以在培训、流通、教育、社会等方面进行服务为工作抓手，而不是以扩大生产搞投资为抓手；二是立足于农民群体的自身需求、内生需求，而不是立足于农民之外。正因为这两点，蒲韩社区有稳定的农村基础和业务来源，就不会太依赖外在而"凌空蹈虚"。为了追求外在东西而最终失败的农村组织还少吗？

那么这些特征表现在哪儿呢？一个东西的主体性，一定是一个立体的体系，如果农民只是生产链上的一个环节，能有什么主体性？没有主体性就没有粘合力，就会产生资本下乡失灵、政府支持或资助无效、社会参与的积极力量参与不进乡村的问题。农民主体性一定意味着围绕农民组织所形成的立体的服务工作框架体系的支撑作用。用郑冰的话来说就是：老人学堂，解决社员家里老人的问题；女工发挥织布的功能，并解决照看儿童的问题；日用型统购解决农民的消费主体性的问题；农产品统购解决农民的生产主体性的问题；统销解决农民的销售主体性的问题。因为工作模式立体了、有体系了，所以农民就有"生命"、有主体性了。

可以说，农民主体性是个"本"，"本立而道生"！郑冰在很多地方演讲，老会问一个问题：政府给的钱你要不要？她提醒的是，你要以你为主体，如果这个钱在特定时机，对你在此阶段的发展有好处，你就要；如果在某阶段对你的组织发展未必有好处，会左右你的自主性发挥，就是来了一个亿，那也不能要。一个组织，要踏踏实实地走自己的路，谁也不会替你走路，外在的资源支持永远只是条件，不是主体。她举例说明，假如有一笔钱，要的话，会有两个不良结果。第一，钱顺利到了手，钱来得太容易，马上就有人会惦记着：这天上掉下来的钱如何用？是分还是投资？轻易来的钱一旦处理不当，就会造成组织内部的不稳定或者麻烦。第二，假如钱来得不容易，附加着条件和要求，你总得符合条件或要求吧？你得天天盯住这个要钱的事吧？中间出了啥事儿你得分心去处理吧？总之，在不合适的情况下从外界来了一笔钱，未必是好事。因为有可能会扰乱自主性发展的节奏和方向。

四　一点总结与反思

（一）关于"党政领导、农民主体、社会参与"这三者辩证关系的反思

不管现在的一些既有体制内做法如何有问题，但乡村建设这个事情，党政的一元化领导是没有错的。

作为一个四十多岁的人，我也在比较中反思党政体制中的问题。中国的国情特征和历史延续，往往规定了当前党政主导的一元化和社会力量的多元参与化，也就是说，这个党政的一元化领导里面有着中国式的元素。因为我挂职过副县长、县委常委、市长助理，每次开会的时候，

都坐在主席台的第二排,会经常观察基层的一些政治现象和特点,比如基层选举。我发现县乡村的选举,一定是在党委领导下相对适切的民主选举,有点"民主"与"集中"有机结合的"举贤"式味道。因为要保证民主性,更要保证低成本,包括社会稳定的低成本、经济开支的低成本、政治延续性的低成本。虽然中国的党政领导还有局限,但这个制度的原理没错,需要辩证地、历史地来看。2004 年,我、小潘、杜洁等10 余名高校师生,在香港朋友刘健芝老师、袁月仙老师的协助下,跟着温铁军老师到印度的孟买、卡拉拉邦等地去调研学习。那时候我们白天实地调研,晚上在一起交流和反思。记得好几个晚上,我们都在拿印度现象与中国比较,然后温老师启发我们:你们看到印度的乱糟糟了吗?看到中国还没有出现像印度这样的乱糟糟吧?哪个超大国家的宪法像中国共产党作为执政党以宪法的名义写上"农村土地归集体所有"?世界上哪个政党提出了小康社会建设?温老师强调的是,我们在有了国际比较之后,才知道党的一元化领导这句话的历史唯物性。

确实,在全球面临生态资源困境的严峻背景下,也只有中国共产党作为一个超级大国的执政党,率先提出了生态文明和美丽乡村建设的国家战略。专家学者公认西方的那些绿党,主要是某一个小阶层、小政党的运动,而只有中国才有这种意识形态的正确性。

党政领导具有什么样的特点呢?当你处于初期探索阶段,党政体制不反对,不支持,会观察;如果你探索出一些名堂了,党政会来调查、研究、考察、定性;当你做出一点东西了,党政会来总结提炼,会在政策上、资源上推动一下。一般而言,影响大、能量强的党政领导的特点,是发现新生事物之后,再总结推广,它一般起的是归纳推广的作用,大多是"锦上添花",很难是"雪中送炭"。所以,当新生事物处于探索阶段,当然要像先行者一样忍得了孤独与寂寞,力求形成自身的主体性。郑冰老师讲,政府给钱她不要。很多人听不懂,政府给钱不要,傻吗?郑冰说,当主体还没有形成的时候,或者说,在你还不是有着自我内循环的"生理人"的状态下,你要那么多吃的,容易噎住(笑)。所以说,乡村建设关键在于培养农民的主体性,然后才来思考,作为知识分子的我们如何在农民的主体性培养中发挥作用。

关于社会参与力量的讨论。既然定位是"参与"的力量，那么一定会功成而身退，功不成必要时也得身退。在参与的时候，就确定了你一定会迟早退出。我总结的作为知识分子或社会公益组织的参与规律有以下几点。第一阶段，培训或示范阶段，介入深一点；第二阶段，陪伴或者支持阶段，给予一定条件或辅助支持；第三阶段，协调"外发促内生"的各种外在力量，促使农民组织形成"内引外联"的自主性能力；第四阶段，顾问并渐行消失阶段，我们在这个试点上、这个事项上逐渐退出，开启另一个地方或另一件事情的形成、成长工作。

潘家恩老师让我讲在地的真实经验，以上经验，我觉得都已经涵盖到了。有的地方经验是政府主导的力量强一点，有的地方经验是农民主体的力量强一点，有的是知识分子的力量强一点，总之就是社会参与、党政主导、农民主体三个部分此消彼长、互为补充，哪个更强，条件不一样，情况也不一样。

（二）关于乡建事业中参与者的"心性"进步之反思

《论语》"学而"篇言：

> 学而时习之，不亦说乎？有朋自远方来，不亦乐乎？人不知而不愠，不亦君子乎？

这三句话分别是三个境界。人要想外圣，就得学习，是那种学了要不断地拿到实践中去检验的学习，这样才会内化为自己的知识，这是件令人高兴的事情，这是指学习内化提高之乐；有志同道合的朋友们从远方来，大家在一起切磋，共同提高进步，这不也是一件令人愉快的事吗？这是指朋辈群体相互交流的群体相处之乐；别人不理解自己，不理解自己的理想、学说和见识，而自己却不恼怒、不生气，尊敬别人的意见和立场，坚守自己的心志，这不也是作为君子该做的事吗？

这句话，充满了智慧和力量，乡建从某种程度上而言，外现为乡村的组织制度建设等，内修为参与者个体或群体的自省和心性的提高。我们做事的同时也是在做人，做事在路上，做人在心上。

以此与各位共勉。

【讨论】

提问一：

何慧丽老师在十年的实践当中遇到了哪些比较大的考验和困难？为什么后面最终又回归到传统的乡土文化复兴上去了？心路历程是怎样的？不知您是否愿意多谈一谈？

提问二：

我想问一个关于绿色农产品的道义流通实验的问题。我们知道，它是以乡村文化书院为载体，而形式的机制，在这样新型的流通关系之中，生产者要价偏低，消费者出于道义会给偏高的价格，这两个群体之间感恩互助，儒家的道义会自然地存在于费孝通所说的熟人社会之中。但当今的现状是，随着食品安全问题的出现，消费者的信心被瓦解了，农民与市民并不熟悉，这两个群体之间没有信任。那么，两个群体之间的信任关系如何建立？这种关系是否可靠？或者说是有怎样的认证保障方式？是否能够给予消费者信心？

提问三：

想请教何老师的是，您在乡村搞书院，"敦伦复礼"，到底"敦"什么"伦"、"复"什么"礼"？您的教育对象是谁？

何慧丽：

在交流讨论的过程中，学生也是老师，老师也是学生，教学相长，共同进步，感谢大家。

这几个问题之间也是有呼应的。咱们都是尝试以整体性的视野、综合性的方案来突显村民自己的自觉性和主体性，强调乡建的组织创新和制度创新。

对于第二个问题，感谢你还认真地看了我写的东西！关于农民与市民建立信任关系的问题，主要矛盾方还是在市民那儿。市民善待农民一分，农民就会回报十分。那个在罗家村以弘农书院为平台所做的绿色农产品的道义流通实验，其主要是由市民朋友尤其是企业家朋友圈里的有信仰的儒商们发起的，是他们把这个经验推广到了全国的好些地方。我认为这个道义流通能够给生产者信心，然后再增加了消费者信心，能够形成良性互动的信任圈。只是现实操作上有一个冲突适应的过程。

至于第一、第三个问题，我就多说一下。

有人批评我，你要"敦复"到哪里？"敦"是"敦伦尽分"，"复"是"克己复礼"。年轻人会质疑，传统文化的糟粕还不够多吗？而我在兰考县做的事儿，都是围绕公共性的乡村建设工作展开的，怎么今天的讲座又回归到个体经验与修身呢？

说句实在话，就是归零，就像电脑重装。归零是一个很好的状态，积极来说就是入定，让自己静下来，平心静气，定而静，静而安，安而立，立而得。

从某种程度上来说，我是现代教育的一个"成品"的同时，也是现代教育的一个牺牲品。为什么这么说呢？因为我们从小没有系统地学练字、学修心、学中国文化经典、学做好人，自己也静不下来，满脑子被教的大都是那些小技巧、小聪明的知识性的东西，都是比较外向地要求别人、教育别人的东西。我也是40岁左右，才学会了谦卑，学会了认错，学会汲取养料，学会通情达理，试着将心比心，理解他人。因为与你意见相左的人，甚至反对你的人有他的来由。我从小没有学这个，不清楚"人不知而不愠"的好处与合理性。

为什么想说这个呢？因为自从踏上乡建这条船，就认了那句话："要做事，先做人！"举例说，人与人的伦理关系如何相处？这门现实课因为没人指教，没学，所以很多人处理不好。古人言对长辈要"孝"，对晚辈要"教"，对平辈要"悌"，这些常识，我也是40岁前后才想到的，想到之后我就立行之、改进之，尽量做到"不二过，不迁怒"，尽量做到有则改之，无则加勉。用这样的"放下"或"包容"的心态来做事业，我就感到心安了。

我们不是从概念到概念地执意要回到传统文化，而是因为现实问题促使我们回到传统文化里面去寻找答案，现实问题永远是我们干一件事情的出发点。"敦伦尽份，克己复礼"；以利相交，利尽而交绝；以色相交，色衰而交绝；以义相交，天荒而地老。老祖宗的这些话是有道理的。

因此，第一，要做事，首先要修补好做人这一课；第二，自我提升和反思对我很重要，对各位都很重要。中国人讲身教胜于言传。示范很重要，感召很重要，如果言传身教还是不行，那就等待时机和条件。

刚才讨论中有人说，"文化是个符号性的东西"。我要分享的是，文化也是实体，而不仅仅是一个符号，虽然文化确实在某些时候是以符号的形式表现，生活、生产、实体、实物都是文化，文化具有真实性，具有动态的完善性。比如，我们在做乡建的时候，并不是把外来的制度经验照抄挂在墙上了事，而是依据既有的本来，再参照内化外来的，千万不是人家怎样咱也怎样。就像罗家村做合作社，那就是罗家村自己的村民坐下来讨论，而不是要把从郝堂村的经验借鉴回来挂在墙上。罗家村真实的合作文化经验，都是罗家村村民讨论出来的，不要担心讨论不全面，遇到问题可以再完善、再补充。文化，就是文化人，就是生产关系和生产力中、社会关系中真实地发生着的东西。

教授与县长的两种身份，怎么平衡？这应是当时我要面对的一个困难吧。但也就这样跨界地、边缘地走过来啦！我很珍惜这一段经历，让我打开了那层包裹着"精英学术"的外衣，形成了做学问的一种自我特色。我觉得这段经历让我知道了知识的本源，它超越教科书本上的东西。当然我也一直独自经受了误解和孤独，但是我自己也有自由的快乐。潘家恩老师在10年前就说了一句话：打开象牙塔，走进泥巴墙。社会学家王景新老师也提倡一句话：到田野做学问，到社会学知识。这里面别有一番滋味。

从大学生支农到城乡互助

——当代乡村建设实践探索之一[1]

李管奇[2]

【演讲】

今天报告的内容以一个案例为切入点，我回顾了过去十多年的大学生支农调研活动。我们的试点在江苏省昆山市。大家知道，这是中国最富裕的地区，有些村集体年收入可达两三百万元，但它在昆山依然算是贫困村。今天我就和大家分享过去三年时间里，在这样一个富裕地区开展乡村建设工作的经验以及由此引发的思考。

我今天报告的大标题叫"望田头"。江浙一带，也就是太湖以东地区，水田较多，当地老农有一个传统，经常要到稻田里"巡视"，叫作"望田头"。望田头其实是一种传统的地方知识与实践。在过去三年的试点工作中，我们逐渐意识到地方知识、传统实践是非常重要的，尤其对于推动生态农业发展是非常关键的。

---

[1] 时间：2017年8月27日；地点：重庆市北碚区梁漱溟旧居；整理人：王欢；校对人：王昊。
[2] 李管奇，2007~2017年任职于梁漱溟乡村建设中心，2014年起参与青澄计划的工作。

一 试点项目的缘起（阳澄湖东岸水环境综合整治工程；中国人民大学可持续发展高等研究院昆山产学研基地）

该试点项目的缘起非常简单。2009年，昆山的一家国企，也就是试点项目的支持方——昆山城市建设投资发展集团（以下简称昆山城投），看到小毛驴市民农园的媒体报道后，受此启发在阳澄湖边也做了一个有机农场——悦丰岛有机农场。农场运营一段时间后，昆山城投当时的领导找到中国人民大学的温铁军教授和梁漱溟乡建中心主任张兰英进行沟通，希望能与乡建团队开展合作。后来，经过反复沟通与接洽，梁漱溟乡村建设中心承接了这个在昆山的试点项目。

这个项目的实施区域位于阳澄湖和傀儡湖之间，前者是苏州市的饮用水源地，后者则是昆山市的饮用水源地。因此，这片地区对于环境和农业的要求是非常严格的，我们只能做比较健康的、对环境影响小的生态农业。此外，由于昆山城投及悦丰岛有机农场缺少农村工作经验，他们希望能通过乡建团队与当地村集体和村民合作，在阳澄湖沿岸地区开展湿地保护、经济发展和村落保护等工作。这里不仅是湿地环境保持的重要地区，也是昆曲的发源地，还有考古发掘的有六千年稻作文化历史的遗址，文化保育的重要性亦不言而喻。

我们刚刚到昆山启动工作时，其实摸不太清楚本地的情况，在昆山这么发达的地方做乡村建设工作也相当有挑战性。因为这个地方的经济条件特别好，所以从事农业的收入很容易被稀释掉。这就要求我们必须好好想一想，到底要发展出怎样的工作策略来应对这种挑战。我们当时决定，一是通过网络招募一些年轻人，把新的思想、新的玩法带到这个地方。毕竟绰墩山村是个古村落，村中大部分是老年人，当地的农耕还保留着比较传统的方式。二是希望村庄能够接受生态农业，将农田耕种方式转换为有机、生态的耕作方式。于是，我们在阳澄湖与傀儡湖之间选择了一块农田，也靠近悦丰岛有机农场。

二 寻找切入点（绰墩山村农田朝向有机耕作的转化试验；青年人实践作为连接村民和市民的桥梁）

绰墩山村是昆曲发源地，如上所述，我们在靠近傀儡湖的地方选了一块面积88亩的水稻田，探索参与式保障体系（Participatory Guarantee Systems，PGS），希望当地村民与昆山市民能够参与进来，一起对生态、健康的土地及产品进行认证。悦丰岛有机农场此前已经通过了商业的有机认证，但认证的费用很高，这类成本高和程序烦琐的认证方式不适合农户，这是我们引进参与式保障体系的原因，希望用一种比较合适的方式推动村民和市民共同参与。

三 方案落地

我们把参与式保障体系、生态农业、乡村建设工作都作为社会动员的"工具箱"，以此激发我们思考以下几个问题：谁是当地发展的主体？我们的目标到底是什么？用什么样的方法可以实现目标？我们乡建的团队能够在其中起到什么样的作用？基于上述思考，也为了能够让方案落地，我们做了大量前期调研工作。

我们调研后发现，当地的农户其实已经不是传统意义上的小农户，不是像西南地区那样户均拥有不到0.6公顷的土地。昆山这里的种植规模相对较大，但也没有像东北那么大，主要的经营主体是土地规模经营的村集体与合作社。

我们的目标是统筹兼顾湿地环境、生态农业和本地经济发展这三者。保护环境、发展生态农业的理念非常好，但如果不能回应农户生计需求，其实是没有用的，只是一厢情愿。

另外，如何发展出一些最为适用的方法既能让村民接受，也能让市民接受？刚开始，有一些消费者给我们讲，"你们搞这个PGS，我们听不懂。什么叫'参与式保障体系'，你们能不能用一句话解释清楚？"对此，我们哑口无言，因为这个新事物对大众而言确实比较复杂，我们无法很好地解释清楚。

通过大量调研，我们最终明确了项目试点的利益相关方由三部分构成：一是梁漱溟乡建中心团队，即昆山项目团队；二是绰墩山村，以合作社和村集体的形式参与；三是悦丰岛有机农场。每一个参与方其实都是做自己最擅长的事情，梁漱溟乡建中心作为乡建团队，主要是做社会动员工作，成为一个沟通渠道连接其他相关方；绰墩山村有老农，有知识、技术、机械设备，这些是外来人无法提供的；悦丰岛有机农场的强项在于销售渠道，有一个本地市场网络，积累了很多客户资源，尤其是高端客户，例如证券公司、银行，以及昆山、苏州乃至上海的城市消费者。

我们希望大家各司其职，分工不分家。为了实现这个目标，我们把88亩田种得好一点，让米卖得好一点，让村民、村集体有收入，并认可我们的工作。我们设计了一些思路让这个方案落地。在这个过程中，我们一直坚持乡建工作的理念。首先是以农民为主体，其次是开展社会倡导，最后是信息透明化。按照这三个原则，我们设计了一些活动，包括整理地方的传统知识，作物品种的管理，面向公众的讲座等。

我们跟农户说要保护生物多样性、品种多样性，保护湿地环境，这些理念非常好，但只灌输这种思想和进行说教是没有用的。我们第一年跟村民座谈，协商能不能拿一块地试验，不用农药、化肥、除草剂。村民很反对，担心种不出来，或者产量下降，影响他们的收益。在这样的条件下，我们发展出了一个方案。第一，88亩大田走量，目的是照顾到农民的经济收入；第二，我们自己做半亩农田水稻品种试验，引进新思路和新方法，这样可以让村民看到当今农业有一些新的方式。

所以我们就做了如表1所示的方案设计，该方案涉及非常具体的作业流程，如图1所示。在这个过程中我们参考了人类学的一些方法，把人类学的调研方法在项目设计过程中转化成工作方法。我们的调研很多时候会用到参与观察法、焦点小组等，但后来我们发现，其实在工作过程中也可以和村民一起、跟有机农场一起，用类似的方法来发现问题、讨论问题和解决问题，这其实是一个比较有趣的过程。

我们有实习生做非常详细的稻田数据监测。我们曾招聘过植保专业的学生对水稻的整个生长周期进行记录和监测。同时，我们也到农田里去亲自体验，针对一些传统农法进行创新。图 2 是一个比较典型的小组讨论会，村委会、农户、有机农场以及乡建团队一起来讨论农田里面出现的问题和解决方法。

表 1　方案设计

	试验田块 1	试验田块 2
面积	88 亩	0.5 亩
定位	大田生产	品种试验
目标	村集体增收	引进新思路
主体	绰墩山村团队+青澄计划+悦丰岛有机农场	青澄计划+悦丰岛有机农场
方式	机械	人工

图 1　作业流程

图 2　小组讨论会

图 3 是我们做的一张农田资源图和社区资源图。我们当时把农田周边的自然环境做了一个简单的普查，可以识别出存在可供发展生态农业使用的隔离带。

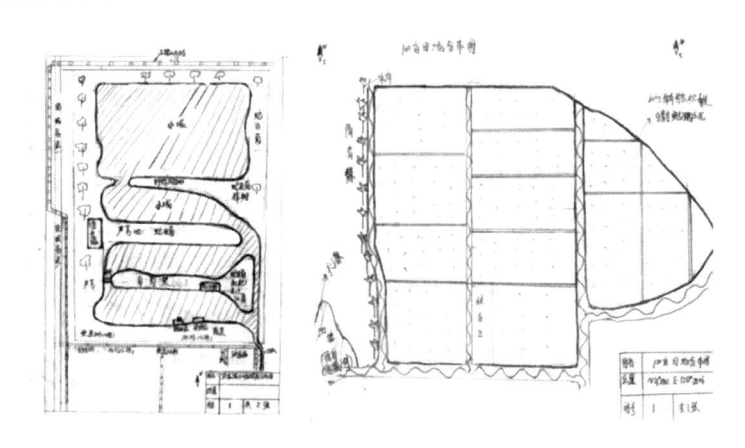

图 3　农田资源与社区资源

2015 年夏天，我们和当地的老农一起恢复了一种除草工具——耥耙。没有稻田耕作农事经验的人可能不太了解，江南地区每年 7 月是中耕除草的时节，因为生态农业不能使用除草剂，所以需要大量人力来除掉田间的杂草。苏南的夏天非常热，我们只能早上四点钟起床除草，很费人工。后来我们听说当地曾经使用耥耙除田间杂草，后来这种农具逐渐消失了，因为除草剂、农药使用得多了。我们就想，既然不能使用除草剂，那我们是不是可以把这个已经弃之不用的耥耙恢复使用？后来我们就找本地农人制作，还真把耥耙做出来了。之后，我们在稻田里进行了试验，测试它的工作效率，证明确实能有效减少除草过程中的人工投入强度。

另一个案例是我们第一年做生态水稻时发生的。2015 年 9 月发生了严重的稻飞虱虫害，极有可能造成绝收。面对这种情况，我们也不能用农药，因此比较着急。后来，我们的志愿者在古代农书里面查到了历史上应对稻飞虱的方法——把菜籽油灌入农田，在水面上形成一层油膜，用绳子不停抖落水稻植株上的稻飞虱，虫子掉下去就会被油膜粘住。我们跟老农去验证这个事情，他们竟然也真的回忆起来说这个方法以前确实用过。后来，我们在昆山县志里面查到了这个方法。20世纪70年代，那个时候使用的是柴油，但柴油会污染土壤、污染水体，我们当时花了一点钱买了菜籽油和豆油。菜籽油和豆油都可以降解，对农田环境不会造成污染。

刚才还讲到，我们的方案设计里有一小块试验田，是我们团队自己进行探索的场地。我们做了品种引进试验，测试哪些品种更适合昆山的本地环境，同时也符合昆山消费者的口味（见图4）。在这一块不足两分的农田里种了24种水稻，成熟的时候是金黄色的稻田，能看到田块错落有致、高低起伏、非常漂亮，但收割的时候就会非常痛苦。2018年11月，收割的时候下着雨，我们从田里面一块一块地自己收割，因为这块地面积太小，没法用机器，只能完全依靠人工。人工割完之后，我们再用老式的打谷机把稻谷打出来，两分地差不多用了一个星期才收割完，打出来的稻谷量也非常少。我们把这些不同品种的稻谷交给消费者品尝，看哪种口味好，2019年继续种植被选择出的具有适应性和受欢迎的品种。如果跟农民讲这种方法，他们未必会接受，所以只能是我们团队自己去做这个试验。

图4　品种引进试验

接下来是我们组织的日常活动。以前的"望田头"，在我们今天看来，其实相当于农民田间学校。另外，年终收获时节，我们会回馈绰墩山村，让社区和村民知道我们在这个地方都在做些什么，让他们了解我们工作的意义和价值。所以，我们开展了一些活动，比如丰年庆、诗歌朗诵会和歌舞晚会等。这些活动的另一个目标是展示本地文化。比如，这里的老农其实有一些老手艺，但他们平日不受重视，我们希望能够通过这些活动让他们展示出本地文化的骄傲与自信。

另外，消费者的参与也很重要，我们通过组织"赤脚工作坊"让消费者和孩子们到农田里面体验、了解农业。

同时，我们连续举办了三年的"转型城镇"讲座，现在已经是一个本地的品牌了。第一期请《汉声》杂志的黄永松老师做了一场苏州"水八仙"主题的讲座，讲本地风物。这个讲座后来直接促成了我们与苏州一个拆迁村——群力村——的合作。这个村世世代代种芡实（俗称鸡头米），我们跟这个村子合作，邀请苏州群力村的农户来昆山种植生态的芡实，也参与保护老品种的芡实的工作。

另外就是青年人培养。我们每年都会招很多年轻人来昆山农村做调研。调研具有针对性和明确的主题。来参加调研的年轻人最后会做一个报告，甚至发表一篇论文。

过去三年，我们做了测算，就水稻而言，由于做了很多文创、宣传和营销的投入，大米价格比较贵，是市场价的差不多5倍。超市里面普通大米大约每斤3元1角，青澄米售价每斤15元，糯米是每斤25元。这个溢价给当地每年带来30万~40万元的收入。这个收入会在悦丰岛有机农场和绰墩山村之间分配。悦丰岛有机农场以前主要做生鲜蔬菜配送以及观光采摘业务，因为水稻收入在整个销售额里面占比相对较高，所以他们也有意愿、有兴趣参与并支持这项工作。

四 自我维持的运行模式

我们这个计划叫"青澄计划"，意思是"青年人在阳澄湖畔耕作"。乡建的团队不提取任何收益分成。悦丰岛有机农场营销力度的提升，促使绰墩山村采取跟进策略，发生了一件很有趣的事情。刚开始，我们跟绰墩山村只合作了88亩田，去年村委会看到生态水稻有市场效益，自己也种了20亩。他们种的只能说是处于转换期的水稻，尽管卖不到每斤15元，但仍能卖每斤5元，还是有赚头的。

悦丰岛有机农场花了很多功夫在设计和文创上，还请了专业的设计师设计大米的包装。大米卖得贵，有一部分原因是在文创上的投入。

图5　悦丰岛有机农场所售大米的包装

在整个项目进展过程中，前三年算是第一阶段，是悦丰岛有机农场、绰墩山村和梁漱溟乡建中心三方合作的阶段。从2017年开始，我们希望进入第二个阶段，也就是说，促成悦丰岛有机农场和绰墩山村两方的直接合作。目前来看，双方合作还比较顺畅。我们慢慢往后退的时候，他们还是能够保持合作，原有工作还在正常开展。其实我们最后希望能进行到第三个阶段，也就是把这个村子的土地耕作方式全转化成有机耕作，让村庄变成一个有机村庄，然后他们也可以有自己的营销渠道，成为村庄发展的主人翁。

五　思考

三年时间很快，我们也有一些反思。作为三方合作，我们想建立一种新的"统分结合"体制。"统"是指统一的愿景，大家朝向一个共同的目标去合作；"分"是指分工不分家。我们认为乡建团队的优势是把不同的任务协调分配到不同的主体身上，大家分头去做各自擅长的事情。

还有一个反思非常重要。乡建的很多工作是基于情怀、理想开场的，但不能以情怀和理想来收场，特别是在江浙地区，这里是最有商业头脑的人聚集的地方。最后一定是要用经济回报把方案交付、落地。如果方案落不了地，只能起到"雨过地皮湿"的效果，留不下什么痕迹。如果乡建项目能够有经济收入作为保障，支持系统就可以立得住，能够继续向前发展。在这个过程中，乡建团队的重要任务之一是用知识生产来垫路，例如调研、项目操作、团队培养等，这样就可以让整个模式更加清晰和可持续。

讲完工作内容，我需要给大家讲一讲工作的背景。我们边做边思考，碰到很多挑战。第一，昆山这个地方真的非常富有，任何农业收益最后都会被稀释掉，农民其实是不把你的这些工作放在眼里的。所以，要另辟蹊径，让农民明白我们工作的重要性。第二，从昆山过去三十年的产业结构来看，农业产值微乎其微。据说，20世纪40年代的上海周边地区，在没有东西吃的情况下，就吃大闸蟹。几十年过去了，我们发现螃蟹和水稻的命运完全不同。现在，世界各地好像都能买到阳澄湖大闸蟹。而三十年前的水稻老品种现在一点都没有了。水稻和大闸蟹的不同轨迹，折射出过去三十年昆山地方的经济发展以及城市化产生的影响。昆山这个地方的粮食自给率，在过去十年里面已经降为不到10%，超过90%的粮食都是从外地调拨过去的。这意味着本地没有办法掌控粮食的品质，这也是一个非常严重的社会问题。我们在这样的环境条件下做这些工作，也常常提醒自己思考如何去应对这些问题。

1981~2010年昆山为发展工业经济而占用土地所获得的边际收益趋势见图6。20世纪80年代，"农转工"阶段的土地占用比较高。也就是说，为了增加一个单位的工业产值要占用非常多的土地。三十年之后，其实已经没必要占用那么多土地了。三十年前，当地村民为了发展经济，办了很多砖厂。因为烧砖需要取土，就把以前老的遗址亲手平掉了，全部拉过去烧砖。我们进入的时间点正好是，昆山已经不需要占用更多土地，并且对土地的保护更加严格了。那如何利用存量的土地，发挥它的价值？

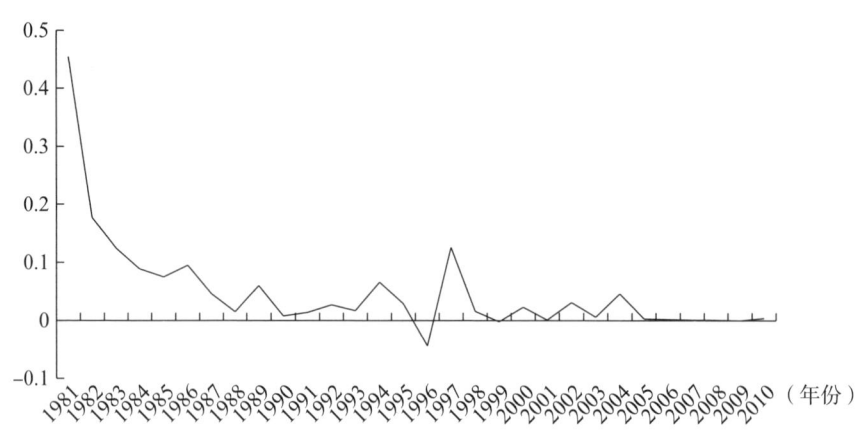

图 6　1981~2010 年昆山为发展工业经济而占用土地所获得的边际收益趋势

这为我们留下了很大的思考空间。所以挑战和机遇是并存的。

在 20 世纪 50 年代，我们的经济活动在加速上升。气候变化、自然资源的快速消失，也是在那个时代。在很多学术讨论里面，这被叫作大加速时代（great acceleration）。但同样是在 20 世纪 50 年代，中国有另一种不同的传统，就是农村中的"有机知识分子"发挥着非常重要的作用。我们做这样一个工作，希望通过一个非常小的项目把商业、政府还有社会的力量、农民的力量集合起来。

乡村建设不仅是建设乡村，也是把社会整体的不同成分重新组合在一起的活动。除了梁漱溟、晏阳初等乡建先贤在思考和论述这一点，其实也有很多国外的思想家在思考这个问题。布鲁诺·拉图尔（Bruno Latour）发展出一套所谓"行动者网络理论"，重新把我们的社会拼接在一起，用更整体的观点去看我们的社会。

注重地方性知识、农民知识的同时，我们也并不排斥现在的科学技术。我们非常重视科学技术。科学技术本身是中立的，关键在于科技掌握在谁手里面以及被如何运用。例如，前面提到的陈永康，早年他也同样会使用显微镜等现代科学仪器，但同时他本身又跟农民结合在一起。我们的乡建工作也没有必要把现代科学技术和传统知识对立起来。如果能有效结合在一起，其实是能够推动我们工作的。

在这个想法的触动下，我们也做了一些尝试。图 7 的人是在绰墩山村和我们一起工作的师傅。大家看一下，图 7 的亮点是什么？这是由一个 GoPro 运动相机拍摄的。我们为什么要用运动相机？因为农民在劳作的时候是麻木的，对他的身体没有感知。用 GoPro 运动相机，就可以解放他的双手，一边劳动一边记录他的运动过程。之后我们把这个片子放出来给他们看，他们可能就会对自己的这一段劳动过程有一个感知，他的一些意识想法可能就会被改变。这个过程其实也会让消费者看到，新技术在农业领域的应用其实是非常有效的。

图 7 用运动相机记录农民劳动过程

但是所有的新玩法，只靠我们外面的年轻人给他们提供。农民本身不太可能自己产生出新想法。年轻人的作用就在这里。我们读了很多书，学了很多知识，可以把新的观点、新的技术、新的想法带进去，跟农民一起平等地讨论这些事情，进而发展出一些新方法。我们希望将来在这个地方，通过年轻人的力量去激发这种精神，发展出一些新的玩法，但前提是尊重当地的传统知识，尊重农民的智慧，这样才有平等对话与结合的可能，才能促进工作的进展。

【讨论】

提问：
我们在上海能接触到非常多做有机农业的农场，做法各种各样。我有一次请教一位在南京农业大学学习养殖的同学。他告诉我，对有机农业而言，最重要的是土壤。"青澄计划"是如何培育土壤的？

另外就是关于有机农业项目对当地的社会建设的作用。"青澄计划"有没有能够动员一些青年返回到当地，做一些基本的建设工作？

李管奇：

关于青年有没有返乡做乡村工作，过去三年，我们没有成功吸引年轻人回流，未能使得昆山本地年轻人回到村庄扎根农业，或做社区发展工作。但我们有另外一点经验，即我们自己招收的实习生、志愿者是从外地来的，最后会有一些实习生留在昆山，在其他单位做与农业相关的工作。

一个很现实的问题就是我们需要有一个支持系统，才能够吸引年轻人留在当地做农业有关的工作。从事农业会遇到很多挑战，包括家庭的压力、社会的压力，还有经济的压力。而且，在昆山这个地方，做农业的机会成本很高。年轻人可能会去蟹庄工作，这种工作属于典型的"三年不开张，开张吃三年"那一类。因此，做农业的机会成本太高，就会有太多外部压力。乡建团队就更困难了。我们这个项目的经费很难支撑年轻人回到这个地方长久地落户和扎根。

所以政策扶持或者企业支持是必要的。2017年，我们把工作经验写进了昆山市政府的文件，希望能变成在昆山推广的模式。只有政府加大支持力度，留住年轻人才有可能，年轻人确实需要一个支持系统。

另外值得一提的是，我们每年都会开办夏季学校或夏令营，招收学生。这项工作其实主要是在青年人心中播下种子，让他们能够对农村发展、社区发展、生态农业有所认识。

你所讲的有机农业中的土壤保护是很重要的，但我们目前还没有涉及这一方面。刚才我使用了"有机"这个词，但严格来说，我们的产品是不能用"有机"称号的，因为我们没有做有机认证。所以我们才说，做的是参与式的认证。只要消费者能够在这个过程中认可我们的工作价值，那么这个产品就是没问题的，消费者愿意来买产品，这就可以了，这就是我们PGS成功的地方，即我们可以用一种低成本、高效率同时增进信任的方式给消费者以保障。

未来我们会加强土壤保护方面的工作，以我们目前的力量，还没有实力做这方面的工作，未来可能会联合一些专家在这方面进行开拓。

孟登迎：

小毛驴这种模式，特别是流程的透明信任，值得大家借鉴。我当时与农园负责人严晓辉交流，他说，我们不能一直姑息、迁就消费者。不能消费者要什么我们就提供什么，我们可以对消费者进行教育。这其实也是对消费者负责。不少地方政府虽然下达了政策，但是并没有直接参与具体工作环节，市民消费者不了解，农民也面临着利益的问题。最后就导致乡建在这方面的空间没有打开。

赵晓峰：

重建生产者和消费者之间的信任链条，非常重要。比如，我调研的一个做有机农业的大户，现在采取了包树（苹果树）的模式。他准备明年在园子里安装摄像头，让消费者能随时看到树的生长情况。关键是我们消费者能不能对生产者产生信任。我们现在看，已经成功建立起来信任关系的很少。小毛驴市民农园和山西省永济市蒲韩社区在尝试，动用了很多年轻人。这种尝试能不能成为现实，还有待检验。但是从长远来看，这也许是发展的潮流。

从社会生态农业 CSA 到爱故乡

——当代乡村建设实践探索之二[①]

黄志友[②]

【演讲】

讲之前我先给大家看一个 3 分钟的小短片，是展现北京小毛驴市民农园日常生活的。

青山绿水间 / 世人寻梦缘 / 瓜左豆右半分闲 / 田间地头绿满园 / 鸡鸣鸟叫虫儿闹 / 猪酣狗欢驴耕田 / 浇水施肥提菜篮 / 沉睡土地化良田 / 人人忙碌笑声远

青山绿水间 / 世人寻梦缘 / 瓜左豆右半分闲 / 田间地头绿满园 / 我们脚踏着大地 / 城乡互助彼此支援 / 走在广阔的田野间 / 放慢脚

---

① 时间：2017 年 8 月 27 日；地点：重庆市北碚区梁漱溟旧居；整理人：王欢；校对人：王昊。

② 黄志友，北京小毛驴市民农园总经理、北京爱故乡文化发展中心总干事。中国人民大学硕士研究生，从 2001 年起投身大学生环境保护事业，"2002 西安大学生绿色营"营员，2004 年毕业于西北农林科技大学资源环境学院。毕业后即参与河北定州晏阳初乡村建设学院的创建工作，是学院生态农业工作室、乡村建筑工作室主要创办人之一。2007 年参与北京国仁城乡互助合作社的管理工作，2008 年起参与北京海淀小毛驴市民农园的创办与运营工作至今。2009 年被中国人民大学乡村建设中心评为"新乡村建设十年人物"。2012 年起参与发起全国"爱故乡计划"并于 2016 年创办"北京爱故乡文化发展中心"。十多年来，致力于社会生态农业 CSA 和乡土文化保护的倡导与实践。

步／清心悠悠然

我们热爱这家园／健康生活共同实践／啦啦啦啦啦啦啦／放慢脚步／清心悠悠然

放慢脚步／清心悠悠然／放慢脚步／清心悠悠然

（视频配乐：《行走在田间——小毛驴市民农园园歌》；词曲：小毛驴市民农园集体创作）

（鼓掌、笑声）

一 中国乡建网络与社会生态农业发展回顾（2003~2017年）

非常高兴有机会和大家交流。我今天讲述的内容主要分两个部分：一是社会生态农业CSA的实践，二是全国"爱故乡"公益活动的开展。主要就是白描性地向大家汇报我们团队这十几年的工作。

（一）我的个人成长经历

首先介绍下我的个人成长经历，我为什么会走进乡建。

我自己是大的时代背景的产物，当然也离不开自己一步一步的坚持和在机遇面前的选择。我老家在江西南丰县武夷山下的一个小村庄，从小就开始干农活，如放牛、砍柴、种田，一直到1997年读高中，才离开村子到县城上寄宿制学校，这之后就基本没有时间干农活了。我特别喜欢农村的生活，关心农村的发展，但对城市有一种来自本能的排斥，所以当时我对考大学这件事一点动力都没有，就想留在家乡当个农民觉得挺好，甚至幻想着自己当上村长后怎么建设村子。高中的时候我就开始关注环境问题，后来因为1998年的长江大洪水、1999年的西部大开发，我觉得应当响应国家的号召，去西部、去大西北建功立业。所以就报考了西北农林科技大学，我的专业是水土保持与荒漠化防治，主要关注黄土高原水土流失和陕北荒漠化的防治，属于比较冷门的专业。那时，首都北京饱受沙尘暴之苦。

在读大学的时候，我非常幸运，加入、发起了两个学生社团：一是黄土地文学社，结识了一大批志同道合的挚友；二是创办了义务环保协会。并由此有资格和机会于2002年加入由中国环保领军人物唐锡阳和梁从诫发起的西安大学生绿色营（全国大学生绿色营创办于1996年，西安分部成立于2001年），我是第二批营员，2002年西安大学生绿色营暑期考察主题就是陕北的沙漠化问题，和我的专业非常吻合。绿色营改变了我整个人生的轨迹，并因此在之后有机会与温铁军老师在2001年发起的全国大学生支农队交织在一起，这是我始料不及的。绿色营和支农队，是当时全国最有影响力的两个学生志愿者组织。

因为绿色营，我读到了《告语人民》，知晓了《中国发展简报》，其中2003年有一期简报上登载了河北晏阳初乡村建设学院成立的消息。2004年，我大学毕业。我觉得农业大学的学生，还是应该去基层参与实际工作，而不是随大流留在城市。就这样，我成了第一个去晏阳初乡建学院应聘工作的大学生（当时邱建生是我面试时的领导），我下乡了，开始自己中学时的农村建设梦想。后来我又跟着乡建团队进城创办小毛驴市民农园，通过组织"爱故乡"活动重返乡村，走到了今天。总结一句，我的人生轨迹就是：离乡，下乡，然后进城，之后通过"爱故乡"又回乡了。

（二）社会生态农业CSA的发展阶段

"夫稼，为之者人也，生之者地也，养之者天也"，农业其实是天、地、人这三方面共同努力的结晶，人的作用只占其中的三分之一。中国是一个建基于农业的国家，不管我们中国怎么发展，即使城市化率超过50%，仍然有几亿人生活在农村，所以我们不能回避"三农"问题。

中国经过数十年的改革开放，已经走到了十字路口，我们面临严重的农村萧条问题、食品安全问题。温老师对当代中国社会危机现状的分析非常明晰，核心观点就是在产业资本、金融资本和商业资本过剩的情况下，社会危机就会向弱势群体转嫁。谁是弱势群体？大自然和农民。因为大自然不会说话，农民没有话语权。我们很多问题都是利益集团向弱势群体转嫁造成的。

回应社会问题，当代乡建从2001年起步，经过十几年的发展，形成了六大系统，包括大学生支农、工友服务、农民合作、市民下乡、爱故乡和学术研究。我参与的工作主要是市民下乡和"爱故乡"两大领域。乡建在生态农业领域有14年的探索，从河北晏阳初乡建学院生态农业工作室到今天的小毛驴市民农园、CSA联盟，每一步都是紧跟时代形势在创新、调整。也正是因为我们不断创新才能走到今天，如果我们哪一刻停下来，我们就"死"掉了。

1. 第一阶段（2003~2007年）：生态农业与环保农村

晏阳初乡村建设学院成立于2003年，位于河北省定州市翟城村，温铁军老师是院长。这里是晏阳初曾经奋斗过十年（1926~1936年）的地方。我们是晏阳初乡建学院的第一批学员，我觉得学院最大的价值在于三个方面：一是思想启蒙，二是让学员接受基层的训练，三是形成了一个有十多个骨干的年轻人团队。

我们学院的校园占地60亩，这是一个废弃的中学，建于20世纪50年代初期，2000年撤点并校后就荒弃了，后来翟城村村委会又把它买回来，作为联合办学的校址（见图1）。它就是一个农村的"大学"，条件非常好，有宿舍有餐厅有澡堂，有教室有图书馆有操场，也有菜园果园还有养殖区，生活工作耕读一体化，设施非常齐全，内容非常丰富。我们当时的主要骨干总共22个人，其中大学生16个。这是我们第一批学员离开的那一天的合影（不全）（见图2）。

图1 晏阳初乡村建设学院

图2　晏阳初乡村建设学院主要骨干合影

我们当时的工作涉及五大板块。第一是农民合作组织建设，主要是培养农村发展带头人，提高农民组织化程度，增强农民在市场中谈判的力量和抵御市场风险的能力，促进小农户与大市场的有效对接，那时候农民专业合作社法还没有出台。第二是生态农业，一会儿我会详细介绍生态农业工作室的工作。第三是生态建筑，简单来说就是研发推广木结构或轻钢结构、草土墙体的低碳环保房子（地球屋），有冬暖夏凉、抗震节能等效果。建筑材料可以就地取材、循环利用，在建造方式上叫"协力造屋"，即利用农民自己的劳动力来盖房子。这是由台湾生态建筑师谢英俊老师领衔的项目，当时专门成立了"乡村建筑工作室"，通过建筑的方式介入乡村建设。第四是农村社区综合可持续发展，主要是翟城乡村建设试验区的工作。第五是乡村建设研究，开展百年乡村建设及国际国内乡建的比较研究。

那么，2007年学院停办后，这五大板块工作及团队都去哪里了？当年这些人是不是都分散、分裂了？我们不但没有散，而且还都开花结果了。当年的合作社部业务转到了北京梁漱溟乡建中心的合作社部；生态农业工作室就是成立于2008年的小毛驴团队的前身；乡村建筑工作室于2008年"5·12"汶川地震后搬到了成都，现在是一个三十多人的乡村建筑团队（常民建筑公司），这个团队可以提供从乡村设计、建筑施工到社区营造一体化服务；农村社区发展部由邱建生老师领衔，2007

年他回到故乡福建，开拓了福建乡村建设试验区，并发起"爱故乡计划"；乡村建设研究部由潘家恩领衔，相关工作后来转至2012年在重庆北碚创办的西南大学中国乡村建设学院。总之，当年那些工作后来都被延续下来了，都有各自的领地、领域，这是让人欣慰的事。

我重点介绍下学院生态农业工作室的工作。学院创建之初我们就认识到：农业既是农民生活的主要内容，也是农民生计的主要来源。正是那时，严重的农业污染和食品安全问题逐渐浮出水面（食品安全问题并不是到2008年的三聚氰胺事件才严重起来，2008年只是一个全面爆发）。因此，恢复传统农耕、研发适用技术、推广有机农业是学院办学的重要内容之一。

生态农业工作室在2005年成立，主要成员就是我们5个人：严晓辉、黄志友、黄国良、李万、郝冠辉。我们当时也刚刚从农业大学毕业。

生态农业工作室下设生产、工程和培训三个部门。第一是生产部，在学校中开辟生态农场，占地26亩（校外还有近百亩田），种养结合，大家吃的面粉、花生油、蔬菜、肉，都是自己生产的，还养了一头驴，耕田运粮。第二是工程部，主要负责学校的工程建设和设施维修、园林景观等，包括兴建生态建筑、粪尿分集厕所的研发、垃圾分类的实施、校园微空间、微景观的改造等。第三是培训部，除了做好日常的技术试验、研发，还举办短期农业培训、夏令营、秋收体验等活动。同时，工作室还孵化了四个项目，包括生态农业实验室、乡土家园农产品小店、翟城生态农业示范农户和农村传习馆。现在回头看，当时做的这些工作，都成了日后相关工作的铺垫。同时我们也和PCD（香港社区伙伴）合作，启动了健康农业CSA志愿者实习生项目，一年有两个学员，黄国良和郝冠辉都是当年的实习生（2006届）。2005年，在第三届中国村官论坛上，翟城村党支部书记米金水还代表团队面向全国发出了《拒绝有毒农业，保护国人健康》的倡议书，呼吁不使用农药化肥，"每户留半亩保命田"。现在看，那个时候认识还是比较超前的。经过四年努力，通过种植、养殖和堆肥的合理配置，一个半封闭的、集生产生活于一体

213

的小型生态循环系统已初步形成，成了一个典型的生态校园。

为什么叫小毛驴市民农园？当年温老师的爱人买下了这头毛驴，她有命名权（笑），因为温老师是教授，所以就命名为"教授"。后来北京的这个农场也就以小毛驴命名了。除了为了延续乡建的精神血脉，小毛驴也是传统农耕的象征，它也比较可爱，深受城市居民特别是小孩的喜欢。

图 3　晏阳初乡村建设学院的毛驴

2. 第二阶段（2005~2008 年）：城乡互助与公平贸易

为什么我们后来进城了？因为南马庄无公害大米事件。当时参加我们 2004 年首期全国农民合作社培训班的河南兰考县南马庄学员回去后，也开始合作搞无公害农业、有机农业，但是种出来的大米卖不出去。当时我们就想，光是农民动起来做乡建，可能没有出路，因为东西卖不出去，应该还需要城市人的支持。所以从 2005 年底开始，以中国农业大学何慧丽老师为代表的乡建知识分子，就开始在城里忙碌起来帮助南马庄卖大米，也就是后来被媒体炒起来的"教授卖大米"事件。我们开始探索怎么让城市的消费者组织起来支持农民、支援乡建，形成城乡互动的格局。购米包地试验，也是后来做 CSA（社区支持农业）和小毛驴市民农园的铺垫和早期尝试。

图4 购米包地发起者

2006年底，刘老石的梁漱溟乡村建设中心就把原来培养的七家农民合作社联合起来，组建了国仁绿色联盟，将农民合作社分散生产的绿色农产品联合起来，创建品牌，制定统一标准对接市场。同期，何慧丽老师在北京林业大学成立了国仁城乡互助合作社，其作为一个准消费者合作社，负责将消费者组织起来。有一点像现在的众筹，每个人都要出资成为股东，大家共同参与决策，并委派专门的团队管理运营。年底的时候，要根据整个经营状况开股东大会，并进行分红。当然，我们也没挣到什么钱，但至少在制度探索方面，国仁城乡互助合作社还是做了很大的努力。这是当时中国六位环境大使联合发布的文明消费倡议书，我们在健康消费方面的倡导也是卓有成效的。这一切，都为2008年CSA运动的全面启动奠定了基础。

2007年，晏阳初乡建学院停办之后，我们能来到北京，其实是非常幸运的，因为何慧丽老师搭建了这个新的平台——国仁城乡互助合作社，让我们一到北京就很快站稳脚跟。当时如果没有何老师提前做的这个铺垫，我们真的可能就四分五裂、四处飘散了。北京的乡建朋友快速地接纳了我们，帮我们安顿好生活，我们又重新创业，重新出发。我们开始在城里卖农产品，学会怎么跟北京市民打交道。我们说我们是"土八路"，都是农村出来的，根本没想到能在北京这种地方生活、奋斗，当时还是有很大挑战的。我记得当时袁清华还脚踏三轮车从天安门经过，去给客户送大米（笑），那就是我们的生活，没钱，不能买汽车，就骑着三轮车在北京城里卖大米。在2008年我们开始做小毛驴市民农园之前的这个过渡，是非常关键的，经营店面，开拓货源、接订单、配货，还举办农产品价格听证会，组织市民下乡探访农户、农场，算账，开股东大会等。我们锻炼了自己跟市民打交道、做城市工作、经营实体企业的能力。

3. 第三阶段（2008年至今）：市民下乡与农业进城

自2005年生态农业工作室成立以来，历经2005年底的"教授卖大米"事件、2006年的"河南购米包地小组"、2007年的准消费者合作社"国仁城乡互助合作社"，我们认识到，解决"三农"问题和食品安全问题光靠农民是不行的，还要让市民也参与进来。

很多人说小毛驴市民农园好像横空出世，但其实它铺垫了很多年，而且早先已经有大量的人做出了努力和舆论动员。

为什么当时我们要做小毛驴市民农园，在城市更大范围做推动工作？是因为我们在国仁城乡互助合作社做了一年，发现天天跟市民沟通、做消费者论坛，很多市民是不理解的，比如说，为什么这个季节没有黄瓜、西红柿，为什么农产品价格这么高，这些农产品是不是真有机，市民会怀疑是不是农民骗我，等等。双方之间信息不对称，导致彼此不信任。市民对农业本身的不了解也造成了不少误会。所以当时我们就有个大胆的想法，就是与其坐在城市里面做市民教育工作，还不如我们办个市民农场，让市民当农民亲自去种地，通过劳动改造自己，去重新认识土地，认识农业，认识农人，这样可能更有效果。所以我们在2008年的春天，下定决心一定要做一个有机农场，重新把老本行拿起来。

我们做小毛驴市民农园，既有之前的厚重历史积淀，同时也有时代给予的机遇。

第一个契机是北京马上要举办奥运会。海淀区作为保留了大量农村的科技创新和教育创新高地，缺一个像样的都市农业园，而位于海淀西北部的后沙涧村刚好有一块占地230亩的闲置农田，当时海淀区刘副区长听说温铁军老师有一个团队在河北做生态农业小有名气,就通过温老师邀请我们过来创业,所以谈判非常快,大概一个礼拜就谈下了,合同都没签,我们就跑过来开始干活了(笑)。作为海淀区和中国人民大学共建的新农村建设产学研基地项目,政府负责硬件投入(通水通电通路及农用设施等),我们乡建团队负责运营管理。

第二个契机就是之前提及的2008年的三聚氰胺事件,引发了市民餐桌自救运动。危机为我们创造了机会。市民来参与农业、支持乡建,最初并不是出于道德情怀,而是因为食品安全触及了他们的切身利益。在食品安全、环境污染问题面前,每个人都是平等的,每个人都是问题的制造者,也是受害者,因为这危害到每个人的健康生活,所以大家不得不合作起来自救,这也就为乡建进城创造了条件,我们终于有机会和市民一起来共同推进乡村建设,这最终造就了我们今天看到的这个全新的局面。

第三个契机就是小毛驴市民农园创始团队中石嫣的加入(其他几位分别是黄国良、黄志友、严晓辉、袁清华)。2008年园子开建的同时,温老师的研究生石嫣被派到美国一个CSA农场实习,2009年初她回国后,带来了CSA的理念和操作。温老师就派她到小毛驴市民农园来练练手,把美国学的东西用一用。石嫣跟我们创业团队一结合,就有比较强的明星效应,成为当年的"网红",对小毛驴市民农园品牌的塑造也起了很大作用。

(三)小毛驴市民农园的实践

下面我详细介绍下小毛驴市民农园(以下简介小毛驴)的发展情况。

以小毛驴为契机,到现在为止,我们花了10年时间,进行了比较综合性的探索,形成了一个相对完整的CSA体系。我从四个角度和大家分享,第一是产学研示范农场(基地建设),第二是全国CSA网络发展(组织建设),第三是CSA实习生项目(人才培养),第四是CSA学术研究与出版(话语建设)。

1. 产学研示范农场(基地建设)

新青年的创业梦跟中产群体的田园梦的结合,形成了小毛驴的生存与创新空间。2009年，QQ农场、开心农场非常火热，大家沉迷在网上种地，而小毛驴作为现实版的开心农场，恰恰满足了部分人的精神和物质需求。

大家可以看到图5中上下两张图的对比。上图是2008年我们开始创业时的场景，土地一片荒芜；下图是经过几年建设之后美丽的田园。创业本身是一个非常艰辛的过程，我们刚去的时候，除了水塔，啥建筑都没有。我们先盖了三间小房子（板房），一间当办公室，一间当宿舍，一间当厨房，就这样过了一年，后来才陆续建起了仓库、温室大棚、猪舍等。

图5 小毛驴市民农园的创业历程

图6 小毛驴市民农园的四季风景

图 6 展示的是农场一年四季（春、夏、秋、冬）的风景。

图 7 展示的是小毛驴的运作模型。我们决心把小毛驴办成一个社会企业，向日本大地协会学习，按照卢作孚的精神来要求自己。它像一棵树，树冠是六个公益项目，树根是六个商业项目，相互养育，融为一体，枝繁叶茂。学院当年主要靠基金会支持才能生存，小毛驴就想走出一条靠经营的方式活下去的道路。刚开始做小毛驴的时候，很多人批评我们，说我们从服务农民到服务有钱人，说我们道德上有问题，不再关心弱势群体了。当时我们只好解释说"时间会证明一切，我们先干再说"。我们会不忘记初心的。

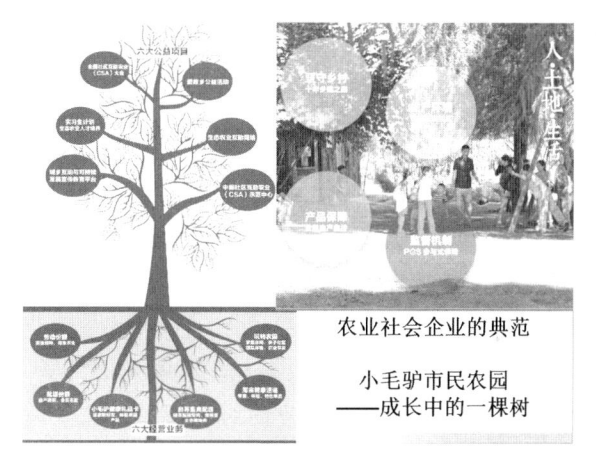

图 7 小毛驴市民农园的运作模型

图 8 小毛驴 CSA 的运作架构

小毛驴 CSA 运作模式的核心要点有三个：一是农村资源要素重新定价，比如，过去只是卖白菜本身，现在还卖风景、卖文化、卖白菜背

219

后对土地的保育；二是打造有机农产品城乡产销直供链条，通过消费者与农户结对子，减少中间环节；三是农业的三产化，把农业的多功能性发挥出来，形成一二三产融合发展。小毛驴能活下去，不是靠我们有多少情怀，背后还有合理的社会需求和经济逻辑在。

社区支持农业（CSA）起源于欧美，是工业化农业发展到一定阶段后对传统价值的回归和对农民的保护。在欧美，CSA的基础主要是小农场。而在中国，则以小农户为主，所以中国的CSA一定要走出自己的道路。

CSA有丰富的内涵。第一，要服务于中小型的生产主体，服务小农。第二，要资源节约、环境友好，种植养殖全程不使用化肥农药及其他违背可持续发展原则的农业投入品。第三，通过会员制降低市场风险。第四，消费者深入参与、监督农业生产过程，提高双方信任程度，消费者成为农场投资人，与生产者共担风险、共享收益。所有的CSA农场都需要预付款，相当于消费者就是农场的银行，生产者不需要向银行贷款，事实上也贷不到款。第五，CSA是农业销售的新模式——直销，降低交易成本。第六，CSA要保证生产者的利益。所以，在这种方式下，如果农户对接到适度规模数量的消费者，那么，基本上会比较有生存保障，减弱了市场波动对农民的冲击。农户和消费者，成为相互养育的生命共同体。

CSA其实也是乡村建设的一种方式。比如说，一个CSA项目发展到1000户市民消费者的规模以后，就能带动一个村庄的发展。搞生态农业需要适度规模，小农户单家独户一亩三分地搞不了生态农业，因为你不打药、邻居打药，你就会受影响。如果一个村庄整体来做生态农业，规模足够大，产品足够丰富，那么，就能形成内部循环系统，满足市民多样化的需求。所以相比于西方以农场为主体的CSA，中国的CSA模式更侧重农民合作社的参与，形成一种新的经营主体，以实现CSA模式的本土化。最终希望达到的效果是，农村地区搞农民有机生产合作社，城市地区搞市民绿色消费合作社，两者之间相互对接，中间有政府、企业、媒体、社会团体的参与，充分利用互联网的技术手段、公平贸易的理念来运作。这也是一种典型有效的产业精准扶贫模式。

生态农业产业也是多方共赢的大事业，小毛驴也是社会多元利益主体参与共建的产物。第一，政府扶持是前提（硬件）；第二，高校和社会参与是保障（品牌信任、学术研究）；第三，为农民提供就近就业、服务村庄社区是职责；第四，推动市民下乡和农业进城是方向——都市田园生活的理想。我详细介绍一下这方面的思考和经验。

第一，政府的政策支持非常关键，特别是现在国家有大量的钱投入农村，如果创业团队或者企业自己拿钱搞硬件，那肯定亏本，因为农业周期长，风险大。假如某一天你不干了，这些硬件你也带不走，纯粹变成地方政府的固定资产。北京市委常委牛有成2012年考察小毛驴说，"能把经济与社会和谐、城乡和谐、人与自然和谐结合在一起的，是农业！这就是为什么农业在北京市GDP中的比重不到1%，但我们仍然要重视农业的原因。如果把我们的农业搞好，它一定会对我们可持续发展起到不可估量的作用"，所以农业不只是产业，更是改善社会治理、增加城市居民幸福感的一种方式。

第二，高校的参与。一个新生事物，不可能靠几个年轻人就能弄成。如果不是中国人民大学的信用背书，其实我们很难迈出第一步。因为CSA是预付款的，消费者就担心万一我们卷款跑了怎么办？当时我们说，我们是大学生创业，有人大的背景，跑得了和尚跑不了庙，我们跑了你可以找人大、找温铁军老师（笑）。这才有了我们的第一桶金。我们第一年发展了54个会员，共收入十万多元钱。靠这样滚动发展，到后来几百万、近千万。前期的信任担保主要来自高校。后来我们还把国家行政学院、北京农学院都拉进来，作为他们的现场教学基地。一方面我们确实希望他们能为我们的信用背书，同时，也是更重要的，我们也希望理论能与实践相结合，希望我们的实践工作有学术研究人员跟进、总结和推广，特别是每年的全国CSA大会，没有大学的平台，是不可能起步的。

第三，企业的社会责任——带动农村发展。农业乃国计民生之本，生产安全而富有营养的食物是农民的职责，农民的劳动必须得到尊重和支持,这是消费者的义务。我们做农业社会企业,一定要照顾农民的利益,帮助农民就业,为农村发展服务。我们是社会农业,农业应该跟社区有关系。之前很多企业、农庄把地一圈,跟农民没关系了。有一部分最后都倒闭、失败了,为什么呢?不是经营出问题,是没有处理好与地方老百姓的关系,农民给他使绊子。我们小毛驴的农人都是从本村招聘,一方面是政府要求你必须和本地人结合,为本地农民创造就业机会,另一方面我们自己也希望通过小毛驴跟地方有效互动,以带动海淀区"三农"发展。有很多人问我们的农人为什么在小毛驴工作,他们说,"在小毛驴工作,是因为离家近",非常朴实。他们是"末代农民"了,大部分都已经60多岁,如果去城里务工,肯定会被淘汰,但在这里能发挥余热。其实很多农人都很厉害,比如,除了会种地,还掌握编织、剪纸等其他手艺。图9展示的是本地农人骑自行车上班,非常低碳环保。2012年,我们和附近的柳林村村委会——"村企合作"——共建了一个新农场,叫"小毛驴柳林社区农园",整个农场就变成村庄的公共活动空间,村里的文艺晚会、儿童夏令营、村民结婚都在我们这里办(见图10)。农场变成了全村的活动中心,我们跟村里的关系非常好,而且也能增加我们农场的人气。来这里种地休闲的市民,也和本地村民互动起来。所以柳林的经验非常有意思。现在这个村的发展越来越好,其中也有我们出的一份力。

图9 本地农人骑自行车上班

图10　小毛驴柳林社区农园

第四，市民下乡和农业进城是方向。小毛驴的第一个核心业务是劳动份额，就是租地种菜。首先，市民下乡种地，可以减压、强健体魄，为国家培养身心健康的下一代。我们有一块地，是五户人家合租的，因为各种原因他们都没生娃，但是租了地之后一劳动一开心，一个接一个地生娃（笑）。这个故事在小毛驴流传得非常广，很多人都是受了这个故事的鼓励来小毛驴种地的，还有人在这边找到了女朋友（笑）。农场其实变成了非常有意思的催化剂，促进了家庭融合和人际交流。其实农场已经构建了一个新型的农耕社区，这就是"我们共同的农耕生活"。其次，市民下乡也推动了乡村旅游的发展和农耕文化的传播，创造了城乡文化互动后的一种新的文化。最后，是城乡人才的流动。现在农业搞得非常"洋气"、时尚，是因为有大量城市精英参与到农业的产业链中，把农业搞得很好玩，我们要的就是这种效果。有媒体报道说，"活在城市，我也需要一块自己的地"。中国快速的城市化，把农村一下子连根拔起，农业被城市驱赶出去。我们的方向是让农业重新回归、镶嵌到城市里，让城市变成一个有农的城市，让大家的幸福感更强，让城市更有自然的气息，更有生命和生活的温度。

图12中是我们市民写的文章，题目是"都市人的田园生活——回归自然的周末生活方式"。很多市民非常认可这个事情，大家写了很多文章，并在微博、微信上宣传。图13展示的是市民在小毛驴农场劳动的场景，非常美好，"育儿如种地"，要有空间、有耐心、顺其自然，市民

图11 小毛驴市民农园的横幅:"城市里的农耕生活,北京人的放心菜园"

图12 小毛驴市民农园中市民消费者所写的文章

图13 市民消费者在小毛驴农场劳动

通过种地悟出了很多人生道理。当然种地也非常辛苦，寒来暑往、风雨无阻，很多人能坚持五六年，我非常敬佩他们。我们现在正在做一个项目叫"都市农夫传奇"，要出一本书，一直在找合作伙伴写稿。这十多年，前后有1000多个家庭在这里种地，有作家、公务员、企业老板、大学老师、退休工人等，这些人都非常有意思，"耕农田，耕心田"，他们的故事写出来一定很精彩。

我们还成立了"劳动份额社区委员会"，希望市民来参与农场的经营管理。我们农场的很多活动都是市民自主组织的。我们提供场地，他们来策划实施，包括小毛驴乡村生活市集，也主要是由市民组织的。

我们的另一个核心业务是生鲜蔬菜宅配。有些人没有时间种地，那他可以订购我们自己生产的菜，包括自产的猪、鸡等。租种和配菜是我们两大核心收入来源。"您所花的每一分钱，都是在为您想要的世界投票"，消费也能带来社会的改变，我们希望市民多消费有机农产品，这样中国的有机农业才能发展壮大。

如果你既不种地也不订菜，你也可以参加我们周末的亲子班。依托农场的自然（泥土、蔬果、昆虫、畜禽）、农事（农耕、园艺、建设、食品加工）和民俗民艺三类特色资源，小毛驴开发了自己的自然体验课程。这一块的收入也越来越高。比如，教小孩子认菜、喂动物、编篮子、收水稻。也有我们本镇的小学，一年花几万元钱来农场租块地，让同学们亲自劳动，跟作文、写生结合起来了。现在北京市教委很重视学生们的劳动教育，规定中小学生必须去农村参与农业活动，并有配套资金支持，小毛驴现在也是海淀区教委中小学生校外课堂基地。

我们也推动校园农耕。2008年，最初做国仁城乡互助合作社时，因为店面就在北京林业大学北门，我、袁清华、黄国良就开始协作北京林业大学翱翔社开展校园农耕，把学校一栋学生宿舍旁的100平方米草坪，变成了有机菜园。当时是校长亲自批的地，项目做得非常好，央视都有报道，坚持了7年，当时还举办了首届全国校园农耕推广交流会，影响很大。后来小毛驴联合创始人严晓辉，在香港岭南大学也做了一个类似的校园农耕项目，叫"岭南彩园计划"，学生们不单学习食物和耕种的问题，亦思考与"三农"相关的全球性议题。

在小毛驴的发展过程中，我们也特别重视乡土文化的传播，让各地的民俗民艺，利用农场的场域，在城市生活中延续。农业节庆，例如，春天的开锄节、夏天的端午节、秋天的丰收节，我们都会举办大型活动，每次都有上千市民参加。每年我们还会去河北翟城村打中秋月饼，不定期在农场举办木工、剪纸、书法课堂，等等。还在柳林村给孩子们搞夏令营。2014年，我们还帮柳林村写了一部《柳林村史》，后来村里依此又建了柳林村村史陈列馆、柳林乡村风物园，孩子们放完学就可以来这里玩。这些都是我们对地方社区的服务。

总结一下，从建立小毛驴至今，我们总计服务了近3000个市民家庭，为200多人提供了就业，生产了300多万斤有机蔬菜，接待了国内外10万多人的参观学习。此外，还有境内外400多家媒体的正面报道、来自社会各界给予的荣誉，这些都是对我们不断奋斗的鼓励与鞭策。有一个北京市委办公厅对小毛驴项目的批示，标题是"社区支持农业城乡互动发展——小毛驴市民农园开辟都市现代农业发展新路径"。

我再简单介绍下由小毛驴延伸出去的其他CSA项目。作为产学研基地，小毛驴开了个头，后面我们就在发达地区与地方政府、企业、高校合作，不断拓展新的CSA试验区。2010年，我们首先启动了江苏常州武进区的大水牛市民农园。2013年，启动了江苏昆山试验区"青澄计划"项目，具体由梁漱溟乡村建设中心执行，经过3年的试验，试验成果已经写入昆山市人民政府2017年第47号文件有关昆山特色田园乡村建设试点工作方案之中。2013年，福建乡建团队与正荣基金会合作，在福建闽侯县创办了故乡农园；在西南大学中国乡村建设学院的指导下，重庆乡建团队创办了国仁打平伙社区食堂。

2. 全国CSA网络发展（组织建设）

2009年，小毛驴市民农园以CSA模式运营，在社会上引起了极大的反响。参观考察、洽谈合作者络绎不绝。为了将小毛驴的CSA模式推广，在各地进行本土化试验，小毛驴市民农园利用中国人民大学的平台资源发起举办了第一届中国CSA大会，也是我们作为一个农业社会企业，为CSA这个新兴行业提供的公益服务。

中国CSA大会是一个庞大的社会动员会，到现在为止已举办了八届。从北京、上海到福建福州、浙江丽水，走了四个地方，基本上把国内外顶尖的农业专家都请了过来，共有500多名发言嘉宾、1000多个参会团体、4000多位参会代表，涉及30多个国家，会议内容涵盖整个农业产业链的所有议题，是民间最大的农业大会，社会影响力非常大。CSA大会发展历程，包括参会人员的变化，如图14所示。CSA大会规模越来越大，从最早的200多人到2016年的1000人。2015年，第六届国际CSA大会第一次来到中国举办，与第七届中国CSA大会同期举行，共有30多个国家参加，800人参会，当时大会还得到了时任国务院副总理汪洋的批示。CSA现在已经纳入中央的文件，地方政府也认可这个事情，它是有效改善食品安全和城乡关系的一种手段。2017年春天我们刚出了一本书《中国农业的生态化转型——社会化生态农业理论与实践》，由小毛驴团队编著、北京市农研中心出资、中国农业出版社出版，也算是第七届中国CSA大会的一个成果及官方给的一个"定论"。小毛驴市民农园，也完成了它阶段性的历史使命。

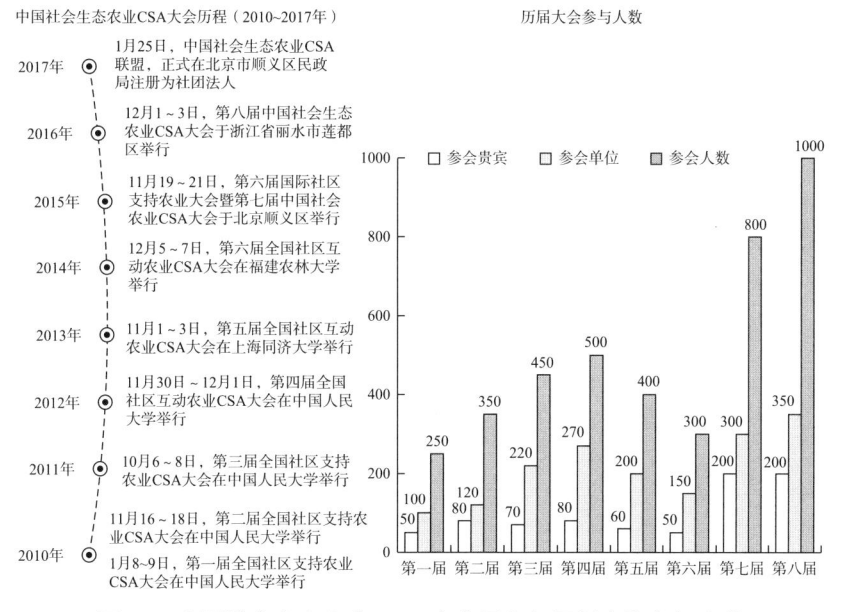

图14 中国社会生态农业CSA大会历程与历届会议参与人数

每届CSA大会，我们都会提出很多新的概念和议题，例如，2010年的韩国"自然农业"技术，2012年的"慢食"理念、"爱故乡计划"和"参与式保障体系（PGS）"，2013年的农业"社会企业"和"农业设计"，2014年的"中国百年乡村建设"等，都是在CSA大会的平台上发布的。我们还在CSA大会上先后发布了四个宣言：《推动市民农业、促进城乡和谐——文明消费者联合宣言》（2010）、《发展市民农业、促进城乡和谐——健康农产品生产者联合宣言》（2010）、《关于食物安全的消费者倡议》（2011）和《国际CSA联盟宣言》（2015）。

据不完全统计，全国已经有500多个CSA项目了。从2009年发起市民农业CSA联盟，到2012年发起全国生态农业互助网络，到2015年成立全国CSA联盟，再到2017年将联盟正式注册成行业协会，我们刚好走过了十年的路程，还是感到很欣慰的。

农夫市集是CSA运动中的一个非常重要的板块。为了给市民提供购买健康农产品的新渠道，让食品生产的过程更透明，拉近生产者和消费者之间的距离，从2010年开始，由小毛驴牵头，以市民农业CSA联盟为基础，以CSA大会为平台，直接推动了北京有机农夫市集的形成和全国范围内农夫市集的发展。如今，北京有机农夫市集每周开集，已经成为北京市一道独特的都市风景。每届CSA大会也都会有农夫市集。2014年，我们借着第六届CSA大会的契机，也把福州的农夫市集做起来了。

3. 新农人的黄埔军校——小毛驴市民农园CSA实习生项目（人才培养）

小毛驴非常重视CSA生态农业人才的培养。一般刚从农业大学毕业的学生，在体力、能力和适应农场环境方面，很难直接满足我们的工作要求。在社区伙伴（PCD）的支持下，我们每年会面向全国招收10个左右的社会青年，开展为期8个月的实习，通常在3月报到，11月答辩结业，这样实习生可以参与完成北方农业的一个自然生长周期的工作。学习内容包括乡建与生态农业理论学习（宏观视野）、CSA农场田野训练（微观操作）、CSA农场游学（纵向比较）和生命与生命之间的教育，耕读并举；在管理方面，包括每日考勤、每周周报例会、每月总结报告、不定期读书会和农场考察分享会、实习总结报告和结业答辩PPT等。

实习生要参与小毛驴的整体运作，就要进行农业全产业链的实务训练，包括农业生产、景观建设、技术研发、产品营销、客户服务、农业传播、培训教育和农场经营等。我们对实习生的要求是：你做得越多，承担的越多，收获的也就越多，成长的也越快。很多实习生会选择第一年在小毛驴实习，全面学习；第二年留下来工作一年，专业发展。这种实习生离开小毛驴后的创业成功率很高。

2008~2016年，一共有111个实习生结业。表1是历届实习生年份与性别分布，男女比例大概是2∶1，高峰期是2010~2012年，这跟CSA的发展也是相吻合的。河南、川渝、山东、湖北、河北、广东这几个地方人是最多的，这几个省份也都是中国的农业大省或经济大省。很多地方的CSA创业者，都跟小毛驴有千丝万缕的联系。

表1 小毛驴市民农园实习生年份与性别统计

单位：人

年份	男	女	合计
2008	6	1	7
2009	5	2	7
2010	7	13	20
2011	12	6	18
2012	14	6	20
2013	6	2	8
2014	7	5	12
2015	5	3	8
2016	9	2	11
合计	71	40	111

注：1. 2008~2016年，小毛驴市民农园共收到实习申请表约250份，实际录取了111位。在这111位实习生中，男性71人、女性40人，男女比例约为2∶1，90%具有本科或大专学历。

2. 2009年、2010年、2011年、2012年这四年是小毛驴实习生项目发展的高峰期，与小毛驴市民农园经营的高峰及全国CSA运动的高潮基本吻合，这四年每年收到实习申请表约50份，经过面试等方式筛选后录取比例为40%（2009年因为食宿条件限制，只有15%录取），其中2011年和2012年分春季（3月报到）、秋季（8月报到）两期。

"小毛驴不是世外桃源"，我们希望实习生的生态农业经历能跟人生规划相结合。我们的实习生离开小毛驴以后都去做什么了呢？目前有32个人还在农业领域工作，占实习生的近三分之一，基本涉及农业的各个产业，其中搞农业三产化和农产品销售平台方面的人的经济效益比较好，比如说，重庆的酷虫巴士（做昆虫自然教育，现在有自己的屋顶农场、昆虫民宿和课程体系，一年有几十万元的收入，已经能盈利了）、广州的沃土工坊。但搞种植养殖的相对比较困难，比如说，河南的归朴农园、福建的故乡柒号等。2012年的实习生陶虹屹现在在中国乡建院搞乡村规划、景观设计，也是我们非常优秀的代表。

全国CSA培训班也属于我们人才培养体系的一部分。区别在于，小毛驴的实习生主要是没钱的创业青年，CSA培训班则主要针对有钱的企业老板、农庄主，都是小有成就的中年人了。2011~2015年，我们总共举办了10期CSA培训班、共375个学员，培训的内容包括CSA农场的运营管理、自然农业养猪技术、粪尿分集厕所的建造、垃圾分类的实施、微空间的改造等。

图15　全国CSA培训班

4. CSA学术研究与出版（话语建设）

这些年我们一边实践一边做学术研究。我们承担了很多课题，包括教育部应急项目"通过新农村建设促进国家金融危机条件下中国经济社会的和谐与可持续发展"，中国人民大学985三期项目"中国农村发展哲学社会科学创新基地、北京新农村建设研究基地课题""北京农业创新与功能拓展研究——发展北京都市型生态农业的重点、难点与政策建议"，北京市农村经济研究中心《北京市民农园建设标准与经营规范研究》，北京市科学技术委员会《社区支持农业科技创新创优服务平台建设与惠民应用》等，这些课题及时总结了CSA的实践经验，促进了农耕实践与理论相结合，并深化了CSA、都市农业与新农村建设的理论研究。

此外，我们还开展了卓有成效的出版工作，例如，2011年由石嫣翻译的《分享收获：社区支持农业指导手册（修订版）》、2015年中国人民大学农业与农村发展学院陈卫平老师的《菜篮子革命：中国社区支持农业典型案例》、2017年我编辑出版的《中国农业的生态化转型——社会化生态农业理论与实践》。

在学术论文方面，作为中国人民大学、西南大学中国乡村建设学院、北京农学院等多家高校学生实习基地，小毛驴在8年中，累计接待了近100批国内外大学生或研究人员前来访谈调研，他们发表学术论文上百篇，硕士、博士论文20余篇（石嫣、周华东、袁清华、雷鹏以及我的博士/硕士论文都是以小毛驴为案例），引发了国内外CSA研究热，百度搜索关于小毛驴和中国社区支持农业的论文总计2666篇，还有企业专门做了一份《中国CSA市场研究报告》。

小毛驴的CSA简报，差不多每个月出一期，已经坚持了10年，到现在快50期了，完整记录了小毛驴从2008年到现在的发展史，是学术研究的第一手素材。简报由实习生、市民和专家供稿，主要由实习生编辑，这也是对他们的训练，既可以了解农场最新的资讯、大家的体验思考，也可以了解CSA行业的动态。

5. 总结：CSA的转型

最后我说一点个人感悟，一路走来，14年了，我觉得也算是一代人的奋斗了，这个过程不只是鲜花和掌声，更多的是挫败，是试验的生生死死。每一个项目、每一个阶段都像是铺路石一样，这个没了、那个又起来了。好在个人和事业都在成长，社会也在进步。

图 16　CSA 简报

我们现在也面临新问题。这也就是为什么我要谈 CSA 转型。在当下，资本下乡、市民下乡，乡建成了热点，我们不得不去调整整个战略。

2003~2016 年，中国大陆的 CSA 运动经历了从萌芽、高峰到稳态发展的过程。CSA 内涵的生态性、本地性、互助性等原则，客观上也已经成为推动地方生态文明建设与城乡融合发展的文化滋养与可资借鉴的重要模式。

关于 CSA 的转型，有如下几个特征。

第一，多元化与地方化。CSA 由最初的一枝独秀、媒体热捧，变成与农夫市集（2010 年兴起）、PGS 参与式保障体系（2012 年兴起）、爱故乡（2013 年兴起）、国际慢食（2014 年兴起）等百花齐放的社会运动思潮与实践并存，由高峰走向稳态，由中心逐渐多元，由北京逐步到地方，由民间走入政府，并呈现与国际接轨的趋势。

第二，CSA 的商业化与乡建化。CSA 由小范围公益试验变成大规模商业模式，由偏于农场形态的农业产业（以生鲜宅配为主要特征）变成一二三产融合发展，并融入全社会的乡建大潮之中。但经营状况究竟如何，有待调查研究。从整体看生存状况堪忧。

第三，精英化。CSA 的从业者，也由早期以满怀社会公益理想的乡建青年为主，变成当前以 CSA 为生计的创业新农人和以 CSA 为"名义"的社会企业家为主。而真正的小农，仍然处于 CSA 运动的边缘。

经过14年的发展，CSA已经融入中国城乡的肌理。CSA模式，特别是建CSA农场的模式，我认为最终必须与农民、与合作社、与乡建结合，才能走出新的道路。所以，CSA有很大的空间重新出发。例如，未来CSA应该与中国乡土文化结合，与中国传统农耕技术结合，与乡建人才培养结合，打造基于可持续生活方式的社会企业，最终要构建的是一个在地化的、综合性的农业服务体系和生态经济圈，在这个体系下，每个农场都有自己的分工，每个CSA团体都有自己的专长，大家是一个共生体。

将社会企业植入乡村建设之中是我们的出路。目前乡建或者CSA大多数还是靠情怀、靠理念在支撑，缺乏核心技术，在经营管理方面也比较弱，而且过于偏重人文社科，自然科学的参与太少。我们必须把乡土文化、生态技术、经营管理三驾马车抓起来，才能迈向一个新的台阶。对于小毛驴来说，我们不能再只是一个种菜卖菜的农场，而应该是都市农业教育中心、乡土文化传播中心、适用技术研发展示中心，最终是一种看得见、摸得着、可践行的可持续生活样式，一个城市里的农业生态社区。

二 爱故乡：乡土文化复兴与在地化综合乡建（2012年至今）

（一）爱故乡的缘起

我是2012年底才开始接手爱故乡工作的。为什么要做"爱故乡"这个活动？爱故乡与小毛驴市民农园正在推动的CSA运动有什么关联？

"爱故乡"最初是2012年初在福建发起的，当年7月，严晓辉、袁清华和邱建生一起在做福建故乡农园规划会的时候，提出是否可以把"爱故乡"变成全国性活动？但由谁来做？怎么做？最后就一致推举让我来做了（笑），大概是说我好歹是个文学青年，当年黄土地文学社社长、翟城报编辑，爱故乡又和文学文化密切相关。我愿意接手这个工作，也是因为我个人当时做小毛驴工作，也开始觉得有些不满足，我觉得我不可能永远为"有钱人"（城里人）服务（笑），我最终目标还是要为农村服务，为乡村发展贡献自己的力量。

当时小毛驴有两大资源可以助推爱故乡的发展。

第一是小毛驴的市民客户资源。小毛驴的CSA会员，都是北京城里的中产收入群体，很多都是企业高管或大学老师，他们的资源很丰富。对于小毛驴自身来说，毕竟小毛驴的百亩土地是有限的，能种多少有机菜出来？我们工作的重点，还是要发展乡村、振兴乡村，让农民组织起来有自己的力量，只有农民能在家乡安居乐业，才能安心为市民生产有机健康的农产品，市民的食品安全才有可持续的保障，也才有城里人的美好生活。所以我们希望通过"爱故乡"活动，重新让市民来支持"三农"，让乡村和城市、农民和市民，架起平等互助的桥梁。我们现在做"爱故乡"，是带着大量的城市资源下去的，不像当年做翟城学院的时候，只有一腔热血，实际是缺资源缺能力的。

第二是小毛驴的宣传资源。小毛驴先后得到400多家媒体报道，我们和很多媒体保持着紧密的联系，同时还有每年一次的全国CSA大会这个平台。2012年底，我们在第四届全国CSA大会上举行了全国"爱故乡计划"发布会，爱故乡就这样启动了，当时的活动名称叫"发现故乡之美"图文征集，就是发动大家写文章、拍照、画画、做纪录片，来记录本地的风土人情、乡情村事，颁奖的时候，刚好与2013年习近平总书记在中央城镇化工作会议上提出的"记得住乡愁"相吻合，爱故乡就这样一炮打响，形成了一定的社会影响力。2014年初，我们启动"爱故乡年度人物"评选活动，刚好2014年9月中央宣传部部长刘奇葆在培育和践行社会主义核心价值观工作经验交流会上提出"新乡贤"。我们在中央的前面多走了一步，与政策搭得特别好，活动效果也就很好。

2014年第六届全国CSA大会的主题是："发现故乡、记住乡愁、留住乡村"，"只有'爱故乡'，才有'新农业'"，这样就把CSA与"爱故乡"全面接轨了。

爱故乡从2012年开始到现在，已经开展了五年，一直比较顺利，得到了社会广泛的参与和认同。中央2013年提出"记住乡愁"，给了爱故乡很大的机遇，就像2008年食品安全问题，给小毛驴市民农园的起步带来重要机遇一样。但是，我认为机会是留给有准备的人，如果福建团队在2012年的时候没有做"爱故乡"，没有提出这个理念，没有一年的铺垫，我们不可能抓住这个机会。

（二）爱故乡的操作体系

我介绍一下爱故乡在实践中形成的体系。

第一是以文化为纽带，核心的产品就是"发现故乡之美""寻找故乡之歌"。我认为，要建设家乡，就要先了解家乡，认识地方的风土人情，然后才能谈乡建。不少人搞乡建，自己先入为主，但我们觉得要，先认识那个地方，再提出自己的行动方案。

第二是以人才为核心。其一是"爱故乡年度人物"，做乡村建设，总要有人干活，过去做乡建是以我们这些外来的年轻人为主力，我们比较强势、自以为是。但"爱故乡"的理念是，乡村建设要以本地力量——本地的乡贤、农民精英（农民带头人）——为主体。他们认同了"爱故乡"的理念和乡建的理念之后，让他们以主人翁的姿态，与我们外来的知识分子结合，自发自觉地推动地方的乡建工作，这样的建设工作才能更理性、更稳定，而且更持久。其二是"青年爱故乡"，就是组织大量的全国高校支农大学生，参与到爱故乡的行动中，与爱故乡年度人物及各地的爱故乡试验点建立紧密的互动学习关系，在这个过程中，青年也成长起来，成为爱故乡的联络员、组织者、推动者。其三是，在各地成立"爱故乡专业小组"，走专业化的路线，就是根据爱故乡人才的工作领域和专长，将他们进行专业化的形式分类，如爱故乡文学与文化专业小组。

第三是以组织为载体，也即我们在地方成立的"爱故乡工作站"。有了志同道合的人，我们就可以搭建地方爱故乡组织（理事会治理），让大家更有凝聚力，可以共同做事。

第四是以平台为保障，通过爱故乡沙龙、爱故乡大会、爱故乡专题培训等形式，搭建一个各地经验交流、专家与基层实践者互动的平台。

总之，我们就是通过传播、服务、研究和整合，整体推进"爱故乡"事业的发展。

（三）爱故乡的价值观

爱故乡的价值观，可以从四个维度理解：第一是生态的视角（土地），即保护环境，处理好人与自然的关系；第二是人文的关怀（文化），用文"化"人，处理好人与人的关系；第三是在地的尺度（身土不二），处理好人与社区的关系；第四是适度的需求（简朴生活），处理好人与自己内心的关系，也就是要勤俭节约，克制过多的消费欲望。可持续等同于节俭，并最终等同于生存！这个时代最难做的事情，莫过于节制人类的欲望！

（四）爱故乡的文化内涵

我从五个方面介绍一下爱故乡的文化内涵。

第一是男耕女织、诗书济世的耕读文化。耕读传家是乡土中国的千年传统，深深地植根在中国人的文化基因之中。林语堂说，"中国人的现实与理想就是，大自然的享受、家庭的享受、生活的享受、文化的享受"。

第二是敬天、爱人、惜物的传统文化。王英杰创办河南省开封市城乡一体化示范区敦复书院，陈涛家庭创办河南社旗县兰馨书院，何慧丽创办河南省灵宝市弘农书院，都是通过传统文化修复社会人心的行动。

第三是国有史、乡有志、村有祠、家有谱的家国文化，中国人讲求"修身齐家治国平天下"，家国天下，这是我们的追求，也是中国人的普世格局。编写村史、乡志，重建宗祠、家学展馆等，成了爱故乡活动中非常重要的部分。在广大的乡村，文化无处不在，学问无处不在，祖先记忆、人文历史生生不息。

第四是反哺桑梓、泽被乡里的乡贤文化，过去当官的也好，做生意的也好，都是要回馈家乡的，那时乡村的人才和财富，是一个循环体，如此乡村得以不断更新发展。今天，这种循环机制断裂了。我们尝试通过"爱故乡"将其修复，并打通每个游子回报家乡的通道。中央文件里写到"以地缘、血缘、人缘关系为依托，以乡情乡愁为纽带，创新乡贤文化，弘扬善行义举，吸引和凝聚各方人士支持家乡建设，传承乡村文明"，就是这个道理。江西省进贤县前坊镇西湖李家村总顾问、原南昌市市长李豆罗就是这样一个典型的乡贤。湖南省安化县大福爱乡协进会（简称爱乡会）的口号是"不做故乡陌生人"，他们通过爱乡会，把分散在全国各地工作的大福人，和回到家乡、留在家乡的大福人连接起来，这是我看到的最精准、最有效率、最有生命力的乡建团队。他们利用血缘、地缘关系，QQ群、微信群等网络工具，在各省组建了分队，采取线上项目讨论与线下落地实施相结合的方式，引导同乡成为服务家乡的志愿力量，组织同乡开展形式多样的公益慈善活动，为大福人帮助大福人提供公信力保障与社区平台支持。我们可以体会到，从中央到地方，从官方到民间，各地都以独具特色的"爱故乡"的方式，发动社会力量去建设自己的家乡。

图17　湖南安化县大福爱乡会

第五是敢为人先、爱国爱乡的华侨文化（见图18）。华侨是一个特殊的"精英"群体，他们既得到以传统农业文明（儒家学说）为主的中国传统文化精神的滋养，更受到以现代工业文明为主的西方理性主义文化精神的训练，改革开放后，很多优秀华侨积极与社会分享财富，在扶贫济困、捐资助学等方面，为祖国的建设和他们故乡的发展添砖加瓦。

图18　敢为人先、爱国爱乡的华侨文化

综合起来，这更是中国特色的"四有"文化：文化自信、文化自觉、文化融合和文化坚守，也是中国文化软实力的基础。我们要讲好中国人的文化保护行动故事。

（五）爱故乡的定位

爱故乡是一种有体系性的自主综合乡村建设。第一，我们是乡村土地、山川、河流和餐桌健康的守护者，倡导生态农业、美丽乡村建设和生态消费观念，保护故乡的生态环境；第二，我们是乡土文化的守护者，保护古村落、古建筑、传统农业景观，更新、传承乡土文化，发展社区大学，推进乡土教育，保护故乡的人文环境；第三，我们是乡村经济的推动者，倡导公平贸易，保护传统手工技艺，推动"三位一体"农民合作组织建设，增加农民收入，增强乡村经济的自主性；第四，我们是城乡资源互动的平台，促进城乡之间在人才、资金、物资、物权等方面的有效对接和配置，推动乡村的资金互助事业，发展乡村的深度旅游，加强与社会各界的合作，激活社会的爱故乡力量；第五，我们要创造东西文化融合的理想，西方的工业和科学可以被学习和效仿，同时我们还可以发扬东方文化的精神优势。

（六）爱故乡的成效

爱故乡项目自2012年启动以来，陆续推出"发现故乡之美"、"寻找故乡之歌"、"爱故乡年度人物"和"爱故乡年大会（爱故乡主题颁奖典礼）"等品牌活动；形成了爱故乡走访调研、爱故乡高校行、爱故乡工作站等常规化互动组织方式；发育了爱故乡大地民谣音乐会、爱故乡生态文化节、爱故乡春晚、爱故乡摄影展等大众化文化宣传形式；充分动员了大学生、地方乡贤、专家学者和文艺工作者，深度参与其中；展现了地方乡贤主导下的以"在地文化复兴与地域特色发展"为核心的中国文化与乡建图景。

2012~2015年，爱故乡完成从福建到全国的战略发展，团队先后调研走访了近200个乡村项目点，推动成立了福建、河南、湖北、陕西等省级爱故乡工作站及二十多个县、乡、村级爱故乡服务中心，建立了18个省级爱故乡微信群，得到境内外近100家媒体的广泛报道。目前爱故乡活动已经覆盖到31个省区市，共有约3000人深度参与到爱故乡活动中，实际影响至少5万人。爱故乡促进了民间力量的成长，推动了地方文化的复兴和地域经济、文化、社会的可持续发展，是一种人、土地与文化共生的新生活形态！

（七）爱故乡的发展趋势

第一，以人为本的地方力量的挖掘与发扬。我们要培育地方的乡村建设力量，而爱故乡年度人物，正是乡建的核心力量。他们是这个伟大时代的"新乡贤"，是传承乡村文明的火种，是链接乡村与城市的纽带，是推动乡村复兴与探索城乡可持续的先行者。图19是我们第三届全国爱故乡大会的颁奖典礼现场，也是第一次独立在中国农业大学办会。2014~2016年，我们共征集到117名候选人，评选出48位爱故乡年度人物，这些人物年龄在30~90岁，分布在20多个省份，涉及十个领域（乡土博物馆、生态环境保护、农村社区建设、民艺传承、平民教育、村史乡志、城乡共建、文化遗产与古村落保护、生态农业、中医中药），基本上把乡村建设的各个板块都容纳进去了。在这些人中，很多从没听说过"乡建"，但他们做的事，都是最接地气的乡建的事，而且很多人一辈子坚持做一件事情，是一种高度的自觉、极具韧性的坚持。这说明针对乡村社会的危机，民间本身有很强的修复能力和自我拯救能力，只是我们没有看到他们的力量，没有看到他们的功劳。我们做"爱故乡"，就是希望讲好中国故事，让知识分子和基层精英结合，总结和推广他们的经验，让他们"被看见"。爱故乡年度人物分布，以沿长江、黄河两个流域为主，与中华民族文明的发祥地是高度吻合的。我们的目标是每个省都有爱故乡年度人物。

图19 2015年第三届中国爱故乡大会颁奖典礼现场

第二，以省或地域为中心的地方综合乡建。这也是我最近的观察和总结，也即乡建已经全国化、地方化了。比如，2002年成立的海南返乡大学生志愿服务队；2005年成立的以陕西、湖北、河南汉江流域为工作区域的湖北省襄阳拾穗者民间文化工作群；2012年发起的福建爱故乡促进会；2014年揭牌的河南爱故乡工作站；2016年启动的秦晋豫黄河金三角地域乡建中心；从2017年开始，陕西、湖北、广东、山西、江西、浙江、湖南，这几个省的爱故乡工作站也已经在运作或者筹备中了。我们以省为单位，把原来的乡建经验集成创新，应用到地方上。为什么要落到地方上去？因为中国很大，每个地方的社会经济文化条件都不一样，我们希望形成乡建的地方特色，就像民国时期的乡村建设，有重庆北碚特色、河北定县特色等。只有形成这种特色，才能走出一条多元发展的乡建道路。图20是我们成立河南、湖北省级"爱故乡工作站"的场景；图21是2017年4月温铁军和王伟华两位老师为湖北爱故乡工作站揭牌的场景。我们希望未来在湖北、江西、湖南三个省形成爱故乡的"中部模式"。

图20　河南、湖北省级"爱故乡工作站"成立

图21　2017年温铁军与王伟华为湖北爱故乡工作站揭牌

第三，以社群连接为主的专业化服务。也就是未来爱故乡要至少发育出100个专业小组（爱故乡行动100条），让每个人都能以他最舒服、最擅长的方式爱故乡，每一个人都能在爱故乡的事业中找到自己的位置。搞音乐的有爱故乡音乐小组，搞乡村建筑的有爱故乡乡村建

筑小组，搞乡土博物馆的有爱故乡乡土博物馆小组，搞文学的有爱故乡文学小组……2017年6月，我们在陕西省旬阳县搞的乡土博物馆工作坊，把全国各地搞乡土博物馆的40多人聚到一块，探讨博物馆的可持续发展问题，并给他们颁发专业证书、聘请专家顾问，他们自我服务、自我运作。这些博物馆涉及农耕、民俗、铁器、航运等不同的领域，真实保留了中国人民的生产、生活记忆，也是地方史、流域史与中华史的重要组成部分。这些博物馆的创始人，热爱家乡，痴心乡村文化，他们多是当地的民营企业家，事业有成，有一定的积蓄，呕心沥血、耗资巨大，筹办时间最短的有5年时间，最长达30余年。他们在克服重重困难中坚守文化，在创新传承中发展文化。在湖南省汨罗市创办的乡土书写工作坊，是作家韩少功老师支持举办的活动，他也是我们爱故乡文学与文化小组的顾问。

第四，依托发达交通、信息网，经营现代乡居生活。经过十多年的新农村建设，农村的基础设施得到了极大改善，交通、信息便捷发达，城乡的差距在逐步缩小。挖掘地域文化，回归本地食物系统（地产地销），重塑地方精神，最终实现作为一种可持续生活方式的乡村建设，是爱故乡的归宿。

图22 2017年在陕西省旬阳县举办的乡土博物馆专题工作坊

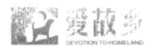

图23　2017年在著名作家韩少功支持下于湖南省汨罗市举办乡土书写工作坊

（八）总结爱故乡行动的几点体会

最后我分享下我做爱故乡的几点体会。"重拾人心是基础，培育团队是关键，适合乡情是突破，细水长流是服务，扎根乡土是目标。"爱故乡要深深地根植脚下的热土，要深入人民群众，要形成城乡各界的统一战线，服务于地方的可持续发展。

"发掘历史、传承文化、凝聚人心、共建家乡"，爱故乡要从历史走向未来，将"文化"人作为建设家乡的强大社会力量！不管你身在何处，不管你是农民、大学生、企业家、公务员、人民教师，还是媒体工作者，都可以以各自的方式来爱故乡、建设家乡！让爱回到故乡，让故乡更有力量！

让爱回到故乡　让故乡更有力量！

图24　爱故乡团队成员

【讨论】

提问一：

黄老师，您清晰地梳理了自己乡建实践工作的思路和路径。我现在也在农村驻村做乡建工作。我们村里的情况，还处于您所说的第一阶段。我们面临的一个重要问题就是，人员流动太快了。我们想做某一个事情，也能找到专业性人才，但他们可能在这里待一个星期就走了。因为我们是公益项目，所以也没有很高的收入对专业人才予以支持。不知道您有没有好的建议？

黄志友：

人才的可持续问题确实是比较难解决的，这是农业领域的全局性问题。第一，乡建工作环境比较艰苦，因此一定要找能吃苦、勤劳、热爱农业的人。第二，还要有专业性，毕竟不能靠情怀去支撑工作。第三，要有基本的盈利模式，比如，你跟农民结合、为农民服务，那你的核心产品是什么？你的成本和收益怎么去平衡？你自己要做分析。如果你没有钱，那专业人才当然只能待几天就走了。小毛驴的情况有些特殊。小毛驴从来不直接招聘员工，我们做实习生项目，实习生实习八个月以后，愿意留下就留下来。也就是说，我们通过实习过程筛选了一批有能力、有精神、愿意干的人。他干两年以后，觉得自己翅膀硬了，就可以回家去创业。比如，唐亮和陈云，就是在我们的平台训练了一两年之后才回去的。一个人要回家创业，要带着本领和资源回去。来小毛驴的好处是，可以"镀金"，能认识各种人，有很多机会去各地走访，找到自己可以依托利用的资源。关键是我们要学会怎么去动员社会资源，来为我们的事业服务，这是最关键的。

提问二：

我想问的是，面对一个村庄的村民，怎么动员他们转变理念，采用生态农耕、自然农耕的种植方式？怎么切入市民群体、打开城市市场，让他们参与到社区支持农业中来？在动员工作上，黄志友老师有没有可以分享的经验？

黄志友：

第一，广西搞生态农业的团体很多，经验也比较丰富。在和村民谈的时候，我觉得核心点在于销售，解决了销售问题，有收入了，农民就有种植的动力。第二，大家不要天天盯着农产品本身。生态农业有时候只是作为我们撬动村庄乡建的一个工具。我们可以把有机农业作为切入点，向地方政府打报告，争取政府的项目。例如，可以借助政府资金，将之引导到综合性的乡村建设工作中，可以发展三位一体的合作社（生产、供销、信用）和乡村旅游等。

前段时间我在湖南省安化县江南镇调研。我们去了一天，只做了两个小时的爱故乡沙龙，但是全镇各个村庄的返乡青年、乡亲和干部全部都动员起来了，还与政府的田园综合体等项目结合起来了。他们从全镇的垃圾分类、河道清理、村前村后的美化工作切入，效果特别好。这可能比你一开始就做农业、找销路更有效果。

我的建议是，千万不要只搞生产。搞生产而没有销售的话，相当于害了农民。

提问三：

我曾在我们学校的一个小型实验农场项目做调研。调研过程中我听说，目前纯粹经营真正有机农产品的农场，绝大部分都是亏损的。另外国内许多农场的有机认证都是花钱买来的，并没真正达到有机标准。所以，大量农场通过提供田园式的多样化综合体验服务来保持盈利。但这样快速发展并规模化的农场有许多问题，例如，它是否能够融入本地，形成持续的城乡互动？当地村民能多大程度参与其中并获得收益？是不是综合式田园的发展会削弱经营者对种植有机性的关注？由不同家庭提供的小规模的多样化服务，是否会更加有利于促进城乡关系的调和？

黄志友：

第一，中国的国情决定这种田园式的休闲农场主要是依附在大城市周边的。其实有些企业是把圈地做农场作为企业的蓄水池，醉翁之意不在酒，因此农场亏损与否对这些企业来说无所谓。但是，这种方式要盈利是非常难的。大概90%的休闲农场都是亏损的。很多项目都是在靠政府项目资金维持。不过我们换一个角度看，休闲农场也可以理解为城市发展的公园，属于公共服务，而不是纯粹的农业产业。政府要拿钱出来去支持的原因，也是因为做休闲观光的有机农场带有公共服务性质，例如，缓解城市内部的压力，改善城市的生态环境。

第二，农业本身是很难挣钱的，即使农民来干，也不一定能挣钱。怎么以农业为切入点强化农民在整个农业链条（包括生产、销售、金融各个方面）中的地位，使得收益能回馈到农民自身，这是更为关键的问题。我们不能只盯着农产品本身。农民的一亩三分地，就算当作黄金来卖，也很难支撑他的现代化生活方式（如买车、换手机、出国旅游等）。别说种植有机蔬菜，就算种植"有机黄金"也支撑不了（笑）。如果我们听到某一项目可以自负盈亏，那我们去给它做真正的成本核算的话就会发现，其实自负盈亏是很难的。包括小毛驴市民农园能发展到今天，如果没有政府初始的硬件建设资金投入，我们也不可能坚持到现在。还有我们的CSA实习生计划是社区伙伴（PCD）项目支持的，既为社会公益性地培养农业人才，也减少了小毛驴自身的人力开支。

所以，首先，我希望大家理性、清醒地去看待这个产业。农业是用来养人的，不是纯粹赚钱的。其次，我们搞有机农业的目的在于"治病救人"，不是说我们的农场没有达到有机标准就放弃，而是说，我们希望这个工作能改良土壤，让农产品越来越优质，让城乡互动更深化。它是促进城乡和谐发展所采取的一种手段，而不仅仅是目的本身，这是我的理解。

第四单元：总结与反思

乡村建设研习营小组召集人总结反思[1]

孙晓忠：

我想起钱理群老师对中国历代知识分子下乡的论述。改造中国的前提是要认识脚下的土地，从晚清到当代中国，一代代的乡村建设者，都是在做认识中国、改造中国的事。长江后浪推前浪，今天我们又看到了新的一批投身于乡村建设的年轻人。

历史不以成败论英雄，不管乡村建设是成功还是失败，精神的薪火传到了你们这一代的身上。跟前几代人相比，你们身上的担子更重一些，同时你们的精神将更强大、更纯粹。

在这里，我最大的感慨有两点：一是大家的认真，二是大家的活力。这活力让我非常感动。毛泽东和鲁迅都对青年有很高的期望。如果青年已经上场了，那么这个国家与民族就有了希望。青年有声音，青年有颜色，有爱的翔舞，社会才有希望。

我们的社会如何保持这样一种活力，保持住青年的朝气蓬勃？一个重要的方法就是要和青年们在一起。朱熹说过一句，"问渠那得清如许，为有源头活水来"。乡建能够保持住这样的活力，是因为有一个巨大的吸引力量，把一代又一代的年轻人联系起来，并营造一种有活力的

---

[1] 时间：2017年8月28日；地点：重庆市北碚区梁漱溟旧居；整理人：朱朝飞；校对人：束鸿鸣。在本届乡建研习营的最后一场讨论中，各小组召集人与各位营员对本次研习营的学习与思考进行了回顾、总结与反思。限于篇幅，这里收录的是各小组召集人的发言记录。

氛围，使年轻人相互砥砺，关心中国、关心世界。我希望这样的精神能够保持下去，我希望能永远和青年站在一起。我也真诚地希望在座的诸位老师，请你们回去以后，也把自己身边志同道合的人招纳进来，一起来做事；改变世界，从改变身边的人和事做起。你们的活力让我再次感奋，驱走衰颓意志。毛主席说："世界是你们的，也是我们的，但是归根结底是你们的，你们青年人朝气蓬勃，正在兴旺时期，好像早晨八、九点钟的太阳。希望寄托在你们身上。"①

孟登迎：

我们小组成员的背景很丰富，有实践者、有博士生，还有本科生。我上大学的时候从来没有这样的机会，能和小组里的博士生、老师做这种连续一周的深入交流。这种跟大家分享交流的机会特别难得。例如，有的同仁一边读书，一边做小毛驴市民农园的实践。还有很多人已经在做试验，做自己的农场。还有南开、北大的博士生们，都在关注乡建。也有同仁本身已经在乡建机构中工作，他们的思考能够给我们活在学院中的人不少启示。不同背景的成员之间能够相互学习。

这几天，我们从历史的角度认识了百年乡建的历程，尤其了解了当代乡村建设的缘起与探索，了解了土地革命和延安经验。虽然我个人从2003年起参与乡村建设运动，但在理论和历史方面，我的了解也并不那么透彻。温铁军老师从世界经济的结构性矛盾，以及矛盾应对策略的角度，给我们提供了思考视角。而且他提示我们，只有更努力地学习，才能认识乡村建设工作在这个结构性矛盾中所处的位置。即使是做实践工作的人，也应该有一个宏观的认识。因为把自己的工作定位清楚之后，才有利于我们今后的团结与合作，有利于建设网络和链条。此外，我们在学习过程中讨论的是广义的"乡村建设"概念，包括生态农业、合作社、城乡互助体系、大学生支农培训、返乡青年服务、学术研究等。虽然看起来比较散，但正如大家所说，"形散神不散"，其核心

---

① 中共中央文献研究室：《毛泽东著作专题摘编》（上），中央文献出版社，2003。

在于，我们要建设一个支农、惠农的网络，而且要把重心放在人才培养上，培养青年人与农民的自主性和团结性。

我参加研习营，还有一些思考可以跟大家分享。对于来自不同路径的批判，我们应该采取一个非常严肃、认真的态度，去想对方为什么会这样思考问题。在这次研习营中，何慧丽老师的分享其实对我们有非常好的唤醒作用。我感觉她的感悟力是非常强的。她把自己的成长经验以及所遭遇的困难都融进了自己对传统文化的理解当中。尽管她的理解不是纯粹学术性的，但是很多人能够感受到这当中所蕴含的道理对我们的冲击。她有一种自觉或自我提高的紧迫感。的确，我们个人的能力和精神支持，都在面临着各方面的挑战。乡建是一项综合性的工程，我们很容易暴露出自己的无力感。比如说，我很难在自己家乡建立一个为乡村服务的网络。何老师为我们的思考和实践提供了不少启示，可以帮助我们和家乡对接。

我们的活动即将告一段落，但是希望大家之间的联络千万不要中断。大家不一定非要认同乡建理念，或者非要参与乡建的活动。但是希望朋友们可以关注乡建，理解乡建，向更多的人传播乡建的理念。我们其实期许自己是一颗种子，在时机成熟的某一天能全面开花。那个时候，我们可以说，我们履行了一名知识人的责任，为民族甚至是世界的某一个角落的生活带来了活力。在那个时候，我们作为知识人的幸福感才会坦然呈现。我期待着那一天，也许要等几十年，但希望我们无愧于今天的努力。

薛翠：

这次研习营，让我想起1933年的全国乡村工作大会。来自五湖四海的乡建工作者汇聚在山东邹平，纵论世界格局、国家大事，也交流乡建工作的实践经验。大家以古见今，国际金融资本试图攻城略地，大部分发展中国家内忧外患。置身于巨变之中，读书人理应先天下之忧而忧，后天下之乐而乐。让我们激活传统读书人的风骨，汇聚成一股清流，与大家共勉！

狄金华：

这次研习营呈现了一种乡建人的多元化特征，例如，参与者年龄的差异性、专业的差异性、所从事工作的差异性等。乡建人的多元性给了我们每一个参与者非常大的冲击。我们可以预想，如果没有这次研习营，当我们每个人在面对自己原有的问题时，都只能靠自己去思考、解决，也许很难遇到一次改变自己思路和视野的机会。这次研习营之后，虽然我们依旧会带着自己的问题往前走，但是因为来过这次研习营，这段没法抹去的经历会化作一些资源，帮助我们思考。无论是戴锦华老师，还是温铁军老师，他们这次所讲授的内容、传递的思想，也许我们无法立即消化，但已悄悄影响了我们，在我们身心留下了印记。

这次研习营中乡建人多元性的另一面就是其异质性。在这样的结构中，你始终没有办法去预估，下一刻你面对的发言人会讲什么。我自己经常在农村做调研，我给研究生们常讲，每次做调研时都非常兴奋，之所以兴奋是因为我永远不知道受访人下一刻会讲什么。在这次研习营中，每一位讲者都有不同的背景，所以每一个听者都能获得非常大的收获，因为你不接触这些不同的人，你从来都不会知道这种想法，从来没有这样的视野，也从来没有这样的知识。这个时候反观我们自己就会发现，我们的认知可能过于狭窄、过于单一，我们只习惯于按照某种熟悉的思维和路径去看问题。

从一个多元的视角来反观乡建，我们就会发现，乡建不只是教育，不只是环保，也不只是农业。现实的高度复杂性要求我们面对现实问题的时候，需要一个多元、复杂的视野去思考、实践。这并不是要求我们成为"全才"，而是说，当我们从某个特定切入点去思考、实践的时候，还需要意识到自己要基于一个比较整体、宏观的视角来认识问题、认识自我。总而言之，我们应该充分意识到，乡土以及乡建本身的复杂性与多元性，以及多样化的可能。

赵晓峰：

时间过得真快！2003年，我正式踏入乡建领域，第一次见到温铁军老师是2004年5月。十多年过去了，昨天见到温老师，已经明显感觉到岁月在人身上留下了深刻痕迹。温老师应该说是大乡建的领航者。我刚参加乡建的时候，还是大一的学生，十多年过去了，我们从乡建中走出来的人，有的成了老师，已经开始带着自己的学弟学妹或学生做研究了。岁月在我们身上留下了很多东西。就乡建来说，当代乡建开始的时候，是当时中国"三农"问题比较严重的时候。从2001年开始，全国高校活跃着一百多个支农社团。这些支农社团在当时很大程度上改变了高校社团的发展境况。从大一到现在，乡建的队伍在不断壮大。最开始的时候，乡建的活动比较单一，主要是大学生支农活动。而现在，社团活动已经不再是乡建的主力了，因为我们的活动形式拓展到了"爱故乡"、生态农业等方面。一方面，随着形势的变化，我们不断地深化、发展、开拓出了乡村建设的多样形态。另一方面，我们也培养了一批又一批人才。例如，梁漱溟乡村建设中心的农村人才培训计划，已经在全国各地搞了很多期，一些同志仍然在各地开拓新的乡建形式。以上种种，我们都需要进行系统梳理总结。

此外就是这次研习营的参加者非常多元。我对乡建一直有一个思考：我们不同的人有不同的分工，一些同志在做实践，另外一些同志要把时代中的乡建记录下来，进行学术总结与思考。这就意味着，在高校里面应该有乡村建设研究者的阵地。现在来看，我们在中国农业大学、福建农林大学、西南大学等高校都建立了阵地。那么，这就对我们提出了一个新任务，就是说，最基层的乡建实践者在不断地随着时代变化而开拓新的形式，对于在高校做研究的同志来讲，我们要不断地去对实践进行总结，推进研究。而且，乡建这么多年的工作对政府的政策影响并不小。这么多年走过来，我们当时的一些主张其实已经转变成了国家的政策。只是大家可能没有意识到这一点。我们还要继续把这些沉淀、记录下来。不然，历史的遗忘是很快的。

总结一句，乡建研究者和实践者应该在分工的模式下更好地合作，这样的话，乡建才会走得更加顺利。

杜洁：

这几天我们讨论到历史中——比如张謇、卢作孚、梁漱溟等——的乡建实践。当我们谈到他们的工作方式以及相关的具体历史经验的时候，对比当代乡建会发现，我们又有了新的变化和新的元素。在乡村的逻辑和规律里面能够重新探索他们当时的工作方式以及具体经验。

在新的元素中，首先，是资本。资本已经深入农村，这是现实，是我们在分析农村问题的时候必须要考虑的。我们不能把传统、礼治的乡村作为分析的前提。今天的农村已经是深刻卷入市场化、全球化的农村。

其次，我们做生态农业，提出"生态"的理念。而现在来说，我们进行生态农业和生态保护的实践，一方面是技术上的创新，另一方面又是可以做统一战线、动员更多人的理念。也就是说，如果做技术研究，那很好；但文科的同志们做不了技术研究的话，我们可以用生态的理念，掌握话语权，动员更多人参与进来。

再次，这几天我们也谈到了性别、家庭以及艺术介入乡村建设等话题。很多乡村建设工作是从生计上动员农民，例如，生态农产品、乡村旅游等。我们需要反思的是，当我们期盼农民将要踏入新的生活方式的时候，我们怎样去跟他们一起创造一种更舒服、更快乐的生活？

李管奇讲他们的水稻项目，对我们有很大的启发。当我们开始使用新的元素的时候（如生态、旅游），我们其实是可以重新发挥和挖掘农民的价值的。例如，劳动的快乐，被他们遗忘甚至鄙视的技术，那些他们觉得很简单的事情，其实有着很高的智慧。如果我们不去挖掘，那么，这些就会随着时间的推移而逐渐消失。在我们的工作当中，我们可以用这些东西去发掘老人的价值，同时在运用新元素的过程中，让老人参与进来。

这个时候就能落到我们的根本。大家一直在讨论，乡村建设就是乡村的意义被重新建构的过程。在何慧丽老师的讲座中有一个很有意思的地方，她提到乡建是一个动态过程，如同"随风飘零"，而不是一个模式。我们不应当预设某种形态的乡村、某种形态的实践模式。我们先不要带一个"乡村应当如何"的预设,而是把乡村、把我们放在一个动态过程中去反思、讨论。我们不要自我设限,给自己设立思维的篱笆。

有人说,何慧丽领导了乡村建设运动,但是何老师说,不是我领导的,我没有领导,实际上是大家都在做实践工作,我只是在大家后面做解释工作。这是何老师一直在强调的。我们在某种程度上都认同"乡村建设"这个词语,也在不同方向指引之下,一起走上了这条路,殊途同归。我觉得这是非常难得的。

最后,大家刚才提到挫折感。我们做乡村工作的朋友,包括我们自己,有的时候会被挫折感所笼罩。但想一想,其实什么事业不会经历失败呢?创业可能会经历失败,高校老师做研究、搞教学,也经常会很郁闷。我想我们幸福的地方在于,至少能做自己喜欢、认同的事情。挫折本身也是我们工作必须经历、消化的内容。

潘家恩:

首先,我想起一句话,"甘愿做,欢喜受"。我有一个朋友是做扶贫工作的,常年扎根在全国各地的贫困地区,有次她说:"很多人问我们,为什么做农村工作这么辛苦还要继续,我反问他,我看你打麻将也挺累的,要熬夜,要通宵,你为什么不觉得累?"我想,如果我们能在前进中找到自己真正认同并喜爱的东西,相信辛苦是值得的。

其次,我认为当前重要却困难的是能够彼此"看见"。它不仅指我们通过倾听、学习并理解背景各异的人们所带来的经验与思考,而且还包括放下各种"偏见"与"定见",主动吸收多样化的思想资源,进一步认识问题的复杂性。同时,我们还要提醒自己,无论是思考还是实践都要尽量避免沉浸在自己的小世界里。温老师60岁生日时告诫我们,他大半辈子反思后得到的自省是,要处处"自以为轻"和"自以为非"。反观自己,常陷入小知识分子的自满与自恋,躲在自己的安全区,自娱自乐并自我感觉良好,打不开自己的心扉。希望研习营这个独特空间,有助于大家进一步开放,不仅在学术思想上,也包括自我认识。

最后，我们看问题常有不同的阶段。第一阶段"看山是山，看水是水"；第二阶段"看山不是山，看水不是水"；第三阶段"看山还是山，看水还是水"。我想这个说法也有助于思考乡村建设是什么和不是什么。通过这次研习营，希望大家认识到乡村建设不是简单的"建设乡村"，也不应"削足适履"地用理论去切割现实，好的理论应该是帮助我们更好地理解现实和激活实践。那乡建应该是什么？乡建是乡村的自助与自救，是组织创新和制度创新，是多种要素的回流与回嵌，是不同于以城市为中心的新价值与新思维。当前乡建还联系着"城困乡衰"的双重困境，因为乡衰，有了乡建；因为城困，乡建有个更广阔的空间与更复杂的内涵。

同时我们还要"跳出乡建看乡建"，乡建不仅是内容和方法，也是"全球"与"在地"相结合的整体视野与生活方式，还是态度与观念。这种态度从我们自己开始，用一种积极和建设的心态去转换矛盾，改变二元对立，并愿意从小事和身边做起，在坚持和实践中慢慢找回我们的平常心，这颗心既包含"不忍"（不忍父老乡亲的不堪与悲苦），还包括某种"不甘"（不甘养活了我们几千年的厚重文化与脚下热土不再持续）。

"念念不忘，必有回响"，乡建路上，携手同行，谢谢大家！

专题笔谈：二十世纪中国乡村建设再理解

注：本组笔谈刊发于《开放时代》2018年第3期。

重思乡村建设与乡村革命

潘家恩

(重庆大学人文社会科学高等研究院)

沟口雄三曾指出:这两条道路(梁漱溟与中国共产党)虽然在中国是否存在阶级这一革命的根本问题上相互对立,但在建立新中国的局面下,却显现犹如两根稻草被捻成一根绳子般的协调。[①] 乡村建设与乡村革命长期且广泛地存在于现代中国,然而很多时候却被二元对立起来,内在联系被切断,并被"好人好事"、"就事论事"和"成王败寇"这样的常见论述所主导。

有感于此,本文及随后各篇文章尝试"跳出乡建看乡建",以"百年乡建"为新视野,进一步揭示乡村建设的丰富性和复杂性。在其中我们既可以看到梁漱溟所描述的客观意义上的"(百年乡村)破坏史",也将看到主观意义上知识分子们的"伤心史",同时还可以看到乡土社会筚路蓝缕百折不挠的"建设史","百年乡建"这条大河尽管流的很慢,但水深才能静流。

需要说明的是,现代中国产生了多种类型且复杂多样的革命,本文所讨论的主要指与乡村建设在动员对象与形式内容上都直接相关的乡村革命。

---

① 沟口雄三:《中国的冲击》,王瑞根译,生活·读书·新知三联书店,2011。

一　不保守的改良与不激进的革命

现代中国在剧烈转型进程中除了产生着多样化的理论，同样也存在着多样化的实践，如果说理论讨论不应简单用"保守－激进"类似的二元框架，这些实践也不能停留于"改良－革命"这样的人为二分中，特别是对于紧密结合乡土且努力回应现实的"乡建式改良"。

现代中国改良光谱复杂多样，乡村建设之所以具有改良特征，是因为其作为乡土社会现代转型过程中的"自我保护"性存在，立足于广泛分散的草根与乡土脉络，对剧烈变革所可能造成的成本转嫁有着独特的敏感。同时，其警醒于一般的坐而论道及以浪漫化眼光对待传统和现状的做法，希望通过扎实的实践以产生出有利于弱势群体及乡土社会的可持续发展的模式。

回到历史，乡村建设实际存在着"不保守的改良"之特点。例如，晏阳初、陶行知、梁漱溟和卢作孚等人，在对"去乡土"的现代教育、现代企业、现代文化、现代城乡关系等就有着深刻批判与创造性实践，本辑专题相关文章将有所讨论，此不赘述。

与"不保守的改良"同时存在的是"不激进的革命"，后者特别对应于发生在20世纪上半叶这场由中共领导的，既有着国际共运背景、也有着十分突出的本土特征与乡土特质的，虽由知识精英发起并以城市为初期中心，最后却以"农村包围城市"为高潮与主要力量源泉的复杂历史进程。可以说，这种革命自然不应直接等同于"激进"，近年来学界从乡村建设角度对延安经验的再解读就是一个很好的例证。

对于第三世界和弱势群体来说，无论是改良还是革命，其同样都包含着不同层面上的正义性和合理性，手段和方式的不同恰是多元化的体现。其所挑战的共同之处其实是各种原因所导致的激进化、绝对化及由此产生的排斥性。然而，对于在激进化环境下求生存的乡村革命来说，其在一定程度上将特定历史条件下的某种别无选择上升为意识形态也是可以理解的。然而，"后见之明"应该让当下的我们拥有更为从容的条件，我们需要对此进行反思，认识其中的复杂脉络与动态过程。

二 建设与革命的互动转化

正如上述,革命和改良同样都需避免简单化处理。革命本身并不一定都是"去脉络"意义上的激进,暴力仅是革命某种特定的表现与形式,本土化和乡土化的革命既可能激进化,也可能因为配合乡土脉络而改良化,[①]当外部环境发生变化时又可能再次激进化。比如,对比共产党历史上延安时期"乡村建设"的相对成功与井冈山后期的相对失败,[②]虽然原因很多,但其中一个可能的原因是前者保留并维持了乡土社会。

在回归乡土脉络的过程中,乡村建设与乡村革命存在着诸多互动,比如,梁漱溟从事乡村建设源起于大革命期间在南方所看到的轰轰烈烈的农民运动,而20世纪20年代中华平教会在长沙、烟台等地大规模的平民教育群众运动也对共产党的民众工作有所影响。到了社会主义建设时期,中国共产党所领导的革命力量对乡村建设则实现了某种程度的替代与吸纳。无论是扫盲(平民教育)、赤脚医生(乡村医疗)、民兵(乡村自卫),还是乡镇企业(乡村工业)、大众文艺(民众戏剧)等,这些"没有乡建派的乡村建设"在国家建设和乡村建设间实现着某种平衡,同时让革命理想在回归乡土脉络中完成转化与创新。也可以说,以乡土为底色的中国革命直接面对着小农经济与传统村社结构,其为了完成民族独立与国家建设,必须通过组织动员,逐步改变高度分散的社会结构,在"去乡土化"中提升国家能力以完成工业化所必需的原始积累。与此同时,其仍然需要回到基本国情,在"再乡土化"中充分发掘农民主体性与创造性,夯实乡村革命的社会基础,而这些做法本来就是广义的乡村建设。

正是建设与革命的互动转化,让我们认识到中国革命的特殊性与复杂意涵。因此,不应简单地把乡村建设与乡村革命以"决胜负"的方式放在同一擂台进行比较与成败评判,它们本来就是特定历史条件的动态

[①] 马克·赛尔登:《革命中的中国:延安道路》,魏晓明、冯崇义译,社会科学文献出版社,2002。

[②] 孙晓忠、高明:《延安乡村建设资料》,上海大学出版社,2012。

产物。当外部条件或宏观环境进一步"劣化/激进化",乡村建设将失去开展的必要条件与改良空间而式微,虽然此时革命因遍布乡野的"干柴烈火"而获得广泛的基础与动力,但也可能由此而失去多样化实践空间,并伴随着过于沉重的社会代价,以及对激进变革所形成的路径依赖与思维定式。

进一步说,乡村建设和乡村革命都同样受到宏观环境变化的很大影响。只有将乡村建设放回历史脉络之中,才有利于我们思考现代中国两场革命与乡村建设的复杂关系及对其历史性消长所产生的影响。辛亥革命不仅未能为广大乡土社会带来积极秩序和建设性力量,而且实际上让乡土社会受到了更为多重外部主体(军阀)的剥夺,由此乡村建设进一步获得社会基础并在大革命席卷全国的风潮中集体显化,与农民运动一道进入公众视野。而当若干年后国际国内环境进一步变化,建设赶不上破坏,乡村建设则失去了改良土壤而陷入困境,被"农村包围城市"的乡村革命整体覆盖。然而,乡村建设与乡村革命既可能合二为一,也可能因外部环境的进一步变化而差异重现。

三 乡村建设与乡村革命的互看

重思乡村建设与乡村革命不仅意味着挑战原有的定型化认识,更意味着在新视野下对两者的"同看"与"互看",我们在双向理解中尝试对各自盲点进行突破。

首先,从乡村革命看乡村建设,有助于改变一般的技术层面分析或"好人好事"的论述,让我们对乡村建设所处的外部环境进行更为清醒的认识,进一步理解乡村建设光靠建设所不能突破的内在困境。与此同时,其反过来也有利于说明特殊历史条件下乡村革命的合理性,即在日益不公的全球格局下,发展中国家与弱势群体的革命,不同程度体现着"自我保护"与生存诉求,并非单纯的意识形态使然。

从乡村革命看乡村建设无疑充满矛盾和张力,然而这种困境却不只是乡村建设所独有或本质使然,更是外部复杂环境的结果与体现。比如,20世纪30年代《中国农村》曾组织过对乡村建设的集中批判:

"（乡村建设者）主观方面的好意，决不能掩饰他们的工作在客观上的开倒车作用"，"改良主义的教育工作和提倡技术运动，是麻醉群众的一种工具"；①"一切改良工作本身，都不免直接间接去为破坏农村的主要因素——帝国主义和封建势力——去效忠尽力"。②虽然批评者自陈这些尖锐批评"不是同行嫉妒式的'互相倾轧'，而应该看作一种原则上的论争，是改造中国农村的两条不同路线的斗争"。③但实际上，在给刘少奇的报告中，薛暮桥十分清楚地交代了这场批判的重要背景，"在大革命失败以后，一般知识分子不满意地主资产阶级的反革命统治，但又没有决心去参加反对地主资产阶级统治的土地革命运动。他们想找第三条道路，就是改良主义的道路，因此乡村改良运动便蓬勃发展起来"，"对那些抱着爱国热情投身农村工作的青年，我们一向是给予满腔同情，争取他们走到革命的道路上来的"。④由此可见，需要对乡村建设的局限性进行反思，但对其困境的认识不应停留在简单的"就事论事"层面，一些批判本来就不是一般意义上的事实判断，需要放在更大的宏观背景和特殊的历史脉络中进行理解。

其次，还可以从乡村建设看乡村革命，我们从中将看到革命所内含的建设因子和建设诉求，暴力只是其中一个面向，并随着外部条件的变化而变化。也即，乡村革命和乡村建设一样，同样需要历史化。此处通过简述两个案例进行讨论。

第一个例子是具有经典意义的广东海丰农民运动。通过彭湃《海丰农民运动》的描述，我们可以发现该农会在1922~1923年的早期阶段，存在着很多不激进的"乡村建设"内容，比如，发起的"济丧会"（会员丧事上的经济互助）、"农民医药房"（凭会员证领药优惠一半）、

---

① 孙冶方：《为什么要批评乡村改良主义工作》，载薛暮桥、冯和法编《〈中国农村〉论文选》，人民出版社，1983，第248、250页。
② 李紫翔：《农村建设运动应有的转变》，载薛暮桥、冯和法编《〈中国农村〉论文选》，1983，第266页。
③ 孙冶方：《为什么要批评乡村改良主义工作》，载薛暮桥、冯和法编《〈中国农村〉论文选》，1983，第245页。
④ 薛暮桥：《关于中国农村经济研究会及白区工作问题——给少奇同志的报告》，载薛暮桥、冯和法编《〈中国农村〉论文选》，1983，第23、243页。

"农民教育"（学田养学）、"农业部"（农业改良、植树绿化、兴修水利）、"仲裁部"（乡村和事佬）、"卫生部"（乡村接生等）。① 除此之外，在态度和方式上早期海丰农会也并非完全激进，比如，在组织起来的农民与绅士发生利益冲突后，当时是这样处理的："宜先与交涉，如绅士不肯将市权交出，我们就将番薯先移到别个地方，其余各市亦相机进行，并限三日内进行。进行的步骤，先由农会制出一枝公称，由农会派人到番薯市去管理。绅士大加反对。农会即布告全县农民，将番薯移过附近农会之处摆卖，绝对不准到原旧市摆卖，我们果的胜利，乃将该市收入，拨为农民医药房经费。"② 这和我们所想象中的暴力冲突与直接斗争有所不同，更接近于乡村建设所倡导的农民合作组织联合起来争取利益的一般做法，所产生收益回馈社员及社区的做法也基本相同。至于该农会及后来全国范围内农民运动的"激进化"实际上是有着更为复杂的原因的，其中既与"劣绅化"后乡村既得利益群体的反扑围剿有关，也内在于国内宏观环境的进一步变化（"三要素"加速外流，乡村稳态秩序彻底解体等），还联系着1930年代全球资本主义整体危机的爆发与风险的世界性转嫁。

第二个例子是中共党史上让人费解的"傅柏翠之谜"。傅柏翠，1896年生于福建上杭，1914年留学日本并参加中华革命党。1921年回老家创办民团，武装保卫家乡。1926年出任国民党上杭县党部秘书兼常委。1927年南昌起义后，在血雨腥风之际毅然加入中国共产党，并于次年在家乡发动农民武装暴动，成立农民协会，领导开展土地革命运动，同时组织了一支800多人的农民武装，成为闻名遐迩的农民领袖。1929年毛泽东、朱德率领的中国工农红军第四军入闽，任命傅柏翠为第四纵队司令员，中共领袖对他倍加倚重，称他为"大名鼎鼎的闽西傅先生"。1930年1月，毛泽东将即将分娩的贺子珍送到蛟洋，委托他代为照顾。然而到1931年前后，傅柏翠与闽西特委政见不合，坚持在家乡推行"共生产共消费的农村共产团"实验。其因屡次不服从组

---

① 彭湃：《海丰农民运动》，载《彭湃文集》，人民出版社，1981，第120~126页。
② 彭湃：《海丰农民运动》，载《彭湃文集》，人民出版社，1981，第123页。

织命令，被开除了党籍。1939年以后，国民党委任他永定县县长等职，1949年他发动了声势浩大的闽西起义，1950年被任命为福建省人民法院院长。1986年，他以90岁高龄第二次入党。①

除了经历传奇，其做法也意味深长。当其被开除党籍后，"只求固守蛟洋，拥兵自卫，决不向其他地区扩展，更拒绝与红军作战。红军主力长征并留下少量红军坚持敌后游击战争，蒋介石调动十多万军队围剿闽西红军游击队时，傅柏翠和红军游击队签订秘密协议，双方保持特殊关系，不时向红军游击队提供粮食、药品和日常生活用品，并秘密安排保护当地苏维埃干部……使古蛟地区成了'不共不和'的独立王国"。②

傅柏翠游离于国共两党之间，主张"农民要土地，要自由、要和平，不要阶级斗争，一切以农民利益为中心"，希望走出第三条道路。在土地政策上采用了苏维埃时期土地革命的政策，以村为单位按人平均分配，同时吸收十九路军"计口授田"政策，形成了古蛟地区独有的土地政策，受到当地群众的欢迎。③

特别值得注意的是：1927年12月，他着手创办了福建省第一家"农民银行"（上杭县蛟洋农民银行）。1929年，他领导北四区创办敬老院、废疾院、在乡村建立医疗所，并修筑乡村道路、架设电话线路、设立邮政代办所和各类小型工业企业。④1933年，集股创办各种生产合作社和消费合作社。创办每周一期的《古蛟报》及平民学校、农民夜校和农村教育社。1940年代，傅柏翠在当地设立乡村建设委员会，制定古蛟

---

① 陈赛文、黄宁、傅柒生：《傅柏翠》，中国人事出版社，1995；张木森：《傅柏翠与毛泽东的交往》，载中国人民政治协商会议福建省龙岩市委员会文史资料委员会编《闽西文史资料》2007年第9辑；许人俊：《世纪老人傅柏翠的传奇人生》，载中国人民政治协商会议福建省龙岩市委员会文史资料委员会编《闽西文史资料》2007年第9辑。

② 许人俊：《世纪老人傅柏翠的传奇人生》，载中国人民政治协商会议福建省龙岩市委员会文史资料委员会编《闽西文史资料》2007年第9辑，第30页。

③ 陈赛文、黄宁、傅柒生：《傅柏翠》，中国人事出版社，1995，第126页；许人俊：《世纪老人傅柏翠的传奇人生》，载中国人民政治协商会议福建省龙岩市委员会文史资料委员会编《闽西文史资料》2007年第9辑，第32页。

④ 陈赛文、黄宁、傅柒生：《傅柏翠》，中国人事出版社，1995，第125~133页。

乡村建设"三年计划"和"五年计划"。在傅柏翠领导下的古蛟地区,耕者有其田,人民群众安居乐业,没有偷盗、没有土匪、没有赌博、没有抽鸦片、不拜菩萨、婚姻自由、义务服兵役等,一直维持了20多年。[1]

对于傅柏翠这位颇具争议的历史人物,素来众说纷纭、莫衷一是。至于其在革命道路上的曲折反复,大多数研究都没法给出让人信服的解释,多归纳为"不听劝告""固执""一错再错"等个人层面的因素。[2]

从乡村建设的角度看,这一中共革命历史上充满张力的实践不应简单被认为是"悲剧""错误"或难以处理的"尴尬"。相反,它有助于我们对中国革命之丰富性和复杂性展开认识,傅柏翠能在大革命失败的关头入党,说明其绝非不彻底或保守,所谓"不革命"也不意味着"不作为"。实际上,他让我们看到乡村革命和乡村建设一直充满张力地并存且互动交融着,即使在外部环境恶劣和敌我矛盾突出的苏区也是如此。

此外,坚持改良的乡村建设并不意味着不触碰土地问题,无论是20世纪30年代的傅柏翠还是20世纪40年代的晏阳初事实上都已涉及土地改革实践,其不仅是乡村革命的必要手段和内容,而且本来也是乡村建设提高农民主体性和能动性,并以此转化危机、防止资源外流,让社会进一步获得稳态结构的必要举措。

由此推开,我们进一步思考整部"百年乡建史"。无论是闽西傅柏翠还是宛西彭禹廷,都突破了我们印象中乡村建设只是"书生们"在文化教育等层面上小打小闹的定型化偏见,这让我们看到乡村建设其实有文有武,改良也不意味着妥协,同样可以暴力自卫和直接对劣绅开战,无论傅柏翠被开除党籍还是彭禹廷被地方劣绅所杀,代价也不可谓不大。事实上,这些都一起构成乡村建设的内在张力,也召唤着乡村建设研究开拓新视野。

---

[1] 陈赛文、黄宁、傅柒生:《傅柏翠》,中国人事出版社,1995,第134~136页。
[2] 张木森:《傅柏翠与毛泽东的交往》,载中国人民政治协商会议福建省龙岩市委员会文史资料委员会编《闽西文史资料》,2007年第9辑;许人俊:《世纪老人傅柏翠的传奇人生》,载中国人民政治协商会议福建省龙岩市委员会文史资料委员会编《闽西文史资料》2007年第9辑。

综上所述，我们需要以充分的乡土自觉和国情意识，结合更为多样且具体的历史经验，将乡村建设和乡村革命同时放置于全球资本主义扩张和现代中国内外环境变化这一宏观背景下进行理解。在新视野的检视下，两者互为表里且隐现交错，以此为基，将有利于推进革命视野下的乡村建设研究和建设视野下的乡村革命研究，并以民众民间的建设视角重新理解现代中国。

从农村复兴到乡村振兴的百年跨越

王先明

（南开大学历史学院）

乡治即天下治，乡安即天下安。这是传统中国历史兴衰成败凝结的训诫镜鉴，也是国家治理历史的经验总结。近代以来，尤其是20世纪以来在以工业化为主导，以城市化为重点的历史变迁中，乡村社会整体衰落持续发生。城乡背离化的历史发展构成了百年"三农"问题的内在致因。如何深刻地认识中国现代化发展的轨迹和特征，从新时代的高度去理解"振兴乡村"的战略布局和时代意义，还需我们深入地探寻百年历史的长程演进。

一

鸦片战争后，在"数千年未有之大变局"的演变态势中，中国传统的"重农抑商"国策终被"工商立国"政策所替代；"商本"替代"农本"几乎成为无可逆转的历史趋势。然而，1901年后"重农思潮"开始复苏，"农业立国"和"工商立国"论题再度成为朝野各界争论的焦点。

民国之后乡村建设或农村复兴的呼声一再涌起，20世纪30年代后蔚为大潮，"朝野人士，中外名流，均一致提出复兴的口号，以为治标治本之图"。关于复兴农村之刊物"如雨后春笋，充塞街衢，文化市场几占第一位之势"[1];而讨论"复兴农村"问题之各种单行本和时论性杂志也足可观。这一社会思潮在知识界和政府行政的努力下,获得了进一步整合,尽管其入手路径或有不同,然其目的则在于共谋"农村复兴"。持续既久的农村复兴思潮,随着时势变动时而激越时而缓行,几乎贯串于20世纪前半期。

农村复兴思潮的兴起,实际上包含着当时人们对近代以来中国社会发展路径的认知与反思。就近代中国经济(工业)建设或发展路向而言,可以远溯自洋务运动;即使在制度层面上的现代性建设而言,从清末新政也已发端。仅就工业化或者现代化建设成就而言,"在抗战前达到了旧中国经济史上的最高峰"[2]。然而,整个近代中国建设之本位却在都市而疏离了乡村。其结果是"把一批批的农家子弟,麇集于都市而不能返回乡村……以至于一面农村中空虚枯竭,一面都市中人满为患"[3]。近代以来,中国一直在"模仿着做一个近代国家(如日本一样),却不料自此就不成一个国家。外不能应付国际侵略,内不能维持一般秩序,资本主义工业之路走不上去,经济的落后一直未改"[4]。而国民政府对都市工业化建设的片面强调也遭致质疑:"农村一切文化建设,反远逊于都市……国民经济,有整个破产的危险,农村建设,更谈不到。"[5]中国不同于西方,"工商百业仍依托农业,都市仍然依托于乡村,一旦农村崩溃,全国不了"[6]。因此必须更弦移辙以图变计,"谋农村与城市之平等发展","中国农村问题,亦有所归宿"[7]。复兴农村的呼声应时而起,并迅速汇聚为社会思潮。

---

[1] 朱壮梅:《一九三四年复兴农村运动的回顾与前瞻》,载《农村经济》1935年第2卷第3期,第18页。
[2] 王玉茹、刘佛丁、张东刚:《制度变迁与中国近代工业化——以政府的行为分析为中心》,陕西人民出版社,2000,第382页。
[3] 李宪武:《中国教育之新动向》,《乡村建设》1933年第3卷第7期,第8页。
[4] 梁漱溟:《我的努力与反省》,1987,第399页。
[5] 曾济宽:《从现代农村问题的特质说到中国农村问题》,《现代农村》1933年第5期,第9页。
[6] 梁漱溟:《我的努力与反省》,第399页。
[7] 曾济宽:《从现代农村问题的特质说到中国农村问题》,《现代农村》1933年第5期,第9页。

二

以"社会运动"方式谋求农村复兴，是当时很多研究者和治理者的共识。但是正如晏阳初所言，有志之士不但认识其重要性，且在各处已由理论的探讨，转成实际的进行，其在努力以求实现救亡复兴之宏愿，并无不同。"农村复兴"思潮源起于20世纪二三十年代，大体上与国民政府推动的国民经济建设运动和其后由社会力量推动的"乡村建设"运动并起。这一思潮主要局限于知识界的倡导和构想层面，并没有获得国家权力或地方行政的强力支持。方显廷深有感悟："现在的政府也竟计议了许多经济建设计划"，除全国性的经济建设计划外，"尚有许多经各部长官"所制定的"各种地方的及特殊的计划"。[①]但这些建设计划中却无有"建设农村"的内容。以工业建设为主导，以城市建设为取向的历史进程，事实上造成了"城乡背离化"发展态势，以至于在20世纪30年代之际出现了前所未有的乡村危机。

近代乡村危机呈现更为复杂的面相和时代特征，"农业的中国已开始入于工商业化的时代，于是农民的困苦比从前更甚"。[②]时人又称之为农村崩溃、农业恐慌、农村凋敝、农业破产等，它是一种全面性危机，其最突出的表征不外是：农民逃亡，农业衰落（或农地荒废），农村破产，以至于造成"农村凋敝，国本动摇"[③]之险峻情势。

城乡社会的共进共荣才是中国现代化发展的理想追求，也是从根本上解救乡村危机的必由之路。然而，"中国近年来（自20世纪以来）经济上最大之危机是都市膨胀，农村偏枯"。[④]中国社会结构与社会分层的二元特征与趋势愈演愈烈日趋深重，成为长久制约和影响中国社会发展的结构性因素。乡村危机与工业化、城市化的历史进程存在着

---

① 方显廷：《中国乡村工业与乡村建设》（1933年手稿本），第4页。
② 《农民问题与中国之将来》，《东方杂志》1927年第24卷第16号，"农民状况调查号"，第3页。
③ 曾济宽：《怎样解决中国农村问题》，《中国建设》1933年第8卷第5期，第10页。相类似的提法还有"农业凋敝，农村破产，农民涂炭"，见徐钦：《勘查万家埠实验区之经过》，《农村》1932年第1卷第2期，第77页。
④ 彭学沛：《农村复兴运动之鸟瞰》，《东方杂志》1935年第32卷第1号，（农）第4页。

历史的相关性。

从近代历史演进过程来看,乡村危机实际上并不是乡村本身的危机,它是近代以来城乡背离化发展态势下造成的乡村社会、经济、文化全面衰退的危机。在"都市的发展,其反面就是农村的崩溃。使农村加速崩溃的种种事实,同时就是使都市发展的事实"。总而言之,"中国近几十年都市发展的事实,恰恰是破坏农村的"。[①]

三

我们把"三农"问题置于近代以来的长程中审视则不难发现,今天新农村建设所试图解决的"三农"问题实质上是一个多世纪以来中国最本质、最重要的社会矛盾的当代体现。或者说,是国家在长达上百年向现代化转型的过程中最关键的、带有连续性特点的矛盾问题在当代的具体体现;它是一个现实问题,也是一个历史问题。

为解决这一历史积累的问题,以城乡一体化为主导发展的当代新农村建设战略适时而兴。20世纪80年代,费孝通在江南乡镇企业发展的调查中就已有深切的体会:"如果说,社会前进的目标之一是消灭城乡差别,他们正是在消灭这个差别上起着现实的促进作用……他们确实是当前中国社会前进的原动力。"[②] 这一思想认识的不断充实和凝练以五个统筹的内容获得了思想性跨越,即"实现经济发展和社会全面进步,就是要统筹城乡发展、统筹区域发展、统筹经济社会发展、统筹人与自然和谐发展、统筹国内发展和对外开放,推进生产力和生产关系、经济基础和上层建筑相协调;就是要促进人与自然和谐,走生产发展、生活富裕、生态良好的文明发展道路"。[③]

"新农村建设"目标既获得了国家政权和制度保障,也纳入了国家建设规划,发展中的"不平衡性"必将在发展中获得新的"平衡"。因

[①] 周谷城:《中国社会之变化》,上海书店1989年影印本,第181页。
[②] 费孝通:《费孝通文集》(第九卷),群言出版社,1999,第87页。
[③] 胡锦涛:《在中国科学院第十二次院士大会、中国工程院第七次院士大会上的讲话》(2004年6月2日),载中共中央文献研究室编《十六大以来重要文献选编》(中),中央文献出版社,2008,第113~114页。

此，随着"三农"问题的呈现和国家应对政策的落实,"新农村建设"命题至 2005 年再度被聚焦,成为全面推进农业农村工作的总纲领。更重要的是,"新农村建设"思想获得了新的时代内涵,即以经济建设、政治建设、文化建设以及生态文明建设为内容,完成了其近百年思想演变的历史性跨越。

从 20 世纪二三十年代的"农业破产""农村衰败""农民贫困"成为举国至重的话题,到自 21 世纪以来被广泛关注的"农民真苦、农村真穷、农业真危险"的当代"三农"话语;尽管不同时代条件下,它所聚焦的时代主题内容会有所不同,但如此一致的话语或命题背后却深伏着共趋性或同质性的深层致因。这至少给了我们一个基本的提示,即农业、农村与农民问题,是百年来中国社会发展或乡村变迁中始终存在的一个重大课题。它是伴随着工业化、城市化与现代化进程而导致的传统城乡一体化发展模式破解后,乡村社会走向边缘化、贫困化、荒漠化和失序化的一个历史过程。

"三农"的困境生成于工业化、城市化与现代化进程之中。这是近代以来城乡背离化发展态势下生成的一个"发展问题"。"三农"从来就不是一个孤立存在的问题,如果没有工业化、城市化、现代化进程的发生,"三农"不会突出地成为时代性问题。一个多世纪以来的历史演进的客观事实的确显示了"三化"(工业化、城市化与现代化)与"三农"问题的相关性。

四

十八大提出全面建成小康社会的目标,社会主义新农村建设是建成小康社会的基础和前提。"我国能否由发展中大国逐步成长为现代化强国,从根本上取决于我们能不能用适合我国国情的方式,加快改变农业、农村、农民的面貌,形成城乡经济社会发展一体化新格局。我们必须正确处理工业和农业、城市和农村、城镇居民和农民的关系,加大以工促农、以城带乡的力度,使稳妥推进城镇化和扎实推进社会主义新农村建设成为我国现代化进程的双轮驱动,从而逐步解决城乡二元结构矛盾。"① 习近平总书记提出，小康不小康，关键看老乡。自 21 世纪以来，农民收入连年增长，生活水平不断提高，但全面建成小康仍极为艰巨。建设社会主义新农村是建成小康社会的必然要求，是促进城镇健康发展的重要途径，是保持国民经济平稳较快发展的现实需要，是构建社会主义和谐社会的重要内容，是促进"三农"发展的目标所在。

新农村建设思想在历史的演进中不断充实和完善，并在新时代的战略规划中获得了新的高度。正如习近平总书记强调的：工业化、城镇化、信息化、农业现代化应该齐头并进、相辅相成，千万不要让农业现代化和新农村建设掉了队，否则很难支持全面小康这一片天（来自 2014 年 3 月习近平总书记在河南兰考考察期间组织的座谈会上的讲话）。"全面建成小康社会是我们的战略目标，全面深化改革、全面依法治国、全面从严治党是三大战略举措。"② 正如习近平主席强调的，新农村建设的思想内涵正在不断创新中更加丰富、完善和科学。农业要更强，农民要更富，农村要更美。深入推进新农村建设，"我们既要绿水青山，也要金山银山。宁要绿水青山，不要金山银山，而且绿水青山就是金山银山"。③ 建设生态文明是关乎人民福祉、关乎民族未来的大计，把生态文明建设融入经济建设、政治建设、文化建设、社会建设各方面和全过程，建设美丽中国、建设美丽乡村，已经成为新农村建设思想的时代内涵。它标志着这一思想体系的一个新的时代高度。

党的十九大之后，在中央农村工作会议上习近平总书记深刻阐述了实施"乡村振兴"战略的重大问题。会议指出，农业、农村、农民问题是关系国计民生的根本性问题。没有农业农村的现代化，就没有国家的现代化。农业强不强、农村美不美、农民富不富，决定着亿万农民的获得感和幸福感，决定着我国全面小康社会的成色和社会主义现代化的质

---

① 胡锦涛：《在中央经济工作会议上的讲话》（2007 年 12 月 3 日），载中共中央文献研究室编《科学发展观重要论述摘编》，中央文献出版社、党建读物出版社，2008，第 55 页。
② 《十八大后习近平中央党校"授课"全纪录》，人民网，http://news.cnr.cn/native/gd/20150211/t20150211_517723685_1.shtml，最后访问日期：2015 年 2 月 11 日。
③ 中共中央宣传部：《习近平总书记系列重要讲话读本》，学习出版社、人民出版社，2014，第 120 页。

量。如期实现第一个百年奋斗目标并向第二个百年奋斗目标迈进，最艰巨最繁重的任务在农村，最广泛最深厚的基础在农村，最大的潜力和后劲也在农村。实施乡村振兴战略，是解决人民日益增长的美好生活需要和不平衡不充分的发展之间矛盾的必然要求，是实现"两个一百年"奋斗目标的必然要求，是实现全体人民共同富裕的必然要求。

"新时代的乡村振兴战略，坚持农业农村优先发展，建立健全城乡融合发展体制机制和政策体系，统筹推进农村经济建设、政治建设、文化建设、社会建设、生态文明建设和党的建设，加快推进乡村治理体系和治理能力现代化，加快推进农业农村现代化，走中国特色社会主义乡村振兴道路，让农业成为有奔头的产业，让农民成为有吸引力的职业，让农村成为安居乐业的美丽家园。"①

新时代的"乡村振兴"战略明确了实施乡村振兴战略的目标任务，它是国家整体发展战略的重中之重。它既是对百年农村发展历史困境的全面超越，也是对新时期以来解决"三农"问题历史经验的总结和升华。

---

① 《中共中央 国务院关于实施乡村振兴战略的意见》，人民网，http://www.mofcom.gov.cn/article/b/g/201805/20180502738498.shtml，最后访问日期：2018年5月27日。

"有实无名"的乡村建设

——从费达生的社会实验说起

金一虹

(南京师范大学金陵女子学院)

费达生(1903~2005),著名的蚕丝专家和蚕丝教育家,也是一个乡村变革的积极推动者、一个不是"乡建派"的乡村建设笃行者。她从20世纪20年代初送技术下乡始,开启了"把合作经营的原则引入中国农村经济的最早尝试"。[1]

一 "有实无名"的乡村建设

说费达生的乡村建设"有实无名",是因她在下乡之初并没有一个"乡村建设"的目标,亦无系统的理论指导。深受科技救国、实业救国影响的费达生彼时的关注点并不在乡村建设,而是为让在国际竞争中几近穷途末路的中国蚕丝业起死回生、为"有一天能与日本做殊死的竞争",[2] 故而立志要从蚕丝业的源头推动农村养蚕科学化。

费达生与乡村和农民的相遇,始于"送技术下乡"和"工业下乡"运动。说"送下乡",仿佛是知识分子对农村和农民的单向"馈赠",实则是一批包括她在内的、接受了现代教育的知识精英,为打破学无

---

[1] 费孝通语,参见费孝通《读蚕丝春秋》,余广彤:《蚕丝春秋》序,南京出版社,1990,第4页。

[2] 费达生:《复兴丝业的先声》,载《国光》1934年第2、3期合刊,第21页。

所用困局的一次"突围"。20世纪20年代的中国虽有对现代科技的需求，但缺少转化为实际应用的社会基础和机制，以致20世纪20年代留美归国的学生"学工的回来无厂可办，学矿的回来无矿可采，学林的回来无林可营"，①聚集了一批蚕丝专家的女蚕校同样亦难有作为。女蚕校富有战略思想的校长郑辟疆意识到技术要"落地"，②先要"送"下乡，要从现代性荒芜的农村找到技术推广应用的突破口。于是刚从日本留学归来的费达生等被委以组建女蚕校"技术推广部"、送技术下乡的重任。一下子扎到农村底层，费达生深为农村经济之凋敝、农民生活之困苦，以及农民遭受层层盘剥之不公所震惊，从此"以农民为本位"、通过"蚕丝业改革来改进农村经济"就成为她坚定不移的信念和行动目标；③从此，她作为乡村经济社会改革的引领者，开始了长达二十余年的乡村合作生产运动。

费达生的乡村建设之"无名"，还表现在她践行过程中亦未曾有预设的计划和蓝图，而是遵循实验主义路线，无路开路，遇关闯关，一路都在实验中摸索前行。初始，她认为"要建设中国农村，势必引用新式生产方法"，不久她就发现单靠导入现代技术是不够的，"一定须有一适当的社会制度"，④面对技术推广和社会结构变革的复杂关系，她深信"解决问题的最好办法，还是做实际的试（实）验。试（实）验的结果，才是最佳的答案"。⑤正如她的弟弟、社会学家费孝通对她的评价，费达生是"一个贴着地面行走的人"，⑥正是因为她总是从现实出发，她的每一阶段的行动目标看起来都很具体，但又极富创新意义，她和她的同道们在不断破解一个个难题中走出了一条颇为独特的乡建之路。她们在蚕丝业繁盛的环太湖流域组织蚕农合作育蚕、在吴江县开弦弓村建起第一

---

① 庄泽宣：《轮回教育——致〈现代评论〉记者》，《现代评论》1925年第1卷第6期。
② 郑辟疆，著名的蚕丝教育家，江苏省立女子蚕业学校（简称女蚕校）的校长，厉行技术应用推广的教育改革，是费达生的精神导师和志同道合的伴侣。
③ 费达生：《复兴丝业的先声》，载《国光》1934年第2、3期合刊。
④ 费达生：《复兴丝业的先声》，载《国光》1934年第2、3期合刊。
⑤ 费达生：《复兴丝业的先声》，载《国光》1934年第2、3期合刊。
⑥ 费孝通等：《鲜为人知的学术与政治生涯——费孝通生平最后一次长篇专访》，载《南方周末》，2005年4月8日。

个农民合作股份制丝厂、之后又创建了服务型的"代缫丝所"以打破工农业之间与城乡之间的隔绝；在江南试（实）验基地被日本侵华战火摧毁殆尽后，她又转战四川，以九死不悔、百折不挠的精神从头再来。如果说太湖流域阶段是费达生合作经济模式创新的13年，那么8年全面抗战时期则是她致力于在基础更为薄弱的农村地区做合作模式大面积推广的时期，她所领导的"妇女指导委员会乐山蚕丝试（实）验区"，将养蚕合作运动从川南7县推广到了11个县。

二 乡村建设的"经济技术－社会"进路

费达生的乡村建设模式是颇为独特的，其独特性在于以蚕/丝技术革新和生产合作为主线介入"粮农－蚕桑"型乡村的经济活动，从而进一步影响乡村社会生活。这一实验不仅改变了所到之地落后的生产方式、更重要的是培育了农村合作组织、并因合作经济带动了资本下乡、[①]也部分改变了乡村的经济组织和分配模式。此外，费达生的团队通过持续培训，将许多农村妇女培养成技术和管理人员、催生了农村第一代挣工资的女农民工，这对农村传统的性别分工和家庭结构形成了一定冲击，影响了这些地区农村的社会变迁。

费达生乡村建设的具体思路有如下两点。

第一，"把丝业留在农村，使它成为繁荣农村的一种副业。"[②]"一年两熟蚕，半年农家粮"，蚕丝业是江浙农民的生命线。从育种、养蚕、缫丝到丝织是一个千家万户关联生产的复杂过程，在与农村经济相关联的养蚕和缫丝两大环节中，缫丝的收益远高于单纯出售蚕茧。但农民用传统工艺缫制的土丝质量远不如大机器生产的"机丝"，从而逐渐被淘汰，制丝生产向城市转移后，农村则沦为为企业提供蚕茧原料和女性廉价劳动力之地。为让由茧成丝所得利益回到农民手中，倒逼着费达生采

[①] 蚕丝业作为一项商品生产需要大量资本投入，在此前农村只有高利贷一种资本来源，自费达生等推广养蚕合作社和制丝企业以来，银行资本和商业资本也纷纷进入农村。费达生本人亦以技术为担保帮助蚕农和合作丝厂向银行贷款。

[②] 费达生：《复兴丝业的先声》，载《国光》1934年第2、3期合刊，第21页。

取了"工业下乡"的实验推广部的方式与开弦弓村村民合作办起了一个由蒸汽引擎、机器生产的小型现代丝厂,并在遭遇20世纪30年代国际经济危机的风暴、大批丝厂纷纷倒闭之时,勉力保护着这个"小芽"没有使其在大风暴中夭折。人们不禁要问:学工业制丝出身的费达生为什么不走城市工业化大路,偏要走乡村工业建设的崎岖小道?她的道理很简单:把工业从农村转移出来很容易,但那样"农民就会挨饿"。她的农民本位立场使她坚决反对以牺牲穷苦农民为代价的工业化,因此,她极力主张通过将现代技术导入乡村,让"蚕丝业乡村化"以"救济农村"、让农村有自谋巩固的基础。①

第二,按照合作生产原则发展农村经济。对合作主义的坚持,源于费达生对公平正义价值理念的坚守。她认为,农民辛苦所得劳动果实让茧商和丝商不费力而获大利是极大的不公。她说:"我们工作的意义绝不是限于使农民增加一些金钱上的利益。它应该指向一种新的公平的社会组织。"费达生理想的公平社会组织就是合作社,而"合作社最重要的性质,就是一切生产器具由参加工作的农民所有,一切管理及行政的权力,由合作员掌握;一切利益由合作员公平分配",她一再强调,"我们要借助这一种制度,使每一滴农民的血汗,成为养他自己生命和幸福的养料"。②所以,她在创建不同形式的合作生产组织时,所做的努力都是为"防止贫苦农民无法享受合作的好处",为实现"以供给原料的生产者为主体",以达致"工业利益分配得最广的原则"。③

三 "无名乡建"的理论阐释与"正名"

费达生极具探索性的乡村实验对她的胞弟、社会学家费孝通产生了重要影响。由于姐姐的引介和她在农村打下的深厚社会基础,费孝通在1936年得以在开弦弓村进行农村社区调查,写下了闻名中外的博士

---

① 费达生:《提倡小规模蚕丝合作社》,载《国际贸易导报》1932年第4卷第6期,第88页。
② 费达生:《复兴丝业的先声》,载《国光》1934年第2、3期合刊,第19页。
③ 费达生:《养蚕合作》,载《江苏建设月刊》1936年第3卷第3期,第94~95页。

论文——《江村经济——中国农民的生活》，江村调查也成为他一生探寻中国农村现代化方案的一个重要思想资源。他说："我在过去的二十年来一直有机会从旁观察女蚕校推广部的工作，更亲自看到这几百个在乡村里用她们知识服务人民，使中国丝业的基础能逐步现代化的女青年努力的情形，印象极深，使我认为这是一个极正确的道路。"① 他高度评价姐姐乡村建设的意义，说她"二十年来不但在技术上把中国的生丝（品质）提高了，而且她在实验怎样可以使中国现代工业能最有效用来提高人民生活程度。我经常和她学习和讨论，尤其感觉到兴趣的是怎样去解决技术现代化和经营社会化的问题"。② 对费达生的乡村实验一直没有得到应有的广泛宣扬，这让费孝通深感遗憾，他在20世纪40年代对乡土重建问题进行深度思考之时，对费达生乡村建设的实践意义不断进行理论阐发和概括，其在某种意义上指引我们不断去发现这一"有实无名"的乡村建设的独特价值。

首先，费孝通十分肯定知识分子送技术下乡和工业下乡对乡村建设具有的现实意义，他说"数千年来没有受教育机会的农民和现代技术之间必须有一个桥梁"，由于"中国乡村里的人民和现代知识太隔膜，在组织上还得有人帮他们确立维护他们自己利益的社团"，③ 亦即中国乡村的现代变革离不开有志乡建的知识分子以公益性社团形式的中介和引领。但是这个桥梁"不能被利用来谋少数人的利益，而必须是服务性的"，④ "像姐姐这样一群以宗教般热情奉献于乡村建设事业的，是'士'，是中国乡土建设的无价之'玉'"。⑤

其次，他认为中国现代的社会变迁，重要的还是被社会和技术要素所引起的。但新技术如果没有新的社会组织（尤其是分配方式）相配

---

① 费孝通：《乡土重建》，岳麓书社，2012，第104页。
② 费孝通：《关于"城""乡"问题——答复姜庆湘先生》，载《中国建设》1947年第5卷第6期。
③ 费孝通：《乡土重建》，岳麓书社，2012，第104页。
④ 费孝通：《乡土重建》，岳麓书社，2012，第104页。
⑤ 费孝通等：《鲜为人知的学术与政治生涯——费孝通生平最后一次长篇专访》，载《南方周末》，2005年4月8日。

合，也极可能对人民生活产生有害的结果。①而费达生的乡村实验在这两种要素张力的冲折中，找到了一条合理的出路，即"通过引进科学的生产技术和组织以合作为原则的新工业，来复兴乡村经济"，②费孝通高度评价了这一路径的合理价值，并认为，中国要和世界资本主义的经济制度相竞争，合作社是可能的生路。③

在费达生的乡村变革实验中，"代缫丝制"独具创新意义。针对前期创造的一村办一厂难免遭受的局限，她设计了在养蚕合作社集中的地区建立"代缫丝"企业的布局，代周边养蚕合作社烘茧、缫丝、运销等，所提供服务仅仅收取生产成本费。代缫丝企业与"仅知商业图利"的资本家经营的丝厂不同，它们"运用资本主义机械，不以利润为目的，而以服务为目的"。④费孝通高度评价了这一由非营利团体经营"服务型企业"最大限度保卫蚕农利益的创举。他认为在这种合作经济中，生产者成了整个生产过程的主体。而由非营利性团体（如女蚕校推广部）经营的服务型企业，取消了剥削成分，保证了生产者获得全部利益的权利。因此，费达生所践行的不是一般意义上的发展"乡土工业"，而是一种"合作性的乡土工业"。⑤此外，费孝通从费达生等把"一部分不易分散在农家的集中到村单位的小型工厂里，再把不易分散在村子里的，集中到中心村里为一个区域的原料生产者服务"的服务型企业的网络化实践中，看到了新型城乡关系的理想萌芽。⑥他说："都市兴起和乡村的衰落在近百年来像是一件事的两面"，"大大小小的麦管插在中国经济基地的乡村，把财富在各式各样的名目中吸收到这种商埠里来"，使乡村经济遭到毁灭性的破坏，这是他极力反对的"城乡相克"模式，他认为这种相克模式将导致"都市破产乡村原始化"的悲剧。⑦他反对城

---

① 费孝通：《乡土重建》，岳麓书社，2012，第2、99页。
② 费孝通：《江村经济——中国农民的生活》，商务印书馆，2005，第181页。
③ 费孝通：《缫丝工业与合作运动》，郭廷杨译，载《工业合作》1947年第34、35期，第35页。
④ 费达生：《我们在农村建设中的经验》，载《独立评论》1933年第73期，第91页。
⑤ 费孝通：《乡土重建》，岳麓书社，2012，第104页。
⑥ 费孝通：《乡土重建》，岳麓书社，2012，第106页。
⑦ 费孝通：《乡土重建》，岳麓书社，2012，第14、17、62、133页。

市偏好，并认为，提倡都市化是不错的，但不应忽视了城乡间的有机联系，而建立类似代缫丝所这样的服务型企业，则能体现"工业不隔离于农业""城市不相克于乡村"的理想。

20世纪40年代的学界曾围绕中国现代化之路有过激烈的辩论，主流观点是将工业从农村抽出，快速实现工业化，"发展都市以救济农村"，[1]而费孝通从费达生的乡村实践中总结出，"从土地里长出乡土工业，在乡土工业长出民族工业"的分散工业化道路，[2]他说这虽然是比较缓慢也可能是比较效益较低的选择，但从着眼于占人口80%的农民的生计，以及怎样才能使农民大众得到工业化利益出发，这应该是更好的选择。在农民本位方面费孝通与费达生是一脉相通的。面对分散的乡土工业能否输入现代技术的质疑，以及是"开倒车"的激烈批评，费孝通在论战中一再强调，他的姐姐积二十年有效的乡村实践，已充分说明这些并非"乌托邦的设计"。[3]

也许，费达生的乡村建设给人留下仅偏重技术进步和经济结构改善的印象，而费孝通则认为这恰恰是一种值得肯定的发展进路，反而他认为"以往种种乡村建设的尝试，似乎太偏重文字教育、卫生等一类不直接增加农家收入的事业"。这并不是说他认为文化教育卫生等不重要，由于它们都是"消费性"的，若没有外来资源的不断资助乡村建设就不易持续。他认为乡村建设要在乡土自力更生的原则中创建起来。因此，对乡土重建而言，在各种乡建模式中，发展生产性的"乡土工业可能是一种最有效的入手处"。[4]一个研究农村社会结构的社会学家，极力强调经济制度变迁对推动农村社会结构变迁有基石和原动力的作用，因为"一切新事业本身必须是要经济上算的过来的"（同上）。在各种乡建模式中，费孝通慧眼独具地指出，经济进路的乡建模式也许更务实，更具可持续性。这在诸多乡建理论中，是一个颇有深意的理论见解。

---

[1] 吴景超：《第四种国家的出路——吴景超文集》，商务印书馆，2008，第66页。
[2] 费孝通：《乡土重建》，岳麓书社，2012，第133页。
[3] 费孝通：《关于"城""乡"问题——答复姜庆湘先生》，载《中国建设》1947年第5卷第6期。
[4] 费孝通：《乡土重建》，岳麓书社，2012，第143页。

从"炸弹"到"微生物"

——卢作孚乡村建设思想中的革命意涵

杜 洁

(西南大学中国乡村建设学院)

20世纪上半叶,在近代欧洲资本主义扩张的冲击下,中国遭遇了来自外部和内部的多重危机。无数仁人志士以"救国图存"的责任感和使命感,用多种形式探索中国社会的内在变革。在此过程中,西方"革命"话语被引入,与其不同的多种社会变革探索,则被称为"改良"或"改革"。而当我们更认真地重新审视中国近代历史,就会看到,这样的二元划分过于简单。例如,以"教育救国""实业救国""科技救国""乡村建设""地方自治"等形式所进行的各种"社会建设"探索,其追求的不是疾风骤雨的社会秩序"破-立"革命,而是以"建设"的方式,从多种层面改变社会土壤,进而形成深层的社会革命。已有学者对自辛亥革命以来孙中山"革命"和"建设"反思,[1]以及民间社会建设多种形式与沿革进行研究,[2]并对近代中国社会建设的思想与探索进行了诸多细致的讨论。

不过,当前研究中对卢作孚社会建设特别是乡村建设思想的讨论相

---

[1] 王先明:《建设告竣时革命成功日——论孙中山建设思想的形成及其时代特征》,载《广东社会科学》2013年第1期;董丛林:《从革命到建设的思想演进:孙中山的"革命破立观"刍议》,载《史学月刊》2017年第6期。
[2] 宣朝庆:《论近代以来社会建设的民间范式》,载《史学月刊》2017年第6期。

对较少，主要是刘重来教授的梳理与研究。①卢作孚先生在他的乡村建设与实业救国实践中，贯穿了其"微生物"革命理论，其建设成效和思想内涵都极具特色，并具有一定代表性。近代很多从事乡村建设的先辈，例如，彭禹廷、梁漱溟、陶行知、黄展云、傅柏翠等，都有前期透过反思激进革命而从事建设、教育的经历，他们对革命与建设的反思值得关注。限于篇幅，本文暂不将卢作孚先生与同时代其他历史实践者进行横向比较与纵向沿革分析，而主要聚焦其"微生物"式革命建设的思想进行讨论。

卢作孚1922年提出了他的"微生物"思想。是年，卢作孚于四川泸州主持民众教育工作，并邀请他的好友恽代英发表演讲。演讲中，关于个人如何在救国强国、改造社会的过程中发挥作用，恽代英开门见山地说："我是一颗炸弹"。对此，卢作孚提出了不同的意见，他说："炸弹力量小，不足以完全毁灭对方。你应当是微生物，微生物的力量才特别大，才使人无法抵抗。"②这里，"微生物"与"炸弹"的差别即在于其推动变革的不同形式、效果和视角，充分体现了卢作孚的社会建设思想，并贯穿于他此后三十年的探索实践。

当我们在近百年之后回看这场讨论，可以发现其中提出的问题仍然发人深省，即革命者怎样开展建设？建设者又怎样反思革命？旨在变革社会的建设与破坏又该从何处着手？怎样的社会革命才具有更本质（radical）的变革意义？

一 卢作孚的多重经历与反思

卢作孚作为一个成功的航运巨子而被社会周知，并被毛泽东评价为"中国民族工业四个不能忘记的人"之一。但是，发展实业其实并不是他的核心目的。1910年，17岁的卢作孚加入同盟会，参加了四川保路运动，投身辛亥革命。而辛亥革命后，他开始主动反思作为救国路径

---

① 刘重来：《就卢作孚乡村建设成效论其社会改革思想——从卢作孚的"微生物论"说起》，2012年"中国近代乡村的危机与重建：革命、改良及其他"会议文章。
② 卢作孚：《这才是伟大的力量》，载凌耀伦、熊甫编《卢作孚文集》，北京大学出版社，2012，第370页。

选择之一的"革命",并转而投身教育。1914年,他在合川家乡的中学担任教师,同时从事新闻工作。1921~1924年,他在四川军阀杨森的支持下在四川泸州、成都从事民众通俗教育工作。面对军阀政治的不稳定而造成的教育事业不稳定,他决定自主兴办实业,并以此为依凭开展教育。1925年,卢作孚创办民生实业,并于1927年在重庆北碚开始主持区域性的乡村建设综合实验,直至1952年。可以看到,卢作孚一生先是尝试革命救国,后进入了教育救国、实业救国和乡村建设的"建设救国"探索。

作为亲身参与过激进革命的革命者,卢作孚对革命有深刻的反思。在1927年(在北碚开展建设工作同年)的一次演讲中,他说:"在革命高潮中,人人讲革命,请观察我,我是不讲的。三五年后,大家忘记了革命那一天,请来看我。后来,高唱革命的人,不但不曾把社会改革了,反被社会把他们改革了。"[①] 同时认为,"革命不是一时的冲动,不是说得好听,是要有计划地继续努力"。[②] 他拒绝将"革命"挂在口头上,而强调社会改革的实效。同时,他不认为短时间的情感冲动和轰轰烈烈的政权更替可以完成真正意义上的社会革命。

二 走出"破-立"二元:建设与革命的一体两面

卢作孚从革命党人转向兴办实业和开展乡村建设,是否就意味着摒弃革命呢?其实不尽然。他通过乡村建设的工作践行了另一种革命,并有其独特的思想内涵。卢作孚反对的,主要是暴力的激进式革命。他说:"社会不是急遽改革得了的。而施强迫的手段……可使一般人深深印了愁怨或恐怖的刺激,而一切引起这种情绪和由这种情绪引起的行为成了积习,更是人类一种痼疾!"[③] 他对暴力革命的反思,关注的不是其

---

① 卢作孚:《这才是伟大的力量》,载凌耀伦、熊甫编《卢作孚文集》,北京大学出版社,2012,第369页。
② 卢作孚:《这才是伟大的力量》,载凌耀伦、熊甫编《卢作孚文集》,北京大学出版社,2012,第369页。
③ 卢作孚:《一个根本事业怎样着手经营的一个意见》,载凌耀伦、熊甫编《卢作孚文集》,北京大学出版社,2012,第21页。

政权更迭成效也不是政体改革效果，而是社会心理层面的深远影响。在我们今天回看各种轰轰烈烈的激进暴力革命之时，也常常发现他所忧虑的这种"痼疾"。

而卢作孚所倡导的革命，是从经济、文化、社会多层面推动的，在其过程中破坏与建设应该是一体的，即"炸弹"一样摧枯拉朽的暴力破坏与默默躬耕的"微生物"式的社会建设是不可分割的，二者并行共进构成整体的革命。而二者之间，卢作孚认为后者更为重要，建设应该在破坏之先，而建设的起点和根本是人。他认为："（人们通常错误的）以为革命问题是先破坏后建设。……（但是）向来只在破坏，没有经过建设的训练，于是失败紧跟于成功之后。……如果认为革命是一桩完整的事业，便不能把破坏与建设截成两段！必须且建设且破坏；而且必须以建设的力量作破坏的前锋，建设到何处，才破坏到何处。再进一步说，先要有好的建设，然后有快的破坏……大家应该知道：破坏的实力是建设，绝不是枪炮，亦不是军队。……建设应从心理起，从建设公共理想起。"①

由此可见，卢作孚对革命的反思，并不是否定革命。他对暴力的反思，也没有走向非此即彼的"非暴力"。事实上，在他的乡村建设中，武装力量的作用至关重要。而他的创造性在于，他用"微生物"式的建设引导社会革命，巧妙地使用武力，用潜移默化的民众教育培养新人、用脚踏实地的工商业改善民生、用公共文化建设重构乡土社区、用地方武装创新变革地方治理结构，从而在不带来社会秩序混乱的情况下，推动社区的革命性变革。正如他所言，"看得见的不是力量，看不见的才是力量"。②

三　从思想到实践：卢作孚乡村建设的革命深意

卢作孚在重庆北碚二十余年的乡村建设探索，践行了他的"微生

---

① 卢作孚：《四川人的大梦其醒》，载张守广、项锦熙主编《卢作孚全集》（第一卷），人民日报出版社，2016，第177页。
② 卢作孚：《这才是伟大的力量》，载张守广、项锦熙主编《卢作孚全集》（第三卷），人民日报出版社，2016，第944页。

物"革命思想。1927年,卢作孚来到土匪横行的重庆北碚担任峡防局局长,凭手中武装和新建学生军在短时间内实现了一方区域性和平,重建了社会秩序,并在此基础上展开了成效卓著的嘉陵江三峡乡村建设实验。他用短短的十几年,革命性地重塑了这个区域,将北碚建设成为"生产发展、文教事业发达、环境优美的重庆市郊的重要城镇",[1]这被陶行知誉为"建设新中国的缩影"。可见,作为一生反对战争、主张和平社会建设的人,[2]卢作孚非但没有摒弃武装力量,反而很懂得怎样使用武力。他没有用手中武装去扩张势力、推动暴力革命,而是用其维护社会秩序,创造"和平红利",铸剑为犁耕耘出战乱年代的一方净土,彻底变革了这个区域的社会经济人文状态。

卢作孚将建设乡村选为他推动社会建设与社会革命的载体。北碚最初只是一个江北、巴县、璧山、合川四县交界的小乡场,无资源、无经济、无交通。1927年,卢作孚的民生实业刚艰难起步,但他仍然不畏困难地接手了峡防局的工作,兴办实业的同时在北碚主持乡村建设工作。因为在他看来,乡村是国家的缩影,谋求国家的建设就要先谋求乡村的建设。他说:"中华民国根本的要求是要赶快将这一个国家现代化起来。所以我们的要求是要赶快将这一个乡村现代化起来。"[3]他的这一思想,与张謇的"村落主义"思想及其在江苏南通所进行的实践有着异曲同工之处。

在当时一片高涨的抗战救亡呼声中,有人认为:"国已危急了,哪有闲工夫还来建设乡村!"[4]卢作孚则说,"中国的根本办法是建国不是救亡。是需要建设成功一个现代的国家,使自己有不亡的保障"。[5]直至

---

[1] 梁漱溟:《怀念卢作孚先生》,《名人传记》1988年第5期。
[2] 刘重来:《就卢作孚乡村建设成效论其社会改革思想——从卢作孚的"微生物论"说起》,2012年第2期中国近代史论坛。
[3] 卢作孚:《四川嘉陵江三峡的乡村运动》,载凌耀伦、熊甫编《卢作孚文集》,北京大学出版社,2012,第278页。
[4] 卢作孚:《这才是伟大的力量》,载凌耀伦、熊甫编《卢作孚文集》,北京大学出版社,2012,第370页。
[5] 卢作孚:《建设中国的困难及其必循的道路》,载凌耀伦、熊甫编《卢作孚文集》,北京大学出版社,2012,第254页。

1950年，卢作孚写给晏阳初的信中仍然在强调"基本拯救之道，仍在建设与改造，尤在农村建设与社会改造"。[1]

从社会建设的目标蓝图来说，卢作孚追求的是"现代化"国家，并以"经济建设"为中心开展建设工作。[2] 他提出，"从根本上建设国家，（要）以机器替代人力，以科学方法替代迷信与积习，使农业增产，矿业开发，工业发达。陆有火车、汽车，水有轮船，空中有飞机，可资转运；人人皆有智慧，皆有工作的技术，皆有职业的机会，皆有服务公众的兴趣"。[3] 从今天的情况来看，他当时提出在技术层面上的现代化工业发展要求，当今社会基本都已经达到。但是，至今仍然要持续奋斗的目标仍在于人的方面，即"人人皆有智慧，皆有工作的技术，皆有职业的机会，皆有服务公众的兴趣"。[4]

而这才是卢作孚投身实业，从事乡村建设的根本目的——人的教育。他认为，"人的新的行动没有训练完成之前，新社会是不容许产生的。……今天中国什么都不缺乏，只缺乏人，只缺乏有训练的人，所以根本在先解决人的问题，解决人的训练问题"。[5] 他认为根本性的社会变革在于人的变革，而对人的教育不是简单的现代知识技术的增长，还包括每个人都有工作机会，都有服务公共事务的社会意识。而更重要的是培育一种新的社会组织形式——"现代集团生活"。[6] 并进而通过集团生活的社会关系培育，形成社会心理层面的"公共理想"建设。

在北碚管理局1949年的文件中，关于卢作孚一生社会建设的追求，

---

[1] 徐秀丽：《回归前夕的卢作孚先生——卢作孚与晏阳初间的几封未刊信函》，载《历史学家茶座》第5辑，山东人民出版社，2006年。

[2] 刘427来：《就卢作孚乡村建设成效论其社会改革思想——从卢作孚的"微生物论"说起》，2012年第2期中国近代史论坛。

[3] 卢作孚：《论中国战后建设》，载凌耀伦、熊甫编《卢作孚文集》，北京大学出版社，2012，第448页。

[4] 卢作孚：《论中国战后建设》，载张守广、项锦熙主编《卢作孚全集》（第三卷），人民日报出版社，2016，第1187页。

[5] 卢作孚：《中国的根本问题是人的训练》，载凌耀伦、熊甫编《卢作孚文集》，北京大学出版社，2012，第239页。

[6] 杨可：《民生公司的现代集团生活建设——一个社会学的视角》，载《开放时代》2013年第4期。

有这样一段总结:"北碚的经营是由卢作孚氏根据其《建设中国的困难及其必循的道路》一文的理论,想以此为现代集团生活的第二个试验(第一个试验为成都通俗教育馆,第三个试验为民生实业公司)……让人们勾起一个现代中国的憧憬来,以推进国家现代化的经营。"[1]

综上所述,卢作孚关于社会变革的"微生物"理论,追求的不是对政治上单方面的激进暴力革命,而是将政治、经济、文化等多个层面视为系统的社会整体,因地制宜地进行有计划的革命性社会建设。其建设的载体是乡村的建设,工作的中心抓手是实业经济,而其变革核心目标是社会民众、社会组织和社会心理。他的"微生物"式革命,是"从将就现状起,有策划地逐渐变更之,一直到彻底变更为止"[2]。就好像微生物一样默不作声地充分利用当地条件,进行分解、化合,潜移默化地对土壤本身进行根本性的变革。在这样的变革下,不论上层政权是否发生变化,也只是土壤之上的植被变化,基层社会已经有了自己新的生活方式。

---

[1] 北碚管理局:《北碚概况报告书》,载《卢作孚研究》2005年第1期,第54页。
[2] 卢作孚:《和谐运动的具体意见》,载凌耀伦、熊甫编《卢作孚文集》,北京大学出版社,2012,第314页。

不激进的革命
——延安乡村建设再认识

高 明

（长江师范学院文学院）

回顾中国近百年乡村建设的历程，"乡建"与"革命"代表了不同的理念和实践方式，两者都积累了丰富的经验，对当下乡村问题的解决仍具有重要的借鉴意义。不过，在以往的研究中，两者似乎未能展开深入的对话，因此，有必要重新理解"乡建"与"革命"的关系，打开新的讨论空间。潘家恩等学者提出，回到历史脉络中，用激进来描述革命、用保守来描述改良，恐怕都不见得准确，那么，是不是存在着"不保守的改良和不激进的革命"等更为复杂的实践形态？[①] 我认为，不仅在改良与革命之间不能截然对立，而且它们各自内部也存在着多种样式。本文以延安乡村建设为例，讨论其基本的历史经验。

提到延安乡村，人们通常会想到打倒地主、暴力土改等场景，但实际情况并非如此。延安时期，中共乡村革命的理念、方式等大都颇为柔和，被称为"不激进的革命"或许更为恰当。

1935年，中共中央到达陕北。就面临的问题而言，中共与其他乡村建设派并无太大区别。当时关于陕甘宁边区最常见的描述就是"人口稀少、物产缺乏、文化落后"，乡村的落后、凋敝几乎是常态；在战争

[①] 潘家恩、温铁军：《三个"百年"：中国乡村建设的脉络与展开》，《开放时代》2016年第4期。

动员中,中国共产党同样遭遇了梁漱溟所说的"号称乡村运动而乡村不动"的难题。①不过,作为现代的革命政党,中国共产党在延安的乡村建设从政治、经济、文教等层面整体性地展开,进而有效地破解了这些难题。本文主要从延安乡村建设三个方面的实践进行分析。

一 党政军机构、基层政权与乡村关系的调整

中国的乡村建设派对乡村问题的分析很透彻,但对待政权的态度却颇为复杂,正如梁漱溟所说"高谈社会改造而依附政权",因此,如何处理和政权的关系一直处于矛盾之中。中国共产党显然不需要考虑这一问题。陕甘宁边区归属于国民政府,但中国共产党在政治、经济、军事和文化等方面都拥有很大的自主空间,而且拥有完备的党政军机构,按照毛泽东在《一个极其重要的政策》里的说法,这是一整套"庞大的战争机构";②同时,为推动各方面的工作,边区设立了大量的文化、教育机构,这些机构在动员和建设方面发挥了巨大的效力,但也给边区农村带来了巨大的经济压力。有报告指出:"自 1941 年以来边区每百人至少养活四个脱离生产人员,1944 年最多时,每百人养活将近九个脱离生产人员。"③尤其随着国民党的封锁和"皖南事变"的爆发,边区陷入极大的危机当中。中国共产党试图通过夏征、秋征等办法克服财政危机,但这样单向汲取资源的做法不仅没有解决问题,反而使矛盾更加激化。事实上,现代国家与乡村的尖锐矛盾并不是到延安时期才出现的,孔飞力谈到,自晚清以来,中国的国家现代化必须从乡村汲取资源,但这一过程却让乡村不堪重负,两者的矛盾长期陷于恶性循环而无法自拔。④

---

① 梁漱溟:《我们的两大难处》,《梁漱溟全集》(第二卷),山东人民出版社,2005,第 573 页。在这篇文章中,梁漱溟指出乡村建设的另一难题是"高谈社会改造而依附政权",下文将予以讨论。
② 毛泽东:《一个极其重要的政策》,《毛泽东选集》(第三卷),人民出版社,1991,第 881 页。
③ 陕甘宁边区财政经济史编写组、陕西省档案馆编《陕甘宁边区财政经济史料摘编·生产自给》,长江文艺出版社,2016,第 3 页。
④ 孔飞力:《中国现代国家的起源》,陈兼、陈之宏译,生活·读书·新知三联书店,2013,第 91~93 页。

同时，基层政权运作中存在的问题也比较明显。费孝通提出，传统中国政治的运行主要依托于皇权与绅权的双轨制，但随着科举制的终结，皇权政治被推翻，情况发生了变化。[①]黄宗智指出："我们需要考虑的是，一个牵涉国家、士绅和村庄三方面关系的三角结构，而非主要由国家和士绅间权力转移的改变所塑造的二元结构。"[②]只是，民国时期军阀的混战使基层社会陷入更加混乱的境地。20世纪30年代，有调查指出："农民交纳税款，要经过粮头，庄头，甲长，粮赋长，村长，乡长，区长等的手，才到县政府。这些经手人自然要得些利益，由此农民身上又增加了一层负担。"[③]中国共产党到延安之后，试图建立起通畅、高效的行政系统，但某些基层干部的作风却极其恶劣，边区政府副主席高自立尖锐地批评道："据我们考察所得的材料，这一部分新的贪污劣绅并不比旧的好些。旧贪官污吏和劣绅的一切坏处，他们都学习了。……他们武断乡曲，欺压善良，鱼肉人民。政府一切法令，凡是可以用来自私的，完全被他们利用了。凡是于他们不利的，完全被隐秘起来，不让人民知道，免得轮到自己头上来。"[④]参考杜赞奇的研究，可以看到中国共产党在延安同样遭遇了"政权内卷化"的危机，[⑤]其面临的正是现代国家转型的结构性难题。

为克服危机，中国共产党主要从两方面采取措施。一方面，通过实行"精兵简政"，开展大生产运动等，这大大减轻了农民的负担，缓解了政权与乡村的紧张关系。值得注意的是，让军队、政府机关和学校等直接投入生产，在很大程度上是试图打破国家机器专业化的定义、属性和运行方式。另一方面，延安的乡村基层政权摆脱了晚清以来依靠士绅和地主阶层的治理模式，中国共产党通过提拔群众运动中的积极分子，将其作为中坚力量，有效避免了基层政权中"经纪人"的出现，同时，

---

① 费孝通：《乡土重建》，载费孝通《乡土中国（精装典藏版）》，上海人民出版社，2013，第275~293页。
② 黄宗智：《华北的小农经济与社会变迁》，中华书局，2000年，第229页。
③ 行政院农村复兴委员会编《陕西省农村调查》，商务印书馆，1934，第156页。
④ 高自立：《铲除新官僚和新劣绅的专横》，《新中华报》，1940年8月23日。
⑤ 杜赞奇：《文化、权力与国家》，王福明译，江苏人民出版社，2008，第53~56页。

对于政权内部的新劣绅、新官僚极为警惕并极力扫除。值得一提的是，1942年前后，张闻天、高岗等共产党高层领导分别带领考察团到陕北、晋西北等地的农村进行调查，更深入地了解实际情况。这一"下乡"传统，使得共产党高层既有直接了解乡村社会的渠道，也有利于打破基层政权的封闭性。

二 土地、租佃关系调整和乡村经济建设同步展开

20世纪30年代，费孝通在《江村经济》中指出，在中国农民的开支中，最严峻的是利息、地租和捐税等，"如果人民不能支付不断增加的利息、地租和捐税，他不仅将遭受高利贷者和收租人、税吏的威胁和虐待，而且还会受到监禁和法律制裁"。因此，费孝通认为，中国华北的"红枪会"、华中的共产党运动及中共的长征"其主要动力不是别的而是饥饿和对土地所有者及收租人的仇恨"。[1]近代以来，中国乡村不只是受到政权的剥夺，在社会经济层面，主要问题是内部结构的不平等，底层民众大都受到高地租和高利贷收取者的压榨。可以断言，如果没有革命政权的介入，土地、租佃关系很难发生实质性的改变。

延安时期，中国共产党对地主采取的是团结的态度。毛泽东指出，只要"赞成抗日，赞成民主（不反共），赞成减租减息"[2]的，就是开明绅士，对之比较优容。不过，在延安"三三制"的政权结构中，开明士绅等虽然拥有参政议政的权利，但政治上已不再居于主导地位。在经济上，中国共产党中止了"打土豪、分田地"的激进政策，对地主采取了比较缓和的减租减息政策，这一方面削弱了地主经济，另一方面减轻了农民负担，使得他们有余裕发展生产。当然，关于土地、租佃关系的矛盾仍持续存在，斗争也在持续，只是大都采取了比较平和的方式。

需要特别指出的是，针对陕甘宁边区内部不同区域经济条件的差异，中国共产党采取了不同的乡村经济政策。美国学者纪保宁（Pauline

---

[1] 费孝通：《江村经济（精装典藏版）》，上海人民出版社，2013，第212页。
[2] 毛泽东：《关于民族资产阶级和开明绅士问题》，《毛泽东选集》（第四卷），人民出版社，1991，第1290页。

Keating）指出："延属的乡村重建是通过移民安置项目,而绥德的社会重建是通过社会斗争。"① 也就是说,在陕甘宁边区的某些区域,地主经济成分比重不大,更严峻的问题是经济条件落后,因此,核心的任务是发展生产。就发展生产而言,边区最具创造性的措施有如下三个方面。

第一,基层政权领导农村生产。1943年,在边区高级干部会议上,任弼时明确指出："今后的农村支部与乡政府,都要以如何领导农村生产事业为它的中心工作。"② 在传统乡村社会中,士绅阶层、宗族等力量主要承担敦化风俗、救灾救荒的责任,很少承担和生产直接相关的具体任务,而延安的基层政权则要帮助农户制订生产计划、组织农民发展生产。

第二,动员、组织劳动力全力投入生产。推行移民政策、动员妇女、改造二流子等,都是为了增加劳动力,如毛泽东指出的："把群众组织起来,把一切老百姓的力量、一切部队机关学校的力量、一切男女老少的全劳动力半劳动力,只要是可能的,就要毫无例外地动员起来,组织起来,成为一支劳动大军。"③ 毛泽东号召"组织起来",正是利用民间原有的变工、扎工等形式,将劳动力组织到各种生产团体当中,以提高劳动效率。

第三,延安乡村建设不单着力于农业生产,同时还扶植其他产业的发展。例如,妇女纺织就激活并加强了"家庭纺织业",其不光满足了家庭需要,有的甚至可以换取其他生活用品,强化了家庭经济。需要补充的是,当时我党对传统的农贸集市是持扶持态度的,随着生产的发展,集市经济逐渐繁荣,商业贸易比较活跃,有力地促进了农产品的生产、流通、消费,这为乡村建设创造了有利的外部环境。大致来说,共产党在延安的乡村建设更多地植根于传统的组织形式、生产单位和集市体系,才使乡村经济不断得到巩固。

---

① 纪保宁:《延安道路的生态起源》,《延安民主模式研究资料选编》,西北大学出版社,2004,第411页。
② 任弼时:《关于几个问题的意见》,引自陕甘宁边区财政经济史编写组、陕西省档案馆编《陕甘宁边区财政经济史料摘编·总论》,长江文艺出版社,2016,第28页。
③ 毛泽东:《组织起来》,载中央文献编辑委员会修订《毛泽东选集》(第三卷),人民出版社,1991,第928页。

三 "新社会"建设的整体性及其未来视野

中国共产党乡村建设的初衷是为了使农民摆脱贫困状态，以支持战争动员，但随着实践的深入，已经远远超出了物质需要的层次，逐渐扩大到了社会观念、文化教育和文艺娱乐等层面，其实际上推动了更为深刻的社会革命。对于这一实践形态，蔡翔关于"新社会"的论述是一个恰当的概括。[①] 提到"新社会"，人们很容易想起《白毛女》中"旧社会把人逼成鬼，新社会把鬼变成人"的主题，想到打倒地主的阶级斗争场景。不过，在国共内战爆发之前，阶级关系比较缓和，"新社会"建设主要指推进中医药结合、破除迷信和兴办村学等实践，也包括塑造新的社会关系和伦理观念等内容。

严格来说，"新社会"建设指向的是中国现代乡村建设共同面临的问题，但延安的实践并非以村或县为单位，而是囊括了陕甘宁边区的广大区域，涉及一百五十多万人口。在1944年的边区文教会上，毛泽东提出："无论教育、艺术、卫生、报纸那一项，就都是要告诉边区一百五十万人民自己起来和自己的封建、迷信、文盲、不卫生等旧习惯作斗争。"[②] 这无疑是最具普遍性的社会动员。同时，延安的乡村建设是整体性的实践，其推动的社会革命，例如，妇女解放、改造二流子和识字运动等，并非单独进行，而是将之嵌入家庭、劳动组织和社会机构当中，通过改变生产、生活关系来实现的。孙晓忠指出："改造二流子、土地改革、互助劳动、移民运动等生产形式，首先都是以家庭为单位来进行。这个尝试还包括在家庭和公共生活之间的关系中来处理家庭问题，达到改造家庭，再建新社会和新国家。也正是在'新家庭'的改造中，催生了农民的政治感觉。"[③] 无疑，正是由于政治、经济等的现实变革，才真正引发了社会观念的转变。不过，中国共产党高层一开始

[①] 蔡翔:《革命/叙述：社会主义文学-文化想象（1949-1966）》，北京大学出版社，2010，第78~79页。
[②] 《文教统一战线方针》，《解放日报》1944年11月1日。
[③] 孙晓忠:《延安乡村建设经验》，载孙晓忠、高明编《延安乡村建设资料（一）》，上海大学出版社，2012，第6页。

就意识到，单靠乡村本身的力量，很难取得乡村建设的成功，1944年8月13日，毛泽东在给秦邦宪的信中指出："没有社会活动（战争、工厂、减租、变工队等），家庭是不可能改造的。"① 由此，我们能够看到延安革命的整体面貌：乡村建设是和其他革命实践，如军事动员、经济建设、工业发展等彼此促进，才得以深入展开的。

需要申明的是，延安乡村建设中的互助合作、家庭手工业和初级合作社等形式，是特定历史条件下的有效实践，而非中国乡村的出路。在给秦邦宪的信中，毛泽东进一步明确："新民主主义社会的基础是工厂（社会生产、公营的与私营的）与合作社（变工队在内），不是分散的个体经济。……新民主主义社会的基础是机器，不是手工。我们现在还没有获得机器，所以我们还没有胜利。如果我们永远不能获得机器，我们就永远不能胜利，我们就要灭亡。……由农业基础到工业基础，正是我们革命的任务。"② 可见，延安的乡村建设并非乡村本位，毛泽东描绘的以合作社和工厂为基础的新民主主义社会，无疑有着开阔的未来视野，新中国成立后的农业合作化运动正是这一理念的持续。

1940年，毛泽东在《新民主主义论》中指出："我们共产党人，多年以来，不但为中国的政治革命和经济革命而奋斗，而且为中国的文化革命而奋斗；一切这些的目的，在于建设一个中华民族的新社会和新国家。"③ 可以说，建设"新社会"和"新国家"的目标，决定了中国共产党革命的远景；在具体实践中，"新国家"、"新社会"和"新人"之间的相互勾连、彼此推动，构成了中国革命的整体性实践，而乡村建设正是其中必不可少的一环。

---

① 毛泽东:《给秦邦宪的信》,《毛泽东文集》(第三卷)，人民出版社，1996，第207页。
② 毛泽东:《给秦邦宪的信》,《毛泽东文集》(第三卷)，人民出版社，1996，第207页。
③ 毛泽东:《新民主主义论》,《毛泽东选集》(第二卷)，人民出版社，1991，第663页。

1950 年代乡村改造：没有乡建派的乡村建设

仝志辉

（中国人民大学农业与农村发展学院）

这组讨论的目标是从革命看乡村建设，也从乡村建设看革命。乡村建设是对百年来一直存在的城乡背离、工业化和城市化牺牲乡村发展的根本问题的自觉克服，唯有进行乡村建设，才能消除城乡差别、实现中华民族伟大复兴。我们需要更加整体化和立体化地理解历史上的乡村建设，互看是实现这样理解的重要途径之一，这也是开启新时代乡村振兴战略的重要准备。

1950 年代，共产党领导的大规模的乡村改造，无疑是非常重要的乡村建设运动。但它是伴随着建立农村社会主义制度的社会主义革命展开的。革命和建设的两个面向在其中融为一体。因而，它进行的工作虽然和民国的第一波乡村建设的大部分工作重合，也和共产党自己在延安和其他抗日根据地进行的乡村建设一脉相承，但也有其鲜明的复杂性。这些只有进入历史脉络，才能更加深入地展现。我对这段历史的了解，主要来自 1950 年代初山西省委试办农业生产合作社的决策过程，以及具体试办的合作社内部的微观发展过程。限于篇幅和自己有限的研究进展，本文只是提出部分有关的想法。

一 1950 年代乡村改造，既是乡村建设也是乡村革命

1950 年代共产党组织的乡村改造，是全方位的政治、经济、社会、

文化改造，包括"全民扫盲、技术推广、赤脚医生、乡村民兵、社队企业、大众文艺、水利建设、互助合作"，以及"对农民主体地位、妇女解放、尊严劳动等的强调"①。而这些活动虽然也在当时被冠以农村各条战线、各类工作，但当时并不主要被称为乡村建设，而是逐步汇入了农业合作化的洪流，成为其中的一部分。

延安时期，毛泽东已经明确合作化和集体化是小农经济发展的前途。②最明显表现这一思想的是在一九四九年党的七届二中全会上，毛泽东在说明全国解放后经济建设问题的时候指出："单有国营经济而没有合作社经济，我们就不可能领导劳动人民的个体经济逐步地走向集体化，……就不可能巩固无产阶级在国家政权中的领导权。谁要忽视或轻视这一点，谁也就要犯绝大的错误。"③新中国成立后，山西省委率先探索在新中国成立前的互助合作运动的基础上推进农业合作化。1951年初，山西省省委书记赖若愚提出要在老解放区试办合作社，解决已经创办近十年的生产互助组织的软弱涣散问题。④试办合作社的目的是，通过提高劳动相对于土地的分配比例以及增加集体积累，来遏制乃至根本上消除小农经济的自发趋势和两极分化，实现农业和农村发展的社会主义方向和前途，从而推动工业化，巩固工农联盟。

可见，试办合作社发展农业的目标，是和创建新的生产组织形式以实现建立"新社会"和"新国家"的革命目标相连的。当时山西省委和刘少奇以及华北局之间的争论并不在于对合作化可以带来社会主义制度的革命目标的疑虑，而是在于对当时是否具有实现合作化的物质条件的不同看法。刘少奇认为需要先有机械化再有合作化，而山西省委则认

---

① 潘家恩：《百年乡建一波三折》，《读书》，2015年第3期。
② 毛泽东：《论合作社》（1943年10月），载中共中央文献研究室编《毛泽东著作专题摘编》（下册），中央文献出版社，2003，第1883页；《组织起来》（1943年11月29日），载《毛泽东选集》（第三卷），人民出版社，1991。
③ 毛泽东：《在中国共产党第七届中央委员会第二次全体会议上的报告》（1949年3月5日），载《毛泽东选集》（第四卷），人民出版社，1991，第1432~1433页。
④ 山西省委：《中共山西省委〈把老区的互助组织提高一步〉》（1951年4月17日），载中共中央文献研究室编《建国以来重要文献选编》（第二册），中央文献出版社，1992，第350页。

为可以通过合作化推动先进技术使用,可以在没有机械化之前推动合作化。毛泽东基于对农民组织力和人的主观能动性的肯定,认为对劳动的分工组织同样可以带来生产效率的提高。刘少奇最后在同毛主席对社会主义革命目标认识一致的情况下,接受了开展农业合作化的决策。①

经由农业合作化开辟出来的乡村改造,没有乡建派的参与,但是同样做了乡村建设的事业。更为突出的是,农民被动员出来了超越家庭、家族和自然村落的组织力,在更大范围、主要依靠自身力量开展乡村建设,而且,他们也将自身作为改造对象,实现了从文化知识、技术水平、组织纪律到主体性的全面提升。这种乡村改造,不仅目标是革命化的,手段也是具有革命意义的。我们说1950年代的乡村改造是革命,首先指的是其建立的生产组织及农村基层政治、社会、文化安排的革命性,是彻底除旧布新的尝试,是对乡村一整套运行机制、发展手段的彻底改造。

二 党组织在1950年代乡村改造中的革命目标

革命意义上的乡村改造能够发生,最根本的原因是有了共产党这一组织,以及它创造性运用的各种组织动员技术和创设的各种符合农村特点和农民需求的制度。

早在1944年时,当时身为共产党太行区党委书记的赖若愚在总结当时的生产运动时认为,"组织生产互助"是生产运动中的核心环节,没有"组织起来",就没有真正的生产运动。而组织群众的关键,则是党组织要在运动中大力培养积极分子和劳动英雄。②

山西省委在总结1949年9月至1950年1月的工作时认为,其一个重要成绩,是经过冬季生产,开始建立了新的城乡互助、工农业互助的关系,开始建立了国营企业与(农村)合作社的正确关系。并且他们认为"我们目前主要的问题是党内的思想与工作作风还不能完全适应新时期的要求。我们还没有学会领导经济工作,没有或没有完全学会统一战

---

① 参见薄一波《关于重大历史决策和事件的回顾》(上卷),中共党史出版社,1991。
② 赖若愚:《太行区生产运动的初步总结》(1944年8月),载史敬棠等编《中国农业合作化运动史料》(上册),生活·读书·新知三联书店,1957,第468页。

线的工作方法，我们还缺乏高度的民主精神与严肃的法治精神。命令主义还普遍存在，妨碍着党与广大人民群众的密切联系"。[①] 可以看出，山西省委是把农业的互助合作看作整体国家建设的一部分，也从这一高度要求自己的各级组织去全面履行这一职责。

因为党组织有改造中国社会的整体目标的自觉，有将乡村建设和乡村革命结合起来建成理想社会的自觉，它才在乡村合作化中发挥了领导作用。新中国成立以后，党对要建成的理想社会逐步从新民主主义社会转为要建设社会主义社会。党在乡村做的全部工作都是为了建成这个新国家和新社会。

更加可贵的是，党的革命目标的实现并没有采取命令主义和完全自上而下的方法，而是依据群众路线的认识方法和工作方法。对于怎么启动合作化，山西省委虽然有自己的设想，但他们去和群众商量，通过试点，在教育引导中形成农民共识。采用这样的认识路线和工作方法，必须有深入乡村的共产党基层组织。当时的党也把建立党组织、发挥党组织的领导作用，当作开展生产互助运动和农业合作化的关键。

1950年代的乡村改造更加凸显了农民组织化对于国家工业化和现代化目标的意义，而且展现了这种组织化并不必然导致农村受到束缚，并可以采用农村和城市、工业和农业同步发展，至少是不互相施加影响的方式进行。1950年代的农民组织化，不是人们一般认识中的因为国家工业化采用统购统销而必须进行的，而是农民确信组织起来的社会主义有前途，相信组织起来可以实现增产和全面进步才进行的。农民不是"不得不组织"（这是基于国家建设的一个方面角度），而是"我要组织"（农民作为主体的乡村建设和乡村革命的需要）。当然这是在共产党启发之下开展的，但是，当农民的主体性被调动出来以后，农民就有了历史主动性。农民在其中起到了非常重要的作用。

[①] 赖若愚：《在山西省第一次党代表会议上关于省委四个半月来的工作报告》（1950年1月16日），载中共山西省委党史研究室编《赖若愚纪念文集》，中共党史出版社，2012，第240~245页。

三 党组织培养和农民创造确立的农民主体性

在1950年代这一轮乡村改造中,虽然没有乡建派,但是由于有了共产党以及共产党组织农民的得力方法,获得了主体性的农民积极分子在一定程度上替代了知识分子。而且,更难能可贵的是,在模范的合作社中,几乎所有社员都关心合作社的发展,把代表公共利益的合作社的发展和自己家庭的利益统一起来,这使合作社的发展获得了强大的动力。农民在党的领导下、农民先进分子的组织下成为乡村建设的主体力量。如果说,第一波乡村建设受困于农民不动问题,1950年代的农村合作化至少在很大程度上解决了这一问题。

农民主体性的激发是通过基层党组织的启发、教育实现的,同时,也和农民中先进分子成长后的示范、引导分不开。共产党基层组织力的获得和它有了一整套发现、培养农民先进分子的工作机制分不开。而这些农民先进分子又创造性地找到了组织农业生产合作社的具体办法,从而使其展现先进性,推动普通农民、带动更多的村庄参与,使得农业合作化成为全国潮流。

我们可以在山西省委试办的十个合作社的川底村看到这样的历史过程。川底村是晋东南的一个山村,包括四个自然村,全村94户、363口人。村子四面环山,山多地少、石多土薄,也没有水源,人畜饮水都靠雨水解决。村子有土地712.963亩,其中包括靠洪水淤起的130亩滩地,其余都是在山上修成的梯田。每人平均土地1.96亩。自从1951年4月成立了农业生产合作社,社员规模逐年扩大,生产连年发展。

土地入社是组织生产合作社的前提,在解决这一问题时,农民先进分子就开始了自己的创造。① 发动社员入社时,土地质量差、位置远的社员要求土地全部入社;土地质量好又近的社员说,留些自留地好。经过民主讨论确定每户入社土地不低于70%。但只有党支部书记、合作社

---

① 此段和后面有关郭玉恩合作社发展的史实主要参考川底村档案室所藏的《郭玉恩领导的农业生产合作社是怎样巩固与发展起来的》和《郭玉恩农业生产合作社纠正牲口入社冒进偏向的前后经过及现在的情况向县委的报告》。

社长郭玉恩及三个党员干部能多把好地入社,其他农户都是自留好地近地。郭玉恩就向社员解释土地入社可以集体经营,能多打粮食,并经过民主讨论后规定,无论地好坏远近都必须把大块地入社,采用自报公议办法。从而解决了入社土地数量和质量问题。紧接着是土地评产,有社员尽量多说自己土地的产量。经讨论规定按土地三年的平均产量自报公议,经反复复评确定。在分配比例上也有问题。合作社成立时确定公积金20%,土地分红30%,劳力分红50%。社员反映公积金多,一年劳动不能得到现实利益。后来公积金减为8%,土地分红增为40%,劳力分红为52%。社员的混乱思想随即得到了统一。

在集体劳动的管理上要处理的问题更加棘手。刚开始成立合作社时,社员被划分为2个小组,有1个会计。劳动计量所用的工票,是由会计印制发给各小组长,由小组长根据每个人所做的劳动量发放。有的社员怀疑组长给自己和家人多记发工票、会计贪污工票。可见当时社员对于集体劳动制度的信任度是很低的。郭玉恩就领导大家讨论,最后规定:组长做的工由副组长签字发工票;记发的工票,必须经社长盖章;会计"动笔做账不动章";增添保管。这样的办法可能是管理的通例,但农民当时是通过自己的讨论、实验,逐步"发明"了这些制度。社员被划成两个组也有问题,有的组技术差、党员干部少、文化水平低,后来村里根据劳力强弱、技术程度、文化程度、住户远近、社员入社时间长短等均衡分配社员。针对磨洋工现象,他们开始探索定工、定质、定量、定时的四定包干责任制,并由各组选出检查员,组成检查组,做得不够好的扣工,做的够标准提前完成,按原定工发放工票。这一制度施行后,伴之以组织各类生产竞赛,大大鼓舞了社员积极性,提高了劳动效率。

在解决这些问题的实践中,郭玉恩逐渐成长起来,他自己总结成功经验有如下几点。"1.经常摸索社员思想,进行说服教育,同时还要了解社员的家庭思想。2.要想办好社自己必须明确前途,不能自私自利,否则就不能教育社员。3.自己不仅劳动出力,主要问题要计划好大家把壮地(好地,笔者注)入社里,为的是多打粮,一点计划不到就会出问题。4.领导必须大公无私、处事公道，不怕吃苦，关心每个社员，掌握情绪。"经过一段时间摸索，郭玉恩已经成长为善于组织群众、善于做宣传工作，经营管理能力出众的党的基层组织领导人。他和新中国成立前根据地在互助合作运动中推出的劳动英雄不同，他首先是一个组织农民进行合作的模范。农业合作化的初期进展与他这样从农民中成长起来的党的基层组织领导人的卓越工作是分不开的。

处理社内的管理问题，郭玉恩总是要通过社员充分讨论找到最终解决方案。例如，在1953年全国性政策反对牲口入社冒进的背景下，川底合作社在如何处理本社牲口入社问题上颇费周折。在这个过程中我们可以很具体真切地看到农民主体性在农业合作化实践中的生成及其作用的发挥。当时社员中有三种想法。第一种，牲口入社当时是社员自愿的，牲口退社会给川底这个模范合作社抹黑。第二种，牲口退社好，自己的牲口自己养方便，有的甚至想卖掉牲口。第三种，没有牲口，与自己无关，不管不问。社员的思想混乱。

郭玉恩就首先召开了党支部大会，说明当时农村的中心工作是春耕生产，纠正盲目冒进是为了巩固提高互助合作，是为了把社办好，因此纠正冒进要实事求是，有啥纠啥。在党员充分讨论的基础上，再在骨干分子中讨论。最后在普通社员中讨论。在这样层层展开的酝酿讨论中，社员充分表达了自己的想法。经过相互的讨论，大家开始具体算账，算牲口入社能带来多少收入，退社会有多少损失，如果加强牲口在社的管理，又能带来多少好处。经过充分讨论，在认识到社里牲口管理还有一定缺陷的情况下，社员把入社牲口又退了社。但是，并没有造成大家对合作社前途的疑虑，也没有造成在全国其他地区出现的前期宰杀耕牛后期大面积退社的情况。

从上面的事件经过可以看出，农民主体性的获得是以充分发扬民主为前提的。在充分表达、讨论甚至争辩的基础上，经过党组织的有力引导，合作社的内部管理制度的改进和重大问题的处理起到了凝聚人心、搞好合作社的效果。在这一过程中，农民与新国家的关系也空前紧密。

农民的主体性是通过一种革命的方式获得的。这种革命让所有农民都讲话，说出自己的需求；这种革命让农民接触现代思想文化和技术，意识到改变自然和命运的强大力量；这种革命也强调要由先进分子基于全体农民的长远利益自觉做出牺牲。这种革命强调普通农民民主参与，而且通过先进分子带动、思想教育等逐步形成民主参与的局面。1950年代乡村改造的全面展开及其取得的不凡业绩是党和农民群众一起开创的，革命带来的农业合作社这一社会主义制度安排也不是仅仅基于固有的认识和蓝图，而是在实践中一步步发现并创造出来的。

1950年代的乡村改造既有自上而下的规划和推动，更有充分动员农民、农民自我教育的群众路线。这是一种新的民主形态，我们可以将其称为"革命民主"。在1950年代的乡村改造中的乡村建设，实际上是一种新的乡村革命，它孕育出了新的政治参与形态和新的农村发展结构。

1950年代的乡村改造实际上造就了今天仍然存在的农村基本社会形态——集体村社的雏形。今天的村级组织建制和农民生活形态，仍然没有脱离这样的社会形态，仍然处在集体村社在市场体制、农民流动等新条件下的延长发展线上。可以说，1950年代没有乡建派的乡村建设，不仅做了乡建派想做而没有做成的事情，也做出了乡建派没有想做的事情。

从平民教育、县政实验到土地改革

——论中华平民教育促进会的"乡村改造"道路

张艺英　温铁军

(西南大学中国乡村建设学院)

以往学界的主流观点常认为,民国乡村建设理论、路线和方法上的改良主义本质是其运动失败的根源。近来有研究希望突破这种"革命与改良"的二元对立视角,比如,潘家恩、温铁军教授将乡村建设的研究时长扩展为百年,基于中国百年激进追求现代化造成百年乡村破坏的视角,理解民国至当代的乡村建设实验,尝试从激进的内部理解改良,在改良的脉络中理解激进。[1]王先明教授也以百年乡建为视野,对近代乡村建设及其思想所具有的共性进行考察,认为国民党、中国共产党,以及晏阳初、梁漱溟等"乡村建设"派代表人物,都将乡村作为建设的本位或重点,在一个较长历史时段中观察,乡村建设思想内涵与社会实践显然超越了改良的范畴。因此,应该超越"革命－改良"这一简单化评说框架。[2]

以上论述相对宏观,如果我们能就此超越"革命－改良"的研究框架,放下"成败论"的价值判断,就各党派和社会团体在不同时期均注

---

[1] 潘家恩、温铁军:《三个"百年":中国乡村建设的脉络与展开》,《开放时代》2016年第4期,第126~145页。
[2] 王先明、熊亚平:《近代中国乡村建设思想的释义问题》,《南京社会科学》2016年第4期,第140~145页。

重乡村的建设工作而达成共识，那么，就可以肯定其在乡村工作时面对的问题具有相似性，也就能建立起对各个党派和社会团体的乡村工作路径、方法、成就、经验、教训等对比的研究框架。

有鉴于此，本文选取中华平民教育促进会（以下简称"平教会"）作为微观案例。该会由晏阳初发起成立，其接续"文化救国"的思潮，首先在河北定县开展以"平民教育"为主的乡村建设实验，后历经平民教育、县政实验、土地改革等三次工作重心转向，最终触及土地问题以及建筑在土地等财产关系之上的社会治理问题。本文通过考察平教会乡村改造工作重心的历次转向，分析作为外来者的平教会在乡村社会所遭遇的困境与张力，以及这些困境与外部条件的变化又是如何进一步影响其工作重心转向的。

一 从平民教育到县政实验

平教会最初以城市平民教育为主，后因大多数平民生活在乡村而改以乡村平民教育为主。1926年，平教会选择河北定县作为实验区，开展平民教育和社会调查活动。然而平民教育的推行并不顺利，正如费孝通所述，"文字下乡"是现代化的需要，只有传统乡土社会的性质发生变化，以"现代化"为目的的平民教育才能在乡村推行。

晏阳初逐渐认识到，"在农村办教育，固然是重要的，可是破产的农村，非同时谋整个的建设不可。不谋建设的教育会落空的，是无补于目前中国农村社会的"。[①]"整个的建设"即为"文化教育、生计教育、卫生教育、公民教育"的四大教育的综合建设方式，用以培养农民的"文化力、生产力、强健力、团结力"。1929年，平教会开始全力在定县开展以"平民教育"为主的综合乡村建设实验。

但是民众仍然无法被广泛发动，晏阳初反思，"觉得工作仍未与民众接近。诚然到民间来了，可不一定就算到民间去"，而且"地方士绅、

---

① 晏阳初：《中华平民教育促进会定县工作大概》，载宋恩荣《晏阳初全集》（第1卷），天津教育出版社，2013，第213页。

地方政府，也很难欣赏我们的工作"，乡建计划"如果不考虑乡村地区的政府……那就是不完整的……乡建工作很可能遭到阻碍"。①晏阳初认为乡村改造计划受阻的原因为缺少政府的支持，因此1932年开始改变其"独立学术团体"的性质而靠近"政治"。此时，国民党为控制乡村资源、消灭土地革命、维持其统治基础，也希望利用乡建团体的力量达成其自身目的。1933年，二者合作并选择定县为县政实验县，由平教会会员霍六丁担任县长。

事实上，平教会之所以此时选择与国民政府合作，除因以"平民教育"为主的乡村改造计划不符合农民实际需求而受到阻碍外，还有两个重要的背景值得关注，即地方治理环境的变化和资金的缺乏。首先，平教会最初能够顺利进入定县，是因为当地具有"救世"使命感的士绅米迪刚等的邀请，随着国家因财政匮乏而不断将其权力向基层社会渗入，乡村社会权力出现"痞化"，新的"官绅"更多代表家族和商人的利益，导致平教会在乡村治理不断劣化的环境下阻碍重重，不得不寄托于政治权力改善治理现状，1933年霍六丁县长被当地士绅不断反对即为佐证。其次，经费问题为直接原因，经过三年的实验，平教会募得的经费已所剩无几，而后续输入的稳定性又受到影响，世界经济的恐慌影响了国内外各基金资金募集，这导致平教会该年预算的大多数款项并未得到落实。②除此之外，世界经济危机在1931年开始广泛影响中国的广大农村，农民破产人数显著增加，定县去往东北务工的人员成倍增加，乡村建设实验环境急剧恶化。

自此，平教会与国民政府合作先后在河北定县、湖南衡山、四川新都等地开展了以"制度变革"为主的县政实验。国民政府开展县政实验的主要目的为通过土地清丈和户籍调查等手段获取更多资源，并设想能借助平教会的乡村建设工作维持乡村社会稳定。而平教会希望国民政府提供资金和权力，从而有效推进其乡村建设实验，实现乡村现代化的目标。

---

① 宋恩荣：《晏阳初全集》（第1卷），天津教育出版社，2013，第174、175、237页。
② 晏阳初：《在周会上的讲话》，载宋恩荣《晏阳初全集》（第1卷），天津教育出版社，2013，第203、204页。

因此，实验县的县政改革以完善县政机构和推进地方建设两个方面为主。随着国民政府不断构建正规的县级行政机构，其制度成本远远大于制度收益，导致县政府普遍入不敷出，最终无力承担县政实验的改制成本和建设成本。平教会和国民政府的矛盾逐渐显化，同时，实验县与基层民众的矛盾也日益加深。

定县的县政改革较为和缓，在县政机构方面，除在县政府"裁局设科"外，直到实验县结束，县级以下的组织变革仍未完成，土地清丈也未按期开展；地方建设由平教会负责，资金由平教会和省政府补助，并在文化教育和卫生教育方面取得了良好效果。即便如此，定县实验开展不久，由于触动当地的社会权力关系，当地士绅联合北京的定县人共同抵制平教会和实验县，[①]最终霍县长被迫辞职，后三易县长，导致大部分县政工作未能如期开展。1937~1938年的新都实验因加重民众负担被不断控告，最终因大批民众"围城"的暴力事件而结束。新都实验县的县政机构改革最为剧烈，且严格推行土地清丈、户籍调查、禁烟等政策，行政人员和行政开支均大量增加。由于抗日战争爆发，省府财政紧张，补助甚少；而平教会此时亦无资金投入。县府只能通过征收清丈费、黑地税款和催缴以往"公学产"欠谷等手段向农民转嫁成本，最终导致当地的袍哥发动民众进行大规模反抗。[②]晏阳初对新都实验的建设进展深为不满，认为"建设方面，新都已把农场等成立，但做法方面，还没有深合定县精神"，因此撤换了负责建设和教育的两位科长，但仍于事无补。[③]

二 从县政实验到土地改革

平教会以"制度改革"先行的乡村改造实验最终以失败结束。在该阶段中，平教会不仅缺乏资金，而且裹挟着国民政府构建现代化制度成

---

① 燕树棠：《平教会与定县》，《独立评论》1933年第74期，第3~8页。
② 张艺英、李军：《外来主体与近代乡土社会——以中华平民教育促进会的"新都实验"为例》，《上海大学学报》（社会科学版），2018年第1期，第23~34页。
③ 晏阳初：《对入川人员的期望》，载宋恩荣《晏阳初全集》（第2卷），天津教育出版社，2013，第147页。

本的高昂，加之对于当地的士绅和袍哥等非正规治理力量亦无能为力，其制度改良和社会改良的设想均无法实现。

新都事件后，晏阳初认为其失败原因在于新的政治势力未能战胜传统的恶势力，故提出从事于社会改造的新四力：文化力、经济力、政治力、武力。[①]"政治力"的获得仍然不能使乡村建设计划顺利推行，晏阳初被迫寄托于"武力"来改造乡土社会。可见，平教会的社会改良计划在缺乏资金等条件时，同样需要从乡村汲取资源维持其建设目标，从而无法避免与当地原有的治理力量发生冲突，其改良计划也转趋激进。"武力"的提出说明晏阳初此时已经进一步认识到有效治理是乡村建设实验的前提，该认识在此后的华西实验区计划中得以体现。

此后，晏阳初开始全力创办私立乡村建设学院，要为"新四力"造就人才，为进一步的社会改造创造条件。1946年，由于平教会在人才、资金等方面的条件成熟，而内战的爆发使国民政府急于维持后方的稳定，二者再次合作成立"华西实验区"，其范围包括四川第三行政督察区的"十县一局"。华西实验区初期的计划与以往的实验有两点明显区别。第一，与政府的关系方面，力图保持独立地位，由政府负责征兵征粮防匪等事务，平教会只负责积极的地方建设事务，但整个实验区的政治权力必须由平教会控制。第二，提出地方自治，将"四大教育"更改为"教育、经济、卫生、地方自治"四大建设。平教会此时对乡村的认识更为成熟：通过管理民枪、组训义勇警察队等完成地方治理，然后通过组建合作社等能产生直接收益的经济建设手段发动民众，进一步实现其教育、卫生建设。[②]由于缺乏足够的经费，华西实验区初期的建设计划大多流于形式，仅在经济建设方面组织了十多个机织生产合作社，且周转困难。

1948年，美国的"援华法案"使平教会的资金来源稳定，平教会重新拟定了全区的乡村建设计划。此时，平教会对乡村建设亦形成了新

[①] 晏阳初：《改造社会 复兴民族》，载宋恩荣《晏阳初全集》（第2卷），天津教育出版社，2013，第182、183页。

[②] 《璧山地方建设中心工作计划大纲》，璧山县档案馆：华西实验区全宗，档号：9-1-75，第59~61页。

的认识。

"二三十年来，平教会乡村工作的经验积累，已经有足够的材料，让我们对这旧问题获得新认识。这种新认识，可用两句话来概括：建设问题，是解决问题的根据；文盲问题，是解决问题的条件。我们知道，中国的问题在乡村。这个问题是个社会问题，社会问题的解决，有待社会的变革，变革的主题是经济问题，是作为乡村经济核心的土地问题，是通过平等互助的合作经济途径，达成现代化经济的问题，这是解决问题的根据。平教会与乡建工作，不触及不解决这个问题的都要遭到历史的否定。"[1]

在该论述中，平教会认识到乡村工作是个社会问题，而社会问题的解决则首推经济问题，乡村经济的核心又是土地问题。因此，华西实验区新拟定的计划将"经济建设"放在首位，并将"土地改革"作为经济建设的核心，该计划明确形成通过"创置社田"的方法，和平改变乡村土地关系，进而改造乡村社会关系的乡村建设新思路。平教会认为"若要走向现代化的道路，暴力革命不能成功，而国民政府自上而下的现代化管理也不行"，而应该以划分的"社学区"为新的乡村基层社会组织，以创建的"农业生产合作社"为"社学区"的核心组织，培养以佃农和自耕农为中心的合作社骨干，对其进行各种教育训练并配备枪支，在"武力"的保护下，形成有效的"地方自治"，逐渐完成以"土地改革"为核心的经济建设，并扶植机织、造纸等工业合作社以发展乡村工业，进而发展教育与卫生等乡村福利性事务。[2] 显而易见，该计划欲以较为缓和的方式完成乡村社会经济的综合变革，已经突破传统的"改良主义"。

然而，该计划中"创置社田"的土地改革计划和"装备自卫武器"的乡村自治计划并未被农复会批准，美援资金因多被用于国共内战和金圆券改革，迫使这两项计划均未能成功实施。正因如此，华西实验区在土地改革方面不得不转而协助国民政府的"农地减租"政策，他们不仅

---

[1] 《旧问题新认识》，璧山县档案馆藏：华西实验区全宗，档号：9-1-87，第54页。
[2] 《华西实验区农业建设计划》，璧山县档案馆藏：华西实验区全宗，档号：9-1-22，第1~30页。

期望实验区工作人员融入正规的政府组织，而且以图增加其培植的农产社骨干在乡村的影响力，以减少乡村建设实验推进的阻力。农地减租遭到了当地官绅的激烈反抗，甚至协助减租的工作人员的人身安全都受到了威胁，比如，巴县第十一辅导区马鬃乡辅导员兼农地减租督办员在协助解决退佃纠纷时，遭到当地乡长与哥老会大爷的殴打辱骂。[①]作为外来主体的平教会在面对基层反抗时，只能上报县政府或撤换减租工作人员，但始终无法解决当地的治理问题，以致减租效果受到较大影响。最终，华西实验区只在农民收益颇丰的机织生产合作社方面取得了显著成效，其他如猪牛贷款、良种推广贷款等农业改良计划均因与小农的交易成本过高而亏损严重。

综上可知，平教会的"乡村改造"道路不断面临困境，并充满矛盾和张力，致使其工作重心经历了数次转向，不仅提出"武力"改造乡村，而且在华西实验区注重经济建设中的土地改革和地方自治问题。虽然平教会在复杂的基层社会权力结构、意图保持独立与需求资金和权力的张力中，未能达到既定目的，但其已经触摸到"土地革命"中的核心问题。可见，革命与改良并非完全对立，在不同的历史情境（条件）下，改良也能向激进转化。

然而，改良转向激进并不只是平教会乡村建设的本质使然，更是外部复杂环境影响的结果与体现，尤其是社会治理和资金投入问题，二者是乡村建设的前提和保证。任何以追求现代化为目的的党派或社会团体进入乡村，都将面临同样的问题，平教会的乡村改造道路正是在不断回应这些问题且充满教训。因此，如何通过有效治理进而内生地、低成本地发动民众，是乡村建设或乡村革命获得成功的关键。在2018年的中央一号文件中，中央对实施乡村振兴战略进行了全面部署，其中也提到构建乡村治理新体系和强化乡村振兴投入保障，可见，超越"改良－革命"的二元视角，重新认识平教会等民国乡村建设团体真正的经验和教训，既是百年乡建的历史问题，又是现代中国的时代命题。

---

① 《巴县第十一辅导区给孙主任的代电》，璧山县档案馆藏：华西实验区全宗，档号：9-1-178，第131页。

从"创置社田"到"农地减租"：中华平民教育促进会对土地问题的探索

李 军

（西南大学中国乡村建设学院）

考察近代乡村建设史，很难绕过晏阳初领导的中华平民教育促进会（以下简称"平教会"）。作为一个具有启蒙和改良意味的知识分子民间社团，平教会对社会改造一直抱有浓厚兴趣。其工作重心经历了从平民教育、县政实验到经济建设的演变。本书中其他一些文章对此也有涉及，本文拟继续深化，结合近年公开的华西实验区档案，梳理平教会探索土地问题的历程，[①]以进一步揭示近代乡村建设的复杂面向。

一 定县实验：初步认识土地问题

1923年夏，以"除文盲，作新民"为宗旨的中华平民教育促进总会在北京成立。1926年，平民教育实验区在河北定县设立。1929年，总会机关迁至定县，全力推行以县为单位的乡村建设实验，工作范围也由先前的文字教育扩展为文艺教育、生计教育、卫生教育和公民教育四

[①] 一些学者已注意到了平教会的土改实践。比如，山本真：《国共内战时期国民政府的"二五减租"政策——以中国农村复兴委员会援助下的四川省为例》，《近代中国》（台北）2002年第151期；谢健：《国家政策与社团实践：平教会华西实验区农地减租问题考察》，《史学月刊》2016年第5期。

部分。①生计教育主要从技术层面、组织层面着手，重点在改良农业生产和建立经济合作社。目标是"要训练农民在生计上的基本智识和技术；要创设农村合作经济组织；要养成国民经济意识与控制环境的能力"。②换言之，要用教育方式达成组织化、合作化的经济建设。在此过程中，土地问题逐渐进入平教会的视野。

先是生计教育部主任姚石庵在工作中发现农村土地分配不合理，于是选定一村，联合60个家庭，组织合作农场，以做探索。"但因土地的分散，耗费了人力，影响了生产的增加，依然很穷……只作（做）了一年多，还不曾得到科学的结论。"③调查部主任李景汉进行社会调查时，也发现定县存在耕地不足、土地分配不均、土地分散、田赋混乱等严重问题，并意识到土地分配不均"关联到土地集中、土地私有制度、不合理的土地关系等种种问题"。④1929~1932年，世界资本主义经济危机波及我国，定县农产品滞销，农民大量破产，土地日益集中于大地主手中。⑤对此危局，李景汉慨叹："我们不能不承认土地问题是农村问题的重心，而土地制度即生产关系又是土地问题的重心，其次才是生产技术及其他种种的问题。若不在土地私有制度上想解决的办法，则一切其他的努力终归无效。即或有，也是很微的、一时的、治标的。"⑥平教会总干事晏阳初也认识到："农村经济问题中最严重的，莫如土地问题。这个问题，近来已引起国人的深切注意……这桩根本工作，似应由政府出来毅力解决。"⑦

---

① 晏阳初:《中华平民教育促进会定县实验工作报告》(1934年)，载宋恩荣《晏阳初全集》(第1卷)，天津教育出版社，2013，第266~288页。郑大华:《民国乡村建设运动》，北京：社会科学文献出版社，2000，第222~230页。
② 姚石庵:《农民生计教育与乡村经济建设》，《农村经济》1934年第1卷第6期。
③ 晏阳初:《平民教育运动简史》(1946年)，载宋恩荣《晏阳初全集》(第2卷)，天津教育出版社，2013，第355页。
④ 李景汉:《定县土地调查》(下篇)，《社会科学》(北平)1936年第1卷第3期。
⑤ 李景汉:《中国农村问题》，商务印书馆，1937，第28页。
⑥ 李景汉:《定县土地调查》(下篇)，《社会科学》(北平)1936年第1卷第3期。
⑦ 晏阳初:《十年来的中国乡村建设》(1937年)，载宋恩荣《晏阳初全集》(第2卷)，天津教育出版社，2013，第87页。

从"创置社田"到"农地减租":中华平民教育促进会对土地问题的探索

由上可见,平教会对于土地问题已有一定认识,同时认为土地改革必须由一个强有力的政府来执行,平教会作为没有政治权力的民间团体对此无能为力。的确,在定县的权力格局中,平教会的处境一直较为被动。实验初始阶段,平教会"仅站在学术及私人团体的立场去研究实验"。随着工作的推进,其认识到:"欲将研究所得的推广出去,则非借助政府的力量、政治的机构不可。"① 于是其积极谋求与国民政府合作,通过新成立的河北省县政建设研究院进行自上而下的县政改革,以图实际控制定县地方政府。② 但县政极大地触动了士绅的利益,因而遭到他们的强烈反对。平教会只得被迫妥协,县政改革名存实亡。③

概言之,定县时期平教会形成了四大教育的工作理念,主张以生计教育达成有组织的经济建设。虽逐步认识到经济建设和土地改革的必要性,但因缺少政治权力支持,平教会的生计教育更多是改良农业和建立合作社,没有触及土地关系调整的问题。

二 华西实验:提出创置社田方案

1936年后,平教会为将定县实践的经验向全国推广,加之华北政局日益紧张,其工作重心逐渐南移,积极同地方政府合作,先后在湖南衡阳、四川新都建立实验县。1940年10月,平教会在巴县歇马场创立中国乡村建设育才院(后更名为乡村建设学院)。整个抗战时期,平教会专注于农民抗战动员、县政实验和乡建人才的培养,④ 无暇顾及土地问题。

1946年11月,在国民政府的支持下,四川省政府主席张群划四

---

① 晏阳初:《平民教育促进会工作演进的几个阶段》(1935年),载宋恩荣《晏阳初全集》(第1卷),天津教育出版社,2013,第369页。
② 晏阳初:《致E.赛登斯特里克》(1934年3月3日),载宋恩荣《晏阳初全集》(第4卷),天津教育出版社,2013,第394页。
③ 宣朝庆:《地方精英与农村社会重建:定县实验中的士绅与平教会冲突》,《社会学研究》2011年第4期。
④ 李在全:《抗战时期的乡村建设运动:以平教会为中心的考察》,《抗日战争研究》2008年第3期。

川第三行政督察区为平教会华西实验区。①实验区的机构和人员分作大致平行的两套系统。一是国民政府的督察区（专员）→县（县长）→乡（乡长）/镇（镇长）→保（保长）→甲（甲长）；二是平教会设立的实验区总办事处（主任）→联乡辅导区（区主任）→乡镇辅导区（辅导员）→社学区（民教主任）→传习处（导生）。为切实掌握政治权力，晏阳初力荐平教会骨干孙则让（字廉泉）担任第三督察区专员，兼任实验区主任。除此之外，两套组织系统独立运行，各有分工，乡镇保甲机构主要办理征兵、征粮、防匪等国家委托事务；平教会系统主要负责"组织农民，以引发农民的力量来推动乡村建设"。②

平教会试图突破以往"片面的改良"做法，在华西实验区进行"一体化的乡村改造"。晏阳初即言："生活是有机联系的，片面的改良从长远的观点来看是没有用的……生产、教育、卫生、土壤改良（土地改革）和自治，所有这些都是社会与政治改造这一体化计划的组成部分，都是互相依存、互相关联的。"③实验区明确提出"乡村建设应以经济为重心"，认为"经济问题的解决靠有组织的生产，就是生产组织化"，主张"用合作社的组织来建立经济建设的体系"。④

同时，平教会领导层也开始直面乡村经济核心的土地问题。晏阳初说："时至今日一个佃农的生活并不比中世纪的农奴好……我们要做的一项最为迫切和根本的事情就是帮助'土地的耕种者变成土地的所有者'。"我们要做的是"把这些贫穷无助的农民组织起来"，成立生产

---

① 四川第三行政督察区包括巴县、江北、合川、江津、永川、綦江、璧山、铜梁、荣昌、大足10县和北碚管理局，共有人口532万，耕地面积1230万亩。华西实验区初名"巴璧实验区"，总办事处设璧山县，开始时只有璧山的4个乡镇。此后，1947年8月，实验范围逐步向全专区扩展，至1949年11月，已扩展到7县1局的160个乡镇［参见谭重威《中华平民教育促进会华西实验区的乡村建设实验》，《四川师范大学学报》（社会科学版）1994年第1期］。
② 孙则让：《华西实验区工作述要》（1949年2月11日），重庆市璧山区档案馆藏，9-1-41。
③ 晏阳初：《致G.斯沃普》（1949年2月2日），载宋恩荣《晏阳初全集》（第4卷），天津教育出版社，2013，第687页。据全文看，"土壤改良"似应为"土地改革"，但笔者并未见到该信英文原件。
④ 孙则让：《华西实验区工作述要》（1949年2月11日），重庆市璧山区档案馆藏，9-1-41。

从"创置社田"到"农地减租"：中华平民教育促进会对土地问题的探索

者合作社①。孙则让也感叹农村面临着农田细碎零散、土地买卖频繁、撤佃换佃事件增多、租佃纠纷严重等严峻的土地问题，他提出"现在就大势看，土地改革势在必行。我们提倡合作社，借以促成土地问题的解决"。②

在此基础上，实验区提出了体现"农业生产组织化"理念的土地方案，主要内容有如下两点。③

一是统佃分租，以稳定土地使用权。由合作社向业主统一承租，另立新约，其土地仍由原承佃人耕种，佃农缴租与地主收租，均向合作社办理，使佃农与地主不发生直接隶属关系。合作社一方面保障地主法定地租，另一方面保障佃农不被撤换及加租加押。

二是创置社田，以控制土地转移，防止土地兼并。农业生产合作社普遍成立之后，凡社区内有土地出卖时，合作社可优先承买，成为社田，仍由原来耕种该田之社员佃耕。所纳租金成为社里公有财富。

平教会也曾考虑过国民政府倡导的"扶植自耕农"的办法——由合作社帮助社员购得土地——以防止土地兼并，最后认为创置社田效果更佳，更有利于培养社员的合作精神和社会责任感，"盖中小自耕农民有强固的自私保守倾向反为建设新农业之障碍，妨害社会之进步，而耕田社有则无此弊"。④且社田创置后，收租方式积累的公共财富可办理地方公共事业、福利事业。⑤

创置社田的方案集中体现了华西实验区的建设理念，即通过支持由佃农、自耕农组成的合作社租佃和购买土地，以达到逐步改变土地关系，建立组织化、集体化的农业生产模式的目的。它具有如下四个特点。

第一，以农业生产合作社为依托。合作社是"农业生产组织化之中

---

① 晏阳初：《致G.斯沃普》（1949年2月2日），载宋恩荣《晏阳初全集》（第4卷），天津教育出版社，2013，第687页。
② 孙则让：《华西实验区工作述要》（1949年2月11日），重庆市璧山区档案馆藏，9-1-41。
③ 《四川省第三行政区平教会华西实验区农村建设计划》（1949年初），重庆市璧山区档案馆藏，9-1-22。
④ 《四川省第三行政区平教会华西实验区农村建设计划》（1949年初），重庆市璧山区档案馆藏，9-1-22。
⑤ 孙则让：《华西实验区工作述要》（1949年2月11日），重庆市璧山区档案馆藏，9-1-41。

心","农村经济之各项建设,如农田社有,土地使用权之保障,农业生产之改进,乡村工业之兴办,皆以此项组织为基础"。① 社员须是直接从事耕作的自耕农、佃农和半自耕农,地主及不能从事耕作者不准入社。② 一个合作社约包括生产农民 170 户,水田约 2000 亩,全区计划组织合作社约 4000 个。实验区希望能通过传习教育培养农民领袖,重建乡村社会权力结构。

第二,以美援补助款为保障。1948 年 4 月,在晏阳初的游说下美国国会通过一项法案,于援华经济款项内拨出 10%(约 2750 万美元)作为推行中国农村复兴方案经费。由南京国民政府与美国政府联合成立中国农村复兴联合委员会(简称"农复会"),并共同管理。③ 华西实验区是当时接受美国援助的三大地区之一,从 1949 年 2 月至 11 月底,在美援助下,实验区才普遍展开经济建设工作。④ 对于美援运用原则,平教会认为应将其视为"引发自力以求自给自足之助力",而非"救济性之经费"。因而,在运用上分为贷款和补助两种。贷款用于购置社田、建立乡村工业等经济领域,补助则用于教育、卫生等方面。⑤

第三,以和平赎买为手段。平教会认为要"使散漫的农民形成组织,合理的发挥其力量","不能借政治自上而下管理,更决不能用暴力的办法",唯有以"和平的、进化的"做法,"由经济、教育、卫生、地方自治四种建设工作入手,借建设促进农民之自觉,借建设逐步改善农民生活"。⑥

---

① 《四川省第三行政区平教会华西实验区农村建设计划》(1949 年初),重庆市璧山区档案馆藏,9-1-22。
② 《华西实验区工作答客问》(1949 年 10 月),重庆市璧山区档案馆藏,9-1-57。
③ 按,农复会 5 名委员分别由中美两国总统任命,中方为蒋梦麟、晏阳初、沈宗瀚;美方为穆懿尔(Raymod T.Moyer)、贝克(John Earl Baker),蒋梦麟任主任委员。参见《中国农村复兴联合委员会工作报告》(1948.10~1950.2);黄俊杰:《中国农村复兴联合委员会史料汇编》,台北:三民书局,1991,第 22~25 页。
④ 《中华平民教育促进会工作简述》(1950 年初),重庆市璧山区档案馆藏,9-1-41。
⑤ 《四川省第三行政区平教会华西实验区农村建设计划》(1949 年初),重庆市璧山区档案馆藏,9-1-22。
⑥ 《四川省第三行政区平教会华西实验区农村建设计划》(1949 年初),重庆市璧山区档案馆藏,9-1-22。

第四，将农业组织化、现代化与科学化作为目标。平教会认为乡村建设"乃农村社会全体成员共同合作之建设"。"必须以合作方式，改变农业之细碎性，将其导入组织生产范畴，而在完成组织生产过程中，逐渐应用现代生产技术，使进于现代化。"[1] 创置社田的最终理想是"合作社之社员及家属均实施集体耕作，共同分配，而形成大型之集体农场，以达农业组织化、现代化与科学化之目标"。[2]

平教会设想通过创置社田的办法，每个合作社每年可增置社田40~50亩，10年之间，每社可拥有社田约400~500亩，15年内全部土地问题即可得到解决。1948年底，平教会向农复会提出《华西实验区农村建设计划》和经费补助预算书。预算总数为591万美元，其中，美援补助款546万美元。美援款项中，426万美元用于经济建设，占美援总数的78%，体现了以经济建设为重心的原则。当中，创置社田的预算为292.5万美元，约占经济建设预算的68.7%，约占美援总数的53.6%。[3] 可见平教会对在华西实验区创置社田解决棘手的土地问题上，给予了很大期望。

与此同时，实验区各县（局）也相继编订了美援申请计划书，并将创置社田作为头等要务。如北碚局的计划书将"土地改革"作为第一板块，拟收购"不在地主之全部土地，及地主之超限额（暂定70亩以上者）暨自由出卖土地"共计2.5万亩作为国家公田，分配给社员耕作。为此，申请贷款62.5万美元（约占申请美援总数174.22万美元的35.9%）。[4] 江津县计划组织500个生产合作社，每社每年购进社田100亩，全县共计5万亩，拟申请贷款175万美元（约占申请美援总数

---

[1] 《四川省第三行政区平教会华西实验区农村建设计划》（1949年初），重庆市璧山区档案馆藏，9-1-22。

[2] 《华西实验区工作答客问》（1949年10月），重庆市璧山区档案馆藏，9-1-57。

[3] 《四川省第三行政区平教会华西实验区农村建设计划》（1949年初），重庆市璧山区档案馆藏，9-1-22。按，该《计划》中注明了美援贷款的计算方式，即全区组织4000个合作社，每社贷款平均购置45亩田，每亩地价100元（金圆券），贷以六成五，总计为1170万元（金圆券），折合292.5万美元。

[4] 《北碚申请美援计划书》（1948年12月），《卢作孚研究》2017年第3期。原件藏重庆市北碚区博物馆。

375.1万美元的46.7%)。①

从上可知,创置社田的方案需要巨额资金的保障,但正处于内战白热化的蒋介石政权不得不将主要精力放在前线战场和军事方面,无暇顾及乡村建设,而美国政府的援助也是口惠而实不至。晏阳初曾向友人抱怨:"(农复会)委员会从政府得到的用于这一项目的现金被削减了百分之九十","到今天(1949年2月2日)为止,美国政府对中国政府的经济援助已达近两亿美元,其中百分之十属于委员会;在这两千万美元中,委员会迄今得到的现钞还不足二十五万美元"。②1949年初,农复会核拨给实验区100万美元,由于折算成金圆券拨付,受贬值影响,实际区实际仅得到61万美元,③与平教会申请的546万美元差距很大。

同时,农复会更倾向于资助政府减租,晏阳初谈道:"对于创置社田一项,四位委员认为平教会应先自己试验,有成绩后再为考虑补助。"最终农复会只同意为创置社田贷款6.75万美元,地方自筹经费4.5万美元。④

一方面美援实际金额与计划相差很大,另一方面创置社田的方案也遭到了地主的反对。当巴县工作人员将这些设想提出来征询县参议会意见时,"立即遭到土豪劣绅的强烈反对"。⑤

在此情况下,创置社田和统租分佃的土地方案基本停留于设想层面,仅有一例实践,即1949年6月实验区准予贷款6000银圆给北碚朝阳镇十九保创置社田。⑥而朝阳十九保正是1943年国民政府设立的北碚

---

① 《江津县运用美国援华农村建设专款三年计划》(1949年初),重庆市璧山区档案馆藏,9-1-213。
② 晏阳初:《致G.斯沃普》(1949年2月2日),载宋恩荣《晏阳初全集》(第4卷),天津教育出版社,2013,第691页。
③ 谭重威:《中华平民教育促进会华西实验区的乡村建设实验》,《四川师范大学学报》(社会科学版)1994年第1期。
④ 《晏阳初致孙廉泉信》(1948年12月8日),重庆市璧山区档案馆藏,9-1-105。
⑤ 唐载阳:《华西实验区的历史回顾》,载詹一之编著《晏阳初华西实验区》,四川省晏阳初研究会,2001,第223页。
⑥ 《合作组关于北碚示范创置社田的签呈》(1949年6月7日),重庆市璧山区档案馆藏,9-1-195。

扶植自耕农示范区，该保80户农户早已都是自耕农。①因此，华西实验区在此创置社田的实验并不具有代表性。

三 新中国成立前夕：协助政府推行减租

就在华西实验区创置社田方案陷入困境之际，农复会倡导的"二五减租"计划得到了西南军政长官公署长官张群的支持。"二五减租"是国民党温和改良农村土地问题的方式之一，此前曾推行过两次。由西南军政长官公署推行的这次被称为"农地减租"。名称虽异，实质内容却基本相同。

1949年7月30日，公署颁布《西南军政长官公署辖区三十八年度农地减租实施纲要》，规定自1949年起开始实施，佃农交租时，一律按照主佃双方原约定租额或习惯租额减去25%执行，以后不得增加。同时，还进行租约登记和换订租约工作。至此，一场持续3个多月的土地改革运动便在西南地区如火如荼地展开了。华西实验区所在的四川省第三区被列为五个重点实施区域之一。

农地减租命令发布后，华西实验区积极响应。1949年8月31日，孙则让以第三区行政督察专员身份发布《为实施农地减租告民众书》，指出政府的农地减租法令与华西实验区主张通过生产合作社以稳定耕地使用权及减租护佃的土地方案，精神相符。并言"农地减租是此时此地乡建工作的重心"。②1949年9月4日，孙则让又以实验区主任身份电告各工作人员，要求全力协助政府推行农地减租，并将此项工作内容列为1949年年度中心工作。他说："保护佃农及扶植自耕农，逐渐达到土地农有之目的"一直是华西实验区的工作目标，"而推行之手段则仅赖传习教育，借以唤醒农民并进而组织之。第因本区为一文化事业之团体，无强制执行之权利，故收效不著。良以为憾。现西南长官公署所颁布之农地减租办法，乃国家最重要之决策，与本区组织生产农民之所期

---

① 黄立人、章欣：《论"北碚扶植自耕农示范区"》，《档案史料与研究》1998年第1期。
② 《四川第三行政督察专员兼保安司令公署为实施农地减租告民众书》（1949年8月31日），重庆市璧山区档案馆藏，9-1-100。

望者，实相吻合。倘能借此政府之力量，配合推行，则必能博取农民之拥护，本区乡建工作之使命不难次第完成"。①

按照西南军政长官公署的要求，各县、乡、镇设立了租佃委员会，以仲裁纠纷。各省县成立了"农地减租督导团"，实验区要求各工作人员参与其中，以配合政府推行减租业务。以璧山为例，璧山县农地减租督导团制定了《督导团组织办法》，规定县租佃委员会委员为团员，县长及省督导员分任正副团长；实验区各辅导区主任为主任督办员，各乡辅导员为督办员，各民教主任为登记员。主任督办员及各乡督办员均不给待遇，登记员酌给公旅费津贴。②

需要说明的是，平教会号召实验区工作人员全力协助政府推行减租的同时，并未完全放弃自身的土地方案，仍坚持组织合作社统佃保租，"其有农业生产合作社组织之区域，各工作同志应尽先办理佃农社员之减租工作，并详细填列佃户社员缴租登记表。然后再协助保甲人员，推及非社员之佃农，并劝导其加入合作组织。至于尚未组织合作社之区域，则应全力协助保甲人员认真推行减租办法，着手组社工作"。③1949年11月下旬，当减租工作结束之际，实验区又颁发《农业合作社办理农地统租分佃办法》，指导各合作社办理统租分佃业务。④

华西实验区的农地减租工作大体在1949年9月初启动，11月中旬基本完成。就各地提交减租《登记表》和《成果表》的情况而言，璧山和北碚完成得较好，其他各县则进展缓慢，甚至没有如期完成。1949年12月初，实验区各县基本获得解放，新成立的人民政府随即中止了实验区的工作，并以新的乡村工作取代之。因而，华西实验区农地减租的实际成效如何，今天难以评估。但有一点是比较清楚的，减租运动可能进

---

① 《华西实验区总办事处为推行农地减租致各工作人员快邮代电》（1949年9月4日），重庆市璧山区档案馆藏，9-1-100。
② 《璧山县农地减租督导团组织办法》（1949年9月23日），重庆市璧山区档案馆藏，9-1-178。
③ 《华西实验区总办事处为推行农地减租致各工作人员快邮代电》（1949年9月4日），重庆市璧山区档案馆藏，9-1-100。
④ 《华西实验区关于附发农地统租分佃办法通知稿》（1949年11月23日），重庆市璧山区档案馆藏，9-1-195。

从"创置社田"到"农地减租"：中华平民教育促进会对土地问题的探索

一步激化了租佃矛盾，造成了乡土社会关系的紧张。这可从实验区工作人员的报告中得到佐证。在协助减租的过程中，他们普遍遭遇了以下问题。

一是宣传农地减租政策易得罪地主。民教主任李明皋即言："倘若我们真正站在政府的立场来推动减租，就会与地主成仇。"①部分工作人员甚至受到人身攻击和生命威胁。②

二是乡镇保甲人员不配合，多持观望拖延态度。有民教主任反映："保甲长不明了自身的责任，多存逃避观望的心理，对法令和实施办法视同具文，并且是愈近街上的保甲愈不景气。""如果逼他，他便连保长也不愿做。"③

三是地主设法逃避减租。减租直接损害了地主的利益，大地主多凭借各种权力关系逃避。而中小地主在减租之后面临着生计困难，因而也多设法逃避。④

四是租佃纠纷频繁。据时人观察，农地减租推行后，"各业主以无别种生活方式与生产能力，又恐土地改革失去生产权，故有收回自耕的，有加租升押的，甚至有胁迫撤佃的，于是问题丛生。在扶持自耕农的原则下，又不容有撤佃换佃等情形产生。因此，在扶持自耕农与保护佃农，两种矛盾情形之下，租佃问题越趋严重"。⑤

此外，基层社会的权力关系也较为复杂。"每乡均有地方性之派别，民教主任不免为派系中人，在推行工作时，常受同派之扶持，而受异派所反对，又为无派别之公正绅士所不齿。"⑥

---

① 李明皋：《对近期乡建工作的反思》（1949年11月），重庆市璧山区档案馆藏，9-1-138.1。
② 《张浩致华西实验区主任秘书郭准堂信》（1949年9月），重庆市璧山区档案馆藏，9-1-140。《巴县歇马乡辅导员彭蕊北就地主反对减租事的报告》（1949年9月），重庆市璧山区档案馆藏，9-1-195。
③ 李明皋：《对近期乡建工作的反思》（1949年11月），重庆市璧山区档案馆藏，9-1-138.1。
④ 《北碚地主逃避二五减租法》（1949年7月1日），重庆市璧山区档案馆藏，9-1-148。
⑤ 《旁听北碚管理局保民大会记》（1949年7月），重庆市璧山区档案馆藏，9-1-148。
⑥ 《华西实验区璧山第五区办事处民教工作报告》（1948年3月15日），重庆市璧山区档案馆藏，9-1-68。

这些棘手的难题，给实验区的工作人员带来了巨大的压力和困扰。许多人提出应"办理二五减租的工作，很多要靠政治力量才行"。[①]更有甚者建议以行政人员兼任实验区工作，"对于保甲人员决定要给他们一点名利才行。最好用乡镇长兼任辅导员，一个社学区顶好用保长作民教主任，另由区办事处设专副辅导员和专副民教主任，使他们意识到乡村建设工作是本身应有的责任"。[②]

对于工作人员的困境，实验区领导层更多只是告诫工作人员应坚守"协助"的立场，面对主佃纠纷"本区辅导员只能以最公正之立场，从旁调焉，如不生效，则唯有旋其向主管官署诉请处理，切不可从中主持。因本区并无行政或司法之权力故也"。[③]当歇马乡民教主任王志杰办理减租被保长中伤时，实验区做出的处理意见却是将他"与其他社学区民教主任对调，借以缓和空气。仍饬彭辅导员从中疏解"，并重申"二五减租应由政府工作人员推动，本区同志只能立于辅导地位，以免引起误会"[④]的立场。

四　余论

综上可知，平教会在乡村建设实验过程中也进行着对土地问题的探索，并形成了自己的土地方案。抗日战争前的定县实验时期，平教会对土地问题有了初步认识，但因缺少政治权力支持，只得将生计教育的重点放在改良农业和建立合作社方面。抗日战争后的华西实验延续了定县时期形成的组织化、合作化的经济建设理念，不过此时平教会已明确认识到社会变革的主题是经济，而乡村经济的核心是土地问题。由此，提出统租分佃和创置社田的方案，试图通过组织农业生产合作社，以改变

---

① 《民教主任邹维新的工作日记》《民教主任吴崇歧的工作日记》（1949年9月15日），重庆市璧山区档案馆藏，9-1-174.1。
② 刘志明：《应以行政力量来推动建设乡村》（1949年9月），重庆市璧山区档案馆藏，9-1-138.1。
③ 《华西实验区总办事处就减租疑问复辅导员彭蕊北信》（1949年8月2日），重庆市璧山区档案馆藏，9-1-140。
④ 《对民教主任王志杰办理减租被造谣中伤报告的批复》（1949年8月3日），重庆市璧山区档案馆藏，9-1-140。

土地关系，实现农业组织化、现代化与科学化的目标。然而，由于各种情况，创置社田只是设想，基本没有实施。新中国成立前夕，西南军政长官公署发布了农地减租命令，平教会积极响应，希望借助政府力量保佃减租，维护佃农利益。同时，大力组织合作社，以其统租分佃。

平教会的土地方案尤以创置社田为特色，它既不同于共产党领导下的通过阶级斗争方式进行的土地革命，也有别于国民党主张的"扶植自耕农"和"二五减租"的和平土改。[①] 此方案表明平教会希望通过温和的方式和组织生产的力量解决土地问题，形成合作化和组织化的生产生活模式的乡村改造理念。就此而言，平教会已经超越了一般意义的"改良主义"范畴，属于"不保守的改良"。

然而，平教会的和平土改历程始终充满着张力。一方面，作为知识分子的民间社团，平教会既力图保持自身的政治独立，又不得不寻求政治权力的支持，要达成平衡并非易事。另一方面，平教会未能改变传统乡村的权力结构，没能在乡村内部建立起本土化的动员机制。其触碰的土地问题，牵动了地方的权力格局，伴随的一系列复杂问题都非平教会所能轻易解决。此外，资金方面又过于依赖美援，加之战乱动荡，通货膨胀，缺乏相对稳定的实施环境。这些都使平教会的土改探索基本停留在方案层面，难以付诸实践。

---

① 参见李里峰《经济的"土改"与政治的"土改"——关于土地改革历史意义的再思考》，《安徽史学》2008年第2期；郭德宏：《南京政府时期国民党的土地政策与实践》，《近代史研究》1991年第5期。

图书在版编目（CIP）数据

百年乡建与现代中国：乡村建设演讲录 / 潘家恩，张振编 . -- 北京：社会科学文献出版社，2022.7
ISBN 978-7-5228-0395-1

Ⅰ.①百… Ⅱ.①潘… ②张… Ⅲ.①城乡建设 - 研究 - 中国 - 20世纪 Ⅳ.① D693.62

中国版本图书馆CIP数据核字（2022）第123144号

百年乡建与现代中国
——乡村建设演讲录

主　　编 / 潘家恩　张　振

出 版 人 / 王利民
责任编辑 / 孙海龙　胡庆英
责任印制 / 王京美

出　　版 / 社会科学文献出版社·群学出版分社（010）59366453
　　　　　　地址：北京市北三环中路甲29号院华龙大厦　邮编：100029
　　　　　　网址：www.ssap.com.cn
发　　行 / 社会科学文献出版社（010）59367028
印　　装 / 三河市尚艺印装有限公司

规　　格 / 开　本：787mm×1092mm　1/16
　　　　　　印　张：23.25　字　数：340千字
版　　次 / 2022年7月第1版　2022年7月第1次印刷
书　　号 / ISBN 978-7-5228-0395-1
定　　价 / 158.00元

读者服务电话：4008918866

版权所有　翻印必究